Martin Urban
Die Bibel

W0071340

PIPER

Zu diesem Buch

Wer die Bibel wirklich verstehen will, dem reicht es nicht, sie zu lesen wie der Pfarrer die Weihnachtsgeschichte: Alle Jahre wieder. Er muss sich mit ihrer Geschichte auseinandersetzen, ihre Biografie kennenlernen. Ohne die Kenntnis der Bücher des Alten Testaments sind zum Beispiel die Berichte und Deutungen von Jesu Leben durch die Evangelisten und Apostel nicht zu verstehen. Die Begebenheiten um Moses, Noah und die Königin von Saba haben einen historischen Hintergrund, der für das Verständnis der biblischen Texte unerlässlich ist. Der renommierte Wissenschaftsjournalist Martin Urban lädt ein zu einer ebenso spannenden wie überraschenden Bibellektüre und zeigt, wie aktuell das Buch der Bücher nach wie vor ist.
»Urban versteht es virtuos, neueste Erkenntnisse aus einer Vielzahl wissenschaftlicher Disziplinen zu verknüpfen und sie in Form von Geschichten einem großen Publikum zu vermitteln.«
Frankfurter Allgemeine Zeitung

Martin Urban, geboren 1936, begründete 1968 das Wissenschaftsressort der *Süddeutschen Zeitung* und leitete es über dreißig Jahre. Er ist Autor zahlreicher erfolgreicher Sachbücher und lebt in Gauting bei München.

Martin Urban

Die Bibel

Geschichte eines Buches

Piper München Zürich

Mehr über unsere Autoren und Bücher:
www.piper.de

Von Martin Urban liegen bei Piper vor:
Warum der Mensch glaubt
Wie der Mensch sich orientiert
Wer leichter glaubt, wird schwerer klug
Die Bibel

Mix
Produktgruppe aus vorbildlich bewirtschafteten
Wäldern und anderen kontrollierten Herkünften
www.fsc.org Zert.-Nr. GFA-COC-001223
© 1996 Forest Stewardship Council

Ungekürzte Taschenbuchausgabe
Piper Verlag GmbH, München
Dezember 2010
© 2009 Verlag Kiepenheuer & Witsch GmbH & Co. KG, Köln
unter dem Titel »Die Bibel. Eine Biographie«
Umschlag: semper smile, München
Umschlagmotiv: akg-images
Autorenfoto: Gabi Klein
Satz: Buch-Werkstadt GmbH, Bad Aibling
Papier: Munken Print von Arctic Paper Munkedals AB, Schweden
Druck und Bindung: CPI – Clausen & Bosse, Leck
Printed in Germany   ISBN 978-3-492-25955-2

Inhalt

Vorwort 13

Einleitung 15

I Die Vorgeschichte

Hilfsmittel 19

Die Namensgebung 19

Die Ahnen 20

Noahs Vorgänger wird entdeckt 21 – Der Babel-Bibel-Streit 23 – Das »älteste Buch der Menschheit« ist ziemlich jung geworden 24

II Das Alte Testament

Heilige Schriften der Hebräer 29

Die hebräische Bibel – auch auf Griechisch 29 – Qumran: Ein Beduine findet die ältesten Bibelmanuskripte 30 – Minimale Abweichung gegenüber dem heutigen Text 32 – Spekulationen über eine Gemeinde in Qumran 33 – Folgenreiche Falschübersetzung: Wie Maria zur Jungfrau wird 35

Geschichtsbücher 37

Gott und seine Familie 37 – Eva – einst eine Göttin 39 – Wie aus Geschichte Geschichten werden 40

Genesis. Das Erste Buch Mose oder von der Sünde 41

Die Erfindung der Welt und die Erfindung der Sünde 41 – Spätwirkungen des Sündenmythos 43 – Gott ist ungerecht, die Menschen sind böse 44 – Keine Spuren, sondern literarische Figuren: Die Erzväter und -mütter 45 – Abraham als Symbol des Opferkults 47 – Fatale Verbindung: Adam der Sünder und der gehorsame Abraham 48 – Der Stammvater und seine Familie 51 – Josef und die israelische Diaspora in Ägypten 52

Exodus. Das Zweite Buch Mose oder eine sagenhafte Völkerwanderung 53

Moses ausländischer Name 53 – Spuren der Gastarbeiter aus Kanaan 53 – Der unwahrscheinliche Auszug aus Ägypten 55 – Der Gründungsmythos Israels: Gottes Wort, Gottes Gebot, Gottes Bund 57 – Die Bibel kennt keine »Zehn Gebote« 58 – Wie Moses Hörner aufgesetzt wurden 60 – Exkurs über die Moral 62 – Die Opferbereitschaft des Affen 65 – Gewalt gegen Unschuldige: Eine menschliche Eigenschaft 66 – Auge um Auge 66 – Fleischverzehr als Voraussetzung für die Menschwerdung 68 – Die Kultur des Homo erectus 71 – Von den Zehn Geboten zum Ethikboom 73

Levitikus. Das Dritte Buch Mose oder die Entdeckung der Nächstenliebe 74
Das Blut als ganz besonderer Saft 74

Numeri. Das Vierte Buch Mose oder Erinnerung an den Sonnengott 75

Deuteronomium. Das Fünfte Buch Mose oder der entscheidende Schritt zum Judentum 77
Eine Legende als Legitimation für Josias Reform 79 – Offenbarung als »kreativer Akt« 80

Das Buch Josua – Und die Bibel hat nicht recht 82
Echte Ruinen, falsche Deutung 82 – Kein Einmarsch ins Heilige Land 83 – Literarischer Ausdruck von Sehnsüchten 84 – Adams Nabel oder vom Gepäck der Vergangenheit 85 – Die Entdeckungen der Archäologen 86 – Die Geschichte der Besiedlung 87 – Die frühen Israeliten waren Kanaanäer 88 – Warum Galilei das Buch Josua zum Verhängnis wurde 90

Das Buch der Richter – Mythos von Held und Verräterin 92
Räuber und Retter 92 – Eine Tragödie in Gaza: Simson und Dalila 93

Das Buch Rut – Treue unter Frauen 94

Die Bücher Samuel – David bringt Gott nach Jerusalem 96
Archäologischer Beleg für das Geschlecht Davids 96 – Die Stimme des Volkes verlangt einen König 97 – Ein Streit mit dem HERRN über fette Beute 98 – Saul – von Gott verworfen 99 – David und Goliat 100 – Falsche Datierung – falsche Schlussfolgerung über Davids Eroberungen 101 – Politische Propaganda aus Jerusalem: Der schwache Süden gegen den starken Norden 102 – Jerusalem vereinigt in Jahwe die Gottheiten aus Ost und West 104

Die Bücher der Könige – König Salomos nachhaltige Wirkung 106
Keine Spur von Salomos Pracht 106 – Das salomonische Urteil 107 – Die Königin von Saba 109 – Die sagenhafte Königin hinterlässt Spuren in drei Religionen 110 – Der Mann der tausend Frauen 111 – Soziale Spannungen spalten das Reich 111 – Der Wettermacher Elia 113 – Verhinderte Himmelfahrten 114 – Das Ende Israels: Die babylonische Gefangenschaft 116

Bücher der Chronik – Motto für die ersten Zionisten 118
Heimkehr aus dem Exil 118 – Exkurs über Motive und Fakten 119

Die Bücher Esra und Nehemia – Jüdische Selbstisolierung 121

Das Buch Ester – Ursprung des Purim-Fests 122

Lehrbücher und Psalmen 124

Das Buch Hiob (Ijob) – Vom Leiden des Gerechten 124
Suche nach dem Sinn des Bösen 125

Der Psalter – Hymnen und Klagelieder 127
Fortlaufend nachbearbeitete Dichtung 127

Die Sprüche Salomos – Der Stoff, aus dem die Redensarten sind 129
Spuren der Geliebten Gottes 130 – Rechtfertigung häuslicher Gewalt 131

Kohelet oder Der Prediger Salomo – Die Alternative zur Moralpredigt 132
Den Gottlosen geht es gut, den Gottesfürchtigen schlecht 133 – Genieße das Leben mit deinem Weibe 133 – Sei nicht allzu gottlos 134

Das Hohelied Salomos – Ein Liebesgedicht, keine Allegorie 134
Wörter und ihre verborgene Bedeutung 135

Die Prophetenbücher 137
Prognosen und Prophezeiungen 137 – Musik lässt Propheten in Verzückung geraten 138 – Die Erfindung zeitlos gültiger Prophezeiungen 139 – Die fragwürdige Idee einer Heilsgeschichte 140 – Das Gehirn als Sinn-Erzeuger 141

Der Prophet Jesaja – Als Künder Jesu missverstanden 142
Aus drei mach eins: Komposition mehrerer Verfasser 142 – Der Perserkönig als Messias 143 – Viele Deutungen des Knechts Gottes 144

Der Prophet Jeremia – Die Zukunft richtig vorausgesagt 145
Höchstens ein Viertel selbst verfasst 145 – Nebukadnezar erobert Gottes Wohnsitz 146 – Suchet der Stadt Bestes 147 – Der Tempel in Jerusalem wird zerstört 148

Die Klagelieder Jeremias – Deutungen des babylonischen Exils 149
Der Untergang Jerusalems als Gottesstrafe 150

Der Prophet Hesekiel (Ezechiel) – Der Mann mit der Sprechstörung 150
Visionen aus zeitgenössischem Bildmaterial Mesopotamiens 151 – Der HERR ist kein Rachegott 152 – Pornographische Bilder 152 – Die Erfindung von Gog und Magog 152

Der Prophet Daniel – Ansage des Mene Tekel 154
Komposition aus uralten Geschichten 154 – Drei Männer im Feuerofen 156 – Die Bedeutung von Daniel für das Neue Testament 157

Das Zwölfprophetenbuch 159

Hosea – Von Jesus gegen den Opferkult zitiert 160

Joel – Aufruf zum Heiligen Krieg 161

Amos – Der Sozialkritiker 162

Obadja – Ärger über Gebietsverluste 162

Jona im Fisch und die Berufsprobleme eines Propheten 163
Der Fisch als Symbol 164

Micha – Hinweis auf Bethlehem 165

Nahum – Weissagungen über Ninive im Nachhinein 167

Habakuk – Ein Halbsatz für Paulus 167

Zefanja – Künder des »Dies irae« 168

Haggai – Falsche Voraussagen, unkorrigiert 168

Sacharja – Wie Jesus auf den Esel kam 169
Tochter Zion, freue dich 170

Maleachi – Dichtung mit Spätwirkung im Neuen Testament 171

Die Apokryphen 173
Von Luther ausgesondert, von Rom bestätigt 173

Judit – Sex und Tod 174

Die Weisheit Salomos – Nicht von ihm 174

Tobias (Tobit) – O Herr, er will mich fressen 175
Ein Engel gibt medizinischen Rat: Fischleber hilft gegen Dämonen 175

Jesus Sirach – Dem Kranken hilft nicht nur Beten 176
Männliche Ängste 177

Baruch – Voll von Übersetzungsfehlern 178

Das Erste und Zweite Buch der Makkabäer –
Religionskriege in Jerusalem 178
Der Kampf gegen die Seleukiden 179 – Bis heute nachwirkende Propaganda 181

Stücke zu Ester und zu Daniel – Helden- und Lügengeschichten 182
*Ein verfressenes Kultbild und ein Kochkünstler 183 – Exkurs: Das Alte Testament und
die Erkenntnisse der Gehirnforschung 184*

III Jesus und das Neue Testament

Deutungen der Evangelisten 191
*Keiner der Evangelisten und Apostel kannte Jesus – Suche nach den Quellen ihres
Wissens 191 – Von den Schwierigkeiten, das Neue Testament zu verstehen 192 –
Mit kanonischem Anspruch geschrieben 193*

Das Matthäus-Evangelium – Schlüsselworte für das Papsttum 195
*Der Autor lebte vermutlich in Syrien 195 – Ethische Abgrenzung vom Juden-
tum 196 – Ergänzungen und Deutungen des Matthäus 197 – Evangelium der Ge-
richtsdrohungen 197 – Die Erfindung der Schlüsselgewalt für Petrus 198 – Pontius
Pilatus und die Wurzeln des christlichen Antisemitismus 199 – Wie der Papst heute
für die Juden beten lässt 201*

Das Markus-Evangelium – Das älteste Buch mit jüngeren Zutaten 203
*Gottes Stimme als Referenz: Wie die Taube zum christlichen Symbol wurde 204 –
Jesu Probleme mit seiner Familie 206 – Ergänzungen im 2. Jahrhundert: Der
Taufbefehl und Jesu Himmelfahrt 206*

Das Lukas-Evangelium – Das Buch von Erbarmen, Heil und Gnade 207
Lukas-Evangelium und Apostelgeschichte haben denselben Verfasser 208 – Maria und die Schwangerschaft vom Heiligen Geist 209

Das Johannes-Evangelium – Jesus wird vergöttlicht 210
Eine ganz andere Deutung als die der Synoptiker 211 – Der Logos als Brücke zur Philosophie der Antike 212 – Zitate – Jesus in den Mund gelegt 212 – Jesu Kampf gegen den Opferkult 213

Die Apostelgeschichte des Lukas – Wie die Kirche Jesus ersetzt 214
Die Erfindung apostolischer Traditionen 215 – Die Apostelgeschichte als Rechtfertigung der Kirchengeschichte 215 – Vom Saulus zum Paulus 216 – Widersprüchliches über Petrus 217 – Ein Herz und eine Seele als Idealzustand 219

Die Briefe 221
Die meisten Verfassernamen sind falsch 221 – Selbst Petrus war kein Single 222

Die Paulus-Briefe – Viel älter als die Evangelien 222
Paulus' trickreiche Deutung 223

Der Römer-Brief – Wirkmächtige Deutung von Jesu Tod 224
»Theologischer Essay« für die Jesus-Anhänger in der Hauptstadt 224 – Das Gute, das ich will, das tue ich nicht 225

Der Erste und Zweite Brief an die Korinther – Unser Wissen ist Stückwerk 227
Unklarheiten über mögliche Kürzungen und Einfügungen 227 – Das Hohelied der Liebe 228

Der Brief an die Galater – Umdeutung des Alten Testaments 228
Paulus will die Heiden gewinnen: Politik mit Zitaten 229

Der Epheser-Brief – Nicht von Paulus 230
Auftritt eines frühen Kirchenfunktionärs 230

Der Philipper-Brief – Schreiben aus der Gefangenschaft 231

Der Kolosser-Brief – Nicht echt, aber wirksam 232

Die Briefe an die Thessalonicher – Die erste christliche Schrift und ein umstrittener Text 233

Die Pastoralbriefe an Timotheus und an Titus – Werke eines Paulus-Imitators 235
Kein Freund der Frauen 236 – Vorbild für den protestantischen Pfarrer 236 – Ein Paradoxon missverstanden 237

Der Brief an Philemon – Ein entlaufener Sklave bringt Paulus in Verlegenheit 238

Der erste Brief des Petrus – Erfindung der Wiedergeburt 239

Der zweite Brief des Petrus – Ein falsches Beweisstück 241
Mythos der petrinischen Tradition – kein Beweis für Petrus in Rom 242

Die Johannes-Briefe – Konflikte unter Theoretikern 242
Texte aus einer eigenen Gemeinschaft 243 – Merkwürdige »Immanenz« 243 – Unterschiedliche Meinungen über die Wirkung der Taufe 244

Der Hebräer-Brief – Sicher nicht von Paulus 246

Der Jakobus-Brief – Quelle für die Krankensalbung 247

Der Brief des Judas – Quelle für Michaels Kampf mit dem Satan 248

Die Offenbarung des Johannes – Quelle christlicher Ängste 249
Stoff für die Sektierer von heute 250 – Kaiser Nero macht die unbeliebten Christen zu Sündenböcken 253 – Die Chiffre 666 und eine Legende als Hintergrund 254 – »Unser Herr und Gott« – der römische Kaiser 255

IV Die Geburt der Bibel

Der Kanon entsteht 261
Viele Evangelien wurden als apokryph abgestempelt und verworfen 262

Zeit der Gnosis – Philosophen deuten Bibeltexte 263

Marcions Bibel – ohne das Alte Testament 264

Montanus und seine Lehre vom Weltende 265

Kanon und Hierarchie – Bürokraten ersetzen die Apostel 266
Das Christentum als Philosophie 267 – Tertullian erfindet dogmatische Grundbegriffe 268 – Dogma – Definitionsbemühungen um die Wahrheit 269 – Die Idee einer »Selbstoffenbarung« Gottes 270 – Jesu Vergottung nach kaiserlichem Vorbild 270

Reaktion auf Marcion: Altes und Neues Testament werden miteinander verbunden 272
Die lateinische Bibel 273

Spuren alter Texte: Die Codices 274
Der Codex Sinaiticus wird entdeckt 275

V Die Bibel in ihren jungen Jahren

Frühzeit der Kirche 279

Kirchenväter – die ersten christlichen Theologen 279
Sünde und Buße 280

Die Bibel und die Kirchen 283
Warum die Germanen Arianer wurden 283 – Weitere Übersetzungen 284

Das Christentum wird Staatsreligion 285
Kreative Weiterentwicklungen der Opferpraxis 287

Nebenwirkung eines Bibelzitats – das Mönchstum 288

Das Papsttum – Erzeugnis antiken Römergeistes 289

Die Bibel in der mittelalterlichen Theologie 291

Der philosophische Trieb erwacht 291
Der Universalienstreit: Von der Realität der Ideen 292

Der Kampf der Kirche gegen heidnische Kunst und Wissenschaft 294
*Bücher werden verbrannt, Kunstwerke zerstört 294 – Bibliotheken werden
geschlossen 295 – Mit den Büchern verschwindet die Bildung 296 – Bildungshunger
bei den Protestanten, Bücherverbote bei den Katholiken 297 – Warum Ideologien den
kritischen Blick erschweren 299*

Frühe Reformatoren erfahren den Hass der Kirche 299
John Wiclif, Johannes Hus und die ersten Religionskriege 299

VI Zeit der Differenzierungen

Die Bibel und die Reformation 305

Martin Luther und die Bibel 305
*Allein die Schrift ist für Christen maßgebend – aber der Sinn muss richtig erfasst
werden 305 – Die katholische Kirche stellt sich über die Bibel 306 – Orthodoxie bei
Lutheranern: Die Idee der wörtlich offenbarten Schrift 307 – Wie Martin Luther das
Übersetzen verstanden hat 308*

Die Protestanten und die Schriftauslegung 310
*Die Bibel wird verzettelt 310 – Das rechte Wort zur rechten Zeit – und wie die EKD
das begründet 311 – Der Hundertjährige Kalender als Modell 312*

**Geburt der Reformierten Kirchen:
Ulrich Zwingli und Johann Calvin** 312
Ein Gottesstaat in Genf 313

Krieg im Namen Gottes 314

Die Aufklärung und die Antworten der Kirchen 315
*Das Dogma von der Unfehlbarkeit des Papstes 316 – Anfänge kritischer Bibel-
forschung: Strauss, Schweitzer und Harnack 317 – Katholische Grenzen des Bibel-
studiums 318*

Bekenntnisbewegung kontra Forschung 319
*Antwort auf den Nationalsozialismus: Protestantischer Fundamentalismus 319 –
Anfänge einer Entmythologisierung der Bibel 320*

VII Die Bibel und ihre Leser

Die Heilige Schrift und die Leichtgläubigen 325

Am 30. Mai … 325
Das Tausendjährige Reich und seine Zeugen 325 – Der Zustand der Verzückung 327

Schamanen und Pfingstler 328

Das Gelobte Land 329
Der Antisemitismus der christlichen Zionisten 329

Die Bibel als Wegbereiterin des Aberglaubens 330
Die Suche nach einem Mindestmaß an Gewissheit 331 – *Wunder: Eine Frage der Deutung* 332 – *Wie sich Körper-Erfahrungen als Einbildung erweisen* 333

Die EKD und die Fundamentalisten 335

Auf der Suche nach dem Geist 337
Biblische Rituale: Die Taufe 338

Das Abendmahl: Widerspruch der Theologie 339

Mission: Frohe Botschaft und Gewalt 342
Die angeblich stille Sehnsucht der Indianer 344 – *Kolonisieren heißt missionieren* 345

Biblische Rituale als Sakramente 347

Gott als Bild – Bilder von Gott 348

Die Bibel – heute 349
Ausdruck aller Bemühungen, die Welt zu verstehen 349 – *Die Deutungen der biblischen Autoren sind zeitbedingt* 350 – *Jesus – der wichtigste Deuter Gottes und des Alten Testaments* 352

Fazit 353
Jesus war kein Christ – Petrus war nicht katholisch 354 – *Die Bibel befreit vom ›finsteren Mittelalter‹ in uns* 354

Anhang
Literatur- und Abbildungsverzeichnis 359
Karten und Tabellen 364
Übersichtskarte mit heutigen Staatsgrenzen 364
Israel und Juda zur Zeit des Alten Testaments 365
Palästina zur Zeit des Neuen Testaments 366
Wichtige Ereignisse der Geschichte Israels im Überblick 367
Die Kanonisierung der Bibel im Überblick 370
Wichtige Textfunde zur Bibel und berühmte Bibeln 373
Deutsche Bibelübersetzungen vor Luther 377
Begriffs- und Personenregister 379

Vorwort

Die Bibel und ihre Geschichten sind aus der westlichen Kultur nicht wegzudenken. Im Gegenteil, das ›Buch der Bücher‹ bestimmt Denken und Fühlen, ja sogar selbst die Sprache derjenigen, die noch nie in der Heiligen Schrift gelesen haben. Auch sie kennen wohl die babylonische Sprachverwirrung, sie bekommen schon mal eine Hiobsbotschaft und wissen dann weder aus noch ein. Sie waschen ihre Hände in Unschuld. Sie wollen nicht um ein Jota abweichen von dem, was einmal festgelegt ist. Sie wissen: Wer andern eine Grube gräbt, fällt selbst hinein, und sie wissen auch: Unrecht Gut gedeihet nicht. Sie kennen die Maxime: Du sollst deinen Nächsten lieben wie dich selbst. Das sind alles Redewendungen aus der Bibel.

Viele Menschen hierzulande sind bereits mit dem Alten und Neuen Testament aufgewachsen. Ihnen sind die biblischen Geschichten natürlich vertraut. Sie wissen von Adam und Eva im Paradies und von Noah in der Arche, kennen Maria und Josef, Ochs und Esel und das Jesuskind in der Krippe. Sie wissen, dass Jesus am Karfreitag am Kreuz gestorben ist, und feiern an Ostern seine Auferstehung von den Toten. Sogar die merkwürdigsten biblischen Bilder sind ihnen mit der Zeit so selbstverständlich geworden, dass sie diese fraglos annehmen. Das ist so ähnlich wie mit einem sehr vertrauten Menschen, etwa Vater oder Mutter. Deren Eigenarten nimmt ein Kind ebenfalls als selbstverständlich hin. Es kennt ja nichts anderes.

Wer die Bibel liest, vielleicht sogar mit ihr lebt, kann sie zwar hoch schätzen und sogar lieben lernen, aber ohne zusätzliche Kenntnisse nicht wirklich verstehen. Welcher Kirchgänger denkt sich zum Beispiel etwas dabei, wenn der Pfarrer am Ende des Gottesdienstes nach traditioneller Art den Segen Gottes erbittet, so wie es im Vierten Buch Mose steht (Num 6,24–25): »Der Herr segne dich und behüte dich, der Herr lasse sein Angesicht leuchten über dir …« Hier müsste er eigentlich zögern. Denn er betet zum altorientalischen Sonnengott, dessen ›Angesicht‹ in Gestalt der Sonnenscheibe leuchtet. Der HERR Gott der Juden und Christen (und auch der Muslime) hat nämlich im Laufe seiner irdischen Geschichte viele Bilder in sich vereint. Unter anderem die eines Sonnengottes und solche eines Sturmgottes. Wer nur den Text der Bibel liest, kann dies nicht erkennen. Denn hier ist im Laufe ihrer Geschichte vieles bis zur Unkenntlichkeit geglättet worden. Und gerade das zu erfahren, ist ein spannender Prozess. Er macht die Bibel damit nicht weniger wichtig, wohl aber glaubwürdiger. Denn sie ist nun einmal nicht vom Himmel gefallen, sondern hat eine Geschichte, die zu verstehen sich lohnt.

Seit zweitausend Jahren hilft das Buch der Bücher Menschen, in ihrem Leben Sinn zu finden und diesem eine Richtung zu geben. Beim Alten Testament, der Bibel der Hebräer, ist das noch ein paar Jahrhunderte länger der Fall.

Die Bücher der Bibel wurden und werden allerdings auch dazu benutzt, um im Namen des HERRN Politik zu machen oder zumindest Politik zu deuten. Dies geschieht vordergründig im Interesse der Moral. In Wahrheit geht es immer auch um Macht. Mit der Bibel kann man Vieles begründen, aber auch das Gegenteil. Denn die Welt ist so komplex, dass tatsächlich oft genug das Gegenteil einer Aussage ebenfalls wahr ist. Kurzum, es reicht nicht, die Bibel nur zu lesen, wie der Pfarrer die Weihnachtsgeschichte: Alle Jahre wieder. Einen Menschen lernt man ebenfalls nicht ›vom Anschauen‹ kennen. Man muss, um ihn besser zu verstehen, seine Biographie kennenlernen. Das gilt auch für die Bibel und ihre Biographie.

Einleitung

Die Bibel ist das wirkmächtigste Buch der Weltgeschichte. Wie jedes Geschöpf hat es eine Familie. Als Eltern verstehen Juden und Christen Gott-Vater und den Heiligen Geist. Daneben gibt es noch sehr viel weitere Verwandtschaft.

Wie jedes Geschöpf hat auch die Bibel eine Biographie, ihre Vorgeschichte, ihre Entstehungsgeschichte sowie die andauernde Lebensgeschichte. Wie jedes Geschöpf hinterlässt die Bibel Spuren, ihre Wirkgeschichte und die Geschichte von Nebenwirkungen. Und weil der Mensch gezwungen ist, sich die Welt zu deuten, um sie zu verstehen, Missverständnisse und Fehlinterpretationen eingeschlossen, hat auch die Bibel ihre Deutungsgeschichte. Alle diese Geschichten ergeben eine Biographie, eine Lebensgeschichte zu Lebzeiten.

Mit der Bibel kann es einem gehen wie mit dem eigenen Vater: Man liebt ihn und versteht sich mit ihm anscheinend ohne jede Diskussion. Ein Idealfall. Es kann aber auch sein, dass man den Vater nicht versteht, vielleicht gar nicht kennt, ihn aber kennenlernen und verstehen möchte und um dieses Verständnis ringt. Weil man weiß, es ist wichtig auch für das eigene Leben. Das ist besonders schwer, wenn der Vater nicht mehr lebt. Dann ist man neben der eigenen Erinnerung auf Zeugenaussagen angewiesen, auf das Finden und Deuten von allerlei Spuren.

Eine Analogie, gewiss. Tatsächlich ist der Umgang mit der Bibel heute für einige Menschen selbstverständlich wie eh und je. Das heißt aber nicht, dass diese Menschen die Bibel verstehen. Andere tun sich ohnedies schwer damit. Und unter diesen gibt es wiederum solche, die neugierig sind. Die das Gefühl haben, es gebe hier etwas

Wichtiges, das man verstehen möchte. Diesen soll die Biographie der Bibel eine Hilfe sein.

Die Existenz der Kirchen hat dafür gesorgt, dass die Bibel weltweit seit 2000 Jahren fast immer und fast überall für jedermann greifbar ist. Man muss sie freilich lesen lernen. Denn die Heilige Schrift hat es in sich: Sie kann Menschen helfen, ihr Leben zu bewältigen. Sie hat Menschen zu Helden und Heiligen gemacht. Sie kann aber auch Werkzeug dazu sein, die Menschen für dumm zu verkaufen. Auf die Bibel, den Teil, den wir heute Altes Testament nennen, hat sich Jesus berufen. Auf die um das Neue Testament erweiterte Bibel haben sich aber auch die Kreuzritter und die sie befehligenden Päpste bezogen. Darauf berufen sich weiterhin Menschen, die andere im Namen Gottes verfolgen. Darauf berufen sie sich, wenn sie *ihre* Wahrheit als *die* Wahrheit propagieren.

Die Bücher der Bibel wurden schon von ihren Verfassern mit jeweils unterschiedlicher, aber bestimmter Zielsetzung geschrieben. Und das Ziel war nicht, die Geschichte möglichst faktengenau zu dokumentieren, sondern sie – oft ohne Rücksicht auf die Fakten – zu deuten. Es hat lange gedauert, bis die Theologen das verstanden haben. Die Fundamentalisten unter ihnen begreifen es bis heute nicht.

Tatsächlich hat die intensive wissenschaftliche Auseinandersetzung mit dem Buch der Bücher in den letzten Jahrzehnten dazu geführt, dass wir die Bibel auf ganz andere Weise verstehen können, als dies früheren Generationen möglich war. Gleichzeitig ergeben die Erkenntnisse der Wissenschaften, die sich um das Verständnis dessen bemühen, was da in unserem Kopf passiert, wenn wir zu verstehen suchen, eine neue, darüber hinausgehende Interpretationsebene. Sie hat damit zu tun, dass wir begreifen können, wie und inwiefern wir uns Bilder von der Welt machen müssen, die aber nicht die Welt sind, sondern eben Welt-Bilder. Auch in diesem Buch bemühe ich mich, die Konsequenzen naturwissenschaftlicher Erkenntnisse für unser Weltbild aufzuzeigen und mit den Erkenntnissen der historisch-kritisch forschenden Geisteswissenschaftler zu verbinden.

I

Die Vorgeschichte

Hilfsmittel

Die Namensgebung

Ein Kind bekommt nach seiner Geburt einen Namen. Das gilt auch für die heiligen Schriften der Christen. In ihrem Fall geschah dies allerdings recht spät und in einem komplizierten Prozess. Namensgeber für die »Bibel« ist die phönizische Hafenstadt Byblos, heute Dschubail im Libanon. Im alten Griechenland hat man den Bast, der aus der ägyptischen Papyrusstaude gewonnen wurde, vornehmlich aus Byblos importiert und zu Papierrollen verarbeitet. Die Griechen nannten das verarbeitete Rohmaterial Byblos. Das davon abgeleitete byblion, dessen y, wie der Duden erklärt, an das nachfolgende i assimiliert wurde, entwickelte sich zu biblion, das heißt Papierrolle oder Buch. Daraus wurde klassisch-griechisch biblos. Kirchenlateinisch wiederum entstanden daraus im Plural biblia, Bücher; nämlich die Bücher des Alten und Neuen Testaments. Betont hat man das Wort auf der letzten Silbe, *biblía*. Mittelhochdeutsch entwickelte sich daraus *biblie,* und daraus wurde die Bibel, *das* Buch. Und wenn heute auch die Bibeln, die in der Kirche oder im Nachtkasten eines Hotelzimmers ausliegen, weder aus Papyrus hergestellt noch auf Rollen gedruckt sind: Der Name hat sich erhalten.

Die Ahnen

Die »Heilige Schrift« der Christen besteht aus dem Alten Testament, also der hebräischen Bibel, und dem Neuen Testament, den Schriften der Evangelisten und Apostel. »Das Alte Testament ist ein durch und durch theologisches Buch und literarisches Kunstwerk. ... Bei den Büchern der Hebräischen Bibel handelt es sich um eine Sammlung von Literaturen, die bestimmten Meinungen, Überzeugungen und Tendenzen verpflichtet sind und versuchen, ihren Adressaten diese Überzeugungen nahe zu bringen.« So formuliert es die Alttestamentlerin Angelika Berlejung von der Universität Leipzig (1).

Die Verfasser der Bücher des Alten Testaments haben sich der Hilfsmittel ihrer Zeit bedient. Sie waren insbesondere mit den Kulturen im Raum von Euphrat und Tigris sowie Ägyptens vertraut. Das 1. Buch Mose, auch *Genesis* genannt, weil es die Schöpfungs- und die Paradiesgeschichte erzählt sowie die der Sintflut, gehört zu den jüngeren Texten. Man nennt sie »Priesterschrift« und nimmt an, dass sie von Priestern verfasst wurde, in ihrer Gesamtkomposition vermutlich um 515 vor Christus, nach Rückkehr aus dem babylonischen Exil. Wesentliche Teile der Genesis sind freilich nichtpriesterlichen Ursprungs und waren ursprünglich eigene Erzählungen. So die Paradieserzählung und die Geschichte von Noah, der in der selbstgebauten Arche die Sintflut überlebte. Die nichtpriesterlichen Verfasser kannten seinerzeit auch das *Gilgamesch-Epos*. Denn ein in Palästina gefundenes Fragment davon zeigt uns heute, dass diese Geschichte dort bereits Mitte des 2. Jahrtausends vor Christus bekannt war.

Ein gewisser Sinleqe-unninni, der vermutlich gegen Ende des zweiten vorchristlichen Jahrtausends lebte, hat seine Version von Gilgamesch notiert, dem Erbauer des Schutzwalls um die erste Großstadt der Welt, Uruk, im Zweistromland zwischen Euphrat und Tigris. Der historische Gilgamesch hat vermutlich bereits um 2650 gelebt. Noah hieß ursprünglich Ut-napishti und war König von Shuruppak, einer nordöstlich von Uruk gelegenen Stadt. Sinleqe-unninni fügte in sein »Gilgamesch-Epos« die Geschichte von Noah und der Sintflut ein. Damit schockierte er dreitausend Jahre später die christliche Welt.

Noahs Vorgänger wird entdeckt

Die Wiege der menschlichen Kultur, das Zweistromland, war bis vor etwa 200 Jahren vom Rest der Welt vergessen. In den USA hat sich dies bis zum Beginn des Irak-Abenteuers von George W. Bush 2003 kaum geändert.

Anders in Europa. Hier ließen sich im 19. Jahrhundert Männer von den Erinnerungen an sagenhafte Kulturen im alten Orient begeistern und brannten darauf, diese wiederzuentdecken. So gelang es dem deutschen Kaufmann Heinrich Schliemann aus Neubukow 1868, Troja aufzuspüren. Der Brite Sir Austen Henry Layard hatte in London mit einer Ausbildung zum Anwalt begonnen, die ihn aber offensichtlich nicht befriedigte. Eigentlich wollte der 22 Jahre alte angehende Jurist in der Verwaltung von Ceylon (Sri Lanka), das zum britischen Kolonialreich gehörte, eine Stelle antreten.

Layard nahm, um dorthin zu gelangen, zunächst den Landweg über Kleinasien und Syrien nach Mosul am oberen Tigris, wo er anno 1840 eintraf. Im selben Jahr wurde nahe London ein gewisser George Smith geboren, von dem gleich noch die Rede sein wird. Henry Layard machte von Mosul aus einen Ausflug mit dem Floß und besuchte die Ruinen von Nimrud auf der gegenüberliegenden Seite des Tigris. Er träumte davon, hier einmal das biblische Ninive zu finden. Ceylon war damit vergessen. Zunächst aber unternahm er inoffizielle diplomatische Missionen im Auftrag des britischen Botschafters im Osmanischen Reich. 1845 kehrte der junge Mann nach Mosul zurück und begann, von dem Mäzen Sir Straford Canning unterstützt, mit Ausgrabungen im Tell Nimrud.

Hier stieß er auf den Palast des assyrischen Herrschers Assurbanipal (circa 668–627 vor Christus). Dieser hatte eine gewaltige Bibliothek mit Keilschrift-Zeichen beschriebener Tontafeln angelegt. Bevor anno 612 fremde Eroberer den Palast in Brand setzten, verwüsteten sie die Bibliothek und zerschlugen viele Tontafeln. Layard fand immer noch 26 000 dieser Tafeln sowie ihrer Bruchstücke und schickte sie an das Britische Museum in London.

Dort beschäftigte sich später als Erster ein Laie damit, der ehemaliger Banknotengraveur und eben erwähnte George Smith. Smith hatte sich als Autodidakt zum Assyriologen fortgebildet und war inzwischen Assistent der Abteilung für orientalische Antiquitäten geworden. 1872 stieß er bei der Sichtung der Layard'schen Funde auf eine Sensation. Er fand die am besten erhaltenen Fragmente des *Gilgamesch-Epos*, die eine in ganz anderem Zusammenhang bekannte Geschichte erzählen, nämlich die der Sintflut. Er berichtete darüber öffentlich, in Anwesenheit des britischen Premierministers. Die Sache erregte so viel Aufsehen, dass der *Daily Telegraph* eine Expedition von Smith nach Ninive sponserte. Er sollte dort die fehlenden Bruchstücke der Flut-Geschichte suchen – und fand sie bereits am fünften Grabungstag unter 384 Fragmenten.

Smith hatte nicht nur Geschick und Glück. Die Bibliothekare von Assurbanipal hatten ihm 2500 Jahre zuvor mit ihrer Sorgfalt die Arbeit ein wenig erleichtert. Sie hatten nämlich die Tafeln mit dem Gilgamesch-Epos nummeriert. Und auf der 12. Tafel hatten sie eigens vermerkt, dass dies die letzte mit dem Epos sei. Den Fund auszuwerten dauerte länger, genauer gesagt: Es dauert noch immer

Die »Sintflut-Tafel« des Gilgamesch-Epos (Tafel 11), auf der die Geschicke des ›mesopotamischen Noah‹ Ut-Napishti und seiner Frau während der großen Flut geschildert werden.

an. Der Übersetzer und Kommentator des Epos, Stefan M. Maul, verweist darauf, dass bis heute die philologische und »ganz grundlegende« Arbeit am Mythos noch nicht abgeschlossen sei (2).

Der Babel-Bibel-Streit

Es dauerte nach dem Auffinden der Tafeln noch ein paar Jahre, bis, nunmehr in Deutschland, eine heftige Diskussion über die theologischen Konsequenzen der Entdeckung entbrannte, die als der sogenannte Babel-Bibel-Streit in die Geschichte eingehen sollte. Anlass war ein öffentlicher Vortrag des Assyriologen Friedrich Delitzsch am 13. Januar 1902 in Gegenwart von Kaiser Wilhelm II. vor der Deutschen Orientgesellschaft in Berlin. Delitzsch verkündete die Theorie, die jüdische Religion und das Alte Testament hätten ihre Wurzeln im Zweistromland an Euphrat und Tigris. In dieser Verallgemeinerung ist die These sicher falsch, wie wir heute wissen. Der Assyriologe wurde deshalb massiv von konservativer christlicher und jüdischer Seite angegriffen. Raoul Schrott, der eine Neuübersetzung der Texte des Gilgamesch-Epos vorgelegt hat (3), beschreibt den eigentlichen Grund für die Aufregung über den Fund am Tigris so: »… die Autorität der Bibel als Zeugnis göttlicher Offenbarung war damit ein für allemal im wahrsten Sinne des Wortes untergraben: das Wort Gottes war nichts als die Abschrift eines mesopotamischen Textes.«

Man kann das so deuten. Aber nur, wenn man die Bibel zuvor als wörtlich von Gott offenbart verstanden hat. Das aber ist im Lichte historisch-kritischer Forschung blanker Unsinn.

Die Sintflut-Sage ist unter den eingeborenen Völkern weltweit verbreitet. Bereits im Jahre 1925 hatten Wissenschaftler 268 davon handelnde Berichte zusammengetragen: von einer Flut, einer Überschwemmung, einer Tränenflut, einem Blutstrom und so weiter. Viele Details, etwa der Regenbogen als Zeichen der Versöhnung mit der Gottheit, stimmen mit dem biblischen Sintflutbericht überein – oder sind den örtlichen Gegebenheiten entsprechend verändert worden. So ist bei den Michoacán in Mexiko nicht wie in der

Bibel von einer Taube die Rede, sondern von einem Geier. Und am Ende landet hier die Arche nicht, wie im Buch Genesis, im Gebirge Ararat in der heutigen Türkei, sondern auf dem Berg von Colhuacan (Johannes Riem, *Die Sintflut,* Agentur des Rauhen Hauses, Hamburg, 1925). Einfältige christliche Fundamentalisten nehmen die Geschichte wörtlich, und Geschäftemacher wollen Aufsehen erregen mit der Behauptung, die Arche im Gebirge Ararat gefunden zu haben.

Für die Verfasser der biblischen Noah-Geschichte war die Keilschrift-Vorlage aus dem Gilgamesch-Epos Material, das sie benutzten, um damit ihre Deutung des Wirkens Gottes in der Welt vorzulegen. Wenn es um das Material geht, das die Verfasser für ihre Deutungen verwendet haben, zählt Gilgamesch zu den Ahnen der Bibel, oder in einem anderen Bild: Das Gilgamesch-Epos gehört zum ältesten Baumaterial. In der babylonischen Sintflutgeschichte spielen, wie man heute weiß, mindestens vier Gottheiten eine wichtige Rolle: der Gott der rechten Ordnung, Enlil, der Wetter- und Sturmgott, Hadad, der Gott der Weisheit, Ea, und die Muttergöttin, Ischtar. In der biblischen Version übernimmt Gott alle diese Rollen, was dazu führt, dass er »ziemlich inkohärent« wirkt, wie der Alttestamentler Othmar Keel von der Universität Fribourg sagt.

Das »älteste Buch der Menschheit« ist ziemlich jung geworden

Die Entdeckungen des Alten Orients, Ägypten eingeschlossen, haben dafür gesorgt, dass die Bibel innerhalb von hundertfünfzig Jahren vom ›Ältesten Buch der Menschheit‹ zu einer verhältnismäßig jungen Erscheinung geworden ist. »Der größte Teil ihres Inhalts ist von den Anfängen der altorientalischen Hochkulturen ebenso weit entfernt wie von uns«, so Othmar Keel, nämlich circa 2500 Jahre (4). Das heißt: Die Bibel hat eine uralte Vorgeschichte, ohne die sie nicht zu verstehen ist. Erst wenn man gewissermaßen die Familiengeschichte kennt, kann man sie verstehen und wie bei einem Individuum erkennen, was an ihr einzigartig ist.

Wer einen Menschen sehr gut kennenlernen will, darf sich nicht allein auf den Augenschein verlassen, auch nicht allein darauf, was dieser sagt. Er muss nicht nur die Sprache des anderen verstehen, sondern auch, was dieser mit Worten und Sätzen in welchem Zusammenhang meint. Er muss seinen biographischen und sozialen Hintergrund kennen. Er muss versuchen, bewusste und unbewusste Antriebe und Motive zu deuten. Analog gilt dies alles auch für die Bibel.

II

Das Alte Testament

Heilige Schriften der Hebräer

Das Alte Testament ist die Bibel der Hebräer. Auch Jesus, seine Jünger und die ersten Christen kannten keine andere Heilige Schrift. Sie ist ursprünglich großenteils auf Hebräisch, zum kleinen Teil auch auf Aramäisch aufgeschrieben worden. Die hebräische Bibel, auch *Tanach* oder *Tenakh* genannt nach den Anfangsbuchstaben ihrer Hauptteile, besteht aus der *Tora,* das sind die fünf Bücher Mose (auch *Pentateuch* = fünf Buchrollen genannt), den Büchern der Propheten sowie den Schriften (*Ketuvim*). Im Alten Testament der Christen sind die einzelnen Bücher teilweise anders angeordnet.

Die hebräische Bibel – auch auf Griechisch

Die hebräische Bibel haben schon im Altertum viele Juden in der Diaspora, also außerhalb Israels, nicht lesen können. Denn die Sprache der Welt war damals Griechisch. Deshalb wurden die hebräischen und aramäischen Teile der Heiligen Schrift zunächst ins Griechische übersetzt. Man verwendete dabei anscheinend ältere und neuere Fassungen der biblischen Bücher. So entstand die *Septuaginta.* Das heißt auf Lateinisch siebzig (als Zahl LXX geschrieben). Nach der Legende haben 70 oder 72 jüdische Schriftgelehrte diese Übersetzung für die Bibliothek in Alexandria zur Regierungszeit von Ptolemäus II. (283–247 vor Christus) geschaffen. Tatsächlich ist sie während eines sehr viel längeren Zeitraums, nämlich im 3. und 2. Jahrhundert, in Alexandria entstanden.

Im 1. Jahrhundert nach Christus lasen Juden und Christen gemeinsam die griechische Septuaginta. Sie hatten den Urtext dem damals vorherrschenden hellenistischen Weltbild angenähert. Es gibt nämlich keine Eins-zu-eins-Übersetzung, wie jeder Dolmetscher weiß. Von den Übersetzungen der Bibel wird noch die Rede sein. Die Bibel Martin Luthers spricht von Gott oder Gott dem HERRN, wo tatsächlich vielerlei Götter gemeint sind. Das kann der Leser der Luther-Bibel freilich nicht erkennen. Und er kann ebenso wenig sehen, dass verschiedene Namen denselben Gott meinen, dessen Urbild der südlich von Palästina beheimatete Sturmgott Jahwe ist (die Alttestamentler schreiben nach hebräischer Weise nur mit Konsonanten Jhwh oder JHWH). Man kann die vier hebräischen Konsonanten Jhwh übersetzen mit »Er weht« oder »Er ist da«.

Die ersten Christen, die, wie ihr gekreuzigter Meister Jesus, Juden waren, verwendeten selbstverständlich weiter die griechische Septuaginta beziehungsweise die hebräische Bibel. Das ist eine Sammlung von ›Büchern‹ aus verschiedenen Zeiten. ›Der‹ Text des Alten Testaments ist also »ein abstraktes Gebilde« (1), das heißt, erst im Laufe der Zeit entwickelte sich die Vorstellung von »der Schrift« als einem konsistenten Werk.

Qumran: Ein Beduine findet die ältesten Bibelmanuskripte

Im Frühjahr 1947 machte ein junger Mann, Mohammed Ad-Dib (»der Wolf«), in der Nähe der antiken Ruinen von Qumran über dem Westufer des Toten Meeres im damaligen Jordanien eine Entdeckung, die weltweit Aufsehen erregte. Angeblich verfolgte er eine Ziege, die sich in der steinigen Wüste von Juda verirrt hatte. Al-

In solchen Höhlen waren die nach dem Zweiten Weltkrieg entdeckten Schriftrollen von Qumran, in Tonkrügen geschützt, versteckt worden. Schon Origenes wurden im 3. Jahrhundert Fundstücke aus Qumran gebracht, weitere Funde sind aus dem 9. Jahrhundert bezeugt, danach gerieten die Höhlen aber wieder in Vergessenheit.

lerdings gehörte Ad-Dib zum Beduinenstamm der Taamireh. Und seine Familie suchte professionell nach archäologischen Wertgegenständen, um diese dann zu verscherbeln. In einer Höhle fand Ad-Dib tatsächlich Tonkrüge, in denen antike Schriftrollen steckten. Der Syrer Khalil Iskander Schahin (»Kando«) kaufte ihm ein paar Rollen ab. Der Mann war eigentlich Schuster. Angeblich wollte er aus dem Material der Rollen, meist Leder aus Ziegen- oder Schafshäuten, Sandalen fertigen. Auch dies sehen Forscher heute, wie die Geschichte mit der Ziege, als Teil einer Entdeckungslegende, die wohl eher der Verschleierung als der Aufklärung dienen sollte (5).

Kando verkauft ein Jahr später vier Rollen an den syrischen Metropoliten, den Erzbischof von Jerusalem, Mar Athanasius Samuel. Er behält aber viele Fragmente, die er zeitweilig in seinem Garten versteckt. Auch dem jüdischen Gelehrten E. L. Sukenik werden Schriftschnipsel angeboten, und er erwirbt überdies drei Rollen für die Hebräische Universität in Jerusalem. Sukenik veröffentlicht darüber einen Bericht. Der syrische Metropolit bietet seine Erwerbungen für eine Million Dollar zum Verkauf an. Die wichtigsten Rollen von ihm landen zunächst in einem Schließfach des Waldorf Astoria

Eine Seite (Jes 57,5–59,9) aus der 7,3 Meter langen Jesaja-Rolle, die in den Höhlen von Qumran gefunden wurde und zu den ältesten erhaltenen Textquellen der Bibel gehört. Die Buchrolle stammt aus dem 2. Jahrhundert vor Christus.

Hotels in New York. Aber nun sind die Wissenschaftler alarmiert –
und natürlich auch allerlei Geschäftemacher. Bis 1956 werden in elf
Höhlen 800 Schriftrollen unterschiedlicher Länge und meist in nur
wenig gut erhaltenem Zustand entdeckt; dazu jede Menge Schnip-
sel, die oft nur wenige Buchstaben enthalten. Die Texte sind zumeist
in hebräischer Sprache gehalten. Man fand aber auch aramäische
und griechische Fragmente.

Ein Drittel aller Funde sind Abschriften biblischer Texte. Bis auf
das Buch Ester sind alle Schriften des Alten Testaments vertreten.
Besonderes Aufsehen erregte die aus der Zeit um 200 vor Christus
stammende, über sieben Meter lange, gut erhaltene Rolle mit dem
Buch Jesaja. Die Abschrift ist über tausend Jahre älter als alle bisher
gefundenen hebräischen Bibelmanuskripte.

Minimale Abweichung gegenüber dem heutigen Text

Allerdings sind die Abweichungen der Bibeltexte von Qumran gegenüber dem heute gebräuchlichen Text des Alten Testaments mi-
nimal, »sie liegen weit unter 10 %«, so der Heidelberger Theologe
Klaus Berger (5). Das ist insofern bemerkenswert, als sich innerhalb
der Überlieferung des griechischen Neuen Testaments etwa 140 000
Abweichungen finden, »hier gibt es also mehr Abweichungen als
überhaupt Wörter!« (5). Neben den biblischen Texten fanden sich
in den Höhlen Abschriften von bisher bekannten außerbiblischen
(*apokryphen*) religiösen Texten, aber auch nur hier überlieferte religiöse Zeugnisse, Hymnen und Segensworte sowie Orakeltexte, also
Produkte magischer Volksreligion. Die Rollen stammen überwiegend aus dem ersten vorchristlichen Jahrhundert, zum Teil aus dem
ersten Drittel des 1. nachchristlichen Jahrhunderts – also immer
noch vor dem Auftreten Jesu, zum geringen Teil aus dem 2. und in
Einzelfällen aus dem 3. Jahrhundert vor Christus (5).

Darüber erscheinen nach und nach diverse Publikationen. Bis
zum Jahre 1993 sind aber immer noch rund 200 Texte nicht pu-
bliziert. 1988 beginnt die Zeitschrift *Biblical Archaeological Review*
in den USA mit einer Kampagne, um die Publikation aller Texte

durchzusetzen. Das geschieht bis 1994 in englischer Sprache, 1995 folgt die deutsche Übersetzung. Damit werden alle Spekulationen über die *Verschlußsache Jesus,* so der Titel eines Bestsellers von Michael Baigent und Richard Leigh aus dem Jahre 1991, hinfällig. Bevor die Texte offengelegt wurden, gab es Mutmaßungen, in den Höhlen am Toten Meer seien neue Informationen über Jesus und das frühe Christentum gewonnen worden, die angeblich auf Druck des Vatikans verschwiegen werden sollten. Diese Gerüchte haben sich als falsch erwiesen.

Spekuliert wird trotzdem weiter. Man könnte nüchtern feststellen, dass es sich bei den 800 Buchrollen, die in einem Zeitraum von 300 Jahren kopiert worden sind, um einen »Querschnitt aus dem damaligen Judentum handelt« (5). Andererseits ist die Hoffnung allzu verführerisch, hier über die Bibel hinausgehende Informationen zu bekommen.

Spekulationen über eine Gemeinde in Qumran

Seit 1952 wurde in den Ruinen von Qumran unter Leitung von Roland de Vaux gegraben. Dieser starb jedoch 1953 und hatte nur einen vorläufigen Grabungsbericht veröffentlicht. Er hielt die Siedlung für eine klosterähnliche Anlage. Und er glaubte, die Bewohner seien auch die Produzenten und Besitzer der Schriftrollen gewesen. Diese Überlegungen wurden immer weiter zu einer Geschichte ausgemalt. Die Bewohner des ›Klosters‹, so die Vorstellung, hatten sich aus religiösen Gründen in die unwirtliche Gegend zurückgezogen, nachdem ihre Theologen am Tempel in Jerusalem entmachtet worden waren. Die Qumran-Leute, von einem »Lehrer der Gerechtigkeit« gegründet, waren von sehr asketischen Vorstellungen geprägt. Sie glaubten in der »Endzeit« zu leben und verstanden sich als Gnostiker; etwas vereinfacht ausgedrückt, als Menschen mit göttlicher Seele in irdischem Leib. Von gnostischen Vorstellungen wird später noch mehr die Rede sein.

Die Theologen kennen neben den in der Bibel genannten jüdischen Parteien der Pharisäer und Sadduzäer auch die von antiken

Schriftstellern erwähnten tief religiösen Essener. Manche Forscher vermuten nun, dass Qumran einst ein Zentrum der essenischen Bewegung war. Die Überlegung ist insofern interessant, als auch Johannes der Täufer, von dem noch die Rede sein wird, zumindest zeitweise den Essenern nahegestanden haben soll – und mit Johannes womöglich auch Jesus. Allerdings kommen die Essener im Neuen Testament nicht vor. Und zu dem Namen Essener »findet sich in keinem einzigen Dokument aus Qumran eine Entsprechung« (5). Der Theologe Klaus Berger meint, man solle die Qumran-Leute zurückhaltend als »religiös traditionell orientierte Juden« bezeichnen (5).

Die Spekulationen über Qumran sind ein Beispiel für das menschliche Bedürfnis, aus einem zufälligen Nebeneinander eine dem Zufall Bedeutung gebende Theorie zu machen. »Fast alle Daten sind aufgrund einer äußerst kühnen Kombinatorik erstellt worden, die kreuz und quer in älteren und neueren Qumran-Funden Anhaltspunkte für eine konkrete Geschichte suchte«, kritisiert Klaus Berger (5). Der katholische Neutestamentler hat viel Spott übrig für seine spekulierenden Fachkollegen, die sich bemühen, die 800 Rollen von Qumran als Selbstzeugnis *einer* Gruppe zu verstehen und sie auf eine gemeinsame theologische Linie zu zwingen: »Wenn christliche Exegeten dann unbefangen von einer ›Gemeinde‹ der Essener reden, fühlt der Leser sich unmittelbar in pietistische Distrikte Württembergs versetzt« (5). Der Begriff Gemeinde hat unter den bewusst ihre Frömmigkeit lebenden Pietisten einen besonderen Klang.

Im Zusammenhang mit der Entstehung der hebräischen Bibel ist nun bemerkenswert, dass die Qumran-Leute ältere – das heißt, nicht die bereits im Laufe der Geschichte revidierten – Fassungen der verschiedenen biblischen Bücher weiter verwendet hatten. Solche älteren Fassungen sind sogar in Alexandria als Vorlage für die Übersetzung ins Griechische, die Septuaginta, benutzt worden. Man begann zunächst damit, die fünf Bücher Mose, den Pentateuch, auch Tora (hebräisch: Lehre) genannt, zu übersetzen. Die weiteren Bücher wurden in den folgenden zwei Jahrhunderten ins Griechische übertragen.

Für eine weitere jüdische Gemeinschaft, die der Samaritaner (wir kennen sie nur noch aus Jesu Gleichnis vom »Barmherzigen Samariter«), waren die fünf Bücher Mose (der Pentateuch, das »Fünfrollenbuch«) die einzigen von ihnen akzeptierten biblischen Bücher. Für diese Gemeinschaft war auch nicht Jerusalem der Ort, wo Gott wohnte, sondern der Berg Garizim in Samarien. Übrigens ist keines der Bücher Mose tatsächlich vom legendären Mose geschrieben worden. Um 100 vor Christus ist der *Samaritanische Pentateuch* entstanden. Das ist der Text der Tora, den die Samaritaner in einer besonderen Form der althebräischen Schrift überliefert haben. Dieser Pentateuch war in den Höhlen von Qumran mehr oder minder genau bekannt.

Dazu sei ergänzend noch erwähnt, dass eine andere alte Fassung der hebräischen Bibel von der Mehrheit jener Juden, die den Krieg und die Zerstörung des Tempels in Jerusalem 70 nach Christus überlebt hatten, als alleingültig anerkannt wurde. Sie war die Grundlage für den sogenannten Masoretischen Text der hebräischen Bibel in seiner Endform im frühen Mittelalter. Der Name bezieht sich auf die Masoreten, jüdische Schriftgelehrte, welche die Papyrusrollen abschrieben. Sie vokalisierten den ursprünglich nur auf Konsonanten beruhenden Text und fügten ihre Anmerkungen (*Masora*) hinzu.

Folgenreiche Falschübersetzung: Wie Maria zur Jungfrau wird

Die gemeinsame Nutzung der Septuaginta von Juden und Christen fand im 2. Jahrhundert ein Ende. Und zwar, weil die Christen das griechische Alte Testament in ihrem Sinne interpretierten. Da aber die Juden nach der Zerstörung ihres Tempels im Jahre 70 nach Christus nur noch ihre Heiligen Schriften hatten, um ihre Identität zu bewahren, war für sie die Genauigkeit ihrer Übersetzung aus dem Hebräischen ins Griechische besonders wichtig. Deshalb schufen sie sich eine präzisere Fassung. Diese ersetzte in den Synagogen die Septuaginta. Die des Hebräischen Mächtigen empörten sich darüber, dass die Christen wichtige Formulierungen der

Septuaginta als Offenbarung Gottes in Anspruch nahmen, die jedoch einfach nur falsch aus dem Hebräischen ins Griechische übersetzt worden waren. Eine solche wichtige Stelle steht im Buch Jesaja (Jes 7,14). In der Übersetzung der Luther-Bibel heißt es getreu der Vorlage der Septuaginta:»Darum wird euch der HERR selbst ein Zeichen geben: Siehe, eine Jungfrau ist schwanger und wird einen Sohn gebären, den wird sie nennen Immanuel (das heißt: Gott mit uns).« Diese ›Jungfrau‹, so interpretierten die Christen, sei niemand anderes als die »Jungfrau Maria«, die Mutter Jesu. Tatsächlich ist im hebräischen Text nicht von einer Jungfrau die Rede, sondern von einer »jungen Frau«. So kam die »Jungfrau Maria« ins Glaubensbekenntnis von Nicäa aus dem Jahre 325, zu dem sich bis heute die Christen aller Konfessionen bekennen. Der Tag, an dem die Übersetzung der Septuaginta entstanden ist, sei für Israel so folgenschwer »wie der Tag des Goldenen Kalbes«. So zitiert der Neutestamentler Ulrich Wilckens »die Meinung unter führenden rabbinischen Lehrern« in alter Zeit (6).

Die Geschichte der Bibel ist die Geschichte ihrer Deutung – und diese Deutung ist manchmal weit entfernt von dem, was ursprünglich gemeint war. Im Januar 2009 (!) wurde erstmals eine Übersetzung der Septuaginta auf Deutsch vorgestellt. Daran hatten, unterstützt von der EKD, der katholischen Deutschen Bischofskonferenz, den orthodoxen Kirchen und der Allgemeinen Deutschen Rabbinerkonferenz, bis zu 80 Wissenschaftler zehn Jahre lang gearbeitet (7). Wie wir gesehen haben, ist allerdings bereits die Septuaginta selbst eine Deutung.

Geschichtsbücher

Gott und seine Familie

Das Alte Testament ist nicht nur das Buch der Geschichte des Volkes Israel und seines Gottes Jahwe. Sie ist für den, der sie im Lichte weiterer Erkenntnisse zu lesen versteht, auch die Geschichte der übrigen altorientalischen Götterwelt. Jahwe als Gott Israels kommt auf Inschriften im alten Orient seit dem 9. vorchristlichen Jahrhundert vor. Wahrscheinlich taucht der Name bereits sehr viel früher in einer ägyptischen Ortsnamensliste im Tempel des Pharao Amenophis III. (1379–1340 vor Christus) auf (8). Als seine Heimat gilt, wie unter anderem ägyptische Listen nahelegen, eine bergige Gegend im Nordwesten Arabiens. Jahwe, so Othmar Keel, sei von Süden nach Palästina gebracht worden. König David (circa 990–950 vor Christus) brachte schließlich den Jahwe-Kult nach Jerusalem.

Jerusalem ist als Stadt um 1700 vor Christus gegründet worden. Der Name besagt wahrscheinlich, dass Jerusalem die »Gründung

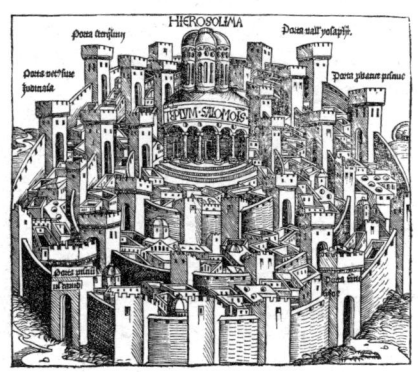

Jerusalem: Michael Wolgemuts Holzschnitt aus der Schedelschen Weltchronik *von 1493. In der Mitte der Stadt der nur aus der Bibel bekannte große Tempel Salomons.*

»Der HERR lasse sein Angesicht leuchten über dir«. Der Biblische Segen erinnert an den ägyptischen Sonnengott Rah, dessen Symbol der Skarabäus war. Der Gott Israels hat im Laufe der Zeit viele Gottheiten in sich vereint, darunter auch den Sonnengott.

Der ugaritische Sturm- und Wettergott Baal (ein Nachfahre des El), wichtigster der tausend Götter Vorderasiens, mit Donnerkeule und Blitzspeer, hier auf einer Stele aus dem 15.–13. Jahrhundert vor Christus, die am Baal-Tempel in Ugarit gefunden wurde. Die Ägypter setzten ihn mit Seth gleich. Auch er ist integriert worden in das Bild des biblischen Gottes Jahwe.

des Schalem« ist. Schalem und Schachar, ein kanaanäisches Götterpaar, bezeichnen die Abend- und die Morgengestalt der Sonne. Othmar Keel, auf den ich mich hier und im Folgenden beziehe, ist als Alttestamentler, Bibelwissenschaftler und Experte für altorientalische Kunst *der* Experte für diese Fragen. Nach über zwanzigjähriger Arbeit ist 2007 sein grundlegendes Werk mit fast 1400 Seiten Umfang erschienen (8).

Die Landbrücke, auf der, etwas abseits von den Hauptverkehrs-
strömen, Jerusalem entstand, verband die beiden ältesten Schrift-
kulturen der Menschheit, die sumerisch-akkadisch-keilschriftliche
Kultur Mesopotamiens, des Zweistromlandes an Euphrat und Tigris, mit der ägyptisch-hieroglyphischen Kultur des Niltals. Beide
Kulturen sind am Ende des 4. vorchristlichen Jahrtausends entstanden. Ihre Texte wurden »mindestens 2000 Jahre« (8) vor den ältesten Texten der Bibel niedergeschrieben.

Im »ersten, ausführlich schriftlich dokumentierten internationalen Friedensabkommen« (8) zwischen Pharao Ramses II. und dem
Hetiterkönig Chattuschili III. aus dem Jahre 1258 vor Christus steht,
dass unter den tausend Gottheiten Ägyptens der Sonnengott und
unter den tausend Göttern Vorderasiens der Wettergott der wichtigste war. »In Jerusalem genossen seit der Gründung der Stadt beide kultische Verehrung« (8). In der mittleren und späten Bronzezeit
(etwa 1700 bis 1200 vor Christus) spielte der ägyptische Sonnengott auch in Jerusalem eine wichtige Rolle. Sein Wahrzeichen, der
Skarabäus (eine Art Mistkäfer, der Kotkügelchen vor sich herrollt,
Symbol für die Bewegung der Sonnenscheibe), fand sich dort in
zahlreichen Nachbildungen. Neben ihm wurde der kanaanäische
Wettergott Baal in Jerusalem verehrt.

Eva – einst eine Göttin

Die dortige Götterwelt war allerdings keine reine Männergesell-
schaft. Ein Jerusalemer Stadtfürst, der im 14. vorchristlichen Jahrhundert mit dem Pharao im mittelägyptischen Amarna korrespondierte, nannte sich Abdi-Cheba, »Diener der Cheba«. Der Name der
Göttin Cheba lebt in der biblischen Eva (hebräisch *Chawwa*) weiter
(8). Eva trägt im Buch Genesis, dem 1. Buch Mose, den Göttinnen-
titel »Mutter alles Lebendigen«. Der Leser der Luther-Bibel in der
revidierten Fassung von 1984 kann dies freilich nicht mehr erkennen. Da heißt es in der Schöpfungsgeschichte: »Und Adam nannte
sein Weib Eva; denn sie wurde die Mutter aller, die da leben.«

Aschera, die »Mutter der Götter«, als Statue, etwa 650 vor Christus. Sie wurde oft als Kultpfahl oder stilisierter Baum verehrt. Die syrische/ugaritische Fruchtbarkeitsgöttin wird im Alten Testament etwa 40 Mal erwähnt und galt zeitweise als ›Ehefrau‹ Jahwes.

In biblischer Zeit war die Göttin Aschera in kanaanäischer Tradition »Mutter der Götter« (8). Im 9. und 8. vorchristlichen Jahrhundert werden im Norden und im Süden, den späteren Königreichen Israel und Juda, Jahwe und Aschera als »das führende Götterpaar« verehrt (1). Aschera ist im Alten Testament 40 Mal erwähnt, teils als Göttin, teils als »Kultobjekt, das aus Holz bestand und aufgestellt bzw. ausgerissen oder umgehauen und verbrannt werden konnte. Es wird zumeist als Baum, stilisierter Baum oder Pfahl vorgestellt« (1). Wie auch der ägyptische Gott Seth war Jahwe, so beschreibt es Keel, »ein befremdlicher und befremdender Gott«. Und zwar war Jahwe wie Seth »ein Sturm- und Kriegs- aber kein Wetter- und Fruchtbarkeitsgott, obwohl das heute oft behauptet wird«.

Wie aus Geschichte Geschichten werden

Johann Wolfgang von Goethe nannte einst seine Biographie *Dichtung und Wahrheit,* wissend, wie viel davon Deutung im Nachhinein war. Die Hälfte des Alten Testaments sind »Geschichtsbücher«. Sie beschreiben zugleich die Menschheitsgeschichte und die des späteren Volkes Israel. Die Geschichten, wie wir sie heute lesen, sind, so der Alttestamentler Jan Christian Gertz von der Universität Heidelberg (1), »Ergebnis eines rückblickenden Gestaltungswillens«. Das heißt: Diese Biographie entstand Jahrhunderte später als ein Gesamtentwurf aus Teilstücken, die aus unterschiedlichen Intentionen aufgeschrieben worden waren. Nach Gertz sind die Geschichten der Erzväter als ältester Teil nach dem Untergang des Staates Israel 722 vor Christus entstanden, die Urgeschichte nach dem Untergang des Staates Juda 587 vor Christus. Dazu kommen noch die ebenfalls nach 722 entstandenen Erzählungen von Mose und der Landnahme Israels. Aus alledem machten Theologen um 515 vor Christus das »Priesterschriftliche Geschichtswerk«.

Genesis. Das Erste Buch Mose oder von der Sünde

Die Erfindung der Welt und die Erfindung der Sünde

Im Buch Genesis erzählt die Bibel zwei Schöpfungsgeschichten – die Alttestamentler sprechen von dem priesterschriftlichen Schöpfungsbericht und der vermutlich etwas älteren nichtpriesterschriftlichen (also auf anderer Quelle beruhenden) Paradiesgeschichte. Beide Erzählungen widersprechen sich: In der ersten schuf Gott den Menschen am Ende »als Mann und Weib« (Gen 1,27) – in der Paradiesgeschichte erschuf er zunächst den Mann aus einem Lehmklumpen, und erst viel später eine Frau als dessen »Gehilfin« (Gen 2,18) aus der Rippe des Mannes.

In der ersten Geschichte war der Urzustand der Welt der eines Überschwemmungsgebietes. Und Gott sorgte dafür, »dass man das Trockene sehe« ... und nannte »das Trockene Erde« (Gen 1,9–10). Im zweiten Bericht entspricht der Urzustand dagegen dem der trockenen Steppe, denn »Gott der HERR hatte noch nicht regnen lassen« (Gen 2,5).

Im ersten Schöpfungsbericht heißt es: »Und Gott schuf den Menschen zu seinem Bilde, zum Bilde Gottes schuf er ihn; und schuf sie als Mann und Weib.« Und weiter: »Gott segnete sie und sprach zu ihnen: Seid fruchtbar und mehret euch und füllet die Erde und machet sie euch untertan ...« (Gen 1,27–28). Die Gottebenbildlichkeit ist hier eine positive Beschreibung des Menschen. Diese Vorstellungen gehören »ursprünglich in den Kontext altorientalischer Königsideologie, welche im König den Beauftragten der Gottheit sah« (1).

Sie werden hier zu einer anthropologischen Grundaussage umgeformt. Das heißt, die Gottesebenbildlichkeit gilt nicht nur für den König, sondern für jedermann.

In der zweiten Schöpfungserzählung dagegen beklagt Gott: »Siehe, der Mensch ist geworden wie unsereiner und weiß, was gut und böse ist« (Gen 3,22). Hier ist die Gottesebenbildlichkeit Ergebnis menschlichen Ungehorsams. Adam und Eva hatten verbotswidrig vom »Baum der Erkenntnis des Guten und Bösen« gegessen. Seither können sich die Juden wie die Christen aussuchen, ob sie die Vollkommenheit des Menschen bewundern oder seinen Größenwahn beklagen wollen. Allein im ersten Schöpfungsbericht fand Gott selbst seine Schöpfung »sehr gut«.

Auch die alten griechischen Götter sorgten sich, dass Menschen in ihren Machtbereich eindringen könnten – was mit dem biblischen Wissen »was gut und böse ist« gemeint ist. Die Griechen nannten den menschlichen Drang, seine eigenen Grenzen zu ermessen und gar zu überschreiten, *Hybris*. Diese Vorstellung hat allerdings eine eigene Entwicklungsgeschichte. Denn noch zu Zeiten des großen Dichters Homer im 9. vorchristlichen Jahrhundert war Hybris eher Übermut und die Warnung davor ein guter Rat, vorsichtig zu sein.

Die Menschen selbst erkennen ihre eigene Unvollkommenheit, seit sie darüber nachdenken, und sie wollen sie verstehen. So versuchen auch die Verfasser der biblischen Texte zu erklären, *warum* der Mensch so ist, wie er ist. Dazu dient ihnen die Geschichte der Vertreibung aus dem Paradies, wo die Ur-Eltern Adam und Eva alles vermasselt hatten.

Auch die Naturwissenschaftler denken über die Ursache für die Unvollkommenheit der Welt nach. Charles Darwin, der Entdecker der Gesetze der Evolution, kam zu der Erkenntnis: Die Welt und alle ihre Lebewesen sind deshalb so unvollkommen, weil sie in einer Evolution entstanden sind. Diese Erklärung ist nüchterner als die des biblischen Schöpfungsberichts. Adams Söhne und Töchter sind nicht nur »arme Sünder«, sondern auch ziemlich schlecht für diese Welt eingerichtet: Sie sind relativ wackelig auf den Beinen, sterben womöglich schon als Kinder, weil sich ihr nichtsnutziger Blinddarm entzündet hat, brauchen alsbald eine Brille, später vielleicht ein Hörgerät, verlieren ihre Haare, ihre Zähne, und am Ende womöglich noch ihren Verstand. Die eigene Unvollkommenheit ist natürlicherweise Teil der Unvollkommenheit der Welt. Und diese »ist bis heute das schlagkräftigste Argument für die Evolutionstheorie geblieben«, so Jutta Voss vom Max-Planck-Institut für Wissenschaftsgeschichte (9).

Spätwirkungen des Sündenmythos

Der Mythos von der ›Ursünde‹ des Adam zeitigt bis heute Wirkung. Und zwar deshalb, weil der Apostel Paulus den Kreuzestod Jesu als Wiedergutmachung von Adams Sündenfall interpretierte. Diese Deutung ist dann zweitausend Jahre lang zum Zentrum des christlichen Glaubens geworden. Paulus formulierte in seinem Brief an die Römer (Röm 5,12,18): »Deshalb, wie durch einen Menschen die Sünde in die Welt gekommen ist und der Tod durch die Sünde, so ist der Tod zu allen Menschen durchgedrungen, weil alle gesündigt haben. ... Wie nun durch die Sünde des Einen die Verdammnis über alle Menschen gekommen ist, so ist auch durch die Gerechtigkeit des Einen für alle Menschen die Rechtfertigung gekommen, die zum Leben führt.« Der erste »Eine« ist für Paulus Adam, der zweite »Eine« Jesus. Ich komme darauf noch zurück.

Man sieht hier, wie eng Altes und Neues Testament miteinander verzahnt sind. Der Ur-Grund dafür ist, dass die Jünger Jesu dessen für sie unbegreifliche Hinrichtung am Kreuz zu begreifen suchten. Weil sie alle fromme Juden waren, suchten sie in ihrer Bibel, dem Alten Testament, die Antwort auf ihre Frage. Allerdings verwendeten sie schon die griechische Septuaginta und nicht die hebräische Bibel. »Bereits Paulus lebte mit der LXX und seine Argumentation funktioniert oft nur aufgrund der LXX.« So Othmar Keel.

Die Frage, wie das Böse in die Welt gekommen ist, beschäftigt wohl seit Urzeiten den Menschen. Eine zufriedenstellende Antwort gibt es nicht. Doch die Suche danach hört nicht auf. Denn der

Mensch hat nun einmal das Bedürfnis, nach dem Warum zu fragen. Es resultiert aus der Notwendigkeit, die Welt, die er mit seinen Sinnesorganen nur unvollständig wahrnehmen kann, zu deuten. Das geschieht, indem der Mensch sich Bilder von der Welt macht, die jedoch nicht die Welt sind, was er wiederum leicht verwechselt. Ich habe das an anderer Stelle genauer beschrieben (10).

Gott ist ungerecht, die Menschen sind böse

Im biblischen Mythos begann die Urgeschichte mit einem Mord. Der Sohn Adams und Evas, Kain, erschlug seinen älteren Bruder Abel. Der Grund: Eifersucht. Denn Gott »sah gnädig an Abel und sein Opfer, aber Kain und sein Opfer sah er nicht gnädig an« (Gen 4,4–5). Die Schöpfungsgeschichte gibt keine Antwort darauf, warum Gott so ungerecht war. Wohl aber begründet Gott später die Sintflut mit der Bosheit der Menschen: »Als aber der HERR sah, dass der Menschen Bosheit groß war auf Erden und alles Dichten und Trachten ihres Herzens nur böse war immerdar, da reute es ihn, dass er die Menschen gemacht hatte auf Erden, und es bekümmerte ihn in seinem Herzen, und er sprach: Ich will die Menschen, die ich geschaffen habe, vertilgen von der Erde …« (Gen 6,5–7). Und zwar alle, bis auf einen Gerechten, Noah. Den ließ der HERR samt Familie, Vieh und allen anderen Tieren die Sintflut in der Arche überleben, um am Ende gewissermaßen den Menschen so zu nehmen, wie er ist (Gen 8,21): »Ich will hinfort nicht mehr die Erde verfluchen um der Menschen willen; denn das Dichten und Trachten des menschlichen Herzens ist böse von Jugend auf.« Und dann segnet er Noah und seine *Söhne.* Im Gilgamesch-Epos segnet nach der Flut Enlil, der Herrscher über die Erde und Ratgeber des höchsten Gottes Anu, den mesopotamischen »Noah«, Ut-napishti, und seine *Frau.*

　　Der Mörder Kain musste zwar fortziehen und sich einen neuen Lebens- und Kulturraum erschließen. Aber rechtlos war er nicht. Die Genesis zitiert den HERRN mit dem Satz (Gen 4,15): »… wer Kain totschlägt, das soll siebenfältig gerächt werden. Und der HERR machte ein Zeichen an Kain, dass ihn niemand erschlüge, der ihn fände.« So entstand das Kains-Mal. Damals gab es zwar neben Kain und seinen Eltern noch keine Menschen auf der Welt. Aber ein Mythos muss nicht logisch sein. Die Verfasser der Geschichte haben damit auch nicht, wie man denken könnte, den Rechtsstaat erfunden. Hammurabi, König von Babylonien (1728–1686 vor Christus) und Herrscher über ganz Mesopotamien, kodifizierte seinerzeit bereits das damals offenbar längst entwickelte Straf-, Zivil- und Handelsrecht. Der *Codex Hammurabi,* die wichtigste Gesetzessammlung des Alten Orients, wurde 1902 in Susa im Zweistromland auf einer Diorit-Stele eingemeißelt gefunden, die heute im Louvre in Paris steht.

Keine Spuren, sondern literarische Figuren:
Die Erzväter und -mütter

Der Erzvater Abraham gilt Juden, Christen und Muslimen als Stammvater des Glaubens. Das Buch Genesis beschreibt Abraham als Vater von Isaak und Isaak als Vater von Jakob sowie dessen ein bisschen älterem und weniger glücklichem Zwillingsbruder Esau. Allerdings wissen die Theologen bereits seit dem 19. Jahrhundert, dass Abraham, der erste der drei Patriarchen, wohl »die jüngste Figur in dieser Gesellschaft und wahrscheinlich erst verhältnismäßig spät seinem Sohn Isaak vorgesetzt« worden ist (1). Die älteste Geschichte aber ist die des jüngsten Patriarchen Jakob. Dieser betrügt seinen Bruder Esau um das Erstgeburtsrecht und den Segen des Vaters. Aber Segen ist Segen, und so bleibt Jakob der Gesegnete und Esau der ohne Angabe von Gründen Verworfene.

Die Geschichten der drei Erzväter und ihrer Familien sind nach dem historisch-kritischen Befund unabhängig voneinander komponiert worden; die älteste Geschichte, die von Jakob, ist im »Nordreich«, das heißt in Israel, vermutlich nach dessen Untergang und Umwandlung in eine assyrische Provinz, anno 722 vor Christus, aufgetaucht. Es ist wohl so, dass sich das Volk Israel in schwierigen Zeiten besonders intensiv mit seiner Herkunft auseinandersetzte.

Die Geschichten von Isaak, sowie noch später die von seinem Vater Abraham, entstanden danach im »Südreich«, in Juda. »Die Erzählzyklen wurden ursprünglich eigenständig überliefert, sie wurden sukzessive miteinander zur Vätergeschichte verbunden und erweitert« (1). Und so kamen sie dann ins Erste Buch Mose.

Erst in den vergangenen Jahrzehnten wurde deutlich, dass die »Erzväter« – politisch korrekt reden Theologen neuerdings von »Erzvätern und Erzmüttern« oder »Erzeltern« – literarische Figuren sind. Jahrzehntelang hatten im 20. Jahrhundert Archäologen nach Spuren der Väter gesucht. Die Begründung des französischen Dominikaners und Ausgräbers von Qumran in den 1950er Jahren, Roland de Vaux: »Wenn sich der historische Glaube Israels nicht auf Geschichte gründet, ist solch ein Glaube und daher auch unser Glaube falsch.« Und Jahrzehnte später noch schrieb der Nestor der biblischen Archäologie aus den USA, William F. Albright: »Das Bild im Buch Genesis aufs Ganze gesehen ist historisch, und es besteht kein Grund, die allgemeine Genauigkeit der biographischen Details anzuzweifeln« (11). Allerdings wusste bereits 1905 der deutsche Theologe J. Wellhaus die Erzvätergeschichte im Buch Genesis so zu deuten: »Über die Patriarchen ist hier kein historisches Wissen zu gewinnen, sondern nur über die Zeit, in welcher die Erzählungen über sie im israelitischen Volke entstanden; diese spätere Zeit wird hier, nach ihren inneren und äußeren Grundzügen, absichtslos ins graue Altertum projiziert und spiegelt sich dann wie ein verklärtes Luftbild ab.«

Abraham ist nach dem Zeugnis der Genesis der Erste, dem sich Gott Jahwe offenbart hat. Ihm und seinen Nachkommen hat er Land verheißen, zahllose Nachkommen, seinen Segen und seinen Beistand. So verstehen jüdische und christliche Gläubige die Botschaft der Bibel bis heute. Verheißt doch der HERR dem Abraham (auch Abram geschrieben): »durch dein Geschlecht sollen alle Völker auf Erden gesegnet werden« (Gen 22,18). Alttestamentler wissen neuerdings, dass die Verheißungstexte »kaum zum Urgestein der Vätergeschichte gehören, sondern spätere Kompositionselemente darstellen« (1).

Die Geschichte mit Abraham aus Ur in Chaldäa beginnt (Gen 12,1) so: »Und der HERR sprach zu Abram: Geh aus deinem Vaterland und von deiner Verwandtschaft und aus deines Vaters Hause in ein Land, das ich dir zeigen will.« Der Erzvater des Volkes Israel, auch wenn er eine erdachte Figur ist, kann natürlich nicht aus der Provinz kommen, sagen wir aus Marktl am Inn. Der General Nabopolassar (626–605 vor Christus) hat die chaldäische Dynastie begründet und mit der Einnahme der alten und der neuen assyrischen Hauptstadt Assur am Westufer und der Ninives am Ostufer des oberen Tigris zugleich den babylonischen Thron erobert. Assyrien wurde damit zu einer unbedeutenden Provinz, das Reich zwischen Babylonien und Medien geteilt. Die Meder hatten Nabopolassar gegen Assyrien unterstützt. Die Chaldäer errichteten in Südbabylonien ein letztes babylonisches Großreich. Damit wurde auch die alte Stadt Ur am unteren Euphrat, die bereits in früherer Zeit Hauptstadt Babyloniens war, die Stadt der Chaldäer, und Abraham kam somit aus dem Zentrum eines Weltreiches.

Abraham als Symbol des Opferkults

Gott zu gehorchen ist eine zentrale Forderung der Bibel – und damit Ausdruck der damaligen und bis in unsere Zeit kaum veränderten patriarchalen gesellschaftlichen Verhältnisse. Das beginnt im Buch Genesis mit der Vertreibung des Menschen aus dem Paradies wegen Ungehorsams gegen Gottes Gebot. Und es erreicht seinen schaurigen Höhepunkt in der Aufforderung Gottes an Abraham (Gen 22,2): »Nimm Isaak, deinen einzigen Sohn, den du liebhast, und geh hin in das Land Morija und opfere ihn dort zum Brandopfer auf einem Berge, den ich dir sagen werde.« Abraham gehorcht. Als er bereits das Messer gezückt hat, um seinen Sohn zu schlachten, ruft »der Engel des HERRN« vom Himmel (Gen 22,12): »Lege deine Hand nicht an den Knaben und tue ihm nichts; denn nun weiß ich, dass du Gott fürchtest und hast deines einzigen Sohnes nicht verschont um meinetwillen.« Othmar Keel, emeritierter Alttestamentler an der katholisch-theologischen Fakultät der Universität Fribourg, deutet die Geschichte so: »Wahrscheinlich hat die Legende ursprünglich zeigen wollen, dass Abraham irgendwelchen mythologischen Heroen in nichts nachstand, die aufgrund eines Gelübdes oder auf Befehl irgendeines Gottes ihr eigenes Kind geopfert haben.« Die Legende wolle zwei unvereinbare Ziele gleichzeitig erreichen: »für den Ahnvater die (den Kanaanäern unterstellte) finstere Opferbereitschaft und, indem er das Opfer nicht darbringt, korrektes JHWH gemäßes Verhalten« (8).

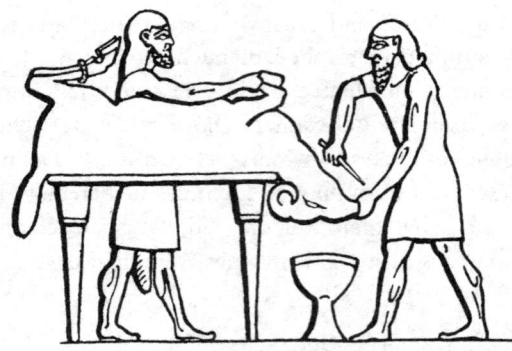

Der Opferkult war in alter Zeit weit verbreitet, wie hier in Ninive um 700 vor Christus. Beim Schächten erhält die Gottheit mit dem Blut die Seele des Tieres zurück, den Rest darf der Mensch verzehren.

Fatale Verbindung: Adam der Sünder und der gehorsame Abraham

Die Verfasser der Genesis haben den mörderischen Gehorsam Abrahams als beispielhaft verstanden. Der Apostel Paulus ging noch weiter. Mit denselben Worten wie im Bezug auf Abraham deutet er in seinem Brief an die Römer (von dem noch die Rede sein wird) das Verhalten Gottes im Bezug auf Jesus. Paulus über Gott: »Der auch seinen eigenen Sohn nicht verschont hat, sondern hat ihn für uns alle dahingegeben – wie sollte er uns mit ihm nicht alles schenken?« Der Gedanke ist seit zweitausend Jahren in allen christlichen Kirchen als selbstverständlich akzeptiert: Gott hat sich selbst seinen eigenen Sohn gegen dessen erklärten Willen zur Sühne für die mit dem Ungehorsam Adams in die Welt gekommene Ursünde geopfert. Und beim Abendmahl (der *Eucharistie*) singen die Christen sonntags in der Kirche:»Christe du Lamm Gottes, der du trägst die Sünd der Welt, erbarm dich unser« – nach dem lateinischen *Agnus dei*, anno 1528 so von Martin Luther übersetzt.

Welch eine absurde Vorstellung! Die Wirkungsgeschichte der Legende von Abraham zeitigt schreckliche Folgen bis heute: Der Opfertod für »Kaiser und Reich« oder für »Führer, Volk und Vaterland« wurde im 20. Jahrhundert in zwei Weltkriegen Millionen junger Menschen abverlangt und nicht selten biblisch gerechtfertigt.

Erst in den letzten Jahren kritisieren Theologen die Deutung des Todes Jesu als ›Opfer‹. Othmar Keel etwa schreibt zur Legende von Abraham und Isaak:»Die ihrerseits inkonsequente Geschichte hat überdies einer höchst problematischen dogmatischen Konstruktion einen guten Teil ihrer Energie und ihrer Legitimation verschafft; dem Verständnis des Todes Jesu als Sühneopfer, das der Vater seiner eigenen beleidigten Majestät darbringt, um sie mit der Menschheit wieder zu versöhnen« (8).

An den Erzählungen von Adam und von Abraham erkennt man: Es ist für ihre Wirkungsgeschichte gar nicht wichtig, ob diese Gestalten gelebt haben oder nicht. Vor zweitausend Jahren hat bereits der griechische Philosoph Epiktet erkannt:»Nicht die Dinge selbst beunruhigen die Menschen, sondern ihre Urteile und Meinungen über sie.« Entscheidend ist, wie die Menschen die Geschichten gedeutet haben und deuten. Wir können heute in Grenzen erkennen, wie die Verfasser der Bibel die Welt deuteten und gedeutet wissen wollten. Wie wir selbst sie heute deuten, ist eine ganz andere Frage. Jedenfalls ist eine Voraussetzung für eine angemessene Interpretation, die Sachverhalte möglichst genau zu kennen. Auch darum bemüht sich dieses Buch.

In unserer Zeit gibt es Piktogramme, wie den stilisierten Totenkopf auf Giftflaschen, um Menschen vor Gefahren zu warnen. Vor 5000 Jahren meinte man, selbst Tiere damit abschrecken zu können. Im ägyptischen Alten Reich des 3. vorchristlichen Jahrtausends glaubten die Priester, mittels Bildzeichen Schadinsekten davor warnen zu können, ihnen an die Nahrungsmittelvorräte zu gehen. Etwa mit Hilfe eines Bildes, das einen Menschen mit erhobenem Messer vor einer Küchenschabe stehend zeigt (12). Die Ägypter behandelten die Tiere als zumindest gleichberechtigt. Viele von ihnen verehrten sie sogar als göttliche Inkarnationen, sogar Insekten. Und sie verstanden die Abbildung als Realität. Dass Bilder nicht unbedingt die Wirklichkeit abbilden, ist eine fundamentale moderne Erkenntnis.

Der dabei auch zu erkennende respektvolle Umgang der alten Ägypter mit den Tieren hat eine Jahrzehntausende ältere Tradition, die heute in der industrialisierten Landwirtschaft längst vergessen ist. Diesen Respekt zeigen zum Beispiel die altsteinzeitlichen Höhlenmalereien. Die steinzeitlichen Jäger sahen die mächtigen Tiere als gleich- wenn nicht gar höherrangig an. Deshalb hatten sie ein schlechtes Gewissen dabei, wenn sie die Tiere töteten. Daraus entstand wohl die Idee, den Göttern einen Teil der Jagdbeute zu opfern, um den Rest dann ohne Skrupel selbst verzehren zu dürfen. Insbesondere wurde der Gottheit das Blut als Essenz des Lebens geopfert. Davon wird später noch die Rede sein. Die Bibel beschreibt viele Riten und begründet sie als Gebot Gottes, obwohl diese Riten sehr viel älter sind als die Verehrung des Gottes Israels.

So heißt es im 2. Buch Mose (Ex 13,1–2): »Und der HERR redete mit Mose und sprach: Heilige mir alle Erstgeburt bei den Israeliten; alles, was zuerst den Mutterschoß durchbricht bei Mensch und Vieh, das sei mein.« Das heißt, dieser archaische HERR verlangte blutige Opfer von Mensch und Tier. Die oben erwähnte Geschichte von Abraham, den Gott auffordert, ihm seinen Sohn Isaak zu opfern, eine Forderung, auf die ER letztlich verzichtet, geht so weiter: Abraham »sah einen Widder hinter sich in der Hecke mit seinen Hörnern hängen … und opferte ihn an seines Sohnes Statt« (Gen 22,13). Darin drückt sich der Wandel der Zeiten aus: Statt des archaischen Menschenopfers genügt nun ein Tieropfer.

Der Stammvater und seine Familie

Der Erzvater Abraham ist, wie angedeutet, auch Stammvater für die Muslime. »Der Koran erwähnt Abraham in 25 Suren und sieht in ihm den ersten muslimischen Monotheisten, worauf der Anspruch des Islam gründet, eine reine, von späteren jüdischen und christlichen Entstellungen freie Form des Monotheismus zu bewahren« (1). Im Koran (Sure 2) steht, dass Abraham mit seinem Sohn Ismael die Kaaba errichtet habe. Dieses würfelförmige Gebäude in Mekka ist das Haupheiligtum der Muslime. Es wurde übrigens tatsächlich mit dem Marmor aus der von den Muslimen zerstörten christlichen Kathedrale von Sanaa im heutigen Jemen erbaut (13).

Aus den legendären Familienclans der Genesis-Darstellung ist Abrahams Enkel Jakob der Wichtigste für das Selbstverständnis des jüdischen Volkes. Denn: »Gott erschien Jakob abermals, nachdem er aus Mesopotamien gekommen war, und segnete ihn und sprach zu ihm: Du heißt Jakob; aber du sollst nicht mehr Jakob heißen, sondern Israel sollst du heißen. ... und das Land, das ich Abraham und Isaak gegeben habe, will ich dir geben und will's deinem Geschlecht nach dir geben« (Gen 35,10,12). Die zwölf Stämme Israels führen sich auf die zwölf Söhne Jakob/Israels zurück.

Im 1. Buch Mose ist die Geschichte dieser Söhne als eine ganz eigene Novelle aufgezeichnet worden. Eine »unerhörte Begebenheit«, wie Johann Wolfgang von Goethe die Gattung *Novelle* definiert (Gespräch mit Eckermann, 29. Januar 1827). Sie zeigt, dass vor über zweieinhalb Jahrtausenden familiäre Grundprobleme auftraten, wie wir sie heute immer noch kennen. Da ist der Vater Jakob/Israel, der seinen bis dahin jüngsten Sohn Josef abgöttisch liebt und entsprechend bevorzugt. Das gibt Josef ein überbordendes Selbstbewusstsein. Dieses drückt sich in Josefs Träumen aus, die er den Brüdern auch noch erzählt. Er macht sich damit bei seinen ohnedies eifersüchtigen Geschwistern verhasst. Mordgedanken kommen auf. Tatsächlich verkaufen die Brüder Josef an Fremde, die mit einer Karawane nach Ägypten unterwegs sind.

In Ägypten fällt Josef auf, weil er Träume deuten kann – schließlich sogar die des Pharao. Dieser macht den Josef zum zweitmächtigsten Mann in Ägypten. In der Position begegnen ihm seine Brüder wieder, die eine Hungersnot ins Ausland getrieben hat. Josef gibt sich ihnen am Ende zu erkennen, hilft ihnen, verzeiht ihnen und versöhnt sich mit ihnen. Eine Geschichte, die später auch als literarische Vorlage diente; insbesondere für Thomas Mann Trilogie *Josef und seine Brüder*.

Josef und die israelische Diaspora in Ägypten

Natürlich versuchen die Alttestamentler heute, die Josef-Novelle zu datieren. Die Erzählung erwähnt, dass Josef die Ägypterin Asenat heiratet, eine heidnische Ausländerin und Tochter eines Priesters. Auch Mose war mit einer Ägypterin verheiratet. Dies muss, so wird angenommen, zu einer Zeit geschehen sein, als es eine israelische Diaspora in Ägypten gab. Papyri von der Nilinsel Elephantine legen nahe, dass diese jüdische Diaspora in Ägypten vor der Perserzeit existierte. Diese begann mit Kyros (Kyrus) II., der das Babylonische Reich 539 vor Christus erobert hatte. Jan Christian Gertz ordnet die Entstehung des ebenfalls »nichtpriesterlichen« Josef-Berichts in die Zeit nach 722 vor Christus ein. Damals wurde das »Nordreich« Israel zu einer assyrischen Provinz, und die Einheimischen wurden deportiert.

Die Bibel erzählt keine Geschichten einfach so. Dazu gehört immer ›die Moral von der Geschicht‹. Die Erfahrung, dass aus Bösem Gutes werden kann, war den Verfassern des Mythos von Josef und seinen Brüdern vertraut. Das 1. Buch Mose endet mit dem Fazit Josefs gegenüber seinen Brüdern: »Ihr gedachtet es böse mit mir zu machen, aber Gott gedachte es gut zu machen, um zu tun, was jetzt am Tage ist, nämlich am Leben zu erhalten ein großes Volk« (Gen 50,20). Und Josef behielt seine große Familie bei sich in Ägypten »und lebte hundertzehn Jahre« (Gen 50,22). Josef war da nach dem Maßstab der Genesis immer noch ein junger Spund. Noah zum Beispiel, der die Sintflut überlebte, wurde nach biblischer Rechnung, die auch der Koran übernommen hat, neunhundertfünfzig Jahre alt, ehe er starb.

Exodus. Das Zweite Buch Mose oder eine sagenhafte Völkerwanderung

Moses ausländischer Name

Über einen Menschen namens Mose berichtet ausschließlich die Bibel, und zwar insbesondere das Zweite Buch Mose, auch *Exodus* genannt. Denn es geht hier um den Exodus, den Auszug der »Kinder Israel« aus Ägypten ins Gelobte Land.

Nach der biblischen Darstellung fand die Tochter des ägyptischen Pharao in einem Kästchen, das im Nil ausgesetzt worden war, ein Baby. Sie gab ihm den Namen Mose und hielt das Findelkind wie ihren Sohn. Später musste Mose wegen eines Streits ins Land Midian fliehen. Dort heiratete er eine Midianiterin, die Tochter des Priesters Reguel namens Zippora. Schon allein die Tatsache, dass Mose ein ägyptischer Name ist, verwirrt manchen Alttestamentler auf das Höchste. »Es ist einfach nicht erklärlich, dass die Tradition dem Mann, den sie als Begründer des genuin Israelischen ansah, ausgerechnet einen nichtisraelischen Namen beilegte. Desgleichen verstößt die Heirat mit der ausländischen Priestertochter gegen späteren religiösen Anstand« (1). Der Alttestamentler Hans-Christoph Schmitt von der Universität Erlangen-Nürnberg dagegen verweist darauf, »dass Asiaten in Ägypten häufig ägyptische Namen angenommen haben« (14). Im Buch Genesis wird Josef von seinen Brüdern an midianitische Händler verkauft und von den Midianitern dann an Potifar, den Kämmerer des Pharao (Gen 37,36). Die Midianiter, deren Stammesgebiet im Nordwesten der arabischen Halbinsel lag, hatten vermutlich den Handel zwischen Mesopotamien und Ägypten in der Hand.

Spuren der Gastarbeiter aus Kanaan

Um die Zusammenhänge zu verstehen, muss man sehr weit zurückgehen. Im Zeitraum 1650 bis 1522 vor Christus herrschte in Ägypten als 15. Dynastie die der Hyksos. Ihre Inschriften und Siegel beweisen, dass sie Westsemiten waren und aus Kanaan stammten, dem

Auf einer Siegesstele des ägyptischen Pharao Merenptah (1213–1204 v. Chr.) findet sich die erste Erwähnung des Namens Israel. Der Pharao brüstet sich darin, die Städte Kanaans zerstört und Israel vernichtet zu haben.

Landstrich westlich des Toten Meeres. Ausgrabungen im östlichen Nildelta bestätigen den Befund. Ein ägyptischer Text aus dem 16. vorchristlichen Jahrhundert beschreibt, dass der Pharao Ahmose (1539–1514), der erste der 18. Dynastie, die Hyksos besiegte und aus dem östlichen Nildelta bis zurück ins Land Kanaan verfolgte. Ausgrabungen bestätigen, dass der kanaanäische Einfluss im östlichen Nildelta Mitte des 16. vorchristlichen Jahrhunderts abrupt endete. Das heißt, unabhängige archäologische und historische Quellen belegen die Wanderungen von Semiten aus Kanaan nach Ägypten und berichten von Ägyptern, die sie gewaltsam vertreiben (11).

Wenn die Bibel recht hätte, müsste der Auszug aus Ägypten allerdings zu einer viel späteren Zeit, im 13. Jahrhundert vor Christus, geschehen sein. Im Buch Exodus heißt es nämlich an einer Stelle über das »Volk Israel« in Ägypten (Ex 1,11): »Und sie bauten dem Pharao die Städte Pitom und Ramses«. Mit Pitom dürfte der Atumtempel von Sukkot und mit Ramses die Residenz der Pharaonen der 19. und 20. Dynastie im Nildelta gemeint sein. Pharao Ramses II. (1279–1213 vor Christus) entfaltete hier seinerzeit eine rege Bautätigkeit, wie die archäologischen Befunde zeigen. Sein Nachfolger, Pharao Merenptah (1213–1204 vor Christus), rühmt sich in einer Inschrift auf einer Stele aus dem Jahre 1208, er habe »Israel« in Kanaan vernichtet, das heißt, eine Gruppe von Menschen, die bereits in Kanaan lebten. Diese Inschrift ist zugleich der älteste Text, der ein Volk namens Israel erwähnt.

Der unwahrscheinliche Auszug aus Ägypten

Im 13. vorchristlichen Jahrhundert, zur Zeit Ramses' II., war Ägypten auf dem Höhepunkt seiner Macht und beherrschte auch Kanaan. Das Entkommen von mehr als einer winzigen Gruppe aus Ägypten angesichts der streng bewachten Grenzen zu dieser Zeit halten die Archäologen Finkelstein/Silberman für »höchst unwahrscheinlich«. Die Bibel schildert, dass das Volk Israel nach der Flucht aus Ägypten vierzig Jahre in der Wüste Sinai verbracht hat. Doch auf dem Sinai finden sich keinerlei Spuren der Anwesenheit einer größeren Gruppe von Menschen, obwohl dort selbst die bescheidensten Überreste von Jägern oder nomadisierenden Hirten auffallen: »Die Schlußfolgerung, daß der Auszug sich weder zu der in der Bibel beschriebenen Zeit noch in der darin geschilderten Weise ereignet hat, ist unwiderlegbar ...« (11).

Othmar Keel meint, eine kleine Gruppe von Hebräern könne sich aus ägyptischer Gewalt gerettet und diese Rettung Jahwe zugeschrieben haben. Der Auszug des ganzen Volkes Israel aus Ägypten unter seinem Führer Mose, Gründungsmythos des von Gott erwählten Israel, ist nach heutigem Wissen jedenfalls kein historisches Geschehen. Das gilt auch sonst für Gründungsmythen, etwa den »Rütlischwur« der Schweizer Eidgenossen. Er ist ebenso wenig historisch nachweisbar wie der Gründungsmythos der Protestanten: Danach hat Martin Luther am 31. Oktober 1517 mittags gegen 12 Uhr seine 95 Thesen über den Ablass an die Tür der Schlosskirche zu Wittenberg geschlagen.

Einen Menschen versteht man noch lange nicht, wenn man allein sieht, wie er sich gibt. Man muss schon auch wissen, warum er sich so darstellt. Das heißt, man muss seine Biographie kennen, muss die Hintergründe erfahren. Ähnliches gilt für die Bibel. So, wie sie sich gibt, möchte sie gesehen werden, ist sie aber nicht. Die Hauptdarsteller im Buch *Genesis* sind fiktive Figuren, hinter denen aber mehr steckt als Fiktion. Hinter dem Hauptdarsteller im Buch Exodus, Mose und seinem Gegenspieler, dem ägyptischen Pharao, verstecken sich vermutlich real existierende Personen. Nur spielen sie auf der Bühne einer ganz anderen Zeit. Die Anfänge der Erzählung von Mose, Exodus und Landnahme datiert Jan Christian Gertz, wie schon erwähnt, nicht auf das 13. Jahrhundert, sondern auf die Zeit nach dem Untergang des israelischen Nordreichs anno 722 vor Christus.

»Die Sage von Israels Auszug aus Ägypten ist weder historische Wahrheit noch literarische Erfindung«, meinen Finkelstein/Silberman (11). Sie sei der Ausdruck von Erinnerung und damit verbundener Hoffnung für die Gegenwart. Die Auseinandersetzung zwischen Mose und dem Pharao spiegele die zur Zeit ihrer Niederschrift aktuelle Konfrontation zwischen dem König von Juda, Joschija (Josia, circa 638–609 vor Christus) und dem ägyptischen Pharao Necho (619–595). Geschichten aus der Vergangenheit dienten jetzt »als Waffen in einem nationalen Kampf zwischen den Israeliten und dem Pharao«.

Historiker unserer Zeit gehen übrigens auch nicht so ganz anders vor als ihre Kollegen vor 2600 Jahren. Der Historiker Golo Mann hatte im Exil in der NS-Zeit ein Buch über den Publizisten und Politiker Friedrich von Gentz geschrieben. Dieser war an der Seite des österreichischen Staatskanzlers Klemens Fürst von Metternich ein Gegner Kaiser Napoleons. Nach dem Zweiten Weltkrieg räumte Golo Mann im Vorwort zur Deutschen Ausgabe seiner Studie über »Gentz« (1947) ein, dass er bei der Schilderung des Widerstands von Gentz gegen Napoleon seinen eigenen Kampf gegen Adolf Hitler im Sinn hatte. Golo Mann war sich der Bilder in seinem Kopf bewusst. Das ist selbst heute für einen Historiker nicht selbstverständlich.

Der Gründungsmythos Israels: Gottes Wort, Gottes Gebot, Gottes Bund

Der Gründungmythos Israels ist, dass Gott Mose auserwählte, um das Volk Israel aus Ägypten durch die Wüste »in das Land, darin Milch und Honig fließt« (Ex 2,8) zu führen. Das Bild war damals natürlich positiv gemeint. Milchüberschuss ist erst dank der europäischen Agrarmarktpolitik unserer Zeit zum Problem geworden.

Das Verhältnis von Gott zu den Israeliten wurde als ein Bund verstanden, den Gott selbst so definiert habe: »Werdet ihr nun meiner Stimme gehorchen und meinen Bund halten, so sollt ihr mein Eigentum sein vor allen Völkern; denn die ganze Erde ist mein« (Ex 19,5). Von daher versteht sich Israel als das »auserwählte Volk« Gottes.

Seit im Namen Gottes gesprochen wird, wird angezweifelt, dass das Gesprochene Gottes Wort sei. Auch dies ist also eine uralte menschliche Erfahrung. Die Verfasser des 2. Buches Mose beschreiben ein Gespräch zwischen Mose und seinem Gott, in dem Mose sich über sein zweifelndes Volk beklagt (Ex 4,1–5): »Siehe, sie werden mir nicht glauben und nicht auf mich hören, sondern werden sagen: Der HERR ist dir nicht erschienen.

Der HERR sprach zu ihm: Was hast du da in deiner Hand. Er sprach: Einen Stab.

Der HERR sprach: Wirf ihn auf die Erde. Und er warf ihn auf die Erde; da ward er zur Schlange, und Mose floh vor ihr.

Aber der HERR sprach: Strecke deine Hand aus und erhasche sie beim Schwanz. Da streckte er seine Hand aus und ergriff sie, und sie ward zum Stab in seiner Hand.

Und der HERR sprach. Darum werden sie glauben, daß dir erschienen ist der HERR, der Gott ihrer Väter ...«

Ein Gottesbeweis also soll das Volk überzeugen. Aber der angeblich von Gott selbst offenbarte Beweis ist ein Zaubertrick. Noch heute verwandeln Straßen-Zauberkünstler in Indien einen Stock in eine Schlange und wieder zurück in einen Stab. Offenkundig haben den Trick auch die Autoren des Buchs Exodus gesehen und sind darauf hereingefallen.

Die Verbindung von Priestertum und Zaubertricks ist viel älter als die Bibel. Der ägyptische Pharao Cheops, dessen Pyramide wir heute noch bewundern, hatte anno 2900 vor Christus einen Zauberer namens Dedi. Dedi machte seinen Herrscher glauben, ja er ließ ihn sehen, wie er eine Gans, eine Ente und eine Kuh kopflos machen und ihnen ihren Kopf wieder herbeizaubern konnte. Auch dieser Trick wird heute immer noch von Varieté-Künstlern in zahlreichen Abwandlungen präsentiert.

Die Bibel kennt keine »Zehn Gebote«

Zum Gründungsmythos Israels gehört auch, dass Gott Mose auf dem Berg Sinai die »Zehn Gebote« (griechisch den *Dekalog*), »beschrieben von dem Finger Gottes«, beidseitig in zwei steinerne Tafeln, übergeben habe. Verwirrenderweise sind es aber gar nicht zehn Gebote, und sie sind in der Bibel überhaupt nicht nummeriert. Die Gebote sind sowohl im 2. Buch als auch im 5. Buch Mose (*Deuteronomium*) aufgezeichnet. Die Texte stimmen aber nicht wörtlich überein. Das wäre jedoch zu erwarten, wenn die beiden Darstellungen des Dekalogs auf denselben Verfasserkreis zurückgehen würden. Die beiden Dekalog-Fassungen unterscheiden sich aber an mehr als 17 Stellen voneinander, die von den Übersetzungen »teilweise nivelliert werden«, wie der katholische Alttestamentler Erich Zenger von der Universität Münster betont (15). »Doch von diesen Unterschieden einmal ganz abgesehen, gibt sich der Dekalog durch seine rechts- und formgeschichtliche Uneinheitlichkeit als eine sekundäre Komposition zu erkennen«, ergänzt sein protestantischer Kollege Jan Christian Gertz von der Universität Heidelberg (1).

Der Begriff »Zehn Gebote« entstand aufgrund einer Textstelle im 5. Buch Mose (Dtn 4,13): »Und er (nämlich der HERR) verkündigte euch seinen Bund, den er euch gebot zu halten, nämlich die Zehn Worte, und schrieb sie auf zwei steinerne Tafeln.« Der Hinweis auf die »Zehn Worte« wird (Dtn 10,4) sogar noch einmal wiederholt. Da es aber nicht nur »zehn Worte« sind, die die Gebote ausmachen, gibt es eine Auslegungsgeschichte. Sie beginnt mit einer ersten Kürzung und Zusammenfassung durch den Kirchenvater Augustinus, von dem noch ausführlich die Rede sein wird. Seit dem 13. nachchristlichen Jahrhundert wird das in der jüdischen Geschichte so wichtige Verbot, sich ein Bild von Gott zu machen, in der christlichen Kirche zunehmend missachtet. Die byzantinische Kirche allerdings stritt mehr als ein Jahrhundert lang über ein zunächst von Kaiser Leo III. anno 730 ausgesprochenes Bilderverbot, das endgültig auf einer Synode in Konstantinopel im Jahre 843 zurückgenommen wurde. Der Verzicht auf das Bilderverbot gilt für die römisch-katholische und ihr darin folgend auch für die evangelisch-lutherische Kirche. Die protestantisch-reformierten Kirchen dagegen haben das Bilderverbot als 2. Gebot behalten.

Der Gott des Alten Testaments wollte, anders als die anderen Götter, nicht im Bild verehrt werden: »Du sollst dir kein Bildnis noch irgendein Gleichnis machen …«, heißt es im Dekalog (Ex 20,4); und auf die Frage des Mose an seinen Gott: »Wie ist dein Name?« (Ex 3,13–14) erfährt er: »Ich werde sein, der ich sein werde.« Im 20. Jahrhundert haben protestantische Theologen die Weisheit dieser Sätze wiederentdeckt und mit ihren eigenen Formulierungen versucht, deutlich zu machen, dass der biblische Gott unbeschreiblich und unverfügbar ist. Gott ist »der ganz Andere« (Karl Barth), oder Gott ist »das Wohin meines Fragens« (Herbert Braun).

Diese Ungewissheit verleitet entweder zu tiefem Nachdenken – oder sie provoziert den Witz. So heißt es im Psalm 145,18: »Der HERR ist nahe allen … die ihn mit Ernst anrufen.« Und beim Propheten Jeremia (10,6): »… dein Name ist groß.« Nach altgewohnter Bibelauslegungspraxis erkennt man sofort, der Name Gottes ist: Ernst Groß. Der Redlichkeit halber soll aber nicht verschwiegen werden, dass es in der modernen Übersetzung der Luther-Bibel von 1984 nicht mehr »mit Ernst« heißt, sondern »ernstlich«.

Das Besondere der Zehn Gebote – verglichen mit anderen Rechtssystemen im Alten Orient – sind ihre *apodiktischen,* also grundsätzlichen, keinen Widerspruch duldenden Forderungen: »Du sollst nicht töten«, »du sollst nicht ehebrechen«, »du sollst nicht stehlen« … Sie unterscheiden sich von den seinerzeit außerhalb Israels geltenden und heute in vielen Gesetzesvorschriften für den konkreten Fall geltenden, *kasuistischen* Normen der Art: Wenn dieses zutrifft, dann ist jenes die Konsequenz.

Fundamentalistische Christengemeinschaften predigen, dass die Zehn Gebote wörtlich zu verstehen und einzuhalten seien. Das hindert sie nicht daran, trotz des uneingeschränkten Tötungsverbotes in den Krieg zu ziehen und dies sogar als Gottes Willen zu verkünden – vom 1. Kreuzzug anno 1096 bis zum ›Kreuzzug‹ von US-Präsident George W. Bush gegen den Irak. Aufgeklärte Christen betonen, was schon der Apostel Paulus wusste und Martin Luther zum Widerspruch gegen die Lehren der katholischen Kirche provozierte, dass der Mensch unvollkommen ist und angewiesen auf Gottes Gnade. Davon wird später noch die Rede sein. Der Dekalog ist erst im späten Mittelalter in den kirchlichen Unterricht aufgenommen worden. Doch mittlerweile kennt in Europa nur eine Minderheit der erwachsenen Bevölkerung den Wortlaut der Zehn Gebote. Die auf die Mitmenschen bezogenen Gebote des Dekalogs gelten heute im Unterschied zu den kultischen Vorschriften in der westlichen Welt als »ethisches Minimum«, das sich als populäre (aus der Philosophie von Immanuel Kant abgeleitete) Formulierung in dem Satz zusammenfassen lässt: »Was du nicht willst, dass man dir tu, das füg auch keinem andern zu.«

Wie Moses Hörner aufgesetzt wurden

Die »Zehn Gebote« der Bibel beziehen sich auf eine bereits bestehende Ordnung, nämlich den Bund Jahwes mit seinem Volk. Das Buch Exodus berichtet über Mose (Ex 29,34), dass »die Haut seines Angesichts glänzte«, als er vom Berge Sinai herabgestiegen war, die zwei Gesetzestafeln in der Hand. Der Kirchenvater Hieronymus hat um 400 nach Christus die hebräische Bibel ins Lateinische übersetzt. Diese Übersetzung nennt man *Vulgata* (die allgemein Verbreitete). Dabei ist Hieronymus der Fehler unterlaufen, »glänzend« mit »gehörnt« (*cornutus*) zu übersetzen. Seither wurde Mose, von Michelangelo bis Marc Chagall, mit Hörnern dargestellt.

*Als Mose mit den Gesetzestafeln
vom Berge Sinai herabstieg, glänzte die Haut seines Angesichts. Der
Kirchenvater Hieronymus, der um
das Jahr 400 die hebräische Bibel ins
Lateinische übersetzte, verwechselte
»glänzend« mit »gehörnt«. So bekam
Moses, wie hier von Michelangelo,
Hörner aufgesetzt.*

Doch bis zur ›glänzenden‹ Rückkehr des Mose vom Berg Sinai
dauerte es eine Weile. Und mit heutigen Worten könnte man sagen:
Die Konkurrenz schläft nicht. Das heißt, eine alte Gottheit tauchte
inzwischen auf. Das Volk verlangte nämlich, so steht es weiter im
Buch Exodus, von Moses Stellvertreter Aaron, dass er ihnen aus den
goldenen Ohrringen der Männer, Frauen und Kinder ein »gegosse-
nes Kalb« mache, das sie anbeten wollten; das »Goldene Kalb«, um
das man tanzte. Daher kommt das Sprichwort vom Tanz ums goldene Kalb. Das war keine Spontanaktion. Wie oft in den biblischen
Darstellungen verbirgt sich hinter einer Geschichte eine weitere.

Was in der biblischen Beschreibung höchst verwerflich klingt,
ist nach Othmar Keel der Gründungsmythos des Stier-Kultbildes
beziehungsweise was davon übrig geblieben ist. Der ursprüngliche
Mythos »berichtete wahrscheinlich positiv von der Schaffung des
Stierbildes durch den Priester Aaron und ist erst später umgedeutet worden«. Angelika Berlejung verweist darauf, dass der Stierkult
seit frühester Zeit in Palästina belegt sei. In der Spätbronzezeit und
frühen Eisenzeit »konnten Stiere mit dem Wettergott wie mit El verbunden sein«. Die Bezeichnung des Gottes El klingt in Namen wie

dem der Kultstätte des »Nordreichs«, Bet-El, an (in Deutschland wurde daraus Bethel bei Bielefeld) und wurde sogar Bestandteil von »Israel«.

Die Sinai-Erzählungen von den Zehn Geboten und dem Goldenen Kalb sind nach Erkenntnis der historisch-kritischen Forschung spätere Einschübe in die Exodus-Geschichte. Jan Christian Gertz gibt an, »dass der Dekalog nicht vor dem 7. Jahrhundert entstanden sein wird«.

Exkurs über die Moral

Die Zehn Gebote sind bis heute Grundlage unserer Moralvorstellungen: »Du sollst nicht töten«, »du sollst nicht stehlen«, »du sollst nicht falsch Zeugnis reden wider deinen Nächsten«, »du sollst nicht ehebrechen« … Doch hat die Bibel, die ja über den Dekalog hinaus ein Buch voller Gesetze und Vorschriften ist, die Moral nicht erfunden. Selbst die Zehn Gebote sind, entgegen dem Bild der Sinai-Erzählung, nicht vom Himmel gefallen.

Die Fundamentalisten unter den Christen sehen das freilich ganz anders. »Es gibt keine Evolution der Moral«; keine »Evolution menschlicher Normen«. Das sagte der Patriarch von Smolensk und Kaliningrad und Leiter des Außenamts der russisch-orthodoxen Kirche, Metropolit Kirill (Kyrill), auf der 3. Europäischen Ökumenischen Versammlung im September 2007 im rumänischen Sibiu. Kirill wurde im Januar 2009 zum Oberhaupt der russisch-orthodoxen Kirche gewählt. Die Evangelikalen (evangelische Fundamentalisten) sehen das ähnlich. Tatsächlich gibt es selbstverständlich eine Evolution der Moral, und zwar bereits unter den Ahnen des Menschen. Das Wort Moral (lateinisch *mos* = Sitte oder Brauch) bezeichnet nach Definition des *Dudens* »die der gesellschaftlichen Praxis zugrunde liegenden und als verbindlich akzeptierten ethisch-sittlichen Normen(systeme) des Handelns«. Dergleichen hat der Mensch nicht erfunden, sondern vorgefunden, lange bevor er zum Menschen wurde.

Die Ahnen des *Homo sapiens* waren noch nicht Jäger, sondern

Gejagte und oft Beute gewaltiger Hyänen, von Säbelzahntigern, Leoparden, Löwen, Reptilien und kleine Kinder raubenden Vögeln. Bedroht also zu Lande, zu Wasser und sogar aus der Luft, wie in unserer Zeit erst wieder nach Erfindung des Flugzeugs. Das zeigen uns Abdrücke von Raubtierzähnen und Vogelkrallenspuren auf den fossilen Knochen von *Australopithecus afarensis,* eines »Menschenartigen« (*Hominiden*), der vor fünf bis zweieinhalb Millionen Jahren in Ostafrika lebte.

Die Hominiden lebten in kleinen Gruppen, was ihnen besseren Schutz vor den Raubtieren gab als Einzelgängern. In den Gruppen entwickelten sich Verhaltensnormen. Sie dürften sich kaum von denen der heutigen äffischen Verwandten des Menschen unterschieden haben. Das heißt, sie gehören auch zum Gepäck unserer evolutionären Vorgeschichte, das jede befruchtete Keimzelle mit sich trägt. Die ›Moral‹ der Affen, wie sie sich im Laufe der *biologischen* Evolution entwickelt hat, ist in den letzten Jahren mit ausgeklügelten Experimenten sehr genau studiert worden.

Kraulst du mich, dann kraul ich dich – diese Art von »reziprokem Altruismus« kann jedermann im Zoo bei den Affen beobachten, wenn diese sich gegenseitig das Fell putzen. Schimpansen kennen aber auch bereits das ›Nettsein‹ als Führungsstil. Denn nicht immer wird nur das stärkste Männchen der Gruppe zum Alphatier, also zum Anführer. Im Gombe-Nationalpark in Tansania haben US-Forscher zehn Jahre lang das Verhalten dreier Schimpansenmännchen beobachtet, die nacheinander die Affengruppe führten. Die körperlich schwächeren Anführer glichen ihr Defizit dadurch aus, dass sie die meiste Zeit mit der Fellpflege der anderen Männchen verbrachten. Dabei wurden sie auch selbst von diesen besonders häufig gekrault. Die Anführer änderten ihr Verhalten auch nicht, als sie altersbedingt nicht mehr der Boss waren (16). Das ›Nettsein‹ war also offenkundig nicht Mittel zum Zweck, sondern eine Charaktereigenschaft.

Unter den Schimpansen, unseren nächsten Verwandten im Tierreich, gibt es viele Belege für uneigennützige Hilfsbereitschaft. Forscher am Max-Planck-Institut für evolutionäre Anthropologie in

Leipzig haben folgendes Experiment gemacht: Ein Mensch müht sich verzweifelt, durch Gitterstäbe hindurch einen Stock zu ergreifen. Es gelingt ihm nicht. Schimpansen, die in der Nähe sind, neigen dazu, den Stock zu nehmen und ihn dem sich abmühenden Menschen – den sie nicht kennen – zu geben (17). Bereits 18 Monate alte Kinder tun übrigens anstelle der Schimpansen das Gleiche. Wenn man die Hilfeleistung erschwert und der Stock erst nach dem Klettern über Hürden zu ergreifen ist, helfen die Schimpansen ebenfalls selbstlos, desgleichen die Kleinkinder. Anscheinend können aber schon die Kleinkinder jene Zusammenhänge, die für das Zusammenleben der Gruppe wichtig sind, besser als die Schimpansen durchschauen. Die Menschenkinder können auch besser nachvollziehen, was in einer anderen Person vor sich geht, als dies den Schimpansen möglich ist.

Unsere äffischen Verwandten sind den eigenen Artgenossen gegenüber ebenfalls uneigennützig hilfsbereit. Denn dies ist eben keine spezifisch menschliche Eigenschaft. Die Leipziger Forscher um Felix Warneken und Michael Tomasello ersannen ein Experiment, bei dem ein Schimpanse nur dann an einen Leckerbissen kam, wenn ihm ein anderer dabei half. Die Nahrung war hinter einer Gittertür platziert, die mit einer Kette verschlossen war. Der Affe war allein nicht in der Lage, die Türe zu öffnen. Dies gelang nur, wenn ihm ein Artgenosse half. Das geschah, obgleich der Helfer dabei zwangsläufig leer ausging. Aus anderen Experimenten wissen die Primatenforscher allerdings, dass Schimpansen auch mal den Artgenossen kein Futter zukommen lassen, selbst wenn sie davon keinen Nachteil erleiden würden. Man könnte sagen, Schimpansen sind auch nur Menschen: Nicht jedermann ist zu jedermann immer gleich freundlich.

Es gibt sogar äffische Verhaltensweisen, die wir als zutiefst menschlich ansehen, die wir jedoch bereits mit den Kapuzineräffchen teilen. Deren Stammbaum trennte sich von dem des Menschen bereits vor 35 Millionen Jahren. Doch verhalten sich die Kapuzineraffen, wenn man sie zum Beispiel erfolgreich gelehrt hat, den Tauschwert von Münzen zu erkennen und damit auf ›Schnäppchenjagd‹ zu gehen, ähnlich risikofreudig wie Menschen von heute an der Börse. Sie beharren auch bisweilen, wider besseres Wissen, ebenso irrational auf einmal getroffenen Entscheidungen wie manchmal *Homo sapiens*. Beim Menschen spricht man dann von »kognitiver Dissonanz«. Ein Motiv dafür ist, jedenfalls beim Menschen, selbst dem Unsinn im Nachhinein noch einen Sinn zu geben. Den Psychologen um Laurie Santos von der Yale University, die mit den Äffchen experimentieren, kann der frühere US-Präsident George W. Bush, der seinen Einmarsch im Irak nach wie vor als gute Idee verkauft, zum Vergleich für solcherart Verhaltensweisen dienen (18).

Die Opferbereitschaft des Affen

Die Primatenforscherin Jane Goodall beobachtete einst, dass ein junger Schimpanse im Zoo in einen Wassergraben gefallen war. Ein Schimpansenmännchen sprang ihm nach und versuchte vergeblich, das Kleine zu retten. Beide ertranken. Schimpansen können nämlich nicht schwimmen (17). Das heißt, sein Leben für einen anderen zu geben, ist eine Verhaltensweise, zu der bereits unsere näheren äffischen Verwandten in der Lage sind, ohne je in der Bibel gelesen zu haben.

Die letzten gemeinsamen Vorfahren von Mensch und Schimpanse lebten vor ungefähr sechs Millionen Jahren. Danach trennten sich die Wege. Offensichtlich sind sogar hoch moralische Verhaltensweisen, die wir lange Zeit als zutiefst menschlich angesehen haben, viel älter als die Menschheit ist.

Wie sich Moralvorstellungen von Menschen und Schimpansen unterscheiden, zeigt ein weiteres Experiment der Leipziger Max-Planck-Forscher: Wissenschaftler um Keith Jensen ersannen eine Versuchsanordnung, bei der jeweils zwei Schimpansen zusammenarbeiten müssen, um zehn Rosinen zu ergattern. Zunächst muss einer, dann der andere der beiden Schimpansen an einem Seil ziehen, damit am Ende das Futterschälchen in ihre Nähe kommt. In der Schale des einen Schimpansen liegen zwei, fünf, acht oder gar keine Rosinen, im Schälchen des anderen acht, fünf, zwei oder zehn Rosinen. Schimpansen können Mengenunterschiede durchaus erkennen, auch wenn sie nicht zählen können. Selbst bei unfairer Verteilung der Belohnung arbeiteten die Affen zusammen. Nur wenn ein Schimpanse gar keine Rosine im Napf fand, verweigerte er die Zusammenarbeit, womit dann auch der andere leer ausging (19).

In einem Humanexperiment gaben Forscher einer Versuchsperson Geld, das sie mit einer anderen nach Gutdünken teilen sollte. Der Mitspieler konnte allerdings das jeweilige Angebot ablehnen, und damit gingen beide Spieler leer aus. Wenn nun das Angebot unter 40 bis 50 Prozent der Gesamtsumme lag, verzichtet der Mitspieler zumeist. Der Gerechtigkeitssinn des Menschen ist größer als der Wunsch, wenigstens etwas zu bekommen.

Gewalt gegen Unschuldige: Eine menschliche Eigenschaft

Wer kennt das nicht? Die Kinder streiten sich zu Hause, und die überforderte Mutter gibt prophylaktisch zunächst jedem eine Ohrfeige, ehe dann – vielleicht – die Schuldfrage untersucht wird. Bei Schimpansen ist das anders, wie wiederum Experimente der Gruppe um Keith Jensen in Leipzig zeigen: Wenn einem Affen Leckereien, die er als die seinen ansieht, von einem anderen geklaut werden, dann rächt er sich an diesem. Wenn aber das Futter, für den Schimpansen unmerklich, aus seiner Reichweite entfernt und einem Artgenossen zugeschanzt wird, kommt dem ihm unverdächtigen Nutznießer gegenüber nur sehr selten Futterneid auf. Deutung: Der Schimpanse bestraft keinen unschuldigen Dritten für sein erlittenes Unglück (20). Beim Menschen ist das ganz anders. Gewalt gegen Unschuldige aus persönlichem Frust ist nichts Tierisches, sondern etwas zutiefst Menschliches.

Auge um Auge

Offenbar ist es auch etwas zutiefst Menschliches oder zumindest Biblisches, das Zusammenleben der Menschen und speziell seinen Kult durch bis ins Detail gehende Vorschriften zu regeln. Nach den Vorschriften im Buch Exodus herrschte alles andere als Willkür, wohl aber galten drakonische und zum Teil aus heutiger Sicht bizarre Vorschriften: »Auge um Auge, Zahn um Zahn« ist zum Sprichwort geworden. Die biblische Regel geht weiter: »… Hand um Hand, Fuß um Fuß, Brandmal um Brandmal, Beule um Beule, Wunde um Wunde« (Ex 21, 24–25). Bizarr erscheint die folgende Regel (Ex 22, 1–2): »Wenn ein Dieb ergriffen wird beim Einbruch und wird dabei geschlagen, dass er stirbt, so liegt keine Blutschuld vor. War aber schon die Sonne aufgegangen, so liegt Blutschuld vor.« Der Einbrecher hatte dann immerhin den Mut, seinem Handwerk bei Lichte nachzugehen. Beeindruckend eine biblische Regel, die das Gegenteil von Ausländerfeindlichkeit bedeutet (Ex 22,20): »Die Fremdlinge sollst du nicht bedrängen und bedrücken; denn ihr seid auch Fremdlinge in Ägyptenland gewesen.«

Die vorbiblische Geschichte der Moral lässt sich heute bereits Jahrhunderttausende zurückverfolgen. Dies ist, wenigstens andeutungsweise, nötig, um dann auch die Besonderheiten der Bibel erkennen zu können.

So wie ihre ›menschenähnlichen‹ Ahnen stammen auch *Homo sapiens* und sein direkter Vorfahre, *Homo erectus,* aus Afrika. Von dort kommend, besiedelte *Homo erectus* bereits vor zwei Millionen Jahren andere Erdteile. Vor rund 600 000 Jahren war er im kalten Mitteleuropa angekommen, was später *Homo sapiens* noch einmal tat, und wieder von Afrika aus. Damals wären unsere direkten Vorfahren beinahe ausgestorben. Vor etwa 70 000 Jahren gab es, wie Paläogenetiker analysieren konnten, zwar nicht nur das eine Menschenpaar Adam und Eva, aber doch weniger als 2000 fortpflanzungsfähige Erwachsene des *Homo sapiens!* Es sind dies die Ahnen aller heute lebenden Menschen (20).

Wie die archäologischen Befunde der letzten Jahre zeigen, begann die kulturelle Evolution nicht erst mit dem neuzeitlichen, der Sprache mächtigen Menschen, sondern viel früher, und sie ging entsprechend sehr viel langsamer vonstatten. Entscheidend war das Wachstum des Gehirnvolumens als ein Indikator für die wachsenden intellektuellen Fähigkeiten. Schimpansen haben ein Hirnvolumen von rund 400 Kubikzentimetern. Kaum mehr hatten die Hominiden der Gattung *Australopithecus*. Die Urmenschen-Gattung *Homo erectus* verfügte anfangs über ein Gehirn von etwa 750 Kubikzentimeter Volumen. Dieses wurde relativ rasch größer und erreichte vor 400 000 Jahren bereits 1100 Kubikzentimeter. Das Gehirnvolumen von *Homo sapiens* liegt bei 1350 Kubikzentimetern.

Fleischverzehr als Voraussetzung für die Menschwerdung

Nach heutigem Wissen ist eine wichtige Ursache für die Menschwerdung darin zu sehen, dass die Gattung Homo anfing, Fleisch zu verzehren. Diese biologische Notwendigkeit hatte dann auch moralische Konsequenzen. Hirnmasse setzt sechzehnmal so viel Energie um wie Muskelgewebe. Das erreichte man nicht mit Himbeeren und Haselnüssen. Insbesondere, da ja auch schon die körperlich extrem schwere Arbeit und die weiten Wege zu Fuß sehr hungrig machten. Etwa 25 Prozent des Energiebedarfs benötigt der erwachsene Kopf, das Gehirn des Neugeborenen sogar mehr als doppelt so viel. Wir wissen heute, dass bereits die Gattung *Homo erectus* Fähigkeiten entwickelt hat, die wir gemeinhin erst unseresgleichen zuschreiben.

Nun könnte man fragen, warum nicht die fleischfressenden Raubtiere klüger als die Menschenartigen waren, sondern sich vielmehr von diesen einfach fressen ließen? Die Raubtiere mussten nicht klug werden, denn sie waren stark und mit ihren scharfen Sinnesorganen bestens an ihr Leben angepasst. Die Hominiden dagegen waren körperlich schwächer, langsamer und mit weniger leistungsfähigen Sinnen ausgestattet als ihre Fressfeinde. Um zu überleben, mussten sie andere Fähigkeiten entwickeln. Der Gang auf zwei Beinen erlaubte ihnen den besseren Überblick. Doch was nützte es, das Unheil in Gestalt eines Raubtieres kommen zu sehen, wenn man nicht nur wehrlos, sondern obendrein – verglichen etwa mit dem Leoparden oder dem Löwen – so viel langsamer war, dass das Wegrennen nicht half?

Die Ahnen lebten in kleinen Gruppen, in ständiger Angst vor den Urgewalten der Natur und den Raubtieren. Bereits diese Klein-

gruppen mussten sich Spielregeln schaffen, um nicht auseinander-
zufallen, um sich nicht gegenseitig umzubringen, und um gegenüber der feindlichen Umwelt zu bestehen. Kinder benötigten den
Schutz ihrer Eltern ganz besonders. Vieles war entwicklungsge-
schichtlich längst festgelegt. Das Eltern-Kind-Verhältnis dürfte sich
zunächst kaum von dem der äffischen Ahnen des Menschen unterschieden haben. Doch anderes war neu.

Es fing vermutlich damit an, dass man sich über die Reste her-
machte, welche die großen Raubtiere übrig ließen. Doch bereits vor
mehr als einer Million Jahren erjagte *Homo erectus* Nashörner, Elefanten und Flusspferde – Fleischkolosse, die nicht wegliefen, denn
sie mussten ja bis dahin keine Angst vor Fressfeinden haben. Diese Tiere zu erlegen und zu zerlegen erforderte ausgeklügelte Tech-
niken und entsprechendes Gerät. Zunächst hatte man nur Knüppel
und Steine, Werkzeuge, die schon die Affen nutzten. Vor 400 000
Jahren hatten unsere Ahnen bereits den Wurfspeer erfunden, mit
dem sie – wie Experimente von heute zeigen – Wurfweiten über 60
Meter erreichen konnten. Mit der Stoßlanze konnte ein erfahrener
und zugleich tollkühner Urzeitjäger sogar einen Elefanten trotz dessen dicker Haut ins Herz treffen.

In Bilzingsleben im nördlichen Thüringen lebten vor 370 000
Jahren etwa 20 der damals weltweit schätzungsweise 600 000 In-
dividuen von *Homo erectus* in einem Lager an einem See. Das Feuer kannten sie längst. Die ältesten Feuerstellen in Ostafrika sind 1,6
und 1,4 Millionen Jahre alt. Man hat in Bilzingsleben auch ausge-
glühte Steine gefunden, die die Forscher als »Kochsteine« identifiziert zu haben glauben. Vor der Erfindung des Kochtopfes hatte
man nämlich Wasser oder vielleicht sogar Suppe in Lederbeutel ge-
schüttet und im Feuer erhitzte Steine hineingeworfen. So brachte
man die Flüssigkeit zum Kochen, ohne dass der Beutel verbrannte.
Vermutlich hatte man damals bereits gelernt, Leder (mit Hilfe von
Urin) zu gerben.

Nicht minder wichtig als Fleisch zu verzehren war es, das Essen
im Feuer vorzubehandeln und es damit einerseits leichter kauen zu
können, andererseits besser verdaulich zu machen. Ein Schimpanse

muss sechs Stunden lang täglich kauen, um von Blättern und Früchten satt zu werden, so der Biologe Richard Wrangham von der Harvard-Universität (21). Nun musste der Hominide nicht mehr so viel kauen und hatte doch genug zu beißen. Folge: Die großen Mahlzähne und starken Kaumuskeln, über die noch *Australopithecus* verfügte, veränderten sich mit der Zeit: Zähne, Kiefer, aber auch die Verdauungsorgane des *Homo* sind deutlich kleiner.

Und noch etwas änderte sich. Während die ausschließlich auf rohe Pflanzenkost angewiesenen Vormenschen ausdauernd laufen, sammeln und gleichzeitig essen mussten, ähnlich wie das äsende Wild, konnten die Jäger am Feuer zur Ruhe kommen, gemeinsam ihre Mahlzeit bereiten und verzehren. Das heißt: Auch die Lebensgewohnheiten änderten sich massiv, und dies bereits lange vor Erscheinen des *Homo sapiens*. Gemeinsam auf die Jagd zu gehen erfordert Kommunikation. Sie muss deutlich über die Zusammenarbeit hinausgehen, die man bereits bei Raubtieren beobachtet, wenn diese ihre Beute jagen und erlegen. Denn, wie gesagt, anders als andere Raubtiere, war *Homo erectus* und ist der heutige *Homo sapiens* körperlich schwach und alles andere als schnell.

Wenn dann die Beute erlegt worden war, musste sie zerlegt und abtransportiert werden. Unsere Ahnen mussten die Fleischvorräte bewachen, damit sich nicht Tiere oder sogar fremde Artgenossen über diese hermachten. Vor allem hatten sie dafür zu sorgen, dass ihnen nicht das Feuer ausging. Wenn das nämlich passierte, mussten sie auf den nächsten Blitzeinschlag warten. Noch im neuzeitlichen Brauchtum finden sich viele Hinweise darauf, wie wichtig das Hüten der Feuerstelle war – und im Grunde bis heute ist, auch wenn es mittlerweile die obligatorische Brandversicherung gibt. Sagen und Mythen bis weit zurück in die Steinzeit kreisen um das Feuer. Die Nutzung und gar Zähmung des Feuers war ein fundamentaler Akt, dessen Bedeutung man gar nicht überschätzen kann. Das heißt, die sich entwickelnde Kultur des *Homo erectus* erzwang auch neue Spielregeln des Zusammenlebens und in der Folge auch entsprechende Moralvorstellungen.

Die Kultur des Homo erectus

In Bilzingsleben war das Lager in verschiedene Wohn- und Arbeitsbereiche gegliedert. Neben zahlreichen Werkzeugen fand man den Knochenschaft eines Elefanten mit offensichtlich eingeritzten Mustern; parallele Linien, die möglicherweise bereits eine Art Mondkalender darstellen, aber auch sich kreuzende Linienmuster. »Der Frühmensch, der jenes Muster ritzte, legte in die zusammen angeordneten Striche einen Symbolgehalt. Es handelt sich um das älteste uns bekannte kulturelle Objekt dieser Art. Da sich abstrakte Gedankengänge nur mit Wortsymbolen mitteilen lassen, liefern die eingravierten Strichmuster auch einen Hinweis darauf, dass diese Menschen eine Sprache hatten.« So beschrieb es Dietrich Mania, der über 30 Jahre lang die Ausgrabungen des Projektes Bilzingsleben leitete (22).

Auf einem gepflasterten Platz des Basislagers fanden sich menschliche Schädelfragmente; vielleicht eine Kultstätte, oder möglicherweise handelte es sich, wie Mania meint, »um den frühesten Nachweis von ideellen Handlungen in der menschlichen kulturellen Evolution«. Wer dazu fähig sei, »der hat auch schon ein einfaches Weltbild: Er beginnt, nach Erklärungen für lebenswichtige Phänomene seiner Naturumwelt zu suchen.«

Offensichtlich hatten schon unsere Ahnen ein natürliches Bedürfnis, sich und die Welt zu bedenken. Der Evolutionsbiologe und Wissenschaftstheoretiker Franz M. Wuketits von der Universität Wien formuliert es so: »Wir unterscheiden uns von anderen Organismen auf diesem Planeten durch einen Erklärungsnotstand. Wir nehmen die Dinge nicht einfach hin, sondern denken darüber nach und versuchen, sie uns in theoretischen Entwürfen zu erklären. Tiere dagegen lernen, dass etwas unter bestimmten Umständen so und so passiert. Aber sie reflektieren nicht im Nachhinein darüber, warum etwas wie geschehen ist« (23).

Unser Bedürfnis nach Erklärungen führt dazu, dass wir uns Bilder von der Welt machen, die nicht Abbildungen der Welt sind, sondern so etwas wie Hilfskonstruktionen. Franz M. Wuketits: »Unser

Gehirn erlaubt uns Illusionen. Es ist nicht dazu geschaffen, die absolute Wahrheit über diese Welt – was immer das sein mag – zu erkennen, sondern nur seinem Träger ein Überleben darin zu ermöglichen. Auch mythologische Weltbilder liefern dem Einzelnen eine gewisse Befriedigung oder Beruhigung«.

Die volle Sprechfähigkeit hatte *Homo erectus* wohl noch nicht erreicht. Zu diesem Schluss kamen jedenfalls Wissenschaftler um Svante Pääbo vom Max-Planck-Institut für evolutionäre Anthropologie in Leipzig. In Großbritannien lebt in unserer Zeit eine Familie, deren Mitglieder großenteils beim Bilden und Verstehen von Wörtern und grammatikalischen Formen Probleme haben. Dieses Manko steht offenbar in Zusammenhang mit Veränderungen an einem bestimmten Gen im Erbgut der Familie, das die Wissenschaftler FOXP2 bezeichnen. Dieses Gen beeinflusst die Entwicklung von Gehirnbereichen, die mit Sprachverständnis und Artikulation zu tun haben. Das moderne FOXP2-Gen, das die volle Sprechfähigkeit ermöglicht, hat sich langsam im Erbgut unserer Ahnen durchgesetzt, und zwar in Afrika – aber offenbar noch nicht bei *Homo erectus* in Thüringen. Spätestens vor 100 000 Jahren, als *Homo sapiens,* noch einmal aus Afrika kommend, die Welt eroberte, war die volle Sprechfähigkeit erreicht. Wenn nicht, handelt es sich nunmehr um einen genetischen Defekt.

Erst indem man den Dingen Namen gibt, kann man sie unterscheiden. Den Geschöpfen jeweils einen Namen zu geben, ist nach dem Bericht der Genesis göttliche Aufgabe für den Menschen. Indem man die Dinge benennt, kann man sie auch bedenken. Und es galt viel zu bedenken und zu regeln, während die Anzahl der Menschen, die miteinander lebten, sich vergrößerte.

Der fundamentalste Unterschied, den es zu bedenken galt, war der zwischen Leben und Tod. Die genannten Beobachtungen in Bilzingsleben deuten darauf hin, dass bereits *Homo erectus* so etwas wie einen Totenkult entwickelt hat. Vielleicht sogar, dass man damals bereits die Differenzierung zwischen »heilig« und »profan« vornahm; eine grundlegende Weltdeutung.

Die menschliche Moral hat also eine lange Vorgeschichte, Sittlichkeit begann mit den Sitten des Zusammenlebens im Tierreich. Das Wissen um eine Evolution der Moral schmälert nicht den Rang des biblischen Kodexes der Zehn Gebote.

Merkwürdigerweise gibt es keine Bezugnahmen auf den Dekalog aus älterer Zeit. Das heißt, der Dekalog wurde »als eine bereits zitierfähige Größe in seinen jetzigen Kontext aufgenommen« (1). Das Alte Testament teile mit dem gesamten Alten Orient die Überzeugung, dass gelingendes Gemeinschaftsleben nur im Einklang mit der gott- beziehungsweise göttergewollten Weltordnung möglich sei. Während freilich in der außerbiblischen Welt die vornehmste Aufgabe des Königs war, Recht und Gerechtigkeit herzustellen und aufrechtzuerhalten, sind die Vorstellungen im Alten Testament weitgehend von der Existenz eines Königs unabhängig. Der Grund: Während die Rechtsvorstellungen formiert wurden, war Juda unter Fremdherrschaft. Es war dies die Zeit des Exils und Nachexils, wovon noch ausführlich die Rede sein wird.

Die Zehn Gebote und ihre Erklärung im Kleinen Katechismus durch Martin Luther anno 1529 sind, so Gertz, »Inbegriff eines evangelischen Ethos«. Dies freilich, so muss man hinzufügen, in einer Gesellschaft, über die Kaiser und Könige herrschten.

Von den Zehn Geboten zum Ethikboom

In unserer Zeit, da der Mensch wie nie zuvor fähig ist, sich selbst und die Welt zu verändern, bedenkt er auch wie nie zuvor sein Handeln. Der protestantische Theologe und Ethiker Friedrich Wilhelm Graf (Universität München) beobachtet eine »weltweit boomende ethische Reflexionskultur«. Sie ist verbunden mit wachsender Pluralität der ethischen Vorstellungen. Diese Verschiedenheit wiederum verursacht immer mehr Konflikte. Graf sieht analog zu anderen wirtschaftlichen Gegebenheiten »konkurrenzbestimmte Moralmärkte«, auf denen die Kirchen und andere Glaubensgemeinschaften mit den Wirtschaftsunternehmen wetteifern. Auch diese verordnen sich ethische »Leitbilder«. Hier wird allerdings offenkundig viel geheuchelt – von der Wirtschaft wie von den Kirchen.

Da ist es schon bemerkenswert, wenn ein sehr angesehener Wissenschaftler (Graf wurde als erster Theologe mit dem Leibniz-Preis der *Deutschen Forschungsgemeinschaft* ausgezeichnet) den christlichen »Moralaposteln«, welche ihre jeweilige Spezialmoral entwickeln, die einer Demokratie angemessene schlichte »Tugend des Rechtsgehorsams« vorhält, die allerdings von allen Bürgern verlangt werden müsse (24).

Levitikus. Das Dritte Buch Mose oder die Entdeckung der Nächstenliebe

Das Blut als ganz besonderer Saft

Das Dritte Buch Mose, auch *Levitikus* genannt, ist den Christen eher fremd, jedoch für die Juden von zentraler Bedeutung. Es enthält Opfer- und Reinheitsvorschriften, aber auch Gesetze für den Alltag, darunter die grundlegende Weisheit (Lev 19,18): »Du sollst deinen Nächsten lieben wie dich selbst«. Nach jüdischer Überlieferung hat Jahwe alle seine Gebote Mose am Sinai offenbart. Es sind dies nach jüdischer Tradition 613 *Mizwot* in der gesamten Tora, 248 Gebote und 365 Verbote. Aus dem Buch Levitikus hat immerhin ein Sprichwort ins Deutsche Eingang gefunden. Jemandem die Leviten lesen bedeutete ursprünglich, ihn für Pflichtvergessenheit zu kritisieren und ihn auf seine Aufgaben nach den Verhaltensvorschriften des Levitikus hinzuweisen. Die Leviten (nach dem jüdischen Stamm Levi) waren im Alten Testament Tempeldiener.

Im Levitikus steht auch ein Hinweis, der lange Zeit christliche Erziehungsgrundlage war und zum Beispiel für Muslime noch immer selbstverständlich ist: »Vor einem grauen Haupt sollst du aufstehen und die Alten ehren« (Lev 19,32). Mancher ältere Teilnehmer am öffentlichen Nahverkehr hierzulande würde gewiss begrüßen, wenn dieses althebräische Gebot noch beherzigt würde.

Bis heute nachhaltige Wirkung haben ein paar Sätze im Levitikus über das Blut. Es ist schon immer ein ganz besonderer Saft. Bereits in Urzeiten war den Menschen, sehr wahrscheinlich sogar bereits deren Ahnen, aufgefallen, dass ein Lebewesen stirbt, wenn es sein Blut verliert. Daraus schloss man, das Blut sei Sitz des Lebens. Um das schlechte Gewissen der steinzeitlichen Jäger zu beruhigen, haben sie der Gottheit mit dem Blut des erlegten Tieres gewissermaßen seine Seele geopfert – um den schmackhaften Rest dann selbst wohlgemut zu verzehren. Dieser Gedanke klingt noch an im Levitikus, wenn Jahwe verlangt: »Keiner unter euch soll Blut essen, auch kein Fremdling, der unter euch wohnt.« Die Begründung: »Denn des Leibes Leben ist im Blut, und ich habe es euch für den Altar gegeben, daß ihr damit entsühnt werdet« (Lev 17,12,14). Christliche Sektierer, so die »Zeugen Jehovas«, lehnen wegen dieser in der Apostelgeschichte im Neuen Testament wiederholten Blut-Tabuisierung sogar die Transfusion von Mensch zu Mensch ab.

Numeri. Das Vierte Buch Mose oder Erinnerung an den Sonnengott

Numeri ist kein italienisches Telefonverzeichnis. Die Numeri sind die Ergebnisse einer Volkszählung und die Marschordnung für den Weg ins Gelobte Land, mit der das eben deshalb auch »Numeri« genannte Vierte Buch Mose beginnt. Numeri enthält ebenfalls zahlreiche Vorschriften, beschreibt jedoch auch weiterhin den legendären Weg des Volkes Israel ins Land Kanaan.

Am Ende eines jeden evangelischen Gottesdienstes spricht der Pfarrer heutzutage, wie schon seit Jahrhunderten, die Segensworte aus dem Buch Numeri (Num 6, 24–26): »Der HERR segne dich und behüte dich; der HERR lasse sein Angesicht leuchten über dir und sei dir gnädig; der HERR erhebe sein Angesicht über dich und gebe dir Frieden.«

Im Jahre 1979 entdeckte ein Archäologe der Universität von Tel Aviv bei Grabungen im Hinnomtal unterhalb der südwestlichen Mauer der Jerusalemer Altstadt zwei winzige Schriftrollen aus Silber. Sie stammen aus dem 7. vorchristlichen Jahrhundert. Fachleuten gelang es in einem aufwendigen Verfahren, nach drei Jahren

die zerbrechlichen Silberrollen zu entfalten und die eingravierten
Schriftzeichen zu entziffern. Es handelt sich um jene bis heute gesprochenen Segensworte.

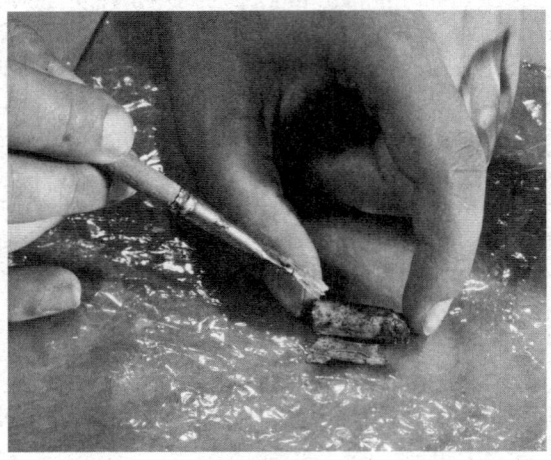

*Im Auftrag Gottes sollte der biblische Aaron die bis heute auch von den christlichen
Pfarrern gesprochenen Segensworte den Israeliten sagen, in denen es heißt: »... Der
HERR lasse sein Angesicht leuchten über dir ...« Sie drücken die Identifizierung von
Jahwe mit dem Sonnengott aus. Auf zwei winzigen silbernen Schriftrollen aus dem
7. vorchristlichen Jahrhundert, die ein Archäologe der Universität von Tel Aviv 1979
im Hinnomtal unterhalb der Altstadt von Jerusalem entdeckt hatte, fanden sich ein-
graviert diese uralten Segensworte.*

Vermutlich wissen selbst nur wenige Pfarrer, was damit gemeint ist,
wenn es heißt: »Der HERR lasse sein Angesicht leuchten über dir«.
Dahinter steht, wie schon kurz angesprochen, die Identifizierung
von Jahwe mit dem Sonnengott. Die forschenden Alttestamentler
haben mittlerweile gelernt, einzelne biblische Sätze im Zusammenhang mit den damit verbundenen Bildern zu sehen. Im 1. Buch der
Könige, auf das ich noch eingehen werde, steht im Bericht über die
Einweihung des Tempels Salomos in Jerusalem (1. Kg 8,12): »Da
sprach Salomon: Die Sonne hat der Herr an den Himmel gestellt; er
hat aber gesagt, er wolle im Dunkel wohnen.« Dieser alte Tempel-
weihspruch, so Othmar Keel, legt nahe, dass Jahwe »in Jerusalem

zunächst in Kohabitation mit dem Sonnengott verehrt worden ist«. Nach den Untersuchungen von Keel dokumentieren kanaanäisch-ägyptische Skarabäen bereits im 13./12. vorchristlichen Jahrhundert eine enge Zusammengehörigkeit des Sonnengottes mit dem Sturm- und Kampfgott Seth-Baal. Den Satz aus dem Buch der Könige hat der von den Nationalsozialisten verfolgte deutsche Schriftsteller Jochen Klepper 1938 so umgedeutet, dass aus Verzweiflung Hoffnung wird: »Gott will im Dunkel wohnen, und hat es doch erhellt.« Daraus wurde ein Adventslied, das ins Evangelische Gesangbuch Eingang fand (»Die Nacht ist vorgedrungen …«).

Das Buch Numeri beschreibt ferner die Erkundung des Gelobten Landes Kanaan durch die Israeliten vor dessen Eroberung. Tatsächlich ist, wie wir heute wissen, das Land keineswegs von den Israeliten erobert worden.

Deuteronomium. Das Fünfte Buch Mose oder der entscheidende Schritt zum Judentum

Das Fünfte und letzte Buch Mose wird auch *Deuteronomium* genannt – aufgrund eines Fehlers bei der Übersetzung der hebräischen Bibel ins Griechische, seinerzeit in Alexandria. Es geht an einer Stelle des 5. Buches Mose darum, eine »Abschrift des Gesetzes« (Dtn 17,18) zu verfassen. Das wurde damals übersetzt »ein zweites Gesetz« – Deuteronomium. Der Name ist über fast 2200 Jahre bis heute geblieben. Das Buch enthält die große Abschiedsrede des Mose vor seinem Tod, exakt vierzig Jahre nach dem Auszug aus Ägypten und am Vorabend der Eroberung des Gelobten Landes Kanaan.

Ein hochsymbolisches Datum. Vierzig Jahre entsprechen der aktiven Lebenszeit einer Generation. Was zuvor war, wird, wenn es nicht beizeiten aufgeschrieben wurde, zur Legende. Die DDR existierte genau vierzig Jahre lang, und am Vorabend hatte Michail Gorbatschow, der letzte Partei- und Regierungschef der Sowjetunion, seinen Kollegen Erich Honecker vergeblich gewarnt: »Wer zu spät kommt, den bestraft das Leben.« Zwar ist Gorbatschow kein

Mose, aber dafür hatte er mit Sicherheit das Kommando über die Sowjets. Und seine Warnung hat Gorbatschow auch nicht wörtlich so formuliert. Doch so wurde sie zum Sprichwort, und so entfaltete sie ihre Wirkung. Nach dem biblischen Mythos, wie im Fünften Buch Mose beschrieben wird, durfte Mose das Gelobte Land zwar sehen, aber nicht betreten, bevor er, nach vierzig Jahre langem Umherirren durch die Wüste, hundertzwanzigjährig starb.

Im Zentrum des Deuteronomiums steht in Form einer Rede des Mose die Verkündigung des deuteronomischen Gesetzes in einer Wiederholung der Zehn Gebote mit den bereits angesprochenen kleineren Änderungen. Der für das Volk Israel wichtigste Satz folgt etwas später, in der Luther-Bibel von 1984 ist er so übersetzt worden (Dtn 6, 4–5): »Höre, Israel, der HERR ist unser Gott, der HERR allein. Und du sollst den HERRN deinen Gott, liebhaben von ganzem Herzen, von ganzer Seele und mit all deiner Kraft.« Fromme Juden sprechen den ersten Satz entsprechend in der Übersetzung so: »Höre Israel, Jahwe ist unser Gott, Jahwe ist einzig!« Diese Formulierung, so Jan Christian Gertz, »dürfte jedoch nicht die ursprüngliche Intention« wiedergeben, obwohl sich diese bereits im Alten Testament durchgesetzt habe. Ursprünglich, und wie aus dem Kontext hervorgeht, wendet sich die Aussage gegen verschiedene lokale und in den beiden Reichen Israel und Juda (davon wird noch die Rede sein) unterschiedliche nationale Manifestationen Jahwes. Entsprechend sei zu übersetzen: »Höre Israel, Jhwh ist unser Gott, Jhwh ist einer!« Nach Othmar Keel ist auch vertretbar, wie in der katholischen Einheitsübersetzung, zu formulieren, Jhwh ist »einzig/er«.

Diese Überlegungen sind nur zu begreifen, wenn man die Entstehungsgeschichte des Deuteronomiums berücksichtigt. Ein gewisser Wilhelm Martin Leberecht de Wette hat anno 1805 eine Doktorarbeit vorgelegt, deren Kerngedanke bis heute die Fachtheologen beschäftigt. Das 5. Buch Mose ist danach Ergebnis der Reformen des Königs Joschija (Josia) von Juda aus dem Jahre 622. Im 2. Buch der Könige des Alten Testaments ist nämlich davon die Rede, dass zu Zeiten der Herrschaft Josias der Hohepriester Hilkija bei Bauarbeiten im Tempel in Jerusalem ein »Gesetzbuch gefunden« habe.

Dies, so glauben viele historisch-kritischen Forscher, ist das »Urdeuteronomium«. Die meisten Alttestamentler, so Hans-Christoph Schmitt, gehen davon aus, »dass das Urdeuteronomium der Josia-Reform von 622 vor Christus zugrunde lag und dass es daher in den Jahrzehnten vorher entstanden sein muss«.

Eine Legende als Legitimation für Josias Reform

Es kann aber auch ganz anders gewesen sein. Nach Angelika Berlejung gibt es nämlich keinen archäologischen Nachweis der Reform des Josia. »Die Erzählung von der überraschenden Auffindung des Gesetzbuchs verleiht eben diesem wunderhaften und autoritativen Charakter sowie Altersdignität und Traditionsverankerung und macht aus den darauf gründenden Kultmaßnahmen des Joschija ein Restaurationsprogramm.« Die Verschleierung von Modernisierung als Restauration finde sich des Öfteren im Alten Orient und entspreche vorderorientalischem Denken: Nur was auf Tradition zurückgeht, kann Autorität beanspruchen. Für Jan Christian Gertz liegt nahe, »dass es sich um eine vom Deuteronomium selbst inspirierte Legende zur Legitimation des Deuteronomiums handelt« (1).

Das heißt, die biblischen Geschichten müssen im Lichte der historischen Gegebenheiten etwa sechs Jahrhunderte später, als sie eigentlich passiert sein sollen, betrachtet werden. Und diese Gegebenheiten sind manchmal gar nicht gegeben, entweder gar nicht passiert oder jedenfalls nicht so, wie die Bibel es beschreibt.

Warum also lesen wir die Bibel anders als etwa Homers *Ilias* oder *Odyssee*? Altphilologen und Archäologen versuchen doch auch hier, zu identifizieren, was die Fakten hinter den Mythen vom Kampf um Troja sind, wer sich zum Beispiel hinter Namen wie Agamemnon oder Odysseus verbirgt. Ihre Vorgehensweise unterscheidet sich nicht von der Art und Weise, wie die Bibel analysiert wird. Und die historisch-kritische Erforschung Trojas begann ungefähr zur selben Zeit wie die historisch-kritische Erforschung der Bibel. Anders als heute gehörte es in früheren Jahrhunderten ebenso zur Allgemeinbildung, »seinen Homer« zu kennen wie »seine Bibel«.

Offenbarung als »kreativer Akt«

Die Bibel ist zwar auch ein »Bildungsgut«. Sie wird aber schon immer in der Gewissheit oder zumindest in der Hoffnung gelesen, darin göttliche Offenbarungen zu finden. Ich habe mit dem Begriff Offenbarung meine Schwierigkeiten, wenn damit »übernatürliche« Vorgänge gemeint sein sollen. Da wir die Grenzen des Natürlichen nicht ermessen können, sind wir logischerweise nicht fähig, etwas als »übernatürlich« zu identifizieren. Othmar Keel hat nach jahrzehntelanger Erforschung der Geschichte des Monotheismus die Frage gestellt, wie überhaupt der Gedanke daran in die Welt gekommen sein mag. Seine Antwort: »Psychologisch kann man die entscheidenden Momente als intuitiv kreative Akte, religiös als Offenbarungen verstehen« (8). Das ist eine Formulierung, die ich gerne akzeptiere.

Entscheidend für Juden und Christen ist also die Theologie der Bibel, an dieser Stelle die Theologie des Deuteronomiums. Ich beziehe mich im Folgenden wieder auf den Alttestamentler Jan Christian Gertz (1). Danach markiert das Deuteronomium »den entscheidenden Wendepunkt innerhalb der alttestamentlichen Religionsgeschichte, der – vereinfacht – den Übergang von der altisraelitischen Religion der selbständigen Staaten Juda und Israel zum Judentum darstellt«. Gemeint ist zum einen das Grundgebot der Zentralisierung des Kults in einem einzigen Tempel. Im 5. Buch Mose heißt es (Dtn 12,2,5): »Zerstört alle heiligen Stätte … die Stätte, die der HERR, euer Gott, erwählen wird aus allen euren Stämmen, daß er seinen Namen daselbst wohnen lässt, sollt ihr aufsuchen und dahin kommen.« Es gab, bevor König David den Tempel in Jerusalem baute, viele andere den Israeliten heilige Stätten im Lande Kanaan. Das Buch Deuteronomium nennt zum Beispiel den Berg Garizim in Samarien als Ort, wo das Volk gesegnet werden solle (Dtn 11,29; 27,12). Bereits um 450 vor Christus entstand ein Tempel auf diesem Berg (1). Für die Samaritaner ist der Garizim bis heute der erwählte Ort Jahwes geblieben. Jerusalem wurde und wird von den Samaritanern als dieser Ort nicht anerkannt. Diese kleine jüdische Glau-

bensgemeinschaft mit heute etwa 700 Mitgliedern in Israel und Pa-
lästina kennt, wie oben erwähnt, nur die fünf Bücher Mose als ihre
›Bibel‹. Dies sei jedoch nur am Rande erwähnt. Denn in diesem
Buch geht es um die ganze Heilige Schrift und ihre Geschichte.

Im Deuteronomium wird zum anderen, also neben dem Hinweis
auf den künftigen einen Tempel der Hebräer, noch einmal die Beziehung von Jhwh zum Volk Israel als ein Bund definiert (Dtn 7,6,9):
»Dich hat der HERR, dein Gott, erwählt zum Volk des Eigentums
aus allen Völkern, die auf Erden sind. … So sollst du nun wissen,
daß der HERR, dein Gott, allein Gott ist, der treue Gott, der den
Bund und die Barmherzigkeit bis ins tausendste Glied hält denen,
die ihn lieben und seine Gebote halten.« Schließlich hat die deute-
ronomische Identifikation der mündlichen Verkündigung der Gesetze durch Mose mit der Tora den Übergang des Judentums von
der Kult- zur Buchreligion und damit verbunden die Bildung einer die Tora auslegenden Sammlung heiliger Schriften ermöglicht.
Hierin hat das Deuteronomium neben dem Judentum auch die
Buchreligionen des Christentums und des Islams entscheidend beeinflusst.

Seit Wilhelm Martin Leberecht de Wette vor 200 Jahren entdeckt
hat, dass es in den Büchern des Alten Testaments, die dem Deuteronomium folgen, nämlich den Büchern Josua und Richter, den
zwei Büchern Samuel und den zwei Büchern der Könige, innere Zusammenhänge gibt, beschäftigt dies die Theologen. 1943 entwickelte
der deutsche Alttestamentler Martin Noth die Theorie eines zusammenhängenden »deuteronomistischen Geschichtswerks«. Die Details sind immer wieder modifiziert worden, aber der Sachverhalt
bleibt unbestritten. Die Alttestamentler sehen heute allerdings nicht
mehr nur einen Verfasser, sondern verschiedene Autoren, die das
Werk jeweils ergänzt und modifiziert haben.

Das Buch Josua – Und die Bibel hat nicht recht

Die Bibel beginnt im Buch Josua mit den Berichten von der Eroberung des Landes Kanaan als dem gelobten und dem Volk Israel von
Jahwe verheißenen Land. Josua ist der nach dem Tod des Mose von
Gott eingesetzte Nachfolger, dem der HERR befiehlt: »so mach dich
nun auf und zieh über den Jordan, du und dies ganze Volk, in das
Land, das ich ihnen, den Israeliten, gegeben habe« (Jos 1,2). Wenn
man heute von jemandem sagt, er sei »über den Jordan gegangen«,
heißt das, er ist gestorben – denn über den Jordan führt der Weg sozusagen ins Paradies.

Echte Ruinen, falsche Deutung

In der ersten Hälfte des 20. Jahrhunderts haben manche Wissenschaftler die Schilderung im Buch Josua als historische Darstellung
verstanden. In der Tat beschreibt sie exakt die Geographie des Landes Israel. Besonders einflussreich war der amerikanische Forscher
William Foxwell Albright. Er grub südwestlich von Hebron die kanaanäische Stadt Debir aus. Sie wird im Buch Josua zweimal erwähnt
und ein weiteres Mal im Buch der Richter. Josua, so weiß die Bibel, eroberte Debir (Jos 19,38–39). Die Ortschaft wurde nach Albright anno 1230 vor Christus von einer Feuersbrunst zerstört. Der
Forscher entdeckte weitere kanaanäische Städte aus der Spätbronzezeit, die von plötzlich ausbrechendem Feuer vernichtet wurden,
so 15 Kilometer nördlich von Jerusalem die biblische Ortschaft Bethel. Nach Darstellung der Bibel hat Josua auch Hazor erobert, »die
Hauptstadt aller dieser Königreiche« (Jos 11,10), und dessen König
mit dem Schwert erschlagen.

Der israelische Archäologe Yigael Yadin grub in den 1950er Jahren diese in der Spätbronzezeit und zuvor schon in der mittleren
Bronzezeit größte Stadt im Lande Kanaan aus. »Die Ausgrabungen
von Hazor zeigen, daß die Pracht der kanaanäischen Stadt wie die
so vieler anderer Städte in verschiedenen Landesteilen im 13. Jahrhundert vor Christus brutal zu Ende ging. Plötzlich, ohne erkenn-

bare Warnung und mit nur wenigen Anzeichen eines Niedergangs, wurde Hazor angegriffen, zerstört und in Brand gesteckt« (11).

Juden und Christen waren von den Entdeckungen der Archäologen begeistert. 1955 erschien das programmatische Buch von Werner Keller *Und die Bibel hat doch recht* – und wurde zu einem Welterfolg.

Knapp fünfzig Jahre später hat sich die Situation völlig verändert. Heute wissen wir, dass die Funde seinerzeit falsch gedeutet wurden. 2001 wurde, zunächst in den USA und wenig später auch in Deutschland, das bereits zitierte Werk *Keine Posaunen vor Jericho* des angesehenen israelischen Archäologen Israel Finkelstein und seines in Belgien arbeitenden Kollegen Neil A. Silberman veröffentlicht. Es zeigt, dass »Die archäologische Wahrheit über die Bibel« (so der Buch-Untertitel) ganz anders aussieht. Die Autoren konstatieren, es habe »die Archäologie eine dramatische Diskrepanz zwischen der Bibel und der Lage in Kanaan zum vorgeblichen Zeitpunkt der Einnahme zwischen 1230 und 1220 vor Christus aufgedeckt«.

Kein Einmarsch ins Heilige Land

Das biblische Buch Josua schildert die Geschichte vom Fall Jerichos auf wundersame Weise: »So trugen die sieben Priester die sieben Posaunen vor der Lade des HERRN her und bliesen immerfort die Posaunen« (Jos 6,13). Die Lade oder auch Bundeslade war ursprünglich wohl ein Kriegspalladium (Feldzeichen), ein Kisten-Heiligtum mit einer oder zwei bildlosen Stelen, das die Gegenwart Jahwes repräsentierte. Später war die Lade nach biblischer Angabe Aufbewahrungsort für die Gesetzestafeln. Nach siebentägigem Posaunenblasen und Rundum-Märschen um die Mauern von Jericho machte das Volk zusätzlich »ein großes Kriegsgeschrei. Da fiel die Mauer um« (Jos 6,20). Dummerweise müssen die Archäologen nun feststellen: »Im Fall von Jericho existiert nicht einmal die Spur irgendeiner Besiedlung im 13. Jahrhundert vor Christus« (11). Das heißt, es gab schon gar nicht Mauern, die, wie auch immer, zum Einsturz gebracht worden sein können.

So, wie es die Bibel schildert, war es also nicht. Aber was war dann im 12. vorchristlichen Jahrhundert los im ›Nahen Osten‹? Gegen Ende des 13. und im 12. Jahrhundert vor Christus drangen übers Meer und über Land sogenannte Seevölker in das Nildelta ein sowie nach Syrien und Palästina. Niemand weiß genau, wer diese Menschen waren. Wahrscheinlich waren sie Opfer massiver gesellschaftlicher Veränderungen dieser Zeit, Entwurzelte, die eine neue Heimat oder wenigstens einen Lebensunterhalt suchten. Zeitweise dienten sie sich als Söldner an, während der Regierungszeit von Pharao Ramses II. sowohl den Ägyptern als auch den Hetitern (Hethitern). Doch vor allem hinterließen sie Spuren als Brandstifter und Plünderer.

Aufzeichnungen in Ugarit und in Ägypten aus dem frühen 12. vorchristlichen Jahrhundert belegen dies. Finkelstein/Silberman zitieren einen Brief, der in den Ruinen der Hafenstadt Ugarit gefunden wurde und die Situation um 1185 vor Christus schildert. Mit ›Brief‹ ist natürlich eine Tontafel gemeint. Der letzte König von Ugarit, Ammurapi, schrieb an seinen Kollegen, den König von Alaschia (Zypern), dass »feindliche Boote gelandet sind; der Feind hat die Städte in Brand gesteckt und verheerenden Schaden angerichtet. Meine Truppen sind im Hetiterland, meine Boote in Lykien, und das Land bleibt sich selbst überlassen« (11). Zehn Jahre später, anno 1175 vor Christus, hat dann freilich Pharao Ramses III. die Seevölker vernichtend geschlagen und dem Spuk ein Ende bereitet.

Literarischer Ausdruck von Sehnsüchten

Die Ruinen blieben jedoch, und vermutlich auch Erinnerungen, die im Laufe der Zeit neu gedeutet worden sind. Die Bibel berichtet, dass die Könige der vier Städte Hazor, Aphek, Lachisch und Megiddo von den Israeliten und ihrem Anführer Josua vernichtet worden seien. »Aber der archäologische Befund zeigt, daß die Zerstörung dieser Städte im Verlauf von mehr als hundert Jahren erfolgte« (11). Sie sei »nicht das Werk einer einzelnen Militärstreitmacht und ganz sicher nicht eines einzigen militärischen Feldzugs«. Das Buch

Josua ist nach Finkelstein/Silberman »literarischer Ausdruck der Sehnsüchte und Phantasien eines Volkes zu einer bestimmten Zeit und an einem bestimmten Ort«. Hinter der Gestalt von Josua, »Josuas Maske«, verberge sich der – oben schon erwähnte – König Josia (Joschija) von Juda (circa 638–609 vor Christus).

Adams Nabel oder vom Gepäck der Vergangenheit

Das Verständnis der Bibel wird dadurch erschwert, dass ihre Verfasser Vergangenheit und Gegenwart, bisweilen auch die Zukunft, schwer entwirrbar miteinander vermischt haben. Dies zu wissen, hilft bei der Deutung. So wie analog dazu die Kenntnis der menschlichen Evolution hilft, den lebenden Menschen zu verstehen.

Bevor Charles Darwin die Gesetze der Evolution entdeckt hatte, glaubten die Menschen mit Aristoteles, dass die Natur nichts Überflüssiges hervorbringe – in christlicher Weiterentwicklung des Gedankens: weil Gott nichts Sinnloses erschaffen habe. Von dieser Vorstellung getrieben, schrieb der englische Naturforscher Philip Henry Gosse anno 1857 ein Buch mit dem Titel *Omphalos* (Nabel). Es geht um Adams und Evas Bauchnabel. Wenn Adam aus Lehm und Eva aus einer Rippe Adams geschaffen worden waren – dann hatten sie nach der Maxime »nichts Überflüssiges« keinen Bauchnabel. Denn dieser verweist ja immer auf die Mutter und damit auf eine vorausgegangene Generation. Diese Gedanken hatten im Mittelalter die Menschen stark beschäftigt. Künstler lösten das Problem, indem sie den Ort des Nabels mit einer Efeuranke oder einem Zweig bedeckten. Der fromme Philip Henry Gosse brachte Adams Nabel wieder in die Diskussion – zwei Jahre bevor sein Landsmann Charles Darwin mit seinem Buch *On the Origin of Species* (Vom Ursprung der Arten) die Revolution im Verständnis des Lebens einläutete.

»Jedes unserer Körperteile erinnert daran, dass wir von Lebewesen abstammen, die vor 385 Millionen Jahren im Wasser gelebt haben.« So beschreibt es heute der Paläontologe Neil Shubin von der Universität Chicago (25). Wir schleppen also das Gepäck unserer Vergangenheit mit uns – wobei nichts vergessen oder vergangen ist.

Vielmehr ist die Gegenwart auf schwer durchschaubare Weise mit der Vergangenheit verbunden, die dann auch die Zukunft mitbestimmt. Allerdings muss man, um das zu erkennen, ein Fachmann sein – wie analog auch nur Fachleute die Zusammenhänge in den biblischen Texten zu erkennen vermögen. So kann zum Beispiel ein Paläontologe erklären, warum ein Mensch unter Schluckauf leiden kann.

Der Schluckauf ist eine ursprünglich nützliche Erfindung der Natur – für Kaulquappen. Wenn bestimmte Nerven gereizt werden, verschließt ein Gewebelappen im Rachen reflexartig den Eingang zur Luftröhre, so dass man ruckartig einatmet. So entsteht das »Hicks« des Schluckaufs. »Für Kaulquappen ist diese Vorrichtung praktisch. Sie leiten damit das Wasser über ihre Kiemen, ohne dass es in die Lunge gelangen kann. Bei uns ist es einfach nur ärgerlich.« So Neil Shubin.

Die Entdeckungen der Archäologen

Man kann die Bibel nicht wirklich verstehen, wenn man nicht ihre Entstehungsgeschichte kennt, ihre Biographie also. Erst in jüngster Zeit, beginnend nach den Eroberungen Israels im Sechs-Tage-Krieg von 1967, haben naturwissenschaftlich arbeitende Forscher großräumige Ausgrabungen im Heiligen Land vornehmen können. Daraus ergibt sich ein plausibles Bild von der Herkunft der Israeliten. Ein Bild, das sich, wie bisher schon deutlich geworden ist, ganz wesentlich von der Darstellung in den biblischen »Geschichtsbüchern« unterscheidet. Ein Bild, dass man durch historisch-kritische Studien der Schriften allein nicht gewinnen konnte. Selbstverständlich ist die Deutung der Befunde wieder Aufgabe der Theologie. Es wäre eigentlich auch ihre Aufgabe, aus der Deutung Konsequenzen zu ziehen. Jedenfalls wird die Bibel damit nicht weniger wichtig. Aber man muss sie wohl mit anderen Augen lesen, also im Wissen dessen, was die verschiedenen Wissenschaften mittlerweile an Wissen geschaffen haben.

Die Geschichte der Besiedlung

Die ersten Israeliten, so Finkelstein/Silberman, auf die ich mich hier beziehe, traten um 1200 vor Christus als Hirten und Bauern im bewaldeten Bergland westlich des Jordans auf. Die Forscher haben dort mehrere Abfolgen von Besiedelung festgestellt. Zunächst in der frühen Bronzezeit, um 3500–2200 vor Christus. Man hat aus dieser Zeit die Spuren von etwa hundert Orten identifiziert. Im anschließenden Zeitraum 2200–2000 wurden die meisten dieser Ortschaften wieder aufgegeben. In der darauffolgenden mittleren Bronzezeit (2000–1550 vor Christus) kam es zu einer zweiten Besiedelungswelle, von der etwa 220 Orte nachgewiesen wurden. In der Spätbronzezeit (1550–1150) gab es erneut eine Krise. Aus dieser Zeit sind nur noch etwa 25 Ortschaften identifiziert worden. In der sogenannten Eisenzeit I (1150–900 vor Christus) kam es zu einem dritten Besiedelungsschub mit 250 wiederentdeckten Orten. Danach, in der Eisenzeit II (900–586 vor Christus), wuchs die Besiedelung auf über 500 Ortschaften an.

Man kann mittlerweile aufgrund der Funde aus jenen Zeiten, zum Beispiel Tierknochen, ziemlich genau abschätzen, wovon die Menschen damals lebten, wie umfangreich die Populationen, wie groß – wenn vorhanden – ihr Ackerland und wie zahlreich ihre Herden waren. Zu Zeiten starker Besiedelung lebten die Menschen vorzugsweise von der Landwirtschaft. Sie konnten Oliven und Wein produzieren und nachweisbar bereits in der Frühbronzezeit bis nach Ägypten exportieren. In politisch, wirtschaftlich oder klimatisch bedingt schlechten Zeiten wechselten die Bewohner des Berglandes relativ rasch von der sesshaften Landwirtschaft zurück zum Hirtenleben im Bergland bis an den Wüstenrand; eine Beobachtung, die für große Teile des Nahen Ostens bis ins 20. Jahrhundert unserer Zeitrechnung gilt.

Hirtennomaden können freilich nicht allein von Milch und Fleisch leben. Sie benötigen auch Getreide als Ergänzung ihres Speisezettels. Das bekommen sie dann, wenn sie mit den Landwirtschaft treibenden Bauern in den Dörfern handeln können.

Während dreier Jahrhunderte ägyptischer Oberherrschaft über das Land Kanaan funktionierte dieses System. Doch es brach zusammen, als die Seevölker im 12. Jahrhundert die kanaanäischen Stadtstaaten zerstörten. Die Hirten mussten sesshaft werden – »und genau das verursachte offenbar die plötzliche Welle einer Besiedlung des Berglands« (11). Weil zusehends mehr Mühe in die Landwirtschaft investiert wurde, kam es zunehmend zu einer permanenten Sesshaftigkeit. Der Erlanger Alttestamentler Hans-Christoph Schmitt meint allerdings, die Herkunft der in der Eisenzeit I sesshaft werdenden Nomaden müsse man »differenzierter als Finkelstein« sehen. Eine von außerhalb eingewanderte nomadische Gruppe »dürfte die Trägerin der Exodus-Mose-Überlieferung gewesen sein«. Ägyptische Inschriften bestätigten die These von einem »vorisraelitischen Jhwh«. In einer nubischen Inschrift aus der Zeit Amenophis' III. wird ein »Land der Schasu (Nomaden)« erwähnt, in einer anderen Inschrift aus der Zeit Ramses' II. wird das »Land der Jhwh-Nomaden« zusammen mit dem »Land der Schasu von Seir« genannt.

Kennzeichnend für die Besiedelung des Berglandes ist ein auffallender regionaler Unterschied: Die Archäologen haben in den 1980er Jahren festgestellt, dass das Bergland über Jahrtausende hinweg von zwei verschiedenen Gesellschaften besiedelt war, einer im Norden, dem späteren Israel, und einer anderen im Süden, dem späteren Juda. Der Norden Kanaans war relativ dicht bebaut mit unterschiedlich großen Ortschaften, die alle von einer permanenten Landwirtschaft abhängig waren. Dagegen war der Süden nur dünn besiedelt mit kleinen Orten. Die biblischen Bücher erklären diese Unterschiede theologisch, wovon noch die Rede sein wird.

Die frühen Israeliten waren Kanaanäer

Der archäologische Befund ist eindeutig. Finkelstein/Silberman (11): »die meisten Israeliten kamen nicht von außen nach Kanaan – sondern aus seiner Mitte heraus. ... Die frühen Israeliten waren – ein Gipfel der Ironie – selbst ursprünglich Kanaanäer!« Eine Besonderheit entdeckten die Archäologen allerdings beim genauen Studium der Tierknochen aus der Eisenzeit I (1150–900 vor Christus), der Zeit der israelitischen Monarchien: In den kleinen israelitischen Dörfern im Bergland fanden sich keine Knochen von Schweinen. Diese entdeckte man aber sehr wohl in den Niederlassungen der Philister sowie auch östlich des Jordans in den Siedlungen der Ammoniter und Moabiter. Im Fünften Buch Mose ist als Gebot Jahwes notiert (Dtn 14,8): »Das Schwein ... soll euch ... unrein sein.« Das bedeutet, Schweine sind tabu: »Ihr Fleisch sollt ihr nicht essen, und ihr Aas sollt ihr nicht anrühren.« Finkelstein/Silberman kommentieren den archäologischen Befund so: »Fünfhundert Jahre bevor der biblische Text mit seinen detaillierten Speisevorschriften entstand, beschlossen die Israeliten – aus nicht völlig klaren Gründen –, kein Schweinefleisch mehr zu essen. Wenn moderne Juden es ihnen gleichtun, halten sie am ältesten, archäologisch belegten kulturellen Brauch des Volkes Israel fest.«

Wir sind nach dieser Abschweifung wieder beim biblischen Buch Josua. Und wir wissen nun, dass es nicht nur den Auszug der Kinder Israel aus Ägypten und die Wanderung durch den Sinai unter Mose, sondern auch die Eroberung des Gelobten Landes unter Josua *nicht* gegeben hat. Es handelt sich vielmehr um Projektionen von Problemen, die für die Verfasser der Bücher aktuell waren, in eine damals schon ferne Vergangenheit.

Die Wirkungsgeschichte des biblischen Textes reicht bis in unsere Zeit. Denn die Zusagen, mit denen verbunden der HERR den Auftrag an Josua erteilt, verstehen Christen auch als Zusagen göttlichen Beistandes jeweils in ihrem Leben. Etwa: »Ich will dich nicht verlassen noch von dir weichen. Sei getrost und unverzagt« (Jos 1,5–6). Diese Sätze wurden zum Beispiel mir in den 1950er Jahren als Konfirmationsspruch mitgegeben. Und auch ein anderer Satz wird christlich als allgemeingültig interpretiert. So heißt es nach Abschluss der ›Eroberung‹ des Gelobten Landes: »Es war nichts dahingefallen von all dem guten Wort, das der HERR dem Hause Israel verkündet hatte. Es war alles gekommen« (Jos 21,45). So wurde die gute Zeit, in der das Buch Josua verfasst worden ist, als Bestätigung

dafür verstanden, dass Gott es gut meine mit seinem Volk und dass
er seine Zusagen einhalte.

Eine Geschichte mit Spätfolgen steht im Buch Josua im Zusammenhang mit einem Bericht über die legendäre Schlacht bei Gibeon: »Damals redete Josua mit dem HERRN … und er sprach in
Gegenwart Israels: Sonne, steh still zu Gibeon, und Mond, im Tal
Ajalon! Da stand die Sonne still, und der Mond blieb stehen, bis
sich das Volk an seinen Feinden gerächt hatte. … So blieb die Sonne
stehen mitten am Himmel und beeilte sich nicht unterzugehen fast
einen ganzen Tag. Und es war kein Tag diesem gleich, weder vorher noch danach, daß der HERR so auf die Stimme eines Menschen
hörte, denn der HERR stritt für Israel« (Jos 10,12–14).

Warum Galilei das Buch Josua zum Verhängnis wurde

Dieses biblische Wunder diente anno 1614 unserer Zeitrechnung
dem Dominikaner Tommaso Caccini aus dem Kloster von San
Marco in Florenz als Begründung für einen Frontalangriff gegen
den Gelehrten Galileo Galilei. Dieser hatte die Erkenntnisse des
Nikolaus Kopernikus bestätigt, wonach die Sonne im Mittelpunkt
des Planetensystems steht. Wenn jedoch die Sonne ohnedies schon
stillsteht, dann macht die Aufforderung »Sonne stehe still!« keinen
Sinn. Dann hätte es heißen müssen: »Erde stehe still!« So die Argumentation des Caccini. Seine Predigt hatte Folgen, denn die Mönche von San Marco hatten als »Spürhunde Gottes« engste Verbin-
dungen mit der Inquisition. Spürhunde Gottes ist ein Wortspiel:
Domini canes von Dominikaner, einem Mönchsorden. Fast ausschließlich seine Mitglieder verwalteten nämlich die Inquisitions-
behörde (26). Die Inquisition war eine Einrichtung des Vatikans
zum Aufspüren und Verurteilen von ›Ketzern‹, seit 1232 unter Papst
Gregor IX. in eine permanente Einrichtung umgewandelt, unter
unmittelbarer Leitung des Papstes. Die Macht der katholischen Kirche war im 17. Jahrhundert so groß, dass die »Heilige Inquisition« –
heute die vatikanische Glaubensbehörde, welcher der Kardinal Josef
Ratzinger bis zu seiner Wahl zum Papst vorstand – Galilei in einem

Prozess, der erst 1633 endete, dazu zwingen konnte, seinen ›kopernikanischen‹ Überzeugungen abzuschwören. Es dauerte bis 1992, ehe Galilei von der katholischen Kirche offiziell rehabilitiert wurde. Doch der Prozess war »wohl begründet«, worauf der Chefhistoriker des Vatikans, Walter Brandmüller, noch im Juni 2009 beharrte (27).

Auf diesem Holzschnitt aus dem Jahre 1490 diskutieren ein Theologe und ein Astronom. Dabei verweist der Theologe auf die Bibel, der Astronom auf die Sterne. 150 Jahre später war ein solcher Disput für den Astronomen lebensgefährlich, wie Galileo Galilei erfahren musste.

Was aber war seinerzeit mit den merkwürdigen Befehlen an Sonne und Mond wirklich gemeint? Nach Othmar Keel muss die Aufforderung, richtig übersetzt, lauten: »Sonne erstarre!« Der beschwörende Befehl »sollte ursprünglich Sonnen- und Mondgottheiten inaktiv machen, von denen angenommen wird, sie hätten als Schutzgottheiten Jerusalems auf dessen Seite gestanden.« Jerusalem war in der Josua-Geschichte zunächst noch »Feindesland«. Es ging also wieder einmal darum, zu zeigen, dass Jahwe mächtiger ist, als alle anderen Gottheiten.

Das Buch der Richter –
Mythos von Held und Verräterin

Räuber und Retter

Das Buch der Richter hat seinen Namen von den Heerführern und
Stammeshelden, die das Land nach dessen Eroberung und vor der
Staatenbildung beherrscht haben sollen. In der Übersetzung heißt
es, dass der HERR den Israeliten »Richter erweckte« (Ri 2,16). Nach
Gertz handelt das Buch von »Häuptlingen, Lokalherrschern«. Dem
Buch liegt ein Schema, eine »geschichtstheologische Interpreta-
tionsleitlinie« (1) zugrunde. Ein paar Zitate sollen zeigen, was gemeint ist (Ri 2,11, 16–17, Ri 3,8–9,11): »Da taten die Israeliten, was
dem HERRN mißfiel und dienten den Baalen ... So entbrannte
denn der Zorn des HERRN über Israel ... Wenn dann der HERR
Richter erweckte, die ihnen halfen aus der Hand der Räuber, so ge-
horchten sie den Richtern auch nicht, sondern liefen anderen Göttern nach ... Da entbrannte der Zorn des HERRN über Israel, und
er verkaufte sie in die Hand Kuschan-Rischatajims, des Königs von
Mesopotamien; und so dienten sie dem Kuschan-Rischatajim acht
Jahre. Da schrien die Israeliten zu dem HERRN, und der HERR erweckte ihnen einen Retter ... Da hatte das Land Ruhe vierzig Jahre.«

Die Ursache für alles Leid, das den Israeliten widerfährt, so ›die
Moral von der Geschicht‹, ist deren Ungehorsam gegen die Gebote
des HERRN. Die Ursache aller Rettung aus der Not ist Mitleid des
HERRN gegenüber denen, die sich vor Not schreiend an ihn wenden. Denn nur wenn sie nicht fremden Göttern nachlaufen, sondern sich an den HERRN halten, herrscht Friede im Land. Und wieder wird der Zeitrahmen mit vierzig Jahren bemessen, dem aktiven
Lebensalter einer Generation.

Im Buch der Richter findet sich auch das Lied der Prophetin De-
bora und des Kriegshelden Barak, das so anfängt (Ri 5,2–3): »Lo-
bet den HERRN, daß man sich in Israel zum Kampf rüstete und
das Volk willig dazu gewesen ist. Höret zu, ihr Könige, und mer-
ket auf, ihr Fürsten! Ich will singen, dem HERRN will ich singen,
dem HERRN, dem Gott Israels will ich spielen ...« Nach landläu-

figer Meinung, so Gertz, ist dieses Lied in seinem Kern »die einzig wirklich authentische Quelle aus vorstaatlicher Zeit«, wenngleich das Lied weitreichende Überarbeitung erfahren habe. Jedenfalls in ihren Mythen waren die Israeliten sehr kampfeslustig. Und sie hatten Helden, von denen man heute noch spricht. Und Feinde, die es bis heute geblieben sind.

Eine Tragödie in Gaza: Simson und Dalila

Zu diesen Helden zählt Simson (Samson). Dieser konnte einen wilden Löwen in der Luft zerreißen, die Stadttore von Gaza aus den Angeln heben und forttragen und mit dem Kinnbacken eines Esels tausend Philister erschlagen. Der Kraftbolzen verliebte sich in Dalila. Die Philister versprachen der Geliebten jede Menge Silbermünzen, wenn sie das Geheimnis der Kraft Simsons erkunden und ihnen verraten würde. Das tat sie denn auch. Die Geliebte erfuhr und verriet, dass die Kraft des Helden zu brechen sei, wenn man ihm seine Locken (das ungeschorene Haupthaar eines Gottgeweihten) abschneiden würde. So geschah es. Die Philister schnitten ihm seine Locken ab, blendeten und fesselten den somit schwach Gewordenen. Dieser rächte sich, nachdem sein Haar nachgewachsen und damit auch die Kraft zurückgekehrt war, auf die folgende Weise: Während eines Festes der Philister zu Ehren ihres Gottes Dagon, der sich als vermeintlich stärker als der HERR erwiesen hatte, kamen diese auf die Idee: »Laßt Simson holen, damit er vor uns seine Späße treibe.« Der ließ sich zu den Säulen führen, die das Haus hielten. Dieses war voller Gäste, darunter »alle Fürsten der Philister«. Allein auf dem Dach »waren etwa 3000 Männer und Frauen«. Simson rief den HERRN an und bat um die Kraft, »damit ich mich für meine beiden Augen *einmal* räche an den Philistern«. Er umfasste zwei tragende Säulen, stemmte sich gegen diese, und »da fiel das Haus auf die Fürsten und alles Volk, das darin war« (Ri 16, 25,27,28,30). Mit ihnen starb auch der fromme Selbstmordattentäter. Dalila, die verräterische Geliebte des israelischen Helden, war übrigens Philisterin, das heißt übersetzt: Palästinenserin, und die Tragödie spielte in

Gaza. Möge niemand Böses dabei denken! Georg Friedrich Händel machte 1741 aus der Geschichte ein Oratorium, Charles Camille Saint-Saëns 1877 eine Oper.

Das Buch Rut – Treue unter Frauen

Diese Geschichte von einer Hungersnot, einer kinderlos gewordenen und damit zur damaligen Zeit vom Tod bedrohten Witwe, von der Treue deren Schwiegertochter Rut, und das Ganze schließlich mit einem Happy End, hat die Menschen wohl immer schon sehr angerührt. Das gilt zumindest für die Zeiten, in denen die Kenntnis der Bibel im Bildungsbürgertum selbstverständlich war. Für jene Minderheit, die zugleich des Hebräischen mächtig ist, erschließt sich noch eine weitere Ebene. Während einer Hungersnot zog ein Mann namens Elimelech (»Mein Gott – Jhwh – ist König«) aus seiner Heimatstadt Bethlehem (»Brothaus«) in Juda ins benachbarte Moab. Mit ihm seine Frau Noomi (»Anmut«) sowie die Söhne Machlon (»Schwächlich«) und Kiljon (»Kränklich«). Die Söhne nahmen sich moabitische Frauen, Orpa und Rut. Elimelech und seine beiden Söhne starben in der Fremde.

Nomen est omen, der Namen bedeutet etwas. Diese zum Sprichwort gewordene Formulierung stammt von dem römischen Lustspieldichter Plautus (254–184 vor Christus). Offenkundig wusste man das aber bereits viele Jahrhunderte zuvor. Einer der ersten Dichter der Menschheit, Homer, spielte mit der Idee bereits literarisch. Homer schildert in seiner Odyssee, wie der listige Odysseus sich vor den einäugigen Zyklopen rettet, nachdem der Riese Polyphemos bereits sechs seiner Gefährten gefressen hat. Odysseus macht den blutrünstigen Zyklopen trunken und stellt sich ihm vor mit dem Namen »Niemand«. Er rammt dem Betrunkenen dann, während dieser schläft, einen Pfahl in sein einziges Auge und blendet ihn. Auf das Gebrüll des Polyphemos kommen die anderen Zyklopen und fragen, ob ihm die Sterblichen etwas angetan hätten, arglistig oder gewaltsam. Darauf Polyphemos: »Niemand würgt mich, ihr Freunde; arglistig, und keiner gewaltsam.« Damit waren die Sterblichen gerettet, denn ›niemand‹ von ihnen hatte ja dem Polyphemos etwa angetan. Diese Geschichte ist in der Folgezeit die Quelle mancher Witze der Art geworden: »Niemand hat mich geschlagen und Keiner hat es gesehen.«

Tatsächlich geschieht es bis heute, dass Eltern ihrem Kind mit dem Namen bewusst oder unbewusst einen Auftrag fürs Leben geben. Etwa, indem sie ihren Sohn, den späteren Großverleger, einst Axel *Cäsar* Springer nannten – in Erinnerung an den römischen Feldherrn und Staatsmann Gajus Julius Cäsar, der unter anderem anno 47 vor Christus die Schlacht bei Zela mit der Situations-Kurzbeschreibung gewann: *veni, vidi, vici,* ich kam, sah und siegte. Der Auftrag für die Söhne von Elimelech, »Schwächlich« und »Kränklich«, war zu sterben. Eine andere Bedeutung haben sie in der Novelle Rut nicht.

Noomi erfuhr, dass zu Hause keine Hungersnot mehr herrschte, und wollte in ihre Heimat zurückkehren. Ihre Schwiegertöchter wollten sie begleiten. Orpa ließ sich durch Noomi davon abbringen, nicht aber Rut. Ihre Begründung (Rut 1,16–17): »Wo du hingehst, da will ich auch hin gehen; wo du bleibst, da bleibe ich auch. Dein Volk ist mein Volk, und dein Gott ist mein Gott. Wo du stirbst, da sterbe ich auch, da will ich auch begraben werden. Der HERR tue mir dies und das, nur der Tod wird mich und dich scheiden.« Aus diesen anrührenden Sätzen ist bis heute mancher Trauspruch für christliche Hochzeitspaare geworden.

Nach schwierigen Zeiten, Noomi will nun Mara genannt werden, nicht mehr »Anmut«, sondern »Bitter«, findet Rut im fremden Land Arbeit bei einem Verwandten der Noomi namens Boas. Dieser heiratet sie, und sie bekommt einen Sohn, Obed, den Großvater des späteren Königs David. Johann Wolfgang von Goethe hat das Ende der Geschichte so interpretiert: Es sei die Absicht des Erzählers gewesen, dem David »anständige, interessante Voreltern« zu verschaffen. Jan Christian Gertz dagegen meint aufgrund anderer Details, der Epilog des Buches Rut sei »ein jüngerer Nachtrag«. Aus literatur- und theologiegeschichtlichen Gründen sei seine »Entstehung in der Perserzeit wahrscheinlich«, das heißt, das Buch Rut ist im 6. vorchristlichen Jahrhundert verfasst worden. Der oder die Autoren der Novelle hatten natürlich auch theologische Absichten. So wird hier beispielhaft gemacht, dass Jahwe ein persönlicher Gott ist, der Beziehungen stiftet, und dass er sich mit den Machtlosen solidarisiert; zwei machtlosen Frauen, von denen die eine obendrein Ausländerin ist.

Die Bücher Samuel – David bringt Gott nach Jerusalem

Die Bibel schildert im 1. Buch Samuel, das den Büchern Josua, Richter und Rut folgt, die Erhebung Sauls durch das ganze Volk (1. Sam 11,15) »zum König vor dem HERRN«. Das ist für die Alttestamentler der älteste Bericht über den ersten König des Volkes Israel. Er soll im Zeitraum von etwa 1025–1005 vor Christus regiert haben; für manche Forscher noch eher als ein Häuptling. »Wahrscheinlich verstand sich das Königtum Sauls primär als ein Nationalkönigtum für die Gesamtbevölkerung des palästinischen und ostjordanischen Berglandes ohne feste territoriale Begrenzung«, meint Hans-Christoph Schmitt (14). Sauls Nachfolger, König David, regierte von circa 1005–970 und dessen Nachfolger Salomo von circa 970–931 vor Christus (28). Diese Könige sind in keinem bekannten ägyptischen oder mesopotamischen Text erwähnt. Deshalb argwöhnten kritische Forscher im 20. Jahrhundert sogar, der berühmte König David sei genauso wenig eine historische Gestalt wie der sagenhafte König Artus der keltischen Briten, der um 500 nach Christus gegen die eindringenden Sachsen gekämpft haben soll.

Archäologischer Beleg für das Geschlecht Davids

Aber die Bibel ist eben kein Werk, das vergleichbar wäre mit keltischen Sagen oder mit dem Nibelungenlied. Sie ist ein viel komplexeres Gebilde. Im Jahr 1993 unserer Zeit fand sich in Nordisrael das als Baustein verwendete Bruchstück einer Stele aus schwarzem

Marmor. Darauf ist die Geschichte eines erfolgreichen Angriffs des Königs von Damaskus auf das Nordreich Israel um 835 vor Christus beschrieben, als Israel und Juda getrennte Königreiche waren. Der siegreiche König lässt auf dem Stein seine Heldentat so verewigen (11): »(Ich tötete Jo)ram, den Sohn von (Ahab), König von Israel, und (ich) tötete (Ahas)ja, den Sohn von (Joram Köni)g aus dem Hause Davids.« Finkelstein/Silberman kommentieren das so: »Das ist ein sensationeller Beleg für den Ruhm der davidischen Dynastie knapp hundert Jahre nach der Herrschaft von Davids Sohn Salomon. … Demnach war das Haus Davids in der gesamten Region bekannt; damit wird die biblische Beschreibung einer Gestalt namens David, dem Begründer der Dynastie judäischer Könige in Jerusalem, eindeutig bestätigt.«

Jehu (854–818 vor Christus König von Israel) wirft sich vor dem assyrischen König Salmanassar (858–852 vor Christus) in den Staub. Diese Szene zeigt den Schwarzen Obelisk Salmanassars, der 825 vor Christus in Nimrod im heutigen Irak errichtet wurde. Nach Darstellung der Bibel tötet der »Hauptmann« Jehu die Könige Joram von Israel und Ahasja von Juda. In außerbiblischen Quellen wurden die beiden von Hasael von Damaskus getötet; Jehu musste sich Salmanassar unterwerfen.

Die Stimme des Volkes verlangt einen König

Samuel war der letzte Richter des Volkes Israel. Eigentlich wollte er, dass seine beiden Söhne ihm nachfolgten. Doch diese »suchten ihren Vorteil und nahmen Geschenke und beugten das Recht« (1. Sam 8,3). Darauf baten die Ältesten Israels Samuel, ihnen einen König zu geben, was dieser zunächst gar nicht wollte. Der HERR aber sagte zu Samuel: »Gehorche der Stimme des Volkes« (1. Sam 8,7). Man erfährt so ganz nebenbei, dass Jahrtausende vor Einführung der Demokratie die »Stimme des Volkes« gefragt war, und das gar (um der Darstellung besonders Gewicht zu geben) auf ausdrücklichen Befehl des HERRN!

Ein Streit mit dem HERRN über fette Beute

Das Erste Buch Samuel schildert nun farbig, wie Samuel Saul zum ersten König der Israeliten salbt, natürlich nach Rücksprache mit dem HERRN. Saul war zunächst ein erfolgreicher Krieger. Doch eines Tages tat er nicht so, wie laut Samuel der HERR von ihm wollte. Saul zog zwar wunschgemäß gegen die Amalekiter zu Felde. Doch nachdem er sie besiegt hatte, brachte er ihren König Agag nicht um: »Saul und das Volk verschonten Agag und die besten Schafe und Rinder und das Mastvieh und die Lämmer und alles was von Wert war« (1. Sam 15,9). Das heißt: Man wollte lieber fette Beute als sinnloses Morden. Das aber war dem HERRN gar nicht recht. Vielmehr beklagte er sich bei Samuel: »Es reut mich, daß ich Saul zum König gemacht habe« (1. Sam 15,11). Daraufhin marschierte Samuel sofort zu Saul und stellte diesen zur Rede. Dessen listige Erklärung gegenüber dem Richter lautete so: Das Volk hat zwar Schafe und Rinder zur Beute gemacht, aber doch nur, um »das Beste … dem HERRN, deinem Gott, zu opfern« (1. Sam 15,21). Samuel dagegen erwiderte (und diesen Satz haben die deutschen Evangelischen Kirchen als Herausgeber der Luther-Bibel in der revidierten Fassung von 1984, wie alle ihnen wichtigen Sätze, fett gedruckt): »Gehorsam ist besser als Opfer« (1. Sam 15,22). Dass es ein Mords-Gehorsam gewesen wäre, wird nicht reflektiert.

Immer wieder befinden die Verfasser der Bücher des Alten Testaments, dass den HERRN seine eigenen Taten reuen. Das heißt, dieser Gott ist immer wieder vom Verhalten der Menschen überrascht. Da ist keine Spur von göttlicher Voraussicht. Gott ist eben ein sehr menschlich fehlbarer HERR. Doch bleibt Gehorsam die wichtigste

Tugend, die dieser Gott den Menschen abverlangt. Aber gleichzeitig werden die Menschen auch in ihrer Freiheit beschrieben, nach Gottes Willen oder diesem entgegen zu handeln. Freilich ist dieser Gott bei vielen Gelegenheiten ziemlich blutrünstig.

Wir wissen mittlerweile, dass die biblischen Geschichtsbücher Jahrhunderte nach den Ereignissen, auf die sie sich beziehen, aufgeschrieben wurden. Der legendäre erste König Saul wird im Alten Testament nur in den Büchern Samuel und den dazu parallelen Berichten im Buch der Chronik erwähnt. Drei Psalmen haben ferner, als sie aufgezeichnet wurden, redaktionelle Überschriften bekommen, die auf den Konflikt zwischen Saul und seinem Nachfolger David verweisen. Der archäologische Befund gibt gar keinen Hinweis auf einen König Saul. Zu seiner angenommenen Regierungszeit am Ende des 2. vorchristlichen Jahrtausends können die archäologischen Spurenleser lediglich eine Fortsetzung der Besiedlung des Berglandes erkennen.

Saul – von Gott verworfen

Nach der biblischen Darstellung zeigte Saul zwar Reue, aber es nutzte ihm nichts, Gott hatte ihn »verworfen«. Und der Richter persönlich nahm sich nun den gefangenen König Agag vor. Die Bibel beschreibt es so (1. Sam 15,33): »Und Samuel hieb den Agag in Stücke vor dem HERRN in Gilgal« – eben dort, wo Saul dem HERRN das Beste von Schaf und Rind opfern wollte. Ein Menschenopfer also. Samuel salbte daraufhin einen Knaben namens David »aus Bethlehem in Juda«. »Und der Geist des HERRN geriet über David … Der Geist des HERRN aber wich von Saul, und ein böser Geist vom HERRN ängstigte ihn« (1. Sam 16,14).

Die Geschichte geht nun so weiter, dass David an den Hof Sauls kommt, der zwar noch amtiert, aber immer wieder unter Anfällen von psychischen Störungen leidet. Dann »nahm David die Harfe und spielte darauf mit seiner Hand. So wurde es Saul leichter, und es ward besser mit ihm« (1. Sam 16,23). Das ist der erste in der Literatur beschriebene Fall einer erfolgreichen Musiktherapie.

David und Goliat

Und nun folgt die Geschichte von David und Goliat, dem Stärksten der Philister, die Israel bedrohten. Man hatte ausgemacht, dass ein Zweikampf zwischen dem Hirtenjungen David und dem Haudegen Goliat kriegsentscheidend sein werde. Das in alter Zeit auch andernorts beliebte Verfahren hat sich leider nicht auf Dauer durchhalten lassen. Man stelle sich vor, der Gotteskrieger George W. Bush hätte sich direkt mit Saddam Hussein um den Irak prügeln müssen. Es hätte, wie immer die Sache ausgegangen wäre, jedenfalls keine ›Kollateralschäden‹ gegeben.

David jedenfalls, selbst zivil gekleidet und lediglich mit einer Steinschleuder bewaffnet, streckt den hochgerüsteten – also in einer Rüstung steckenden – Goliat nieder und schneidet ihm den Kopf ab. Und dies, so David, »im Namen des HERRN Zebaoth, des Gottes des Heeres Israels, den du (gemeint ist Goliat) verhöhnt hast« (1. Sam 17,45). Darauf flieht das Heer der Philister. Der Titel *Zebaoth* (Heerscharen) ist eine Erweiterung des Namens Gottes, der HERR Zebaoth ist der »Herr der Heerscharen«.

Eine Scherbe aus dem Zeitraum 1000–900 vor Christus, die 2005 bei Ausgrabungen in dem zwischen Jerusalem und Gaza gelegenen Grabungshügel Tell es-Safi gefunden wurde, wo sich die ehemalige Philisterstadt Gat befunden haben soll. Auf der Scherbe eingeritzt ist die Frühform des Namens ›Goliath‹ – der laut Bibel in ebenjenem Gat geboren worden sein soll.

Saul wird eifersüchtig auf David. Und David bietet seine Dienste den Philistern an. Für Othmar Keel ist das, historisch gesehen, nicht unwahrscheinlich. Es sei jedenfalls für einen Judäer wie David, falls dieser nicht ohnedies philistäischer Abstammung war, weniger schlimm gewesen als für einen Israeliten. Die Judäer hätten damals mit den Philistern lukrative Geschäfte mit Asphalt und Salz aus dem Toten Meer betrieben, waren also gut Freund mit ihnen. Für die Israeliten dagegen waren die Philister Feinde.

Das Buch Samuel schildert in vielen Details den Konflikt zwischen Saul und David. Saul, tragisch gescheitert, von Gott verworfen und hoffnungslos unglücklich, David, jung, stark und schön, von Gott erwählt und erfolgreich. Am Ende stürzt sich Saul nach verlorener Schlacht gegen die Philister in sein eigenes Schwert, und David – davon handelt das Zweite Buch Samuel – wird König über das kleine Südreich Juda. In einem Bruderkrieg werden die »Männer von Israel«, dem nördlichen Bergland, geschlagen von den »Männern Davids«. David ist nun König von ganz Israel. Der HERR übermittelt ihm über den Propheten Nathan, er werde einen leiblichen Nachkommen haben: »dem will ich sein Königtum bestätigen. Der soll meinem Namen ein Haus bauen, und ich will seinen Königsthron bestätigen ewiglich« (2. Sam 7,13). Gemeint damit ist der König Salomon, der legendäre Sohn Davids und Erbauer des ersten Tempels in Jerusalem.

Falsche Datierung – falsche Schlussfolgerung über Davids Eroberungen

Archäologen und Bibelhistoriker haben, wie geschildert, die biblischen Darstellungen lange Zeit für bare Münze genommen. Sie waren auch davon überzeugt, dass es sich bei Davids und Salomos vereinter Monarchie des nördlichen und des südlichen Berglandes, von Israel und Juda also, um historische Tatsachen handelt. Heute weiß man, dass die großartigen archäologischen Funde aus der Zeit nach dem Zweiten Weltkrieg keine Belege für die Existenz der Reiche Davids und Salomos sind. Damals konnte man das Alter solcher Funde nur ungenau ermitteln. Mittlerweile sind die Datierungstechniken perfektioniert worden, so dass die Altersbestimmungen große Genauigkeit aufweisen. Daher weiß man, dass die Funde damals schlicht falsch datiert wurden, nämlich hundert Jahre zu früh. Fazit von Finkelstein/Silberman: Es gibt keine Belege für Davids

Eroberungen oder sein Reich. In den Tälern erkennt man den Fortbestand der kanaanäischen Kultur. Im Bergland finden sich die Belege für die weitere Besiedelung nach dem Eisenzeit-I-Schema. »Aus archäologischer Sicht läßt sich über David und Salomo nur sagen, daß sie existierten – und daß die Sagen über sie Bestand hatten.«

Das aber ist ein neuropsychologisch zu erklärendes Phänomen. Der Mensch deutet sich die Welt. Er konstruiert aus wenigen ihm zur Verfügung stehenden Informationen ein kohärentes Bild. Dabei täuscht ihn sein Gedächtnis leicht, so dass er nicht mehr zu unterscheiden vermag, was Erinnerung ist und was Vorstellung. Die Theologen können uns heute allerdings sagen, was die Absichten der Verfasser des »Deuteronomistischen Geschichtswerks« waren. Das sind die Bücher, die die Geschichte des Volkes Israel schildern, angefangen beim Deuteronomium bis zum 2. Buch der Könige. Othmar Keel betont, wie wichtig es sei, bei literarischen Werken die Sprachgestalt, die Verschiedenheit und Zeitgebundenheit von literarischen Formen, von Metaphern sowie die Erwähnung bestimmter Realien und Ideen zu berücksichtigen. Schon die Sprachgestalt etwa der David- und Salomo-Überlieferungen verlange, sie in die Zeit vor dem Exil, also vor das vorchristliche Jahr 598 zu datieren.

Der katholische Theologe Herbert Niehr (Universität Tübingen) sieht als Verfasser der Samuel-Bücher einen »Kreis von Jerusalemer Hofbeamten und Priestern« (15). Eine wesentliche theologische Aussage dieser Buchautoren sei, dass die Geschichte unter der Leitung Jahwes ablaufe, dem sich auch Samuel, Saul und David unterzuordnen hatten.

Politische Propaganda aus Jerusalem: Der schwache Süden gegen den starken Norden

Die Verfasser dieser biblischen Bücher treiben freilich, so Finkelstein/Silberman, auch »politische Propaganda«. Die Bibel beschreibe die nördlichen Stämme konsequent als kleinmütige Versager mit einem ausgesprochenen Hang zur Sünde. Das geht insbesondere aus dem Buch der Richter hervor.

Nun war das nördliche Bergland zu Zeiten Davids das bei weitem stärker besiedelte. Nach dem archäologischen Befund lebten im 10. vorchristlichen Jahrhundert von insgesamt 45 000 Menschen, die im Bergland wohnten, neunzig Prozent in den Dörfern des Nordens. Nur knapp 5000 Menschen dagegen errechnete man für diese Zeit in Jerusalem, Hebron sowie etwa 20 kleinen Dörfern des südlichen Berglandes. »In gewisser Hinsicht war Juda wenig mehr als Israels ländliches Hinterland« (11). Ein guter Grund, neidisch zu sein.

Der historische David stammte, wie auch die Bibel berichtet, aus Bethlehem in Juda. Bevor er sich in Hebron als König durchsetzte, war er im Süden des Landes »als Bandenführer (Warlord) aktiv« (8). Er war zunächst ein Vasall, später ein Gegner der Philister. In Hebron machte er sich zum König über Juda, nach dem Tode Sauls im Kampf gegen die Philister auch zum König über Israel. »Wann David nach Jerusalem gekommen ist, wissen wir nicht«, betont Othmar Keel. Jedoch: Solange David in Hebron König nur über Juda war, konnten die Philister das als Machtzuwachs für ihren Vasallen und damit für sich selbst betrachten. Davids Übernahme des Königtums über Israel, den Erzfeind der Philister, zerstörte diese Illusion. Der Gott, dessen Kult David nach Jerusalem brachte, war Jahwe.

Der historische David sei »nur schwer zu fassen«, heißt es bei Gertz. Selbst die Angaben über seine Regierungszeit seien völlig unsicher. Das Alte Testament ersetze hier »historische Unkenntnis durch eine runde Zahl«. Gemeint ist die in der Bibel beliebte Zahl vierzig. Sie entspricht, wie gesagt, dem Zeitraum eines aktiven Lebens. Keel verweist auf die »literarischen Quellen« für die Zeit Davids und Salomos, die, wie er meint, in ihrem Grundbestand nahe an die erzählte Zeit heranreichen dürften. Als solche Quellen müsse man Teile des Ersten Buches Samuel und des Ersten Buchs der Könige ansehen.

Für ein »Reich« unter den Königen David und Salomo gibt es offenkundig keine Belege. Bis zu den nationalreligiösen jüdischen Siedlern von heute in der besetzten »Westbank« hat sich das allerdings noch nicht herumgesprochen. Keel räumt die »Brisanz im

Hinblick auf den aktuellen Streit um Großisrael oder ein Israel innerhalb der Grenzen von 1967« ein. Er weiß natürlich, dass auch für die christlichen Fundamentalisten »die Wahrheit der Bibel in der Richtigkeit ihrer historischen Aussagen besteht«. Selbst wenn Davids und Salomos Einflussgebiet große Teile Palästinas umfasst habe, scheinen in dieser Zeit keine bedeutsamen religiösen Traditionen von Norden nach Jerusalem gelangt zu sein. Weltgeschichtlich bedeutsam ist, so sieht es auch Othmar Keel, der dort entstandene Gottesglaube.

Jerusalem vereinigt in Jahwe die Gottheiten aus Ost und West

Jerusalem ist heute der von religiösen Bildern am stärksten besetzte Ort der Welt. Hier wurde der Glaube an einen einzigen Gott geboren. Vor der »Klagemauer«, Teil der westlichen Umfassungsmauer des Tempelplatzes, erinnern sich fromme Juden an die Zerstörung ihres einstigen religiösen Mittelpunktes durch die Römer anno 70 nach Christus. Einen halben Kilometer westlich davon sind, von der »Grabeskirche« überbaut, die ursprünglich aus Zeiten Kaiser Konstantins (4. Jahrhundert) stammt, die Orte, wo Jesus gekreuzigt, begraben worden und auferstanden sein soll. Auf dem Tempelplatz steht prachtvoll der achteckige restaurierte Felsendom. Ihn hat der Omajadenkalif Abd el-Malik Ende des 7. Jahrhunderts über einem Felsen errichtet. Dort soll einst Erzvater Abraham bereit gewesen sein, seinen Sohn Isaak Gott zu opfern. Und fromme Muslime sehen im Fels einen Abdruck des Pferdes, mit dem ihr Prophet Mohammed für eine Nacht in den Himmel abgehoben sein soll. Bilder, die bis heute die Menschen bewegen und ihre Politik bestimmen.

Jerusalem ist um 1700 vor Christus gegründet worden, abseits der internationalen Verbindungswege am östlichen Mittelmeerrand, 700 Meter hoch in den Bergen gelegen, und deshalb auch weniger von durchziehenden fremden Truppen bedroht. Entscheidend dafür, welchen Platz für eine Besiedelung man wählt, ist immer, ob dort Trinkwasser verfügbar ist. Das lebenswichtige Wasser spendete die sogenannte Gihonquelle. Man hatte sie sogleich stark befestigt. Diese Befestigung ist erst in den späten 1990er Jahren entdeckt worden.

Bis zu Beginn des 10. vorchristlichen Jahrhunderts war Jerusalem ein Stadtstaat. Als die wichtigsten Traditionen, die mit David in die Stadt gekommen sind, nennt Othmar Keel die Weihe des Königs durch Salbung und die Verehrung von Jahwe. Der »Sturm- und Kampfgott, vielleicht auch ein Vulkangott« Jahwe sei durch die schon erwähnten Schasu-Nomaden nach Juda gelangt. In Jerusalem sei David mit der Vorstellung eines auf ewige Dauer angelegten Königtums in Verbindung gekommen, dessen Symbol – Kultsymbol des Sonnengottes – der Thron war. »Der auf ihm saß, trat in sein Sohnesverhältnis zur Hauptgottheit Jerusalems ein, einer Sonnengottheit, zu deren Umgebung unter anderen Zedek, der Gott Gerechtigkeit, gehört haben dürfte. Der König war gleichzeitig oberster Priester.«

Archäologisch, das heißt aufgrund der Keramikfunde datiert, kann die Zeit Salomos von der seines Vorgängers David nicht getrennt werden (8). Die religiöse Situation Jerusalems mit seinem Heiligtum nach dem Tode von Salomo, der den Tempel erbaut hatte, beschreibt Othmar Keel zusammenfassend so: In dem einen Gott, der da verehrt wurde, waren die zwei wichtigsten Gotteserfahrungen und Theologien des Nahen Ostens vom Ende des 2. Jahrtausends vor Christus kombiniert: Die Sonnengott-Theologie, die in Jerusalem ihrerseits ägyptische und vorderasiatische Elemente aufgenommen hatte, und die Sturmgott-Theologie, die in Jerusalem ebenfalls Elemente aus einer Reihe göttlicher Gestalten vereinigte, so die des Sturm-, Vulkan- und Kriegsgottes Jahwe aus dem nordwestlichen Arabien, ferner solche des ägyptischen Seth sowie des vorderasiatischen Wettergottes. Die beiden in der Korrespondenz zwischen Ramses II. und Chattuschili III. immer wieder getrennt genannten Systeme, das des ägyptischen Sonnengottes mit den 1000 Gottheiten Ägyptens und jenes des vorderasiatischen Wettergottes mit den 1000 Gottheiten Vorderasiens, seien beim Tode Salomos im Tempel von Jerusalem miteinander vereint worden. Sie bildeten die Grundlage für eine Gotteserfahrung und -vorstellung, die verschiedenste Phänomene und Ereignisse auf eine einzige Gottheit zurückzuführen in der Lage gewesen sei und die »das Format besaß, als einzige anerkannt zu werden«.

Die Bücher der Könige – König Salomos nachhaltige Wirkung

Wir sind der Geschichte etwas vorausgeeilt und kehren noch kurz zu David zurück. Das biblische Erste Buch der Könige beginnt mit der Beschreibung einer Intrige. Es geht um die Nachfolge des alt gewordenen Königs David. Sein damals ältester überlebender Sohn Adonija versucht einen Putsch gegen den ahnungslosen David und scheitert an der Wachsamkeit von Batseba, der Mutter von Salomo, des Bruders von Adonija, ferner eines Priesters, Zadok, sowie des schon erwähnten Propheten Nathan. Sie klären den König über die Absichten Adonijas auf und erinnern ihn daran, dass er bereits seinen Sohn Salomo zu seinem Nachfolger bestimmt habe. David bestätigt dies.

Der in Jerusalem geborene Salomo setzt sich gegen den Judäer Adonija durch, der in Hebron geboren war. Nach Keel drückt sich darin »die Potenz der Jerusalemer« aus. So sehr viel hat sich seither nicht geändert. Um es auf Bayern anzuwenden: In der Tatsache der Abwahl eines Franken und der Wahl eines Oberbayern zum Ministerpräsidenten des Freistaates anno 2008 drückt sich »die Potenz der Oberbayern« aus.

Keine Spur von Salomos Pracht

In der Folge macht David seinen Sohn Salomo zu seinem Nachfolger. Dieser entfaltet eine rege Bautätigkeit, errichtet vor allem den Tempel in Jerusalem sowie einen Palast. Die biblischen Überlieferungen haben »die klare Tendenz, Salomos Pracht und Herrlichkeit ins Unermessliche zu steigern« (8). Allerdings »existieren keinerlei archäologische Belege in Jerusalem für Salomos berühmte Bauvorhaben« (11). Solche Belege nicht gefunden zu haben, ist freilich auch kein Beweis für ihre Nicht-Existenz. Denn aus politischen Gründen können heutzutage in Jerusalem an den am meisten Erfolg versprechenden Stellen keine Grabungen vorgenommen werden.

Andererseits wird in den biblischen Geschichtsbüchern sehr genau und zutreffend beschrieben, in welchem Ausmaß und in welcher Reihenfolge welche Mächte in Palästina Einfluss hatten. Daraus zieht Othmar Keel den Schluss: »Die Möglichkeit späterer Jahrhunderte, solche Sachverhalte ohne hinreichende schriftliche Quellen plausibel rekonstruieren zu können, tendiert gegen Null.« Das heißt, die biblischen Geschichts-Bücher sind keine Fiktion. Doch sind sie Ergebnis auch der Weltsicht und der Weltdeutungsbemühungen ihrer Verfasser. Diese aber lebten in späteren Jahrhunderten als den von ihnen beschriebenen.

Die Biographie eines Menschen wird ebenfalls nicht nur von den Bildern und Mythen seiner eigenen Zeit bestimmt, sondern auch von denen vorangegangener Zeiten. Der Dreißigjährige Krieg zum Beispiel hat in Deutschland Spuren hinterlassen, die auch heute für denjenigen noch erkennbar sind, der solche Spuren, etwa in den Kirchen oder den Kirchenliedern, zu lesen vermag.

Die Bibel enthält freilich auch Fiktion, zum Beispiel in den nicht zum Kanon ihrer Bücher gehörenden apokryphen Büchern. Sie finden sich in vielen Ausgaben der Bibel als Anhang zum Alten Testament. Davon wird noch die Rede sein.

Die Verfasser der biblischen Bücher beschreiben Salomo gewissermaßen als Inkarnation des weisen Mannes. Theologisch ausgedrückt: Die Menschen in ganz Israel sahen, dass »die Weisheit Gottes in ihm war« (1. Kön 3,28). So heißt es im 1. Buch der Könige. Und das ist gewiss kein historischer Bericht.

Das salomonische Urteil

Die Bibel ist ja immer für Sprichwörter und Redensarten gut. Zum Beispiel hat sie ein »salomonisches Urteil« kreiert – in der Beschreibung des 1. Buchs der Könige. Dieses Urteil begründete den Ruf, im König Salomo stecke die Weisheit Gottes: Zwei Frauen, die im selben Haus wohnten, hatten jeweils einen Säugling. Die eine erdrückte ihr Kind im Schlaf und stahl darauf den Säugling der anderen, während diese schlief. Die Diebin legte der Bestohlenen für das lebende das tote Kind in die Arme. Das behauptete jedenfalls die angeblich bestohlene Frau, was aber die angebliche Kindsentführerin heftig bestritt. Salomo sollte urteilen (1. Kön 3,16–27). Und er sprach: »Teilt das lebendige Kind in zwei Teile und gebt dieser die Hälfte und jener die Hälfte.« Die wahre Mutter war sofort bereit, lieber auf ihr Kind zu verzichten, als es zerreißen zu lassen, die falsche Mutter dagegen sprach: »Es sei weder mein noch dein; laßt es teilen!« Salomo verstand und ließ der wahren Mutter das Kind lebend zurückgeben.

Die Legende gelangte bis nach China. Dort entstand im 13. nachchristlichen Jahrhundert eine dem Chinesen Li Hsing-tao zugeschriebene Geschichte. Sie wurde im 20. Jahrhundert ins Französische übersetzt. Daraus machte der deutsche Schriftsteller Klabund (Pseudonym für Alfred Henschke) 1925 das Theaterstück *Der Kreidekreis*. Für Bertolt Brecht war diese »alte chinesische Legende« die Vorlage für sein 1947 entstandenes und in der damaligen Sowjetunion spielendes Stück *Der kaukasische Kreidekreis*. In diesem Schauspiel freilich ist die falsche, aber proletarische Mutter die edle, im Gegensatz zur echten, hochwohlgeborenen. Und die Proletarierin erhält folgerichtig am Ende das Kind.

Die wenigsten Menschen wissen heute vermutlich, dass und womit überall sie die Bibel zitieren. Zum Beispiel, wenn sie »weder aus noch ein« wissen. Als der junge Salomo König wurde, klagte er zu Gott dem HERRN: »Ich bin noch jung, weiß weder meinen Ausgang noch Eingang.« Der Satz stammt aus einer älteren Übersetzung, die klarmacht, was mit »aus und ein« eigentlich gemeint ist. In der im Allgemeinen von mir zitierten revidierten Luther-Bibel von 1984 steht bereits (1. Kön 3,7): »bin noch jung, weiß weder aus noch ein«.

Die Königin von Saba

Im Ersten Buch der Könige wird geschildert, dass die sagenhaft reiche Königin von Saba nach Jerusalem gekommen sei, »um Salomo mit Rätselfragen zu prüfen« (1. Kön 10,1). Am Ende befand sie: »Es ist wahr, was ich ... von deiner Weisheit gehört habe« (1. Kön 10,6). Die Königin beschenkte den König mit Gold und vor allem Spezereien: »Es kam nie mehr so viel Spezerei ins Land, wie die Königin von Saba dem König Salomo gab«, weiß die Bibel (1. Kön 10,10).

Das vorislamische Südarabien ist durch den Handel mit Weihrauch, Myrrhe und anderen Luxusgütern reich geworden. Der Grund ist eine Gunst der Natur. Das jemenitische Hochland hat nämlich die reichsten Niederschläge Arabiens, rund 700 Millimeter im Jahr. Seit Jahrtausenden werden mit Hilfe technisch raffinierter Anlagen die zweimal im Jahr fallenden Monsunregenfälle kanalisiert und gespeichert. Das ermöglicht den Anbau der im Mittelmeerraum hoch begehrten Pflanzen.

Allerdings gab es nach heutigem Wissen im 10. vorchristlichen Jahrhundert den internationalen Weihrauchhandel mit dem entsprechenden Netz von Karawansereien noch nicht. Und die Entfernung des altsüdarabischen Reiches Saba mit der Hauptstadt Marib im heutigen Nordostjemen von Jerusalem beträgt je nach Route 2400 bis 3000 Kilometer. Im Sabäerreich herrschten damals zudem Priesterfürsten und später Könige, aber keine Königin (8). Das änderte sich erst Jahrhunderte später. Othmar Keel hält es für möglich, dass kurz vor dem Jahre 700, als sich in Jerusalem (zu Zeiten Hiskijas, von dem noch die Rede sein wird) die gegen Assur gerichteten diplomatischen Aktivitäten konzentrierten, eine dieser Königinnen nach Jerusalem gekommen sei. Damals habe man sich wohl um den lukrativen Arabienhandel bemüht. »Vielleicht hat man einen solchen Besuch zur Verstärkung dieser Beziehungen in die Zeit Salomos zurückprojiziert und glanzvoll ausgestattet.«

Die sagenhafte Königin hinterlässt Spuren in drei Religionen

Die Wirkungsgeschichte dieser Sage ist jedenfalls religionsübergreifend. Auch hier spielt die Historie anderer Räume und anderer Zeiten eine Rolle. Nachdem die Römer den Tempel in Jerusalem anno 70 nach Christus zerstört hatten, wanderten viele Juden in den Jemen aus. Dort lebte bis Mitte des 20. Jahrhunderts eine große jüdische Gemeinde, natürlich mit ihrer Heiligen Schrift. Um das Jahr 525 wurde der Jemen von Äthiopien erobert und christianisiert. Hundert Jahre später war er aber bereits Teil des islamischen Weltreichs. Die zu einem Mythos gewordene Erinnerung an den äthiopischen Jemen fand noch im 20. Jahrhundert ihren Niederschlag. In der äthiopischen Verfassung von 1955 hieß es nämlich (Artikel 2): »Die kaiserliche Würde soll beständig verbunden bleiben mit der Linie …, welche ohne Unterbrechung abstammt von der Dynastie Meneliks I., des Sohnes der Königin von Äthiopien, der Königin von Saba, und des Königs Salomo von Jerusalem.«

Der römische Kaiser Titus zerstörte anno 70 nach Christus den jüdischen Tempel in Jerusalem, raubte ihn aus und brachte Tempelschätze sowie Gefangene im Triumph nach Rom. Das Judentum verlor seine theologische Mitte. Der über ein Jahrzehnt später errichtete Titusbogen in Rom beschreibt die Szene.

Auch im Islam lebt die Legende weiter. Der Koran, der sich zwar vielfach auf die Bibel bezieht, sie aber umdeutet, erzählt, wie Salomo die Königin und ihren Hofstaat zu Muslimen macht. Sure 27, Vers 45 zitiert die Königin von Saba so: »ich ergebe mich mit Salomo Allah, dem Herrn der Welten« (8).

Der Mann der tausend Frauen

Der biblische König Salomo war sagenhaft reich. Allein seine Einnahmen an Gold betrugen sechshundertsechsundsechzig Zentner pro Jahr! Außerdem war er ein Weiberheld mit internationalem Flair: »Salomo liebte viele ausländische Frauen … er hatte siebenhundert Hauptfrauen und dreihundert Nebenfrauen« (1. Kön 11,1,3). Erfolgreich, klug und weise, schön und ein Liebling der Frauen zu sein, das geht wohl nicht, ohne sich auch Feinde zu machen. Und so hatte sein Reich nicht über Salomos Tod hinaus Bestand.

Die Verfasser des »Deuteronomistischen Geschichtswerks« deuten die freiwillige Trennung des Nordens vom Süden des Berglandes auf ihre Weise: Schuld an allem sind die Frauen! Als Salomo alt war, »neigten seine Frauen sein Herz fremden Göttern zu, so dass sein Herz nicht ungeteilt bei dem HERRN, seinem Gott, war, wie das Herz seines Vaters David« (1. Kön 11,4). Hier drückt sich eine rein theologisch inspirierte Geschichtsinterpretation aus. Die Reichsteilung hat »historisch-kritisch gesehen« (8) allerdings nichts mit dem Fremdgötterkult zu tun.

Soziale Spannungen spalten das Reich

Das 1. Buch der Könige beschreibt nämlich auch die sozialen Spannungen, die zu dieser Spaltung des Reiches Salomons führten. Um Salomos prachtvolle Bauten zu errichten, mussten seine Untertanen Frondienste leisten. Das belastete vor allem den bevölkerungsreichen Norden des Reichs. Des Königs Aufseher über die Frondienstleistenden, Jerobeam, zettelte einen Aufstand an; zunächst ohne Erfolg. Jerobeam floh zum ägyptischen Pharao Scheschonq I. – die Bibel nennt ihn Schischak (circa 945–924 vor Christus). Der Flüchtling blieb in Ägypten, bis Salomo starb.

Nach Salomos Tod forderte Jerobeam vom neuen König Rehabeam, Salomos Sohn, die Abgabenlast des Nordens zu senken. Nach
dem biblischen Bericht rieten die »Ältesten« des Volkes dem jungen
König, genau dies zu tun. Die »Jüngeren, die mit ihm aufgewachsen waren«, empfahlen dagegen dem König, noch größere Härte gegen die Stämme Israels zu zeigen. Eine Empfehlung, die nach des
Königs Geschmack war. Und so provozierte er »Jerobeam und das
ganze Volk« mit dem Satz (1. Kön 12,11): »Mein Vater hat euch mit
Peitschen gezüchtigt, ich will euch mit Skorpionen züchtigen.« Folge: Der Norden, Israel, spaltete sich wieder ab vom Reich Davids
und Salomos und machte den Aufrührer Jerobeam zu seinem König. Rehabeam blieb in Jerusalem König des Südreiches Juda.

Nord- und Südreich existierten gleichzeitig im Zeitraum 926–
722 vor Christus. Es ist dies diejenige Periode in der Geschichte Israels, die am stärksten durch historisch verwertbare Quellen do-
kumentiert ist. Die Informationen, welche die Bücher der Könige
liefern, »erweisen sich insgesamt als so verlässlich, dass eine lücken-
lose Chronologie der Könige von Israel und Juda von der Reichs-
trennung bis zur Zerstörung Jerusalems erstellt werden kann« (14).

Man kann zum Beispiel die Daten der Bibel mit solchen der
assyrisch-babylonischen Geschichtsschreibung vergleichen. Die
Schreiber im Zweistromland beziehen sich etwa auf eine Sonnen-
finsternis, die man heute exakt auf das Jahr 763 vor Christus datiert. Überdies haben die Jahrhunderte später auf der Weltbühne er-
scheinenden Seleukiden in ihren Chroniken zurückgerechnet bis in
die assyrisch-babylonischen Zeiten. Die Zeit der Seleukiden-Herrschaft wiederum lässt sich mühelos an unsere Zeitrechnung anbin-
den. Seleukos I. Nikator, der die Herrschaft der »Seleukiden« begründete, war ursprünglich Feldherr Alexanders des Großen und
einer der wichtigsten Diadochen. Er begründete nach dem Jahre 312
vor Christus ein Reich, das bei seinem Tode, anno 281, fast ganz
Vorderasien bis zum Hindus umfasste. Wir eilen hier der Entwicklung weit voraus, um deutlich zu machen: Nach David und Salomo
wird die Zeitgeschichte, von der die Bibel *auch* handelt, für die Historiker wirklich fassbar. Das heißt aber nicht, dass man die bibli-

schen Bücher selbst zuverlässig datieren, und schon gar nicht, dass man die vielen sagenhaften biblischen Geschichten ebenfalls historisch einordnen könnte.

Der Wettermacher Elia

In den Büchern der Könige ist immer wieder von einem Propheten namens Elia (Elija) die Rede. Nach den biblischen Berichten ist er in der zweiten Hälfte des vorchristlichen 9. Jahrhunderts im Nordreich aufgetreten. Mit der richtigen Datierung tun sich die Theologen hier besonders schwer. Was das »Deuteronomistische Geschichtswerk« angeht, entferne sich die Forschung »zunehmend von einem tragfähigen Kompromiss«, beklagt Karl Christian Gertz (1).

Der Leser dieses Buches wird, wenn er die Bibel aufschlägt, sofort erkennen, dass hier Traditionen von einem »Wettermacher« verarbeitet worden sind. Schon der erste Auftritt im 1. Buch der Könige zeigt dies (1. Kön 17,1): »Und es sprach Elia ... So wahr der HERR, der Gott Israels, lebt, vor dem ich stehe: es soll diese Jahre weder Tau noch Regen kommen, ich sage es denn.« Elia ist freilich auch ein Streiter für die Alleinverehrung Jahwes. Und um diese zu begründen, sind den Verfassern des Buches auch sagenhafte Geschichten recht. Dazu gehört ein bizarrer Wettkampf mit den Priestern des Gottes Baal, zu dem Elia diese herausfordert. Beide Parteien errichten je einen Scheiterhaufen und legen darauf einen getöteten und zerlegten Stier als Opfergabe für jeweils ihren Gott. Der wahre Gott, so Elia, soll sich zu erkennen geben, indem er den ihn betreffenden Scheiterhaufen entflammt. Die Baal-Priester »hinkten« daraufhin stundenlang um ihr Opfer und riefen: »Baal, erhöre uns!« Nichts passierte. Darauf spottete Elia (1. Kön 18,27): »Ruft laut! Denn er ist ja ein Gott; er ist in Gedanken oder hat zu schaffen oder ist über Land oder schläft vielleicht, daß er aufwache.« Natürlich hatten die Baal-Priester keinen Erfolg. Und natürlich war es bei Elia ganz anders. Er ließ sein Opfertier noch eigens mit Wasser begießen, um die Sache seinem Gott noch ein bisschen zu erschweren, und rief (1. Kön 18,37–38): »Erhöre mich, HERR ... Da fiel das Feuer des

HERRN herab ...« Schließlich war dem Elia noch ein besonderer Tod vergönnt. Als es so weit war, »da kam ein feuriger Wagen mit feurigen Rossen ... Und Elia fuhr im Wetter gen Himmel.« So steht es im 2. Buch der Könige (2. Kön 2,11). Seither ist die Himmelfahrt als Möglichkeit des Aus-der-Welt-Gehens für Auserwählte theologisch etabliert.

Das erste biblische Modell einer leiblichen Himmelfahrt: Der Prophet Elia »fuhr im Wetter gen Himmel«, wie es im 2. Buch der Könige heißt. Eine Illustration der Luther-Bibel von 1545.

Verhinderte Himmelfahrten

Zu den auserwählten Himmelstürmern gehörte freilich nicht, wie im bayerischen Kinderreim beschrieben, »ein alter Posthalter von siebenzig Jahren / der wollt mit sei' Schimmi in' Himmi 'nei' fahren«. Doch da könnt ja a jeder kemma!

Schon bei den alten Griechen misslang die selbstgeplante Himmelfahrt. Der Held Bellerophontes war Besitzer des geflügelten Rosses Pegasus geworden. Der Meeresgott Poseidon hatte es ihm geschenkt, die Göttin Athene gab das Zaumzeug dazu, um das wilde Tier zureiten zu können. Homer berichtete bereits im 9. vorchristlichen Jahrhundert in der *Ilias* davon sowie auch die späteren antiken Dramatiker Griechenlands.

Mit feurigen Rossen soll einst der Prophet Elia in den Himmel aufgefahren sein. Die Griechen sahen bereits im 9. vorchristlichen Jahrhundert das geflügelte Ross Pegasus – allerdings ohne seinen Reiter – in den Olymp aufgenommen. In der Neuzeit wähnt sich mancher himmelstürmende Dichter auf den Flügeln des Pegasus. Bild um 1500.

Bellerophontes wollte mit Hilfe seines Pegasus erkunden, ob es Götter überhaupt gibt. Er schickte sich an, auf dem Rücken seines fliegenden Pferdes zum Himmel zu reisen und den angeblichen Sitz der Götter selbst zu erkunden. Doch der göttliche Hengst warf den verwegenen Reiter vorher ab, angeblich weil Zeus eine Stechfliege zu dem Ross geschickt hatte. Der Übermütige fiel auf die »Ebene des Umherirrens« (Aleion) in Kleinasien, ohne dass er die Wahrheit hätte erkunden können. Sein Pferd hingegen wurde ohne Reiter in den Olymp aufgenommen. Man kann Pegasus noch heute als Sternbild am Himmel bewundern. Die himmelstürmenden Dichter aller Zeiten wähnen sich seither auf den Flügeln des Pegasus – ohne an Bellerophontes zu denken.

Das Ende Israels: Die babylonische Gefangenschaft

Die beiden Könige-Bücher beschreiben die Geschichte der zwei Reiche nach der Spaltung. Einerseits die Entwicklung von Israel bis zum Untergang von Samaria, der Hauptstadt des Nordreichs, anno 722 vor Christus. Andererseits die Geschichte des Südreiches Juda. Israel wurde von Assyrien erobert und die Bevölkerung nach der biblischen Darstellung in die Gefangenschaft ins Land der Sieger deportiert. Wie immer, wird im Alten Testament alles Übel darauf zurückgeführt, dass die Betroffenen die »Gebote des HERRN« missachteten. Das hat sich nicht geändert. Das theologische Oberhaupt der ultraorthodoxen Schas-Partei im heutigen Israel, Rabbiner Ovadia Josef, deutet die Ermordung der europäischen Juden durch das NS-Regime als »Strafe Gottes« dafür, dass die europäischen Juden vom orthodoxen Glauben abgefallen seien (29).

Nachdem Israel assyrische Provinz wurde, existierte Juda weiter. Von etwa 638 bis 609 regiert in Juda der im Zusammenhang mit seinen Reformen schon mehrmals erwähnte König Joschija. Anno 612 endet das Assyrerreich und wird abgelöst durch eine medisch-babylonische Koalition. Der babylonische König Nebukadnezar (604–562) erobert anno 598 vor Christus zum ersten Mal Jerusalem, setzt dort Zidkija zum König von seinen Gnaden ein und beginnt mit der Deportation der Bevölkerung, das heißt, ihrer Oberschicht, zusammen mit dem zuvor dort kurze Zeit regierenden König Jojachin.

587 erobert Nebukadnezar ein zweites Mal das weiterhin unbotmäßige Jerusalem und zerstört den Tempel. Es kommt zu einer zweiten Deportationswelle. Etwa fünf Jahre danach folgen noch ein dritter Deportationsschub sowie ein Flüchtlingsstrom nach Ägypten. All dies spiegeln die Bücher der Könige. Das 2. Buch der Könige endet damit, dass der Nachfolger des babylonischen Königs Nebukadnezar, Ewil-Merodach (Amel-Marduk), den gefangenen König Jojachin begnadigt, jedoch im Lande behält.

Anders als den Deportierten unserer Zeit, ging es den heimatvertriebenen Juden in Babylon wirtschaftlich nicht schlecht. Die Bibel nennt außergewöhnlich große Mengen an Gold und Silber, welche

Der assyrische König Sanherib (um 700 vor Christus) erobert die judäische Festung Lachisch und deportiert die Bevölkerung.

die aus dem Exil zurückgekehrten Exulanten für den Wiederaufbau ihres Tempels in Jerusalem spendeten; Vermögen, die sie ja zunächst erworben und besessen haben sowie in die Heimat mitnehmen können mussten. Aber es gibt auch außerbiblische Belege für das Wohlergehen der Deportierten. Man hat in Nippur südlich von Babylon ein Geschäftshaus aus dem 5. vorchristlichen Jahrhundert mit umfangreichen ›Geschäftspapieren‹ – Tontafeln natürlich – gefunden. Zu den Kunden gehörten zahlreiche Personen mit israelitischen Namen (14). Diese waren also finanziell in der Lage, im Exil Geschäfte zu machen. In der Palastanlage von Babylon fanden sich überdies vier Keilschrifttafeln. Sie dokumentieren Lieferungen von Sesamöl an Exkönig Jojachin und fünf seiner Söhne.

Deportationen sind offensichtlich seit alters ein – wenn auch unterschiedlich grausam angewandtes – unausrottbares Mittel der Sieger, Rache zu üben oder Macht zu stabilisieren. Ungewöhnlich und in der Weltgeschichte einmalig ist die Reaktion der israelitischen Priester auf diese Situation. Möglicherweise wäre ohne dieses Ereignis die Bibel gar nicht entstanden.

Bücher der Chronik – Motto für die ersten Zionisten

Die beiden Bücher der Chronik heißen in der jüdischen Tradition übersetzt »Annalen« oder »Tagebücher«. Die Bezeichnung »Chronik« erfand der schon erwähnte Hieronymus in seiner lateinischen Fassung der Bibel, die später *Vulgata* genannt wurde. Er lebte von ungefähr 345 bis 420 nach Christus unter anderem in Rom und Bethlehem. Im Zentrum der Chronik steht die Geschichte des von David gebauten Tempels in Jerusalem, stehen ferner endlose genealogische Listen, bei Adam anfangend, aber auch historische Notizen sowie Predigten. Über lange Strecken finden sich wörtliche Übereinstimmungen mit den Büchern Samuel bis Könige. Die Alttestamentler schließen daraus, dass die Verfasser der Chronik die älteren biblischen Bücher bereits kannten. Die Komposition der Chronik-Bücher stammt aus dem 5./4. Jahrhundert vor Christus, einzelne Abschnitte ihrer Bücher sind noch deutlich jünger und entstammen dem 2. vorchristlichen Jahrhundert (1). Da es hier um die richtige Auslegung der Tora und den richtigen Kult geht, sind die Verfasser mutmaßlich schriftgelehrte Leviten.

Sie haben, wie gesagt, für ihre Chronik viel Material aus anderen Texten übernommen. Interessant ist, welche Textstücke in den Chronik-Büchern *nicht* erwähnt werden. Solche nämlich, die »das Bild des frommen David trüben könnten« (1). Dazu gehört etwa die Geschichte von Davids Ehebruch und Blutschuld, wie sie im 2. Buch Samuel verzeichnet ist: Der König schwängerte Batseba, die Frau seines Offiziers Uria, und sorgte erfolgreich dafür, dass dieser bei einem Kampf »erschlagen werde und sterbe« (2. Sam 11,15).

Heimkehr aus dem Exil

Das 2. Buch der Chronik endet damit, dass der Perserkönig Kyrus II. (558–530) die ins Exil verschleppten Israeliten freilässt. Der König fordert danach die Heimkehrer auf, dem HERRN »ein Haus zu bauen zu Jerusalem in Juda«. Daran schließt sich der Satz an: »Wer nun unter euch von seinem Volk ist, mit dem sei der HERR, sein

Gott, und er ziehe hinauf!« (2. Chr 36,23). Damit hat die Chronik
auch das Motto für die vom Zionismus – als Antwort auf den Antisemitismus in Europa – propagierte systematische Einwanderung
von Juden nach Palästina am Ende des 19. Jahrhunderts unserer
Zeit geliefert. Zion ist der vorisraelitische Name des Südosthügels
von Jerusalem. Der österreichische jüdische Publizist Theodor
Herzl (1860–1904) begründete mit seinem 1896 erschienenen Buch
Der Judenstaat den politischen Zionismus.

Exkurs über Motive und Fakten

In Bayern gibt es den Spruch: »Man sagt ja nichts, man red' ja nur«.
Der Evangelist Matthäus zitiert Jesus mit dem Satz (Matt 12,36): »Ich
sage euch aber, daß die Menschen Rechenschaft geben müssen am
Tage des Gerichts von jedem nichtsnutzigen Wort, das sie geredet
haben.« Der emeritierte Sprachwissenschaftler an der Universität
Flensburg, Hartwig Eckert, beklagt den »bloßen Mitteilungsdrang«
des Menschen und fragt: »Warum berichten Menschen von Ereignissen aus dem einzigen Grund, dass diese Ereignisse sich zugetragen haben? Als hätten diese Ereignisse ein Recht darauf, berichtet
zu werden. Und schlimmer noch: Warum berichten Leute Ereignisse in Echtzeit haarklein so, wie sie sich zugetragen haben, aus dem
einzigen Grund, weil sie sich so zugetragen haben?« (30). Eben dies
kann man von den Verfassern der biblischen Bücher *nicht* behaupten. Sie berichten weder in »Echtzeit« noch faktengetreu, aber nie
grundlos. Es geht den Autoren der Bibel immer darum, eine bestimmte Weltsicht zu verbreiten, deutlich zu machen, was gut ist
und was böse, wer die Guten sind und wer die Bösen. Und weil diese Weltsicht unangreifbar sein soll, wird das Entscheidende jeweils
als Wille Gottes des HERRN dargestellt.
    Die Forscher, die sich heute die Texte vornehmen, dürfen die
Ideologie der Verfasser natürlich nicht einfach übernehmen, wie jüdische und christliche Fundamentalisten dies vielfach tun. Sie müssen vielmehr zwischen den Fakten und ihrer Deutung unterscheiden. Das heißt, sie müssen feststellen, was überhaupt die Fakten

sind. Anhand der Tatsachen können sie sich dann mit den Deutungen beschäftigen. Die Lektüre der Bibel allein genügt dazu nicht. Auch das war ein Grund für mich, dieses Buch zu schreiben.

Die Gehirnforschung hat in jüngster Zeit, wie ich an anderer Stelle ausführlich berichtet habe (31), prinzipielle Schwierigkeiten für den Historiker aufgedeckt, die auf der Funktionsweise des menschlichen Gehirns beruhen. Es versucht, wie schon angesprochen, sich trotz geringer Faktenkenntnis ein kohärentes Bild zu machen und verwechselt Erinnerung mit Vorstellung. Es gibt eine bestimmte theologische Weise, sich aus diesen Schwierigkeiten herauszuwinden. Man beschränkt sich darauf, dass die Bibel nicht primär historischer Bericht, sondern in erster Linie Verkündigung, *Kerygma,* sein will. Das ist weitgehend zutreffend, wie sich auch in diesem Buch zeigt. Doch die Botschaft (*Evangelium* heißt übersetzt »gute Botschaft«) braucht eine Begründung, wenn sie auch rational überzeugend sein will. Das wussten natürlich die Verfasser der biblischen Bücher, die beides bieten wollen. Man bekommt allerdings den Eindruck, dass die Kirchen heute damit zufrieden sind, wenn ihre Schäfchen dem Motto »Fraglos glauben« folgen. Sie predigen also fröhlich weiter das »ewig gültige Wort Gottes«. Damit machen sie es sich zu leicht. Denn alle Religionsgemeinschaften, Christen wie Moslems, verkünden ihre Wahrheit, die sie als Gottes Wort deklarieren. Notwendig ist nach meiner Meinung in einer der Aufklärung verpflichteten Kultur, im intellektuellen Diskurs die biblischen Aussagen daraufhin zu überprüfen, wie die damaligen Deutungen zustande gekommen sind und was an Fakten dahintersteckte. Ich versuche das in diesem Buch, indem ich die Erkenntnisse der verschiedenen Wissenschaften miteinander verbinde.

Die Bücher Esra und Nehemia –
Jüdische Selbstisolierung

Die Bücher Esra und Nehemia werden in der jüdischen Tradition als ein Buch behandelt. Die Zweiteilung in der christlichen Bibel erklärt sich dadurch, dass das Buch Nehemia so beginnt: »Dies ist die Geschichte Nehemias.« Deshalb wurde aus der »Geschichte« ein eigenes Buch. Die Nehemia-Texte sind hebräisch geschrieben, die Esra-Texte teils auf Hebräisch, teils auf Aramäisch überliefert. Beide Bücher enthalten neben Erzählungen Listen und Erlasse. Die Liste der Heimkehrer aus dem babylonischen Exil ist in beiden Büchern identisch. Den Sprachenwechsel interpretieren Alttestamentler so, dass hier verschiedene Verfasser am Werk waren. Etwa so, wie auch heute in Fachpublikationen nebeneinander zum Beispiel Texte in deutscher und solche in englischer Sprache zu finden sind.

»Esra« (übersetzt: »Hilfe [ist Gott]«) wird im gleichnamigen Buch als »Schriftgelehrter« vorgestellt, der aus Babel kam und das Vertrauen des dortigen Herrschers genoss. Nehemia (übersetzt: »Es tröstet Jahwe«) kam mit Zustimmung des babylonischen Königs nach Jerusalem, um für den Wiederaufbau der Stadtmauer zu sorgen.

Beide Bücher gehören, so der Alttestamentler Markus Witte von der Universität Frankfurt a. M. (1), zur theologisch orientierten Geschichtsschreibung, die »aus einem zeitlichen Abstand zu den erzählten Ereignissen mit einem klaren Gegenwartsinteresse komponiert« wird. Am »wahrscheinlichsten« sei eine Entstehung der Bücher im Zeitraum zwischen dem letzten Drittel des 5. und dem beginnenden 3. Jahrhundert vor Christus. Sowohl Esra als auch Nehemia kämen als Autoren zumindest für einzelne Abschnitte in Frage. Das Hauptproblem der Datierung ist, dass die Bibel zwar den Perserkönig, unter dem Esra und Nehemia gewirkt haben sollen, Artaxerxes, beim Namen nennt. Es gab aber drei Perserkönige dieses Namens. Historisch ist wohl das Interesse Persiens an einer politischen Stärkung seiner Provinz »Jehud« (Jehudäer gleich Juden) zu sehen, als Grenzposten zu den immer wieder gegen die persische Oberherrschaft rebellierenden Ägyptern.

Das Buch Esra beginnt, wie das 2. Buch der Chronik geendet hat, mit der Aufforderung des persischen Königs Kyrus (Kyrus II., 558–530 vor Christus) an die Deportierten, nach Jerusalem zurück zu ziehen und dort »das Haus des HERRN, des Gottes Israels« zu bauen, »das ist der Gott, der zu Jerusalem ist« (Esr 1,2–3). Das Buch Nehemia endet mit der Beschreibung der religiös begründeten ethnischen Selbstisolierung. Die Israeliten schieden »alles fremde Volk aus Israel aus« (Neh 13,3). Und Nehemia rühmt sich: »So reinigte ich sie von allem Ausländischen« (Neh 13,30). Markus Witte: »Der besonderen Hochschätzung, die das Buch Esra-Nehemia aufgrund seiner identitätsstiftenden Ausrichtung bis heute im Judentum genießt, steht häufig eine Abwertung im christlichen Bereich aufgrund des vertretenen ethnischen und religiösen Partikularismus und Rigorismus gegenüber.« Der Alttestamentler versteht das Buch als Form der »kulturellen Selbstvergewisserung in einer sich religiös immer weiter ausdifferenzierenden Welt«. Analog dazu kann man die Diskussion in unserer Zeit über die »deutsche Leitkultur« verstehen.

Das Buch Ester – Ursprung des Purim-Fests

Das ist die Geschichte einer jüdischen Heldin in der Diaspora mit Happy End. Schon allein deshalb begeistert sie die Juden. In der christlichen Rezeptionsgeschichte spielt das Buch bis in die jüngere Zeit eine eher geringe Rolle. Doch weil es sich um eine Frau handelt, gehört Ester neuerdings »zu den zentralen Bausteinen einer Feministischen Theologie« (1). Martin Luther dagegen konnte der Geschichte nichts Positives abgewinnen, »denn sie judenzen zu sehr und haben viel heidnische Unart« (1).

Die Königin Wasti, Ehefrau des persischen Königs Ahasveros (Xerxes), wird von diesem, »als der König guter Dinge war vom Wein«, gebeten, während eines Festmahls unter Männern zu erscheinen. Sie kommt jedoch nicht – und wird vom König verstoßen. Er sucht sich eine neue Frau. Die Jüdin Ester, Pflegetochter ihres Onkels Mordechai, wird Gemahlin des Königs Ahasveros in der Festung Susa, ohne ihm ihre Herkunft zu verraten. Der höchste Beamte im Staat, der Perser Haman (das hebräische *hamam* heißt übersetzt »zerstören«), wird im Umkreis des Palastes, der höfischen Sitte entsprechend, mit dem huldigenden Kniefall gegrüßt, aber der »im Tor des Königs« sitzende Mordechai verweigert dies. Er versteht das Erste Gebot seiner Religion so, dass diese Ehre Gott allein zustehe. Haman ist darüber so erzürnt, dass er sich beim König das Plazet dafür holt, alle im Reich des Königs lebenden Juden als eine Art Haftungsgemeinschaft umbringen zu lassen. Die Königin interveniert erfolgreich und rettet die Juden. Haman wird aufgehängt, Mordechai sein Nachfolger. Den Juden wird erlaubt, sich an all ihren Feinden zu rächen, was diese auch tun. »Da war Freude und Wonne unter den Juden, Gastmahl und Festtag; und viele aus den Völkern im Lande wurden Juden; denn die Furcht vor den Juden war über sie gekommen« (Est 8,17). Der Tag nach dem sagenhaften Rachefeldzug ihres Volkes wird bis heute von den Juden als *Purim*-Fest gefeiert.

Das Ester-Buch ist in der jüdischen Diaspora entstanden, vermutlich in Persien. Sein Verfasser hatte offensichtlich wenig genaue historische Kenntnisse. So rechnet er Mordechai als Beamten des persischen Königs Xerxes (485–465) zu den anno 598 vor Christus von Nebukadnezar deportierten Juden. Markus Witte verweist darauf, dass das Hebräisch dieses Buchs auf einer »jungen Sprachstufe« stehe, beeinflusst durch das Aramäische und das Persische. Er meint, es sei in der ausgehenden Perserzeit oder der beginnenden hellenistischen Zeit entstanden. Die kunstvolle Novelle erwähnt Jahwe nur indirekt in Form eines Akrostichons: Es geht um den Satz, dass Ester mit dem König und dem Judenfeind Haman zusammenkommen will, »es komme der König und Haman heute« (Est 5,4). Die hebräischen Anfangsbuchstaben für die vier zentralen Aussagen dieses Satzes ergeben *y-h-w-h* gleich *Jhwh*. Obwohl Ester keine historische, sondern eine literarische Figur ist, zählt das Buch als letztes zu den biblischen ›Geschichtsbüchern‹.

Lehrbücher und Psalmen

Das Buch Hiob (Ijob) – Vom Leiden des Gerechten

Hier geht es um die Frage aller Fragen: Warum? Warum ist die Welt böse? Warum muss auch der Gerechte leiden? Was ist das für ein Gott, der doch allmächtig ist und das Leiden zulässt? Juden und Christen haben sich mit Hiob auseinandergesetzt. Für den Koran ist er der exemplarische Büßer. Der große Gelehrte Gottfried Wilhelm Leibniz hat nicht nur die Infinitesimalrechnung erfunden und das Duale Zahlensystem, ohne das es keinen Computer gäbe, ja er hat sogar selbst die erste Rechenmaschine konstruiert. Er hat auch, was im Zusammenhang dieses Buchs wichtig ist, den Begriff der »Rechtfertigung Gottes« (*Theodizee*) geprägt. 1710 erschien sein Buch mit dem heute sehr fremd klingenden Titel *Theodizee*. Die Grenzen philosophischer Überlegungen dazu gehen aus dem Titel des Buchs hervor, das Immanuel Kant 1791 veröffentlichte: *Über das Misslingen aller philosophischen Versuche in der Theodizee.* Johann Wolfgang Goethe hat für den »Prolog im Himmel« seines *Faust* die Hiobgeschichte zum Vorbild genommen.

Hiob war »fromm und rechtschaffen, gottesfürchtig und mied das Böse« (Hi 1,1). Er hatte eine große Familie und war reich. »Es begab sich aber eines Tages, da die Gottessöhne kamen und vor den HERRN traten, kam auch der Satan unter ihnen« (Hi 1,6).

So wie die Könige im Vorderen Orient einen Hofstaat hatten, stellte man sich auch den HERRN mit Gefolge vor, eben den »Gottessöhnen«, zu denen auch Satan gehörte. Satan tritt im Buch Hiob als Provokator Gottes auf. Hiob sei nur so fromm, weil es ihm gut gehe. Aber »taste alles an, was er hat: was gilt's, er wird dir ins Angesicht absagen« (Hi 1,11). Goethe lässt seinen Mephistopheles zum HERRN das Gleiche sagen: »Was wettet Ihr? Den sollt Ihr noch verlieren, / Wenn Ihr mir die Erlaubnis gebt, ihn meine Straße sacht zu führen!«

Gott lässt das Experiment zu. Hiob wird, bis auf seine Gesundheit, alles genommen, was er hat. Hiob erhält lauter »Hiobsbotschaften«, wie diese mittlerweile sprichwörtlich genannt werden. Und er vermag dennoch zu sagen (Hi 1,21): »Der HERR hat's gegeben, der HERR hat's genommen; der Name des HERRN sei gelobt.«

Doch der HERR lässt noch einen weitergehenden Test Satans zu, der den gottesfürchtigen Mann mit Geschwüren von der Fußsohle bis an den Scheitel quält. Der zweifelnden eigenen Ehefrau sagt Hiob (Hi 2,10): »Haben wir Gutes empfangen von Gott und sollten das Böse nicht annehmen?«

Nun kommen die Freunde, bemitleiden Hiob, beklagen zusammen mit ihm sein Los und versuchen im Disput mit ihm, den Sinn des Leidens zu deuten. Sie finden viele Antworten, aber keine Antwort. Schließlich wird, im Dialog mit Hiob, dem HERRN »aus dem Wettersturm« selbst das Wort gegeben. Und dieser verbittet sich, dass man mit ihm rechte: »Wer ist's, der den Ratschluß verdunkelt mit Worten ohne Verstand? … Wo warst du, als ich die Erde gründete? … Wer ist denn, der vor mir bestehen könnte?« (Hi 38,1,2,4, Hi 41,2) Hiob bekennt am Ende, er habe »unweise geredet, was mir zu hoch ist und ich nicht verstehe« (Hi 41,3,6). Er spricht sich selbst »schuldig« und tut Buße »in Staub und Asche«. Daraufhin gibt der HERR Hiob »doppelt so viel, wie er gehabt hatte« (Hi 42,10). Dieser lebt 140 Jahre und stirbt »alt und lebenssatt« (Hi 42,17).

Suche nach dem Sinn des Bösen

Es geht hier, um das Leiden des »Gerechten«, nicht etwa des »Sünders«. Man kann das Buch Hiob als eine Anleitung zum rechten Verhalten im Leiden verstehen. Mit den Antworten kann man kaum zufrieden sein. Aber gibt es bessere? Gibt es überhaupt eine Antwort auf die Frage, warum das Leid in die Welt gekommen ist?

Nachdem das ganze Ausmaß des Mordens an den Juden im Namen Deutschlands deutlich geworden war, hat 1947 ein Jude, Zwi Kolitz, einen neuen literarischen Versuch unternommen, mit Gott zu sprechen (32).

Jossel Rackower sagt über seinen Gott, während das Warschauer Ghetto in Flammen steht und auch er sein Ende kommen sieht: »Meine Beziehung zu ihm ist nicht mehr die eines Knechts zu seinem Herrn, sondern die eines Schülers zu seinem Lehrer. Ich neige mich vor seiner Größe, aber ich werde die Rute nicht küssen, mit der er mich züchtigt.« Jossel Rackower zu Gott: »Du sagst, wir haben gesündigt. Natürlich haben wir gesündigt. ... Ich will aber, daß Du mir sagst, ob es eine Sünde in der Welt gibt, die eine solche Strafe verdient?« Die Klage endet mit dem erstaunlichen Satz: »Und das sind meine letzten Worte an Dich, mein zorniger Gott: es wird Dir nicht gelingen! Du hast alles getan, damit ich nicht an Dich glaube, damit ich an Dir verzweifle! Ich aber sterbe, genau wie ich gelebt habe, im felsenfesten Glaube an Dich.«

Nach Markus Witte ist das Buch Hiob im Laufe des 5.–3. vorchristlichen Jahrhunderts entstanden: »Als das Produkt einer langen Kompositions- und Redaktionsgeschichte ist es nicht das literarisch einheitliche Werk eines Autors.«

Gibt es andere, gar bessere, Antworten als die der Bibel (sowie freilich auch anderer Religionen wie etwa des Buddhismus) auf die Frage nach dem Sinn des Leidens? Als Ergebnis der Evolutionsforschung wissen wir heute, dass die ersten Lebewesen friedlich miteinander auskamen. Algen und Bakterien pflegten einen symbiotischen Umgang; ein Geben und Nehmen zum gegenseitigen Nutzen. Das änderte sich nach gut drei Milliarden Jahren schlagartig. Zu Beginn des Kambriums vor gut einer halben Milliarde Jahren hatten die sogenannten Phacopiden-Trilobiten, die zu den Gliederfüßern gehören, als erste Lebewesen Augen entwickelt. Sie konnten also sehen, was sie taten – und wurden zu den ersten Räubern der Erdgeschichte (33). Damit begann das große Fressen und Gefressen-Werden, welches das Leben bis heute bestimmt und ihm seine Richtung gibt. Auch das ist also ein Ergebnis der Evolution.

Erst als die Ahnen des Menschen begannen, Fleisch zu verzehren, konnte sich ihr Gehirn so weit entwickeln, dass sie reflektieren und damit wissen können, was sie tun. Sie können gar nicht anders, als – auch – ›böse‹ zu sein. Goethe lässt den HERRN zu seinem Mephistopheles sagen: »Ein guter Mensch in seinem dunklen Drange / Ist sich des rechten Weges wohl bewusst.« Die Gehirnforscher erklären uns, was die Verfasser der Bibel intuitiv längst wussten: Das Bewusstsein bestimmt nur zum Geringsten den Weg, den wir gehen, weil unbewusste Antriebe entscheidend sind.

Der Psalter – Hymnen und Klagelieder

Fortlaufend nachbearbeitete Dichtung

Die Psalmen gehören zu den großen Dichtungen der Weltliteratur. Die hebräische Bibel und die westliche Kirche zählt 150 Psalmen. Die syrische Kirche kennt dagegen seit alters noch weitere vier Psalmen. In den Höhlen von Qumran hat man drei dieser zusätzlichen Psalmen identifizieren können (5). Sie gehören also zum jüdischen Erbe dieser Ostkirche. Die allgemein bekannten 150 Psalmen waren bis zum Zeitpunkt ihrer Kanonisierung »einer fortlaufenden literarischen Nachbearbeitung unterworfen« (1). Man unterscheidet individuelle und kollektive Klage- und Bittpsalmen, individuelle Dankeslieder und kollektive Lobeshymnen. Die ältesten Psalmen sind Hymnen, die im zweiten Tempel zum königlichen Tempelkult gehörten. Die Mehrzahl der Klagelieder des Volkes stammen aus der Zeit des babylonischen Exils. In der Zeit der Vertreibung und danach sind nach heutigem Wissen auch die Mehrzahl der individuellen Klage-Psalmen entstanden. In die spätnachexilische Zeit, das 4.–2. vorchristliche Jahrhundert, datiert Witte die Gattung der nachkultischen, literarischen Psalmen, das heißt so etwas wie geistliche beziehungsweise religiöse Lieder oder »Lehrpsalmen«. Zu Letzteren gehört danach zum Beispiel der 1. Psalm mit der Schlusssentenz (Ps 1,6): »Der HERR kennt den Weg der Gerechten, aber der Gottlosen Weg vergeht.«

Ursprünglich waren die Psalmen Gebete der gläubigen Juden. Seit 2000 Jahren spielen sie im Judentum wie im Christentum, im Gottesdienst wie in der persönlichen Frömmigkeit, eine zentrale Rolle. Auch der fromme Jude Jesus betete Psalmen. Am Kreuz hat er nach der biblischen Überlieferung den 22. Psalm gesprochen, der mit den Worten beginnt: »Mein Gott, mein Gott, warum hast du mich verlassen?« Am Ende betete er den 31. Psalm, worin es heißt (Ps 31,6): »In deine Hände befehle ich meinen Geist.« Im Neuen Testament finden sich 110 wörtliche Zitate aus den Psalmen, überwiegend aus den individuellen Gebeten. Bereits im Psalter selbst ist seine Universalität angelegt. So heißt es im 138. Psalm (Ps 138,4): »Es danken dir, HERR, alle Könige auf Erden.« Und der Psalter endet im 150. Psalm mit dem Schlusssatz (Ps 150,6): »Alles, was Odem hat, lobe den HERRN! Halleluja!«

Es gibt Psalmen, die drücken die menschliche Hoffnungslosigkeit und Verzweiflung aus. So der 88. Psalm: »Warum verstößt du, HERR, meine Seele / und verbirgst dein Antlitz vor mir? ... Meine Freunde und Nächsten hast du mir entfremdet und meine Verwandten hältst du fern von mir« (Ps 88,15,19). Andere Psalmen wiederum zeigen ein vollkommenes Gottvertrauen, wie der viel zitierte 23. Psalm (Ps 23,1): »Der HERR ist mein Hirte, mir wird nichts mangeln.« Und zahlreiche Psalmen drücken den Wunsch aus, Gott Lob und Dank zu sagen. Etwa der 103. Psalm (Ps 103,1): »Lobe den HERRN, meine Seele, und was in mir ist, seinen heiligen Namen!« Aus dem Hebräischen richtig übersetzt, muss es freilich heißen: »Lobe den HERRN, meine *Kehle*«. Denn das Organ der Lautbildung ist nun einmal die Kehle.

In den Psalmen drücken sich Verzweiflung wie auch Hoffnung angesichts des Todes aus. Psalm 90: »Unser Leben währet siebzig Jahre, und wenn's hoch kommt, so sind's achtzig Jahre, und was daran köstlich scheint, ist doch nur vergebliche Mühe. ... Lehre uns bedenken, daß wir sterben müssen, auf daß wir klug werden« (Ps 90,10,12). Im 118. Psalm heißt es als Ausdruck einer Hoffnung (Ps 118,17): »Ich werde nicht sterben, sondern leben.«

Die Sprüche Salomos –
Der Stoff, aus dem die Redensarten sind

Im Alten Orient findet man seit dem 3. vorchristlichen Jahrtausend die Vorstellung einer den Kosmos bestimmenden Ordnung und analog dazu die – vom jeweiligen Herrscher garantierte – menschliche Ordnung. Verbunden ist dieser Glaube mit der Überzeugung, dass das Handeln eines Menschen Ursache dafür ist, wie es ihm geht. Die Forschung hat dafür den Begriff »Tun-Ergehen-Zusammenhang« gewählt oder »schicksalwirkende Tatsphäre«. Der Berliner beschreibt das Gleiche etwas schlichter mit: »So wat kommt von so wat.«

Das bezeugen auch Volksweisheiten wie zum Beispiel: »Wer andern eine Grube gräbt, fällt selbst hinein.« Dieser Satz ist aber nur eine Präzisierung eines der »Sprüche Salomos«, der in der Bibel so übersetzt wurde: »Wer eine Grube macht, der wird hineinfallen; und wer einen Stein wälzt, auf den wird er zurückkommen« (Spr 26,27). Die »Sprüche Salomos« heißen so, weil das biblische Buch mit dem Satz beginnt: »Dies sind die Sprüche Salomos«. Natürlich stammen sie nicht von dem legendären König Israels. Wohl aber präsentieren die Verfasser der biblischen Bücher ›Salomo‹ als die Inkarnation der Weisheit. Die ›Endredaktion‹ dieses Buches wird heute in das 4. bis 3. vorchristliche Jahrhundert angesetzt (15)

Spruchweisheiten findet man in Mesopotamien, Syrien, Ägypten und in Griechenland. Die sumerischen Spruchsammlungen stammen aus dem Zeitraum 1800 bis 1700 vor Christus. Ägyptische »Lebenslehren« sind noch älter. Sie wurden im Alten Reich (2635–2155) aufgezeichnet. Sie gehen von der Vorstellung aus, dass der ordentliche Beamte »weise« sei, eine Vorstellung, die sich im Laufe der Jahrtausende gewandelt hat; vermutlich erfahrungsbedingt. Die alten Spruchsammlungen dienten jedenfalls der Ausbildung von Schreibern für die staatliche Verwaltung. Und hier kommt wieder der oben genannte Zusammenhang ins Spiel, dass die königliche Verwaltung als Spiegelbild der göttlichen Weltordnung verstanden wurde.

Spuren der Geliebten Gottes

Die Bibel zeigt auch Spuren einer ganz anderen Tradition, die den Theologen lange Zeit sehr peinlich war. »Frau Weisheit« ist nämlich »die Geliebte Gottes und die große Mittlerin zu ihm« (8). In der modernen Übersetzung der Luther-Bibel beschreibt sich die personifizierte Weisheit so: »Der HERR hat mich schon gehabt im Anfang seiner Wege, ehe er etwas schuf, von Anbeginn her … da war ich als sein Liebling bei ihm; ich war seine Lust täglich und spielte vor ihm allezeit« (Spr 8,22,30). Die immer noch neutrale Formulierung »Liebling« hatte Martin Luther seinerzeit mit »der Werkmeister« verschleiernd übersetzt.

Die ›Weisheit‹ (Sophia) ist im Alten Testament ein Bild für die weibliche Seite des sehr männlichen Gottes Jahwe. Ein Mosaikfragment aus dem 9. Jahrhundert des die Heilige Weisheit repräsentierenden Engels aus der Hagia Sophia in Istanbul.

Die Vorstellung der Weisheit als der Geliebten Gottes gehe »letztlich wohl auf die kanaanäische Tradition der ›Erdgöttin‹ zurück, die ihren Partner, den Wettergott, stimuliert«, schreibt Keel. Das Motiv finde sich, wahrscheinlich unter vorderasiatischem Einfluss, auch in Ägypten. Dort mache die Göttin Hathor den schaffensmüden

Sonnengott durch eine Art Striptease wieder munter. Hathor, der die Myrrhenbäume heilig waren, galt insofern auch als »Herrin des Parfums« (34). Die »patriarchale Auslegungstradition«, so Othmar Keel, habe eine eigenständig tätige Weisheit nicht akzeptieren können. Sie habe diese gegen jede philologische Erkenntnis und gegen alle Evidenz der Motivtradition »beharrlich infantilisiert«. Auch Markus Witte sieht die »gelegentlich zu beobachtende christliche Abwertung der Sprüche ... in der Negation des von den Sprüchen befürworteten Lebensgenusses«.

Rechtfertigung häuslicher Gewalt

Ausgewählte Sprüche dienten in einer patriarchalen christlichen Welt jahrhundertelang als biblische Rechtfertigung häuslicher Gewalt: »Wer seine Rute schont, der haßt seinen Sohn; wer ihn aber lieb hat, der züchtigt ihn beizeiten« (Spr 13,24), oder: »Ein weiser Sohn liebt Zucht« (Spr 13,1); früher übersetzt: »lässt sich vom Vater züchtigen«. Der strafende Vater wird dem strafenden Herrgott gleichgesetzt: »denn wen der HERR liebt, den züchtigt er, und hat doch Wohlgefallen an ihm, wie ein Vater am Sohn« (Spr 3,12). Statt »den züchtigt er« heißt es neuerdings in der Luther-Bibel, politisch korrekt, »den weist er zurecht«. Das Buch der Sprüche endet mit dem Lob der tüchtigen Hausfrau: »Sie steht vor Tage auf und gibt Speise ihrem Haus ... Sie gürtet ihre Lenden mit Kraft und regt ihre Arme ... Lieblich und schön sein ist nichts; ein Weib, das den HERRN fürchtet, soll man loben« (Spr 31,15,17,30).

Diese Zitate sind Ausdruck einer patriarchalischen Gesellschaftsordnung, wie sie heute evangelikale Christen immer noch bevorzugen und wie sie in der muslimischen Welt weitgehend vorherrscht. Sie beschreiben die Intentionen der Sprüchesammlung aber keineswegs vollständig. Viele Sprüche sind bis heute kluge Maximen geblieben, etwa: »Hochmut kommt vor dem Fall« (Spr 16,18), oder, für heutige Ohren eher lustig formuliert (Spr 1,10): »Mein Sohn, wenn dich die bösen Buben locken, so folge nicht.« Oder: »Unrecht Gut gedeiht nicht«, was in der Bibel heißt: »Unrecht Gut hilft nicht«

(Spr 10,2). Manchmal kennt man heute den biblischen Hintergrund nicht mehr, etwa wenn von »feurigen Kohlen« die Rede ist: »Hungert dein Feind, so speise ihn mit Brot, dürstet ihn, so tränke ihn mit Wasser, denn du wirst feurige Kohlen auf sein Haupt häufen« (Spr 25,21–22). Gemeint ist vermutlich, dass er beschämt ›feuerrot‹ werden wird. Andere der Sentenzen sind zwar nicht zu Sprichwörtern geworden, bleiben aber bedenkenswert. Zum Beispiel – als Kontrast zu dem bereits zitierten »Auge um Auge, Zahn um Zahn« aus dem Buch Exodus: »Sprich nicht: ›Wie einer mir tut, so will ich ihm auch tun und einem jeglichen sein Tun vergelten‹« (Spr 24,29). Oder (Spr 14,31): »Wer dem Geringsten Gewalt tut, lästert dessen Schöpfer; aber wer sich des Armen erbarmt, der ehrt Gott.«

Kohelet oder Der Prediger Salomo – Die Alternative zur Moralpredigt

Der Verfasser des Buchs *Kohelet,* was man mit »Versammlungsredner« übersetzen sollte, bei Martin Luther aber »Prediger« heißt, behauptet von sich, der Sohn Davids, des Königs von Jerusalem, zu sein. Natürlich ist er ebenso wenig Salomo wie der oder die »Sprüche-Macher«. Aber der erlauchte Name, wenn schon nicht der HERR Gott selbst als Offenbarer in Frage kommt, soll dem Buch Rang und eben ›Namen‹ geben. Heutzutage sucht sich mancher nicht so bekannte Buchautor wenigstens einen angesehenen Namen für ein Vorwort. Diese Verfahrensweise war den Autoren der biblischen Bücher noch unbekannt. Das Buch Kohelet ist, so Hans-Christoph Schmitt, vermutlich Mitte des 3. vorchristlichen Jahrhunderts geschrieben worden – im »spätesten Hebräisch des Alten Testaments«. Wer immer es schrieb, hat ganz andere Erfahrungen gemacht als die »Sprüche-Macher«.

Den Gottlosen geht es gut, den Gottesfürchtigen schlecht

Da ist nun gar nicht von einem »Tun-Ergehen-Zusammenhang« die
Rede, im Gegenteil, »es gibt Gerechte, denen geht es, als hätten sie
Werke der Gottlosen getan, und es gibt Gottlose, denen geht es, als
hätten sie Werke der Gerechten getan« (Pred 8,14). Ein jiddischer
Witz aus den Zeiten der Diaspora geht, vielleicht aus solcher Erfahrung heraus, noch ein Stückchen weiter in seiner verzweifelten Hei-
terkeit. Der Rabbi erklärt im Religionsunterricht: »Wisst ihr, Kinder, auf dieser Welt geht es uns viel schlechter als den Gojim (den
Nichtjuden). Dafür wird es uns aber im Jenseits besser gehen als
ihnen.« Dann zögert er einen Moment und spricht, mehr zu sich
selbst: »Lachen würde ich allerdings, wenn es den Gojim drüben
auch besser gehen würde als uns.« Dazu passt wohl auch das Gebet
eines armen Juden: »HERR, du erbarmst dich doch über ganz fremde Leut' – warum nicht auch über mich!«

Genieße das Leben mit deinem Weibe

Aber zurück zum ›Prediger‹: Alles ist eitel, wird immer wieder betont. Die Rezepte des Predigers für ein gelingendes Leben klingen
auch nicht eben sonderlich nach *theological correctness:* »Am guten
Tage sei guter Dinge, und am bösen Tag bedenke: diesen hat Gott
geschaffen wie jenen, damit der Mensch nicht wissen soll, was künf-
tig ist.« Und: »Genieße das Leben mit deinem Weibe, das du liebhast, solange du das eitle Leben hast, das dir Gott unter der Sonne
gegeben hat.« Während ansonsten in der Bibel reichlich von Gottes
Willen die Rede ist und die frommen Verfasser oftmals ganz genau
wissen (wollen), was denn Gottes Wille sei, wird hier betont, »daß
der Mensch nicht ergründen kann das Werk, das Gott tut, weder
Anfang noch Ende«.

Sei nicht allzu gottlos

Darum gibt es nichts Besseres, »als fröhlich sein und sich gütlich tun in seinem Leben«. Kohelet weiß um die Vergänglichkeit des Lebens und gibt zu, darüber hinaus nichts zu wissen. Der Mensch stirbt wie das Vieh auch und wird wie dieses wieder zu Staub. Mehr vermag er nicht zu erkennen. Unerkennbar ist, was aus der Seele wird, hier Odem genannt: »Wer weiß, ob der Odem des Menschen aufwärts fahre und der Odem des Viehes hinab unter die Erde fahre?« Das ist das Faszinierende am ›Buch der Bücher‹, dass es nicht nur geradlinig auf alle Fragen des Lebens eine und nur eine Antwort weiß. Vielmehr wird immer wieder menschliche Ratlosigkeit, ja Hoffnungslosigkeit ausgedrückt. Kohelet beobachtete »die Tränen derer, die Unrecht litten, und keinen Tröster hatten« (Pred 4,1). Selbst die so hoch geschätzten Tugenden der Gerechtigkeit und der Weisheit relativiert er (Pred 7,16–17): »Sei nicht allzu gerecht und nicht allzu weise, damit du dich nicht zugrunde richtest. Sei nicht allzu gottlos …« Wie tröstlich, dass ein bisschen Gottlosigkeit auch für die Bibel akzeptabel ist.

Für Markus Witte gehört Kohelet »zu den rätselhaftesten Büchern des Alten Testaments«. Und Ludger Schwienhorst-Schönberger (15) verweist darauf, dass Kohelet sämtliche Anthropologien und Theologien zurückweise, »die das menschliche Glück ins Jenseits verlegen«.

Das Hohelied Salomos –
Ein Liebesgedicht, keine Allegorie

Das Hohelied beginnt mit der Aufforderung: »Er küsse mich.« Das heißt, es ist dies eine Sammlung profaner Liebeslieder. Das hat bereits Johann Gottfried Herder anno 1778 festgestellt. Was kann auch anderes gemeint sein als das Gesagte, wenn es zum Beispiel heißt: »du hast mir das Herz genommen mit einem einzigen Blick deiner Augen, mit einer einzigen Kette an deinem Hals« (Hohel 3,9)?

Die einfache Erklärung haben allerdings die prüden Theologen der Alten Kirche und des Mittelalters nicht aushalten können. Deshalb deuteten sie die Lieder allegorisch: Der Bräutigam ist Christus, die Kirche die Braut. Man hat auch Maria als Typos der Kirche verstanden. Und wenn man schon akzeptierte, dass es sich um Mann und Frau handelt, dann das Verhältnis der Seele der Gläubigen zu Christus. Dies alles, obgleich im Alten Testament weder von Jesus Christus noch von Maria die Rede ist. Katholische Theologen wollen freilich immer noch »die allegorische Interpretation nicht mehr einfachhin als falsch bewerten« (15). Im Alten Testament sei über weite Strecken vom Verhältnis Gottes zu seinem Volk auch in den Metaphern von Liebe und Ehe die Rede. So sei die allegorische Interpretation naheliegend.

Nach Markus Witte (1) gehen der heute vorliegenden Komposition Teilsammlungen aus unterschiedlichen Zeiten und Orten voraus. In seiner Endgestalt sei das Buch nicht vor dem 3. vorchristlichen Jahrhundert abgeschlossen worden. Das Hohelied erwähnt mehrmals die »Töchter Jerusalems«, weshalb man glaubt, das Endwerk sei in Jerusalem entstanden.

Wörter und ihre verborgene Bedeutung

Schreiben und Lesen zu können, war in alten Zeiten etwas ganz Besonderes. Die Menschen waren in ihrer Mehrzahl Analphabeten. Für den frommen Juden gehörte allerdings seit alters das Studium der Bibel zum Leben. Genau genommen ist es etwas Fantastisches, mit Hilfe von weniger als 30 Zeichen, etwa den 26 Buchstaben des deutschen Alphabets (neuerdings sogar nur mit Hilfe von 0 und 1), die ganze Welt abbilden zu können.

In einer Welt, deren Gesetzmäßigkeiten größtenteils undurchschaubar waren, spielten in der Antike und bis in die Neuzeit Zeichen, Vorzeichen, Magie und Prophetie eine besonders große Rolle. Wörter hatten nicht nur ihre konventionelle Bedeutung; vielmehr suchte man dahinter auch noch eine verborgene Botschaft. Man verstand also viele Texte nicht nur aufgrund ihres offensichtlichen Inhalts, sondern suchte den verborgenen Sinn einzelner Wörter, Wendungen oder Textstücke zu ergründen. Eine solche Auslegungsmethode nennt man *Allegorese,* die sinnbildliche Darstellung *Allegorie* (griechisch ›Das Anderssagen‹). Bereits die Verfasser und die Bearbeiter der biblischen Bücher benutzten das Mittel der allegorischen Darstellung. Vieles wird aber nun im Nachhinein als allegorisch verstanden, weil es dann weniger anstößig erscheint. Es ist Aufgabe historisch-kritischer Forschung, hier im Detail zu unterscheiden.

Bis Anfang des 20. Jahrhunderts sind große Teile der Bibel, zum Beispiel die Gleichnisse Jesu, als Allegorien angesehen worden. Das heißt: Verschlüsselungen seelischer oder historischer Vorgänge, die übersetzt werden müssten. Im Markus-Evangelium findet sich das Gleichnis Jesu vom Sämann (Mk 4,1–8.). Anschließend auch eine vom Evangelisten Jesus selbst zugeschriebene Deutung des Gleichnisses (Mk 4,14–20) als eine Allegorie auf vier Varianten von Bekehrung. Heute sind die Forscher sich einig, dass die Gleichnisse die am besten überlieferte Gruppe von Jesus-Worten sind und auf diesen selbst zurückgehen. Überdies weiß man auch, dass die Jesus zugeschriebene allegorische Deutung des Gleichnisses vom Sämann (Mk 4,14–20) nicht von Jesus stammt. Die Gleichnisse von Jesus sind vielmehr in ihrer Urgestalt wirklichkeitsnahe Beschreibungen mit jeweils einer Pointe (35).

Die Prophetenbücher

Prognosen und Prophezeiungen

Der Mensch ist von Natur aus unfähig, den Zufall zu erkennen. Sein ebenfalls natürliches Bedürfnis, die Welt zu deuten, lässt ihn deshalb immer wieder Zusammenhänge sehen, wo der bloße Zufall wirkt. Sein Bedürfnis, in die Zukunft zu schauen, ist seit prähistorischer Zeit bis heute ungebrochen. Schon immer macht er die Erfahrung, dass am genauesten Vorhersagen im Nachhinein sind.

Die schlichteste Prognose lautet: Es geht weiter wie bisher. Banker sprechen von der *Performance* eines Wertpapiers, indem sie dessen Wertzuwachs in der Vergangenheit – während eines entsprechend günstig gewählten Zeitraumes – darstellen. Damit suggerieren sie dem potenziellen Käufer, die Entwicklung werde so weitergehen.

Die alten jüdischen Theologen verhielten sich ähnlich. Sie suchten sich einen Zeitraum, in dem es dem Volk Israel gut ging. Und weil dieser nicht immer leicht zu finden war, wich man aus in mythische Zeiten. Die Theologie war ganz einfach: Seinerzeit ging es dem Volk gut, weil es die Gebote des HERRN hielt. Wenn man weiterhin diese Gebote halte, werde es einem auch weiterhin gut gehen.

Natürlich wusste man schon in biblischer Zeit, was heute sogar ein Banker wissen müsste, nämlich dass Prognosen falsch sein können. Die in den Kanon der Bibel aufgenommenen Propheten-Bücher beschreiben eine Reihe von Ankündigungen, die nicht eingetroffen sind. Alttestamentler halten sie gerade deshalb für authentisch. Es gibt aber auch, wie die Psychologen erklären können, die sich selbst erfüllende Prophezeiung, englisch *Self-fulfilling prophecy*.

Altorientalische Herrscher hatten ihre Hof-Wahrsager und be-
amteten Zukunftsdeuter. Im 1. Buch der Könige wird berichtet, dass
der König von Israel etwa 400 Propheten beschäftigt habe. Im alten
Israel gab es auch fest angestellte Tempel- und Kultpropheten. Diese
hatten ihre Aufgaben im Geschäft mit den Opfergaben. Sie mussten
zum Beispiel Bescheide über die Annahme von Opfern ausstellen.
Die Voraussagen der Hof-Propheten waren in aller Regel positiv,
wie die uns auf einer Tontafel überlieferte Weissagung aus der Zeit
des assyrischen Königs Asarhaddon (681–669 vor Christus): »Aus
dem Mund der Ischtar-la-taschijat aus Arbela. König von Assyrien,
fürchte dich nicht. Den Feind des Königs von Assyrien werde ich
zum Abschlachten geben« (1). Manchmal lässt die hoffnungsvolle
Stimmung, in die eine positive Prognose versetzt, diese auch ein-
treten. Darauf bauen bis heute die Börsianer. Darauf konnten auch
die altorientalischen Zukunftsdeuter setzen. Die die Historie deu-
tenden Verfasser der Bücher des Alten Testaments waren, wie wir
sehen konnten, große Deuter der Zukunft im Nachhinein. Insofern
hat der frühromantische Philosoph und Historiker Friedrich von
Schlegel recht, als er 1798 definierte: »Der Historiker ist ein rückwärts gekehrter Prophet.«

Auch die Historiker sind, wie die Gehirnforscher heute wissen,
immer in der Gefahr, hinter Fakten, die nichts miteinander zu tun
haben, Absichten, Intentionen zu sehen und damit Zusammenhänge künstlich herzustellen.

Musik lässt Propheten in Verzückung geraten

Die frühen christlichen Theologen haben die Technik der Deutung
im Nachhinein übernommen. Konrad Schmid, Alttestamentler an
der Universität Zürich, meint, eine bewusste Umstellung der Prophetenbücher in der griechischen Übersetzung des Alten Testaments, die in den überlieferten Septuaginta-Codices – anders als in
der hebräischen Bibel – ganz am Ende des alttestamentlichen Kanons stehen, sei »aller Wahrscheinlichkeit nach bereits christlich«
initiiert (1). Das heißt, die Christen wollten das in der Bibel den

Prophetenbüchern folgende Neue Testament als Erfüllung der als Messias-Verheißungen gedeuteten Aussagen der Propheten verstanden wissen. Das hat sich bis heute nicht geändert.

In der Übersetzung ins Griechische hat man durchweg die Begriffe ›Prophet‹ und ›Prophezeiung‹ verwendet. Dabei ist mit dem hebräischen Begriff nach Schmid nicht das ›Voraussagen‹ gemeint, also die Prophezeiung, sondern etwas, das er mit ›öffentlich Hervor-Sagen‹ bezeichnet. Erich Zenger übersetzt ›Berufener Rufer‹. Überdies nennt das Alte Testament einen ›Propheten‹ auch ›Gottesmann‹ oder ›Seher‹ oder ›Visionär‹. Und ein biblischer Prophet muss schon gar nicht in jedem Fall sprachlich kommunizieren.

Im 1. Buch Samuel steht nämlich ein Hinweis, der veranschaulicht, wie ›Prophetentum‹ im Alten Testament auch verstanden wurde. Samuel sagt dem späteren König Saul, er werde in Gibea einer Schar von Propheten begegnen, die der Musik von Harfe, Pauke, Flöte und Zither folgten, »und sie werden in Verzückung sein. Und der Geist des HERRN wird über dich kommen, daß du mit ihnen in Verzückung gerätst, da wirst du umgewandelt und ein anderer Mensch werden« (1. Sam 10,5–6). Das heißt, diese ›Propheten‹ brachten sich in Ekstase und glaubten damit, wie bereits die Schamanen in der Steinzeit, ihrem Gott nahe zu sein. Ich werde unten beschreiben, wie die Hoffnung auf ›Verzückung‹ heute christliche Sektierer treibt.

Die Erfindung zeitlos gültiger Prophezeiungen

Alttestamentler, die sich mit den biblischen Propheten beschäftigen, fragen nicht nur danach, was denn diese tatsächlich gesagt haben, sondern sie interessieren sich für die literarischen Nachgeschichten als »sinntragende Größen« (1). Damit geraten freilich Geschichte und Deutung in ein schwer auflösbares Gemenge. Der Katholik Erich Zenger versteht die biblischen Propheten als Instrumente göttlichen »Wirkens in der Geschichte«; und dies nicht nur in einer konkreten historischen Situation. Vielmehr erhalte das prophetische Wort »für weitere Zeitläufe erneute, ja sogar neue Aktualität« (15).

Das ist eine Behauptung fernab jeder Wissenschaftlichkeit. Nach welchen Kriterien soll man entscheiden, welche prophetische Aussage zeitlos gültig ist, und welche wann nicht? Abgesehen davon berücksichtigt auch Zenger die Erkenntnisse der Gehirnforschung nicht, auf die ich gleich noch eingehen werde. In solcher Theologie drückt sich nun wirklich Beliebigkeit aus. Ich finde dagegen die »streng genommene« Argumentation des Protestanten Konrad Schmid angemessen, wenn er schreibt: »Streng genommen sind die *biblischen* Propheten zunächst einmal Konstrukte ihrer Bücher, die ihrerseits kritisch zu befragen sind. Die kritische Nachfrage zeigt, dass die alttestamentliche Prophetie ein in langwährender, innerbiblischer Auslegungsarbeit entstandenes literarisches Phänomen ist, dessen theologischer Wert möglicherweise gerade in seiner langjährigen Erfahrungssättigung liegt.«

Ein ganz besonderes Verständnis prophetischer Verkündigung hat der protestantische Erlanger Alttestamentler Hans-Christoph Schmitt. Er behauptet, prophetische Verkündigung sei »wohl durch paranormale, auf göttliche Einwirkung zurückgeführte Erfahrungen zustande gekommen« (14). Eine solche Aussage ist jedenfalls keine wissenschaftlich begründbare Erkenntnis. Um etwas als ›paranormal‹ identifizieren zu können – Papst Benedikt XVI. spricht auch gerne von »übernatürlich« und bescheinigt seinem Amtsvorgänger »übernatürliche Qualitäten« (36) –, müsste man, wie schon angesprochen, zunächst wissen, was ›normal‹ oder ›natürlich‹ ist. Die Natur und damit das Normale sind aber für den Menschen unermesslich. Insofern ist es streng logisch nicht sinnvoll, von ›paranormal‹ oder übernatürlich‹ zu sprechen. Abgesehen davon impliziert der Satz Schmitts auch ein besonderes Gottesbild. Gott wirkt demnach auf paranormale Weise in der Welt. Eine Aussage, die ›natürlich‹ weder zu verifizieren noch zu falsifizieren ist.

Die fragwürdige Idee einer Heilsgeschichte

Im Lichte dieser Erkenntnisse ist es höchst problematisch, den alten Gedanken der jüdischen Theologie, wonach Geschichte immer auch ›Heilsgeschichte‹ sei, unreflektiert direkt oder indirekt zu übernehmen. Für Theologen wie etwa den Lübecker Neutestamentler Ulrich Wilckens ist es selbstverständlich, dass sich Gott »in der Geschichte seines Handelns mit den Menschen offenbart« (6). Er übernimmt den im frühen Christentum entwickelten Gedanken, wonach das Alte Testament ein »göttliches Voraus-Zeugnis« für Jesu Auferstehung als »Gottes endzeitliches und endgültiges Heilshandeln« sei. Wer aber heute noch bedenkenlos von »Heilshandeln« oder »Heilsgeschichte« spricht, sollte sich daran erinnern, dass deutsche Kirchenmänner vor wenigen Jahrzehnten Adolf Hitler als von Gott gesandten Heilsbringer verstanden und verkündigt haben.

Der Marburger evangelische Theologe Rudolf Bultmann und seine Schüler haben die Idee der »Heilsgeschichte« völlig abgelehnt. Bultmann: »Denn in der Welt ist nichts von Gott und seinem Handeln sichtbar zu machen für die Menschen, die Sicherheit in der Welt suchen« (37). Der evangelische Theologe an der Freien Universität Berlin, Friedrich-Wilhelm Marquardt, schrieb 1991: Die »Theologie hat allen Grund gegen ›Geschichte‹ im Sinne dieser Tradition … allergisch zu sein und nicht so leicht das biblische Wort vom Heil mit so gedachter Geschichte etwa zu irgendeinem System von ›Heilsgeschichte‹ zu verkuppeln; zu leicht würde Gott da zu einer der Erscheinungen des ›objektiven‹ und ›absoluten Geistes‹« (38).

Das Gehirn als Sinn-Erzeuger

Nun wissen wir seit wenigen Jahren von den Gehirnforschern, dass das menschliche Gehirn auch als ›Sinnerzeuger‹ funktioniert. Detlef B. Linke, Neurophysiologe an der Universität Bonn, formuliert es so: »Unser Denkapparat ist gar nicht in der Lage, Unsinniges festzuhalten, und versucht daher, alles Wahrgenommene mit einer Bedeutung zu belegen.« Die Bibel beschreibt *und* deutet die Welt. Diese Deutungen haben die Verfasser der biblischen Bücher, wie beschrieben, oft viele Jahrhunderte nach den von ihnen geschilderten Ereignissen, im Lichte ihrer Gegenwart vorgenommen. Die Verfasser der Schriften des Neuen Testaments haben, worauf wir immer wieder zurückkommen werden, die Geschichte von Jesus im

Lichte dessen gedeutet, was sie als Prophezeiungen des Alten Testaments, zumeist in dessen griechischer Übersetzung, verstanden haben. Und seit zweitausend Jahren wird die ganze »Heilige Schrift« immer wieder im Lichte aktueller Erfahrungen gedeutet. Dies geschieht zwar im Lichte differenzierter Kenntnisse über die Geschichte und die bisherige Deutungsgeschichte. Aber die Erkenntnisse der Naturwissenschaften über natürliche menschliche Deutungszwänge werden dabei nicht berücksichtigt. Es ist eben nicht möglich, objektive Deutungen des Sinns der Geschichte zu geben. Wohl aber ist es möglich, erfahrener Geschichte im Nachhinein subjektiv einen Sinn zu geben. Beides entspricht menschlichen Bedürfnissen.

Der Prophet Jesaja – Als Künder Jesu missverstanden

In der heute so genannten »Höhle 1« rund 1300 Meter nördlich der Ruinen von Qumran entdeckte der schon erwähnte Beduine Ad-Dib 1947 die besterhaltene und mit 7,34 Metern längste Buchrolle und zugleich älteste hebräische Handschrift des Alten Testaments: das Buch Jesaja. Das ist ein Wert an sich. Für die Deutung des Buchs allerdings bringen hundert Jahre theologische Fleißarbeit doch sehr viel mehr als die alte Abschrift, die sich von den jüngeren kaum unterscheidet.

Aus drei mach eins: Komposition mehrerer Verfasser

Die ersten 39 Kapitel des Buchs stammen aus dem 8. vorchristlichen Jahrhundert und enthalten Texte, die man dem Propheten Jesaja zuordnet. Dieser kam, wie die Alttestamentler heute annehmen, aus Jerusalemer Priesterkreisen. Die dann folgenden Kapitel sind 200 Jahre jünger. Sie stammen aus dem 6. vorchristlichen Jahrhundert, verfasst von einem Anonymus, der im babylonischen Exil wirkte. Man nennt ihn *Deuterojesaja*. Möglicherweise sind die letzten Kapitel 56 bis 66 von einem weiteren anonymen Verfasser, den man mit *Tritojesaja* bezeichnet, geschrieben worden. Wesentlich ist die sekundäre Verknüpfung der Schriftstücke zu einem literarischen Gesamtwerk. Dessen Texte können aus dem Zeitraum vom 8. bis zum 2. Jahrhundert vor Christus stammen. Die Theologen sprechen bereits bei den ›Jesaja‹ zugeordneten Kapiteln von einem gewachsenen Text.

Bis zur Zeit der Aufklärung hatten die Theologen keine Schwierigkeiten damit, dass der Prophet Jesaja am Ende des 8. Jahrhunderts Ereignisse des 6. vorchristlichen Jahrhunderts vorausgesehen haben sollte. Die päpstliche Bibelkommission hat sich noch am 29.6.1908 für die Echtheit und Einheit des ganzen Jesaja-Buchs ausgesprochen und vor allem die Erkenntnisse, die damals schon von einem Deuterojesaja sprechen ließen, strikt abgelehnt (8).

Jesaja verkündet abwechselnd die Strafe und die Gnade Gottes seinem »mit Schuld beladenen« Volk. Dies erklärt sich nach Keel am besten aus dem Anspruch prophetischer Worte, »die Geschichte nicht nur zu deuten, sondern zu gestalten, indem sie zur Stellungnahme herausfordern«.

Der Perserkönig als Messias

Innerhalb des Neuen Testaments wird neben dem Psalter kein anderes der alttestamentlichen Bücher direkt (22 Mal), aber auch indirekt so oft zitiert, wie das des Propheten Jesaja. Vor allem das aus der judenchristlichen Gemeinde in Jerusalem stammende Matthäus-Evangelium versteht Jesaja als den Propheten von Jesus Christus. In christlicher Auslegung bezieht sich insbesondere der folgende Satz von Jesaja auf Jesus. Er wird deshalb besonders gerne am Heiligabend als Evangelium gelesen (Jes 9,5–6): »Denn uns ist ein Kind geboren, ein Sohn ist uns gegeben, und die Herrschaft ruht auf seiner Schulter; und er heißt Wunder-Rat, Gott-Held, Ewig-Vater, Friede-Fürst; auf daß seine Herrschaft groß werde und des Friedens kein Ende auf dem Thron Davids und in seinem Königreich …« Die historisch-kritische Theologie übernimmt diese fromme Deutung jedoch nicht. Vermutlich blicken die Verfasser mit den Sätzen auf die Geburt des bereits oben erwähnten Königs Joschija von Juda

144 Das Alte Testament

zurück (1). Im Jesajabuch kommt die später Jesus zugesprochene
Bezeichnung »Messias« nur einmal vor, und zwar im »Deuterojesaja« (Jes 45,1). Da heißt es: »So spricht der Herr zu seinem Gesalbten (Messias, Christus), zu Kyrus« – womit der Perserkönig Kyrus
II. gemeint ist, der die Juden aus dem babylonischen Exil freigelas-
sen hatte.

Viele Deutungen des Knechts Gottes

Deuterojesaja, also der zweite Jesaja, ist eine jüngere Prophetenge-
stalt. Sie verkündet dem Volk Israel nur Gutes. Deuterojesaja ist der
einzige Prophet, der das Heil Gottes nicht an irgendwelche Bedin-
gungen knüpft. Immer wieder wird überdies betont, dass es keinen
anderen Gott außer Jahwe gebe. »Ich, ich bin der HERR, und außer
mir ist kein Heiland« (Jes 43,11). Othmar Keel deutet das Ganze so:
»Das Verdienst der Theologen der Exilzeit scheint zu sein, an dem
kurz vor dem Exil entstandenen Bekenntnis trotz widriger Umstände festgehalten und es kräftig entwickelt zu haben. Das Hauptver-
dienst kommt dabei ›Deuterojesaja‹ zu, der nach der gegenwärtigen
Mehrheitsmeinung das monotheistische Bekenntnis als erster formuliert hat.« Allerdings sei die Begründung schwach. Im Grunde
werde verkündet, was dem Publikum längst bekannt sei. So heißt
es bei Deuterojesaja (Jes 46,9): »Gedenket des Vorigen, wie es von
alters her war: Ich bin Gott und sonst keiner mehr, ein Gott, dem
nichts gleicht.« Othmar Keel: »Die Rhetorik blendet und lässt den
Mangel an argumentativer Substanz übersehen.« Und (zu Jes 40–
55): »Je dürftiger die Begründung für die Einzigkeit JHWHs, umso
vollmundiger die Behauptung.«

Im dritten Teil des Buchs Jesaja findet sich gehäuft der Begriff
»Knecht Gottes« – weshalb die Theologen von »Gottesknechtslie-
dern« sprechen. Wer ist dieser Knecht Gottes? Zum einen heißt es
da: »Du bist mein Knecht, Israel, durch den ich mich verherrlichen
will« (Jes 49,3). Hier ist also Israel gemeint. Es gibt aber auch Formulierungen wie »Siehe, das ist mein Knecht – ich halte ihn ...«
(Jes 42,1), womit anscheinend eine individuelle Person gemeint ist.

Schmid sieht den Schlüssel in der Redaktionsgeschichte. Im Verlauf der literarischen Bearbeitung des Textes seien unterschiedliche Deutungen des ›Knechts‹ in das Buch gekommen. Die autobiographische Deutung scheine die ursprüngliche zu sein. Sie sei anschließend auf den König Kyrus und in einem dritten Schritt auf das Volk Israel bezogen worden. Man hat also auch wieder die Methode der allegorischen Deutung benutzt. Der unbefangene Leser der Bibel kann diese komplizierte Bearbeitungs- und Umdeutungsgeschichte freilich nicht erkennen.

Der Prophet Jeremia –
Die Zukunft richtig vorausgesagt

Höchstens ein Viertel selbst verfasst

Im Jahre 1901 schockierte der deutsche Theologe Bernhard Duhm seine frommen Zeitgenossen mit der Erkenntnis, dass das Buch des Propheten Jeremia nur zu weniger als einem Viertel von diesem selbst verfasst sein könne. Der größere Teil komme »auf Rechnung der Ergänzer«. Wie Duhm gehen die Alttestamentler auch heute davon aus, dass die »Klagelieder« Jeremias die ältesten Stücke im Buch sind. Für die historische Rekonstruktion der Ereignisse »beinahe wichtiger« als Jeremias Sätze seien jedoch »historische Kurzgeschichten« beziehungsweise »historische Tendenzerzählungen« des Buchs, meint Othmar Keel. Ihnen werde mit Recht historische Glaubwürdigkeit zugesprochen. Sie seien die wichtigste Quelle für die letzten Jahre Jerusalems unter der Herrschaft des Stammes von König David.

Jeremia kam vom Land, aus der Nähe Jerusalems. Er wirkte in der Hauptstadt. Um das Jahr 627 vor Christus, zur Zeit des Reformkönigs Joschija, wurde er zum Propheten. Aber er war kein Hof- oder Tempelprophet, im Gegenteil, er widersetzte sich den theologischen Deutungen seiner Zeit und auch der Politik. Jeremia überlebte Joschija und dessen Nachfolger Joahas (circa 608), Jojakim (circa 608 bis 597) und Jojachin, der nach dem Tode seines Vaters nur kurz bis zur ersten Einnahme Jerusalems durch Nebukadnezar regierte (etwa 597), ferner Zidkija (circa 597–587). Er überlebte die von ihm prophezeite und dabei tatsächlich *vorausge*sehene Zerstörung Jerusalems und seines Tempels durch den Perserkönig Nebukadnezar, war in babylonischer Gefangenschaft und nach Aussage des Jeremia-Buchs, die allerdings als historisch nicht überzeugend angesehen wird, auch in ägyptischer.

Nebukadnezar erobert Gottes Wohnsitz

Jeremia widersprach den Jerusalemer Tempelpriestern. Diese meinten, ›Zion‹ sei uneinnehmbar, weil doch Jahwe dort in seinem Tempel wohne. Sie haben zwischen Bild und Wirklichkeit nicht unterscheiden können. Der Name des Berges Zion steht in der Bibel für Jerusalem und seinen Tempel. Die Vorstellung, unbesiegbar zu sein, wurde von der Geschichte widerlegt. Sie hat das Volk Israel zutiefst erschüttert.

Im Zentrum der Anklagen Jeremias im Namen des HERRN steht der Vorwurf der Treulosigkeit Judas gegenüber Jahwe; denn »so viel Städte, so viel Götter hast du, Juda« (Jer 2,28). Den Befund, wie er sich der Wissenschaft heute erschließt, schildert Keel so: Während der Regierungszeit des Königs Joschija ist sehr wahrscheinlich das Kultbild der Aschera aus dem Tempel in Jerusalem entfernt worden. Die nährende mütterlich-erotische Göttin sei aber nicht aus der Vorstellung der Menschen verschwunden. Der Astralkult, als ›Baalskult‹ diffamiert, sei modifiziert, das monatlich gefeierte Neumondfest integraler Bestandteil des Festkalenders geworden. Das Judentum habe mit dem Erbe der aramäisch-assyrischen Kulte »eine Sensibilität für die Geheimnisse, die Schönheit und Kraft der Schöpfung bewahrt, die dem Christentum bei seinem Weiterschreiten weg von der sichtbaren Welt verloren gegangen« sei.

Suchet der Stadt Bestes

Jeremia wünschte, die Staaten Palästinas sollten die Drangsal durch die ausländische Macht als Strafe Gottes akzeptieren. Jahwe habe alle diese Länder in die Hand seines »Knechts Nebukadnezar, des Königs von Babel gegeben« (Jer 27,6). Der Ehrentitel »mein Knecht« für Nebukadnezar ist allerdings ein späterer biblischer Zusatz. Die mit Jeremia konkurrierenden Propheten sahen die Lage freilich ganz anders, desgleichen König Jojakim. Er versuchte eine Schwächephase Nebukadnezars zu nutzen und sich aus der Abhängigkeit von ihm zu lösen. Folge: Der König von Babylon belagerte Jerusalem. Nachdem Jojakim plötzlich gestorben war, musste sein Sohn, König Jojachin, die Stadt an Nebukadnezar übergeben. Jojachin wurde samt Hofstaat nach Babylon verbannt, unter Zidkija als seinem Nachfolger wurde Juda wieder Vasall Babylons. Den nach Babylon Verbannten schrieb Jeremia im Namen Jahwes, was bis heute ein vielzitiertes Bibelwort geblieben ist (Jer 29,7): »Suchet der Stadt Bestes, dahin ich euch habe wegführen lassen, und betet für sie zum HERRN; denn wenn's ihr wohlgeht, so geht's auch euch wohl.« Er verkündete im Namen seines Gottes die zeitliche Begrenzung des Exils; und auch dies wieder mit Formulierungen, die bis heute anrühren: »Denn ich weiß wohl, was ich für Gedanken über euch habe, spricht der HERR: Gedanken des Friedens und nicht des Leides, daß ich euch gebe Zukunft und Hoffnung. ... wenn ihr mich von ganzem Herzen suchen werdet, so will ich mich von euch finden lassen« (Jer 29,11,13).

Auch bei Jeremia stehen, wie in fast allen biblischen Büchern, Formulierungen, die zum Sprichwort geworden sind, ohne dass die Herkunft sofort ersichtlich ist. Etwa jemanden »auf Herz und Nieren prüfen«. Bei Jeremia liest sich das so (Jer 17,9–10): »Es ist das Herz ein trotzig und verzagt Ding, wer kann es ergründen? Ich, der HERR, kann das Herz ergründen und die Nieren prüfen ...«

Der Tempel in Jerusalem wird zerstört

Der König Zidkija von Juda plante alsbald ebenfalls einen Aufstand, unterstützt von seinen Hofpropheten und wieder gegen den Willen Jeremias. »Je entschlossener diese sich daran machten, gegen Babel zu revoltieren, umso mehr erschien Jeremia mit seiner Haltung als Hochverräter und wurde entsprechend behandelt« (8). Der Aufstand endete, wie Jeremia richtig vorhergesehen hatte, mit der Zerstörung Jerusalems und seines Tempels. Die Babylonier behandelten nun Jeremia besonders wohlwollend.

Die Prophezeiungen Jeremias waren vernünftig, Babylon war zu stark, um sich ihm zu widersetzen. Das erklärt aber nicht, warum Jeremia dies auch zum Willen Jahwes erklärt hat. Allerdings haben die Bearbeiter, so Konrad Schmid, »in geschickt platzierten Texten« Aussagen Jeremias, die für das Exil Jojachins galten, »für die gesamte Diaspora ausgeweitet« (1).

Daneben gibt es im Jeremia-Buch ein weiteres Ensemble zusammengehöriger Texte, »die ein allgemeines und umfassendes Weltgericht ankündigen und damit wiederum das Jereremia-Buch als Ganzes neu interpretieren«. So heißt es etwa (Jer 25,29): »ich rufe das Schwert über alle herbei, die auf Erden wohnen«. Oder (Jer 25,31): »Der HERR wird mit den Völkern rechten und mit allem Fleisch Gericht halten.« Hier wird wieder die Zukunft im Nachhinein gedeutet. Konrad Schmid erklärt das so: »Der Zusammenbruch der zweihundertjährigen Perserherrschaft und der Verlust der mit ihr zusammenhängenden Erfahrung politischer Stabilität in der Zeit Alexanders des Großen … die die ganze damalige Alte Welt umfasste, musste als ein göttliches Gericht über die ganze Welt erscheinen.«

Die Klagelieder Jeremias –
Deutungen des babylonischen Exils

Die Übersetzer der Septuaginta haben diesem Buch eine erweiterte Überschrift verpasst, die ihm den Namen gegeben hat und so lautet: »Und es geschah, nachdem Israel in die Gefangenschaft geführt und Jerusalem zerstört worden war, dass sich Jeremia weinend setzte und dieses Klagelied über Jerusalem klagte und sprach.«

Die fünf Lieder sind ursprünglich eigenständige Dichtungen verschiedener Verfasser und erst später zu einem Buch verbunden worden. Sie zitieren aus den Psalmen sowie den Büchern Jesaja, Jeremia und Ezechiel. Der Hinweis, die Lieder stammten von Jeremia, findet sich noch nicht in den hebräischen Texten, sondern erst in der Septuaginta (14). Sie setzen die Eroberung Jerusalems und die Zerstörung des Tempels anno 587 vor Christus voraus, können also erst danach entstanden sein.

Die Autoren theologischer Fachbücher unterscheiden sich von denen naturwissenschaftlicher Fachbücher darin, dass zwischen Ersteren sehr häufig sehr unterschiedliche Meinungen bestehen. Sie differenzieren deshalb, wenn sie selbst unsicher sind, zwischen Mehrheits- und Minderheitsmeinung. So schreibt zum Beispiel Hans-Christoph Schmitt über die Klagelieder: »Die Mehrheitsmeinung geht davon aus, dass die Lieder noch in der Exilszeit vor dem Kyrusedikt von 538 v. Chr. gedichtet wurden, eine Minderheit vertritt die Auffassung, das Klgl 1–5 nicht vor dem 4. Jh. abgeschlossen vorlagen.« Das Edikt des Perserkönigs Kyrus erlaubte den Wiederaufbau des Tempels. Markus Witte denkt, das 2. Lied sei das älteste, noch im zeitlichen Umfeld des Untergangs Jerusalems entstanden, das 1. Lied zitiere das 2., das 3. sei das jüngste Lied. Es spiegele die Anfänge eines innerjüdischen Gegensatzes zwischen einer Minderheit, die »eschatologisch« gesinnt war, also die Welt unter dem Aspekt des nahenden Endes sah, und der nicht so gesinnten Mehrheit. Für die Eschatologen wird der Untergang Jerusalems zum Vorspiel und Abbild des endzeitlichen Gerichts. Jedenfalls bittet der Verfasser des 3. Klagelieds seinen HERRN um Rache an seinen Feinden: »Verfolge sie mit Grimm und vertilge sie unter dem Himmel« (Klgl 3,66).

Der Untergang Jerusalems als Gottesstrafe

In den Klageliedern konzentriert sich wieder einmal die Deutung, dass der HERR die Geschichte lenke. Der Untergang Jerusalems ist danach die Folge der Sünden seiner Bewohner. Gottes Ferne ist nicht etwa Zeichen göttlicher Ohnmacht, sondern göttlicher Strafe. Es ist Zeichen von Gottes Barmherzigkeit, dass er die Welt nicht endgültig vernichtet. Weitere Zitate aus dem 3. Klagelied (Klgl 3,22,31): »die Güte des HERRN ist's, daß wir nicht gar aus sind, seine Barmherzigkeit hat noch kein Ende.« »Denn der Herr verstößt nicht ewig.« In der Luther-Bibel ist ein Satz durch Fettdruck hervorgehoben – also mit dem Tenor: Merkt es euch, liebe Christen –, der ein wenig masochistisch anmutet (Klgl 3,26): »Es ist ein köstlich Ding für einen Mann, daß er das Joch in seiner Jugend trage.«

Der Prophet Hesekiel (Ezechiel) –
Der Mann mit der Sprechstörung

Den Klageliedern folgt im Alten Testament das Buch des Propheten Hesekiel, auch Ezechiel genannt. Ezechiel, selbst Sohn eines Priesters, gehörte zur obersten Klasse der Priesterhierarchie in Jerusalem. Er war einer der anno 598 vor Christus ins babylonische Exil Deportierten.

Das Buch umspannt den Zeitraum kurz vor 598 bis zum Jahre 571. Auch hier verhält es sich so, dass Texte des Propheten sich mit Kommentaren durch Redakteure aus Kreisen der Priester mischen. Nach biblischen Angaben wurde Ezechiel im 30. Lebensjahr von Gott zum Propheten auserwählt. Auffallend ist, dass Ezechiel von sich berichtet, er sei nach seiner Berufung sieben Tage lang »ganz verstört« (Ez 3,15) gewesen. Damals lebte er, ausweislich des Bibeltextes, schon fünf Jahre im Exil. An anderer Stelle zitiert er den HERRN, der ihm gesagt habe, »ich will dir die Zunge an deinem Gaumen kleben lassen, dass du stumm wirst« (Ez 3,26). Aber auch: »Und mein Mund wurde aufgetan, so daß ich nicht mehr stumm sein mußte« (Ez 33,22). Möglicherweise litt der Prophet an psychischen Störungen. »Wenn dem so gewesen sein sollte, hat er diese Tatsache voll in den Dienst seiner Verkündigung gestellt«, so Othmar Keel.

Zur Arbeitsweise der Magier seit der Steinzeit gehört es, Zeichen-Handlungen auszuführen. Sie zählen auch zum Repertoire des Propheten Ezechiel. Das kommende Exil sollte er zum Beispiel den Jerusalemern, wie ihm der HERR befohlen hatte, auf schlichte Weise so prophezeien (Ez 12,4,11): »Du sollst deine Sachen am hellen Tage vor ihren Augen herausschaffen wie Gepäck für die Verbannung und am Abend hinausziehen vor ihren Augen, wie man für die Verbannung auszieht. ... Sprich: Ich bin euer Wahrzeichen.« Das Ganze ist ein bisschen unlogisch, gehörte Ezechiel doch bereits zu Beginn seines Prophetendaseins nach eigenen Angaben zu den Exulanten. Die Datierungen des Buchs seien auf die Deportation »geeicht«, so Konrad Schmid (1). Wenn er nach Jerusalem gelange, dann geschehe das über »Entrückung«. Das wiederum beschreibt der Prophet selbst so (Ez 8,3): »Da führte mich der Geist fort zwischen Himmel und Erde und brachte mich nach Jerusalem.«

Visionen aus zeitgenössischem Bildmaterial Mesopotamiens

Das in der Ich-Form geschriebene Buch beginnt mit der Aussage »Gott zeigte mir Gesichte« (Ez 1,1). Es beschreibt also Visionen des Propheten. Dabei verarbeitet dieser jede Menge Bildmaterial aus Mesopotamien. Das heißt, zahlreiche Details, die er als Visionen beschreibt, finden sich als Bilder zum Beispiel auf assyrischen Rollsiegeln. Othmar Keel schließt daraus, dass die Kreise aus der Priesterschaft, die Ezechiel seine Bildung vermittelt hätten, keineswegs bilderkritisch oder gar -feindlich gewesen seien. Die Bilder waren seinen Zuhörern so vertraut, dass der Prophet sie in seinen ›Bildreden‹ verwenden konnte.

Ezechiel prophezeit, wie angedeutet, in vielerlei Gleichnissen das

Exil, die Zerstörung Jerusalems und das »Gericht« auch über die Nachbarn Jerusalems.

Der HERR ist kein Rachegott

Dieser Prophet differenziert das Bild vom Rachegott und individualisiert menschliche Schuld; denn so »spricht Gott der HERR: Ich habe kein Gefallen am Tode des Gottlosen, sondern daß der Gottlose umkehre von seinem Wege« (Ez 33,11). Jeder ist nur für sich selbst verantwortlich und wird nur für seine eigene Schuld von Gott verantwortlich gemacht (Ez 18,20): »Denn nur wer sündigt, der soll sterben. Der Sohn soll nicht tragen die Schuld des Vaters, und der Vater soll nicht tragen die Schuld des Sohnes.« Das hört sich ganz anders an als in den Zehn Geboten im 2. Buch Mose, wo es heißt, der HERR sei »ein eifernder Gott, der die Missetat der Väter heimsucht bis ins dritte und vierte Glied an den Kindern« (Ex 20,5).

Pornographische Bilder

Für Ezechiel spielen die Kategorien »rein« und »unrein« eine zentrale Rolle. Die Stadt Jerusalem stellt er sich als ›unrein‹ gewordene Frau vor und beschreibt deren ›Hurerei‹ in Bildern, die der Alttestamentler Konrad Schmid ohne Umschweife als »pornographisch« bezeichnet. Ezechiel wendet sich auch gegen die Töchter seines Volkes, »die aus eigenem Antrieb als Prophetinnen auftreten« und »Seelen fangen« (Ez 13, 17–18). Man kann nicht sagen, dass sich im Buch Ezechiel ein freundliches Frauenbild zeigt.

Die Erfindung von Gog und Magog

Im Buch der »Offenbarung des Johannes« des Neuen Testaments nimmt der Verfasser Stichworte seines alttestamentlichen Seher-Kollegen auf. So prophezeit Ezechiel dem sagenhaften König Gog aus dem Lande Magog – vielleicht der Lyderkönig Gyges (etwa 685–652 vor Christus) – auch vermutlich wieder posthum dessen Un-

Einer Vision des Propheten Hesekiel im 6. vorchristlichen Jahrhundert entnahmen die Christen der Frühzeit die Idee: Sie ordneten dem Evangelisten Matthäus das Symbol Mensch, dem Markus das Symbol Löwe, Lukas das Symbol Stier und Johannes das Symbol Adler zu. Holzschnitt aus einer Bibel aus dem Jahre 1493.

tergang: »Auf den Bergen Israels sollst du fallen« (Ez 39,4). Gyges ist tatsächlich im Kampf gegen die indogermanischen, aus Südrussland eingedrungenen Kimmerier gefallen. In der Offenbarung des Johannes wird am Ende des »tausendjährigen Reichs« der Satan losgelassen, »und er wird ausziehen, zu verführen die Völker an den vier Enden der Erde, Gog und Magog, und sie zum Kampf zu versammeln« (Off 20,8).

Die erste Vision Ezechiels ähnelt stark den Bildern eines Rollensiegels aus der Zeit des Assurbanipal im 7. vorchristlichen Jahrhundert. Auf dem Siegel sind vier Gestalten zu sehen, zwei mit Stierfüßen. In einem Detail unterscheidet sich jedoch die Vision vom Siegelbild. Die menschlichen Gestalten mit Stierfüßen haben bei Ezechiel, anders als auf dem Rollsiegel, Gesichter von vorne wie ein Mensch, von rechts wie ein Löwe, von links wie ein Stier und von hinten wie ein Adler (Ez 1,7,10). Die Christen der Frühzeit haben von daher dem Evangelisten Matthäus das Symbol Mensch, dem Markus das Symbol Löwe, Lukas das Symbol Stier und Johannes das Symbol Adler zugeordnet.

Der Prophet Daniel – Ansage des Mene Tekel

Komposition aus uralten Geschichten

Dieses Buch ist eine Sammlung von Geschichten und ›Gesichten‹ des Helden Daniel. Die Verfasser, die das Werk im Laufe der Zeit immer weiter aufstockten, verwendeten dazu »internationales Material« (8). Das älteste Element stammt aus der Spätbronzezeit, dem 12. vorchristlichen Jahrhundert. In dem ugaritischen sogenannten *Aqat-Epos* kommt ein weiser und gerechter König namens Dan'ilu vor. Die Stadt Ugarit lag an der östlichen Mittelmeerküste im heutigen Syrien. Dort hatte man im 15./14. vorchristlichen Jahrhundert ein Keilschrift-Alphabet von 30 Buchstaben – in Anlehnung einerseits an phönikische Buchstaben und andererseits die Keilschrift – geschrieben. Mit dessen Entzifferung, die 1930 gelang, hat man auch Bruchstücke der bis dahin verschollenen Literatur der Phöniker wiedergewonnen. Diese beeinflusste natürlich auch das Alte Testament. Denn die Phöniker waren Nachbarn. Sie bewohnten zur Zeit der Reiche Israel und Juda den an Israel im Norden angrenzenden Küstenstreifen am Mittelmeer, Phönizien. Im Zusammenhang dieses Buchs ist nun interessant, dass die Phöniker um 1500 vor Christus ein Buchstaben-Alphabet entwickelt hatten, das spätestens bald nach dem Jahre 1000 vor Christus von Israeliten und Aramäern und später auch von den Arabern übernommen worden ist (39).

Schon Ezechiel, »der im Gegensatz zu Jeremia ausgiebig gelehrtes Bildungsgut benutzte« (8), zitiert einen Daniel. Die drei mythischen Gestalten »Noah, Daniel und Hiob« sind für Ezechiel modellhaft »durch ihre Gerechtigkeit« (Ez 14,14).

Am Anfang des Werkes steht eine Sammlung von Daniel-Erzählungen, die aus unterschiedlichem Quellenmaterial stammen und auf Aramäisch verfasst wurden. Sie können bereits in der Perserzeit in der östlichen Diaspora entstanden sein. Keel zitiert einen Kollegen, der meint, es sei »zu früh«, ein Fazit aus der laufenden Diskussion zur Entstehung des Daniel-Buchs zu ziehen – und kommentiert, die Quellenlage bedenkend, lakonisch: »Dabei wird es voraussichtlich bleiben.« Die Erzählungen wurden angereichert durch eine erste Vision Daniels vom »Menschensohn«. Dem folgten weitere Kapitel mit Auslegungen dieser Vision und aktualisierten Fortschreibungen. Dabei wurden große Teile vom Aramäischen ins Hebräische übersetzt. Denn nach dem Aufkommen von Aramäisch als Volkssprache galt Hebräisch als ›Heilige Sprache‹ und die hebräische Rahmung erlaubte eine Aufnahme in die ›Heilige Schrift‹ (1). Letzte Ergänzung ist das sogenannte Bußgebet Daniels. Die Schlussredaktion des hebräisch-aramäischen Daniel-Buchs wird heute in die Zeit nach der Entweihung des Jerusalemer Tempels – dort wurde ein Zeus-Altar aufgestellt – unter dem Seleukidenkönig Antiochus IV. Ende 168 vor Christus angesetzt (14). Der Tod des Königs anno 164 war anscheinend noch nicht bekannt.

Der Seleukidenkönig Antiochus IV. eroberte um 168 vor Christus Jerusalem, plünderte den Tempel und stellte dort einen Zeus-Altar auf.

Schließlich hat sich das Buch in der griechischen Septuaginta noch weiter verändert. Neu hineingekommen ist in diese Übersetzung unter anderem der »Lobgesang der drei Männer im Feuerofen«. Dieser Text sowie weitere Geschichten über Daniel aus der Septuaginta stehen in der Luther-Bibel als eigene »Stücke zum Buch Daniel« in den sogenannten Apokryphen.

Wir bleiben noch beim Buch des Propheten Daniel. Die historisch-kritische Forschung hat in diesem Buch zahlreiche Widersprüche entdeckt. Widersprüche in der Chronologie, differierende Namen der Helden, unterschiedliche und gewissermaßen nebeneinander stehende Bilder von den Helden der Geschichte, Daniel eingeschlossen. Die im Buch häufig auftretenden Engel sind einerseits Rettergestalten, andererseits Deuter der Visionen des Propheten oder auch Repräsentanten der Völker. Für die Gestaltung haben die Verfasser auf prophetische und weisheitliche Traditionen in anderen Büchern des Alten Testaments zurückgegriffen (1).

Drei Männer im Feuerofen

Bei aller historisch-kritischen Deutung: Das Buch Daniel enthält eine Reihe schöner und seither viel erzählter Geschichten. Zum Beispiel die von den drei Männern im Feuerofen (nicht zu verwechseln mit deren »Lobgesang« an anderer Stelle): Die Herren Schadrach, Meschach und Abed-Nego weigerten sich, ein »goldenes Bild« anzubeten, das König Nebukadnezar hatte anfertigen lassen. Das Motiv zieht sich durch die Historie und die literarische Weltliteratur bis hin zu Friedrich Schillers Wilhelm Tell, der sich weigerte, den Hut des Reichsvogts Geßler zu grüßen. Ein Redakteur der Ofen-Geschichte vertauschte, ohne dies zu erklären, die Namen seiner drei Helden mit denen der im ersten Kapitel des Buches Daniel genannten Daniel-Freunden Hananja, Mischael und Asarja. Das besagt eine Einfügung (Dan 1,7): »Und der oberste Kämmerer gab ihnen andere Namen …« Für die Forscher ist dies einer der Hinweise auf »einen längeren Entstehungsprozess« der Geschichte (1).

Nebukadnezar war »voller Grimm« über die drei unbotmäßigen Juden. Er ließ einen Ofen »siebenmal heißer machen, als man sonst zu tun pflegte« (Dan 3,19). Die drei wurden gefesselt und in den glühenden Ofen geworfen. Zum Entsetzen des Königs marschierten die Männer im Feuer frei umher, und sogar noch ein vierter, der nach des Königs Augenschein aussah, »als wäre er ein Sohn der Götter« (Dan 3,25). Die Herren Schadrach, Meschach und Abed-Nego durften wieder aus dem Ofen herausklettern und waren völlig unbeschädigt. Der König war konsterniert und sofort völlig überzeugt vom »Gott Schadrachs, Meschachs und Abed-Negos« (Dan 3,28).

Nebukadnezars Nachfolger Belsazar machte eine weniger glückliche Erfahrung mit Daniel. Während er bei einem Gastmahl mit

Hilfe von Gefäßen, die aus dem Jerusalemer Tempel geraubt worden waren, heftig trank, erschien eine Hand, die auf eine getünchte Wand seltsame Worte schrieb. Das seither zum Sprichwort gewordene »Mene Tekel«; genauer: »Mene mene tekel u-parsin«. Nur Daniel konnte die Schrift an der Wand dem König deuten: »*Mene, das ist*, Gott hat dein Königtum *gezählt* und beendet. *Tekel, das ist*, man hat dich auf der Waage *gewogen* und zu leicht befunden. *Peres, das ist*, dein Reich ist zerteilt und den Medern und *Persern* gegeben« (Dan 5,25–28).

Die Bedeutung von Daniel für das Neue Testament

Für die Verfasser des Neuen Testaments hatte das Daniel-Buch große Bedeutung. 200 Zitate und Anspielungen finden sich darin. Besonders wichtig sind für die ersten Christen Sätze aus dem letzten Kapitel des Daniel-Buchs geworden (Dan 12,2): »Und viele, die unter der Erde schlafen liegen, werden aufwachen, die einen zum ewigen Leben, die andern zu ewiger Schmach und Schande.« Die Theologen, die das Kapitel geschrieben haben, setzten dazu noch ein Sätzlein zum ewigen Ruhme der eigenen Zunft (Dan 12,3): »Und die da lehren, werden leuchten wie des Himmels Glanz, und die viele zur Gerechtigkeit weisen, wie die Sterne immer und ewiglich.« Die letzten Worte, »immer und ewiglich« oder »immer und ewig«, sind zur Redensart geworden – obgleich »immer« und »ewig« dasselbe sagen.

Man fragt sich, warum das Buch des Propheten Daniel aus so vielerlei verschiedenen Quellen komponiert worden ist. Markus Witte erklärt es so: Das Buch sei in einer Epoche entstanden, in der Syrien/Palästina Schauplatz von sechs Kriegen gewesen sei (in den Jahren zwischen 274 und 145 vor Christus); ein Zeitraum, in dem sich die sozialen Gegensätze aufgrund des Wirtschaftssystems der ptolemäischen, dann seleukidischen Oberherrschaft verschärft hätten und die fortschreitende Hellenisierung aller Lebensbereiche auch die traditionellen Kulte verändert habe. Die Erzählungen von der Wahrung jüdischer Identität in Babylonien sollten, ebenso wie die

Visionen vom endzeitlichen Gericht über alle Welt, die frommen Juden an die Tora binden und dazu bringen, ihre Gesetze einzuhalten.

Merkwürdig und bemerkenswert ist eine Formulierung in einem nächtlichen »Gesicht« Daniels im siebenten Kapitel seines Buchs (Dan 7,13–14): »es kam einer mit den Wolken des Himmels wie eines Menschen Sohn und gelangte zu dem, der uralt war, und wurde vor ihn gebracht. Der gab ihm Macht, Ehre und Reich, daß ihm alle Völker und Leute aus so vielen verschiedenen Sprachen dienen sollten. Seine Macht ist ewig und vergeht nicht, und sein Reich hat kein Ende.« Aramäisch bedeutet »eines Menschen Sohn« einfach »Mensch«. Der Verfasser des neutestamentlichen Buchs der Offenbarung hat für seine ›Offenbarungen‹ die ›Gesichte‹ des Kollegen Daniel fleißig genutzt, einschließlich des Bildes vom »Menschensohn«. In den Evangelien bezeichnet sich Jesus selbst als »Menschensohn« oder »des Menschen Sohn«; ein Bild, das die ersten Christen mit dem Bild des Messias (des Gesalbten, des Christus) verknüpften, eines von den frommen Juden für die »Endzeit« erwarteten Heilskönigs. Falls nun der Titel »Menschensohn« eine Erfindung des Verfassers dieses Textes im Buch Daniel ist, »dann sind die verschiedenen Typen eines Menschensohns und deren Verknüpfung mit Vorstellungen eines Messias erst ein Produkt der Rezeptionsgeschichte von Daniel 7«. So nüchtern sieht es Markus Witte.

Das Zwölfprophetenbuch

In den heutigen Bibeln gibt es kein »Zwölfprophetenbuch«. Auf das Buch Daniel folgen vielmehr die Bücher der Propheten Hosea, Joel, Amos, Obadja, Jona, Micha, Nahum, Habakuk, Zefanja, Haggai, Sacharja und Maleachi. Die Handschriftenfunde in den Höhlen von Qumran am Toten Meer deuten aber darauf hin, dass die Texte dieser zwölf Propheten einst zusammen auf einer Buchrolle standen. Das antike Judentum hat sie also miteinander verbunden gesehen. Die historisch-kritischen Alttestamentler sehen die Bücher heute als »redaktionelle Einheit« (1). Denn die »literarischen Berührungen lassen sich kaum anders erklären, als dass sie bewusst geschaffen worden sind«. Das heißt, die Vereinigung zu einem Buch ist schon vorgenommen worden, als das literarische Wachstum des Zwölfprophetenbuchs noch nicht abgeschlossen war. Obwohl der historische Prophet Amos vor dem Propheten Hosea aufgetreten ist, sind anscheinend die Worte Hoseas früher fixiert worden und haben das Amos-Buch beeinflusst. Dem Zwölfprophetenbuch gingen nach heutigem Wissen ältere Teilsammlungen voraus. Dass es sich in der Sammlung um zwölf Propheten handelt, ist natürlich kein Zufall. Die Zahl zwölf spielt im Alten wie im Neuen Testament eine wichtige Rolle: Israel hat zwölf Stammväter, die zwölf Söhne Jakobs. Jesus hatte zwölf Jünger. Das Zwölfersystem (Duodezimalsystem) ist eine Erfindung der Babylonier. Die Tatsache, dass bis heute in der ganzen Welt Tag und Nacht je zwölf Stunden haben, geht auf diese Erfindung zurück.

Zurück zu den zwölf Propheten. Es ist möglich, aber unter den Alttestamentlern umstritten, dass die »Propheten« Obadja und Joel gar nicht existiert haben. Es könnte nach Ansicht von Konrad

Schmid sein, dass es sich hier um »reine Fortschreibungsprophetie handelt, ohne jeden Hintergrund in einer ursprünglich mündlich wirkenden prophetischen Einzelgestalt«. *Fortschreibungsprophetie* ist ein origineller Begriff. Man könnte zum Beispiel, ins Moderne gewendet, die Voraussagen des Klubs der deutschen ›Wirtschaftsweisen‹ ebenfalls als Fortschreibungsprophetie bezeichnen.

Die Geschichte von Jona, auf die ich noch zu sprechen komme, ist nach Schmid »redaktionell«, also eine Erzählung, deren Titelfigur aus dem 2. Buch der Könige entlehnt ist, mit dem dort umrissenen Inhalt aber nichts zu tun hat. Die historisch-kritisch forschenden Alttestamentler haben inzwischen auch herausgefunden, dass das Buch des Jesaja und das der zwölf Propheten »sukzessive sachlich und literarisch aufeinander abgestimmt worden sind« (1).

Hosea – Von Jesus gegen den Opferkult zitiert

Der Prophet Hosea hat vermutlich im 8. vorchristlichen Jahrhundert im Nordreich Israel gewirkt, seine Botschaft ist aber nach dem Untergang des Nordreichs für Juda literarisch aktualisiert worden. Hosea bekämpft den speziellen Jahwe-Kult, der sich nicht an das Bilderverbot hält. Dabei geht es um die Verehrung des HERRN im Zusammenhang mit einem Stierbild in Bethel.

Seine besondere Wirkung in der Geschichte hat ein Satz bei Hosea, der damit seinen HERRN so zitiert: »ich habe Lust an der Liebe und nicht am Opfer, an der Erkenntnis Gottes und nicht am Brandopfer« (Hos 6,6). Auch Jesus verstand nämlich seinen Gott so wie Hosea, als einen HERRN, der keinen Opferkult mag. Bei Matthäus wird Jesus mit dem Hosea-Satz zitiert und der Aufforderung (Mt 9,13): »Geht aber hin und lernt, was das heißt.« Erst heutzutage beginnen Theologen darüber nachzudenken, ob nicht damit auch die Vorstellung des Opfertodes Jesu ein falsches Bild ist. Ich habe darauf schon an anderer Stelle hingewiesen.

Joel – Aufruf zum Heiligen Krieg

Das Joel-Buch ist »schriftgelehrte Prophetie« ohne vorangegangene mündliche Verkündigung, vermutlich im 3. vorchristlichen Jahrhundert entstanden (1). Joel prophezeit das Weltgericht (Joel 1,15): »der Tag des HERRN ist nahe und kommt wie ein Verderben vom Allmächtigen.« Die apokalyptischen Vorstellungen von Joel hat der Verfasser der »Offenbarung des Johannes« übernommen, wie andere alttestamentliche Endzeit-Vorstellungen auch. Insbesondere verkündet Joel das Gericht über die Heiden, und zwar mit Sätzen, die heute befremdlich klingen. So heißt es bei Joel (Joel 4,9–10): »Bereitet euch zum heiligen Krieg! ... Macht aus euren Pflugscharen Schwerter und aus euren Sicheln Spieße!« Beim Propheten Jesaja hieß es noch umgekehrt (Jes 2,4): »Und er wird richten unter den Heiden und zurechtweisen viele Völker. Da werden sie ihre Schwerter zu Pflugscharen und ihre Spieße zu Sicheln machen. Denn es wird kein Volk wider das andere das Schwert erheben, und sie werden hinfort nicht mehr lernen, Krieg zu führen.« Von den Gedanken Jesajas lassen sich in unserer Zeit die um Abrüstung bemühten Menschen leiten. Die Gedanken Joels dagegen passen zu den Vorstellungen der islamistischen Extremisten einerseits und jenen von Teilen der religiösen Rechten in den USA andererseits.

Auch ein anderer Satz bei Joel hat Geschichte gemacht. Da kündigt der HERR an, er wolle seinen »Geist ausgießen über alles Fleisch, und eure Söhne und Töchter sollen weissagen, eure Alten sollen Träume haben, und eure Jünglinge sollen Gesichte sehen« (Joel 3,1). Dies ist nach Vorstellung der ersten Christen, wie in der Apostelgeschichte als »Pfingstwunder« geschildert, eben dort nach dem Tode Jesu passiert, als die Jünger »alle an einem Ort beieinander« waren (Apg 2,1). Pfingsten wird als Gründungsdatum der christlichen Kirche gefeiert.

Für viele christliche Gemeinschaften ist seither das Ausgießen des Heiligen Geistes gewissermaßen eine Standardsituation in ihren Gottesdiensten. Als Pfingstwunder deuteten die Jünger Jesu einst, dass man einander völlig verstanden habe, auch wenn man in verschiedenen Sprachen (»in anderen Zungen«, Apg 2,4) redete. Der Effekt des Stammelns (Glossolalie genannt) tritt auch heute bei den Gottesdiensten der »Pfingstgemeinden« auf. Ekstatische Erlebnisse lassen sich gezielt provozieren und sehr gut neurologisch erklären. Selbst die Apostelgeschichte zitiert die Skeptiker, welche die Erlebnisse der »Pfingstler« als auch damals durchaus bekannte Erfahrung mit dem Satz gedeutet hätten: »Sie sind voll von süßem Wein« (Apg 2,13). Die Wirkung des Alkohols hat man auch seinerzeit als natürlich verstanden; die natürlichen Ursachen für ekstatische Erfahrungen konnte man damals allerdings nicht identifizieren, weshalb die Gläubigen, wie schon zur Zeit der Schamanen, einen göttlichen Ursprung annahmen.

Amos – Der Sozialkritiker

Amos lebte vermutlich in der ersten Hälfte des 8. vorchristlichen Jahrhunderts und wirkte wie Hosea im Nordreich Israel. Sein Buch ist geprägt von der Katastrophe des Untergangs Israels 722 vor Christus und seiner Umwandlung in eine assyrische Provinz. Auch hier findet sich Gerichtsprophetie, aber auch Sozialkritik. Seine Prophezeiungen sind Bearbeitungen nach dem babylonischen Exil.

Obadja – Ärger über Gebietsverluste

Das Buch hat nur 21 Verse und ist damit das kürzeste im Alten Testament. Seine ältesten Zeilen setzen die Zerstörung Jerusalems voraus. Davon hat das Land Edom möglicherweise durch Kollaboration profitiert. Jedenfalls wettert Obadja, und das ist im Wesentlichen der Inhalt des Buchs, heftig gegen Edom. Nach der Altvätergeschichte entstammen die Stämme Jakob (Israel) und Esau (Edom) den Zwillingen Jakob und Esau. Nach Schmid lässt sich der Hass Obadjas auf Edom erklären, wenn man annimmt, dass mit dem Untergang Judas Teile des Landes im Süden an Edom übergingen.

Jona im Fisch und die Berufsprobleme eines Propheten

Die Geschichte von den berufsbedingten Problemen eines Propheten erfreut sich bis heute großer Beliebtheit. Jona wird von Gott aufgefordert, in die Stadt Ninive zu gehen und wider das lästerliche Leben dort zu predigen. Der will aber nicht und versucht, sich zu Schiff aus dem Staub zu machen. Ein Sturm, als dessen Verursacher sich der Flüchtige zu erkennen gibt, ebbt sofort ab, nachdem der Kapitän Jona ins Meer geworfen hat. Dort ließ der HERR »einen großen Fisch kommen, Jona zu verschlingen«. In dessen Bauch bleibt der Prophet drei Tage und drei Nächte, geht in sich und gelobt Besserung. Und der Fisch »spie Jona aus ans Land« (Jona 2,1,16). Nun geht dieser doch gehorsam nach Ninive und verkündet den Untergang der Stadt. Der König und sein Volk tun sofort Buße. Und jetzt reute Gott »das Übel, das er ihnen angekündigt hatte, und tat's nicht« (Jona 3,10).

Nun wurde Jona wirklich sauer auf seinen HERRN. Hatte er's doch gleich gewusst (Jona 4,2): »ich wusste, daß du gnädig, barmherzig, langmütig und von großer Güte bist und lässt dich des Übels gereuen.« Der Prophet verschwand also aus Ninive und setzte sich auf dem Land unter eine große Staude, die ihm Schatten gab. Da ging es dem Propheten wieder besser, aber nicht lange. Denn Gott ließ einen Wurm kommen, der stach die Staude, so dass diese verdorrte. Überdies ließ Gott einen heißen Ostwind wehen, »und die Sonne stach Jona auf den Kopf, daß er matt wurde« (Jona 4,8). Ihm war sogar sterbenselend zumute, und er jammerte heftig über den Verlust der schattenspendenden Staude. Und nun kommt die Moral von der Geschichte. Denn der HERR sprach (Jona 4,10–11): »Dich jammert die Staude, um die du dich nicht gemüht hast … und mich sollte nicht jammern Ninive, eine so große Stadt, in der mehr als hundertundzwanzigtausend Menschen sind, die nicht wissen, was rechts oder links ist, dazu auch die Tiere?« Nicht zu wissen, was rechts oder links ist, wurde ebenfalls zu einem Sprichwort.

Die Geschichte mit dem Fisch hat bereits die ersten Christen fasziniert. Die Evangelisten Matthäus und Lukas verweisen auf »das Zeichen des Jona«. Das Verschluckt-und-wieder-Ausgespieen-Werden des Jona durch den Fisch wurde allegorisch als Tod und Auferstehung gedeutet. Und dass die Reise zu Fisch drei Tage dauerte, passte den Evangelisten ebenfalls gut ins Konzept. Verkündigen sie doch die Auferstehung Jesu »am dritten Tag« nach seiner Kreuzigung und Bestattung, wobei nach antiker Weise der Kreuzigungstag mitgezählt wurde. Die Idee von den drei Tagen konnten sie auch beim Propheten Hosea nachlesen. Dort heißt es, wenn auch in anderem Zusammenhang (Hos 6,2): »Er macht uns lebendig nach zwei Tagen, er wird uns am dritten Tage aufrichten, daß wir vor ihm leben werden.« Zwei bis drei Tage meinte allerdings damals wie heute nur: binnen Kurzem, und ist deshalb nicht wörtlich zu nehmen.

Der Fisch als Symbol

Die ersten Christen kennzeichneten Jesus und ihre Verbundenheit mit ihm durch einen Fisch, griechisch: ICHTYS. Die einzelnen Buchstaben dieses Wortes verstanden sie als Abkürzungen des griechischen Satzes: **J**esous **Ch**ristos **T**heou (H)**Y**ios **S**oter = Jesus Christus Gottes Sohn Retter (Heiland). Auch den Ritus der Taufe verbanden sie mit dieser Symbolik: Das vollständige Untertauchen und Wiederauftauchen des Täuflings im Taufbecken deuteten sie als dessen Tod (beziehungsweise Kreuzigung in der Nachfolge Jesu) und Auferstehung.

Der Mythos von Tod und Wiedergeburt war in der Antike weit verbreitet. Herakles, der Sohn des Göttervaters Zeus und der Alkmene, die allerdings mit Amphitryon verheiratet war, musste die Burg Troja vor einem Riesenfisch retten. Diesen hatte der Meeresgott Poseidon im Zorn den Trojanern geschickt, weil er sich von ihrem König Laomedon betrogen sah. Er hatte diesem geholfen, die Mauern von Troja zu bauen, war aber um seinen Lohn geprellt worden. Herakles sprang in den Schlund des Tieres und blieb drei

Tage lang im Magen des Fischs. Er tötete das Ungeheuer irgendwie und kam mit kahlem Kopf wieder heraus aus der Geschichte. Seine Haare waren nämlich in der Hitze des Fischmagens verbrannt und abgefallen. (40). Das ist der Grund dafür, dass Jona auf mittelalterlichen Bildern »ohne Haupthaar dargestellt« wurde (41). Dabei weiß die Bibel nichts von einem kahlköpfigen Propheten.

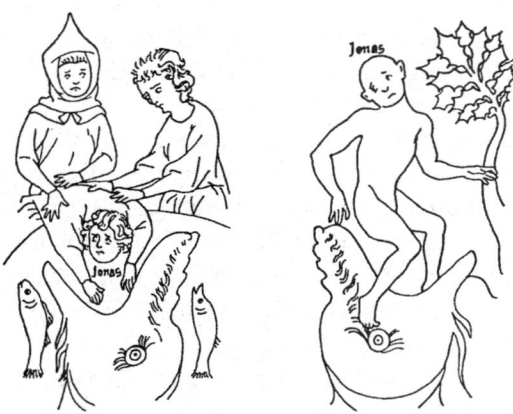

Mit vollem Haupthaar wird der Prophet Jona von einem Fisch verschlungen, kahlköpfig wird er wieder ausgespien. Die Bibel weiß von dieser Veränderung nichts, wohl aber die antike Sage von Herakles, dem Sohn des Zeus. Auch er wurde von einem Fisch verschlungen und kam nach drei Tagen wieder frei, allerdings unter Verlust seines Haupthaares im Magen des Fischs. Das Bild stammt aus einer »Armenbibel« aus dem 14. Jahrhundert.

Micha – Hinweis auf Bethlehem

Der Prophet Micha trat etwa gleichzeitig mit Jesaja im Südreich auf (14). Er stammte aus dem judäischen Hügelland, nahe der Westgrenze. Nach einem Hinweis bei Jeremia war Micha zur Zeit des Königs Hiskija von Juda aktiv, »nach internen Kriterien ist er etwas vor 720 anzusetzen« (8). Den Beginn der Regierungszeit von Hiskija gibt Keel mit circa 728/727 oder 715/714 an, das Ende mit 693 vor Christus. Zu seiner Regierungszeit, anno 701, griff der Assyrer-

könig Sanherib Jerusalem an. Das Buch Micha ist eine Komposition aus verschiedenen Zeiten; nur die ersten drei von acht Kapiteln
könnten authentische Prophetensätze enthalten. Manche Vorwürfe Michas finden sich fast wörtlich auch bei Jesaja. In den ersten
drei Kapiteln verkündet Micha (der Name heißt übersetzt »Wer ist
wie Jahwe?«) Unheil über Juda und Israel. Dazu kommt Sozialkritik, nämlich der Vorwurf des Rechtsbruchs und der Habgier der
Oberschicht (Mi 3,11): »Seine Häupter richten für Geschenke, seine
Priester lehren für Lohn und seine Propheten wahrsagen für Geld.«
Micha kritisiert, dass ausgerechnet diese Herrschaften sich für die
von Gott Erwählten halten und meinen: »Ist nicht der HERR unter
uns? Es kann kein Unglück über uns kommen.« Dagegen weissagt
der Prophet (Mi 3,12): »Jerusalem wird zu Steinhaufen werden und
der Berg des Tempels zu einer Höhe wilden Gestrüpps.« Eine solche radikale Drohung, meint Keel, sei nicht in Jerusalem, sondern
»wohl nur von der Peripherie her möglich« gewesen. Den König
selbst, Hiskija, hat der Prophet übrigens nicht kritisiert.

Ein Satz aus dem späteren Teil des Micha-Buchs, Kapitel 5, hat
Religionsgeschichte gemacht. Er lautet (Mi 5,1): »Und du, Bethlehem Efrata, die du klein bist unter den Städten in Juda, aus dir soll
mir kommen, der in Israel Herr sei, dessen Ausgang von Anfang
und von Ewigkeit her gewesen ist.« Die Evangelisten Matthäus und
Lukas verlegen die Geburt von Jesus, obgleich dieser tatsächlich in
Nazareth geboren war, nach Bethlehem, die Geburtsstadt von König David. Und die Christen der Anfangszeit haben den Satz bei
Micha auf Jesus bezogen. Othmar Keel kommentiert die Worte des
späten Micha so: »Selbst die nachexilischen Heilszusagen im zweiten Teil des Micha-Buches sehen Jerusalem noch aus der landjudäi-
schen Perspektive, wenn sie den künftigen Herrscher wieder, wie
dereinst David, aus dem Dorf Bethlehem kommen lassen.«

Nahum – Weissagungen über Ninive im Nachhinein

Der Prophet Nahum hat (8) zwischen 664 und 612, wahrscheinlich um das Jahr 626 vor Christus (nach Schmitt um 650), seine Botschaft verkündigt und das Zerbrechen des assyrischen Jochs gefeiert. Nahum kam wie Micha aus einem Dorf. Die Alttestamentler wissen nicht, ob der Prophet vorausschauend oder im Nachhinein prophezeit hat. Auch an diesem Buch ist während seiner Entstehungsgeschichte weiter gearbeitet worden. Kern ist das 3. Kapitel. Es prophezeit den Untergang der »schönen Hure« Ninive (und damit des Assyrerreichs, das 612 vor Christus von Babyloniern und Medern erobert wurde), der es nicht besser ergehen werde als der Stadt No-Amon. Damit ist das ägyptische Theben gemeint, das anno 664 die Assyrer eingenommen hatten. Die ersten Kapitel des Buch sind zur Zeit des Exils oder kurz danach bearbeitet und noch später, um 400 vor Christus, an den Anfang gestellt worden (14). Es enthält jedenfalls Weissagungen im Nachhinein zum Gericht Jahwes über Ninive.

Habakuk – Ein Halbsatz für Paulus

Auch dieser Prophet stellt die Frage nach der Gerechtigkeit Gottes angesichts der Ungerechtigkeit in der Welt. Seine Antwort, gedeutet als von Gott gegeben (Hab 2,4): »wer halsstarrig ist, der wird keine Ruhe in seinem Herzen haben, der Gerechte aber wird durch seinen Glauben leben.« Den 2. Halbsatz hat der Apostel Paulus später für seinen Brief an die Römer übernommen. Die Entstehung des Buchs hat einen babylonischen Kontext. Habakuk setzt die erste Eroberung Jerusalems durch Nebukadnezar (598 vor Christus) noch nicht voraus. Das heißt, auch dieses Buch hat sich entwickelt. In seiner jetzigen Form gehört es nach dem heutigen Verständnis der Experten »theologiegeschichtlich in die hellenistische Zeit« (1).

Zefanja – Künder des »Dies irae«

Der Prophet verkündet den Zorn Gottes, insbesondere gegenüber Jerusalem. Vermutlich ist Zefanja in der Zeit Joschijas, also im 7. vorchristlichen Jahrhundert aufgetreten (1). Die schriftliche Fassung seiner Worte setzt aber wohl den Untergang Judas und Jerusalems voraus. Das heißt, auch hier gilt eine sehr freihändig genutzte Chronologie. Der Hauptgedanke des Propheten lautet: Der Tag des HERRN ist nahe, und es ist der Tag des göttlichen Zorns. Kommentare, die man in den Höhlen von Qumran gefunden hat, belegen, dass man damals das Buch als Ankündigung des Weltendes verstanden hat. So lasen es auch die Autoren des Matthäusevangeliums und der Offenbarung im Neuen Testament. Auf Lateinisch wurde aus Zefanjas Tag des Zorns die Sequenz »dies irae dies illa«, ein Gesang, der in der Totenmesse des *Missale Romanum,* des Messbuchs der katholischen Kirche, seit 1570 verwendet wird.

Haggai – Falsche Voraussagen, unkorrigiert

Dies ist eine vehemente Aufforderung des Propheten, den Tempel in Jerusalem wieder aufzubauen, gemischt mit etwas Apokalypse. Haggai sagt in seines HERRN Namen: »Es ist nur noch eine kleine Weile, so werde ich Himmel und Erde, das Meer und das Trockene erschüttern« – ja, und auch »alle Heiden werde ich erschüttern« (Hag 2,6). Im Kern wird das Buch mit nur zwei Kapiteln vor der Einweihung des zweiten Tempels anno 515 vor Christus entstanden sein (1). Haggai prophezeit dem Statthalter von Juda, Serubbabel, der für den Tempelbau verantwortlich war, eine messianische Zukunft. Gott wolle »Himmel und Erde erschüttern«. Wenn dann »die Throne der Königreiche umstürzen«, werde der HERR Serubbabel »wie einen Siegelring halten; denn ich habe dich erwählt« (Hag 2, 22–23). Da hat der Prophet falsch prophezeit. Denn der Weltuntergang, den Serubbabel als von Gott Erwählter überleben sollte, fand nicht statt. Trotzdem sind die Ankündigungen Haggais von den Bearbeitern nicht entfernt worden. Das zeige, so Schmid, »dass der theologische Wert der alttestamentlichen Prophetie schon in der Antike nicht allein an der Frage der historischen Erfüllung gehangen hat«.

Sacharja – Wie Jesus auf den Esel kam

Das Sacharja-Buch besteht aus drei redaktionell zusammengebundenen Teilen. Sie müssen verschiedene Verfasser haben. Bereits im 18. Jahrhundert haben Theologen das erkannt. Die in den ersten Kapiteln beschriebenen »Nachtgesichte« des Propheten sind nach Konrad Schmid wie das Haggai-Buch noch vor der Einweihung des Tempels, 515 vor Christus, entstanden. Doch vom Autor »wissen wir so wenig wie von Haggai« (8). Sacharja (»Gott hat sich erinnert«) sei ein typisch judäischer Name.

Trotzdem lassen sich Zusammenhänge erkennen, die allein die biblische Lektüre nicht erschließt. Die erste Vision des Propheten zum Beispiel beginnt so (Sach 1,8): »Ich sah in dieser Nacht, und siehe, ein Mann saß auf einem roten Pferde, und er hielt zwischen den Myrten im Talgrund, und hinter ihm waren rote, braune und weiße Pferde.« Othmar Keel hat nun unter anderem auch den griechischen Geschichtsschreiber Herodot aus dem 5. vorchristlichen Jahrhundert studiert. Dieser erwähnt, dass in Babylon ein Relief des Perserkönigs Darius zu Pferde stand, versehen mit einer Inschrift. Diese besagte, Darius sei mit Hilfe seines Pferdes König über die Perser geworden. Auch die weiteren Details des Nachtgesichts kann der Alttestamentler erklären: Der Reiter erinnere nämlich auch an den Sonnengott. Ihm war bei den Assyrern ein Pferd zugeordnet. Die Bäume, zwischen denen der Reiter auf dem roten Pferd erscheint, »symbolisieren häufig das Himmelstor, und die rote Farbe ist die der Morgensonne«.

Im Buch des Propheten benötigt dieser, wie schon andere Berufskollegen, einen »Engel« als Deuter. Dieser sagt dem Propheten zur Erklärung: Der HERR habe den Reiter mit den Pferden ausgeschickt, das Land zu durchstreifen, »und siehe, alle Lande liegen ruhig und still« (Sach 1,11). Das scheine zunächst positiv zu bedeuten, dass Darius das Reich befriedet hat, so Keel. Ist aber wohl nicht so gemeint. Der Engel selbst fragt nämlich nun den HERRN (Sach 1,12): »Wie lange willst du dich nicht erbarmen über Jerusalem und die Städte Judas, über die du zornig bist schon siebzig Jahre?« Und er bekommt eine positive Antwort: Der Prophet wird beauftragt, den Beschluss des HERRN zu verkünden (Sach 1,17): »Es sollen meine Städte wieder Überfluß haben an Gutem, und der HERR … wird Jerusalem wieder erwählen.«

Offensichtlich ist für die Verfasser des Buches Sacharja der Traum ein legitimes Offenbarungsmittel. Das ist im Alten Testament nicht selbstverständlich. So beklagt sich der HERR bei Jeremia über dessen Berufsstand (Jer 23,25): »Ich höre es wohl, was die Propheten reden, die Lüge weissagen in meinem Namen und sprechen: Mir hat geträumt, mir hat geträumt.«

Tochter Zion, freue dich

Im zweiten Teil des Sacharja-Buchs, auch *Deuterosacharja* genannt, ist der Tempel schon längst gebaut. Das Land wird von den Persern beherrscht – und sehnt sich danach, dass Gesamt-Israel wieder aufersteht; eine Hoffnung, die im dritten Teil, *Tritosacharja*, bereits wieder aufgegeben worden ist (1). Aus dieser Hoffnung auf ein Reich des Friedens heraus ist ein Satz im 2. Teil des Buchs formuliert worden, dessen Wirkungsgeschichte bis heute andauert. Der Satz lautet (Sach 9,9) : »Du, Tochter Zion, freue dich sehr, und du, Tochter Jerusalem, jauchze! Siehe, dein König kommt zu dir, ein Gerechter und ein Helfer, arm und reitet auf einem Esel, auf einem Füllen der Eselin.« Bereits die ersten Christen haben diese Worte als einen frühen Hinweis auf das Auftreten von Jesus als dem von den Juden erwarteten Messias verstanden. Der besonders stark die Tradition der hebräischen Bibel betonende Evangelist Matthäus hat das Auftreten Jesu in Jerusalem 50 bis 60 Jahre später in seinem Evangelium mit den Worten des Deuterosacharja beschrieben. Georg Friedrich Händel schuf 1747 die hymnische Musik, zu der An-

fang des 19. Jahrhunderts Friedrich Heinrich Ranke den Text verfasste, der als Adventslied in die Kirchengesangbücher gekommen
ist: »Tochter Zion, freue dich, jauchze laut, Jerusalem.«

Nach den neueren Erkenntnissen der Forschung gehen Deutero-
und Tritosacharja nicht auf eine ursprünglich mündliche Verkündigung von Prophetengestalten zurück. Vielmehr stellen sie, wie es
im Theologendeutsch heißt, in sich gestufte »schriftgelehrte Tradentenprophetie« dar (1). Sie sind also, wie der Begriff auch, eine
Art Kunstprodukt.

Maleachi – Dichtung mit Spätwirkung im Neuen Testament

Der Name Maleachi bedeutet »mein Bote«, das heißt, der Bote Jahwes. Den Namen gibt es gar nicht, er ist ein Kunstname (1). Das wiederum heißt, dass es einen Propheten dieses Namens gar nicht gab.
Und er hat auch nicht, wie die Alttestamentler bis in die neuere Zeit
annahmen, im 5. oder 4. vorchristlichen Jahrhundert gewirkt. Es
handelt sich vielmehr nach Schmid auch bei diesem Text wieder um
»späte, schriftgelehrte Tradentenprophetie«, also um theologisch-
literarische Pseudoüberlieferung. Ein mutmaßlicher Zweck des zunächst als Fortschreibung des Sacharja-Buchs konzipierten Textes
sei, mit dem eigenen Buch die Zahl Zwölf der sogenannten Kleinen
Propheten zu erreichen.

Maleachi kritisiert die Priester, welche Kult und Lehre nicht bewahren würden. Die Schrift endet mit dem Satz (Mal 3,23): »Siehe,
ich will euch senden den Propheten Elia, ehe der große und schreckliche Tag des HERRN kommt.« Dieser Satz hat nun eine bemerkenswerte Wirkung ins Neue Testament hinein entfaltet. Der Evangelist
Lukas verbindet das Auftreten von Johannes dem Täufer »im Geist
und in der Kraft Elias« (Lk 1,17) mit der Prophezeiung Maleachis.
Der Evangelist Matthäus beschreibt die »Verklärung« Jesu, dem auf
einem hohen Berg Mose und Elia erschienen seien. Der Evangelist Markus schildert die Sterbeszene Jesu. Dieser zitiert, wie oben

erwähnt, den 22. Psalm mit dem Satz: »Mein Gott, mein Gott, warum hast du mich verlassen?« (Ps 22,2), im aramäischen Original *Eli, Eli, lama asabtani?* Das wiederum sollen nach Markus einige Juden, denen der Satz aus Maleachi vertraut war, missverstanden haben: »Und einige, die dabeistanden, als sie das hörten, sprachen sie: Siehe, er ruft den Elia« (Mk 15,35). Im rabbinischen Judentum wird mit dem Erscheinen Elias am Ende der Zeiten als einer Mittlergestalt gerechnet.

Die Apokryphen

Von Luther ausgesondert, von Rom bestätigt

»Das sind Bücher, so der Heiligen Schrift nicht gleich gehalten, und doch nützlich und gut zu lesen sind.« So schrieb im 16. Jahrhundert der Reformator und Übersetzer der Bibel ins Deutsche, Martin Luther. Die Apokryphen sind zwar in der Septuaginta enthalten, gehören aber nicht zum protestantischen Kanon der Schriften des Alten Testaments. In der Luther-Bibel sind sie – wenn eigens vermerkt – als Anhang enthalten. Es sind dies die Bücher Judit, Die Weisheit Salomos, Tobias, Jesus Sirach, das erste und zweite Buch der Makkabäer, Stücke zum Buch Ester, Stücke zum Buch Daniel sowie das Gebet Manasses.

Als Antwort auf die Reformation hat sich die römisch-katholische Kirche auf ihrem Konzil von Trient mit den Quellen der Kirchenlehre beschäftigt, und sowohl die Bibel, als auch die Tradition als Quellen göttlicher Offenbarung definiert. Man geht davon aus, dass sich Gott nicht nur in den biblischen Schriften offenbart, sondern auch zum Beispiel in den Deutungen der Kirchenväter. Die deutschen Protestanten hatten auf dem Reichstag zu Worms 1545 beschlossen, dem Konzil, dass bereits 1542 eröffnet worden war, fernzubleiben. Im Jahr 1546, übrigens dem Todesjahr Martin Luthers, beschloss das Konzil, dass die lateinische Bibel, die Vulgata, die authentische Bibelübersetzung sei, und dass die in griechischer Sprache vorliegenden Bücher Judit, Die Weisheit Salomos, Tobias, Jesus Sirach sowie das 1. und 2. Buch der Makkabäer als »deuterokanonisch«, also dem Kanon in zweiter Linie zugehörig gelten sollten.

Judit – Sex und Tod

Alttestamentler nennen »Judit« einen antiken Roman oder eine romanhafte Lehrerzählung. Sie nimmt Bezug auf die Vorgänge im Jahre 516, nach der Rückkehr aus dem babylonischen Exil, um auf die Ereignisse des Jahres 164 vor Christus zu schauen. Damals, im 2. vorchristlichen Jahrhundert, hatte Judas Makkabäus während der Herrschaft der Seleukiden Jerusalem und den Tempelbezirk erobert und vom hellenistischen Kult ›gereinigt‹. Dies ist allerdings eine eigene Geschichte, auf die ich weiter unten zurückkommen werde.

Heldin des Romans ist die schöne und fromme Judit (gleich »die Jüdin«) aus Jerusalem. Sie geht ins Lager des Holofernes. Dieser Feldhauptmann des babylonischen Herrschers Nebukadnezar (die Geschichte bezeichnet ihn als »König von Assyrien«) schickt sich an, Jerusalem zu erobern. Judit gewinnt sein Vertrauen und seine Liebe. Sie schneidet ihm des Nachts den Kopf ab und eilt mit diesem in der Tasche zurück nach Jerusalem. Dort berät sie ihre Leute, die den Moment der Entdeckung des Leichnams von Holofernes durch das assyrische Heer ausnutzen und dieses in die Flucht schlagen. Eine Geschichte also von »Gott, Macht, Sexualität und Tod«. Nach Helmut Engel (15) handelt es sich bei dem Buch wohl um die griechische Neufassung eines älteren aramäischen oder hebräischen Textes.

Die Weisheit Salomos – Nicht von ihm

Das ist die jüngste jüdische Schrift im Alten Testament (15); ursprünglich in griechischer Sprache geschrieben. Schon Augustinus bemerkte im 4. nachchristlichen Jahrhundert, dass das Buch wohl kaum von Salomo stammen könne. Deshalb heißt es in der lateinischen Überlieferung auch schlicht »Buch der Weisheit«. Es ist in Alexandria unter griechisch gebildeten Juden entstanden. Alttestamentler halten für möglich, dass seine drei Teile in den letzten drei vorchristlichen Jahrzehnten geschrieben worden sind. Es geht in der Schrift um einen gerechten Lebenswandel in einer ungerechten Welt, um Salomo als beispielhaften jüdischen Weisen und um eine Deutung der Geschichte der Israeliten in Ägypten.

Tobias (Tobit) – O Herr, er will mich fressen

Es handelt sich hier um eine fiktive Erzählung. Sie ist in mehreren Fassungen auf Fragmenten erhalten, die in den Höhlen von Qumran gefunden wurden; teils in aramäischer, teils in hebräischer Sprache. Entstanden vermutlich etwa hundert vor Christus (15). Der Held des Buchs, Tobias, wird mit Frau und Sohn nach Ninive ins assyrische Exil verschleppt. Er wird 102 Jahre alt und erlebt in dieser Zeit Geschehnisse aus mehr als drei Jahrhunderten. In gewalttätigen Epochen begrub er die Toten. Eines Tages schlief er an eine Mauer gelehnt ein. Eine Schwalbe ließ »aus ihrem Nest ihren heißen Dreck auf seine Augen fallen; davon wurde er blind« (Tob 1,11). Seine Frau ernährte ihn von ihrer Webarbeit. Als er (vorzeitig) glaubte, dass es mit ihm zu Ende gehe, bat er seinen Sohn nicht nur um ein ehrenvolles Begräbnis, sondern auch darum, die Mutter nicht im Stich zu lassen. »Denke daran, was für Gefahren sie ausgestanden hat, als sie dich unter dem Herzen trug« (Tob 4,4). Diese Begründung ist, so Engel, »ein nicht so häufig begegnender Topos der Lebenslehren«. Der Vater fordert den Sohn auch auf, an die Bedürftigen zu denken. Dies mit einem Satz, der in den auf reichlich Kollekte hoffenden christlichen Kirchen bis heute beliebt ist (Tob 4,9): »Hast du viel, so gib reichlich; hast du wenig, so gib doch das Wenige von Herzen.«

Ein Engel gibt medizinischen Rat: Fischleber hilft gegen Dämonen

Auch der Sohn des Tobias heißt sinnigerweise Tobias. Als er das Elternhaus verlässt, begegnet ihm allerlei Märchenhaftes. Zum Beispiel am Fluss ein großer Fisch. Tobias (Tob 6,3–4): »O Herr, er will mich fressen.« Ein Engel ist sogleich zur Stelle und rät ihm:

»Pack ihn bei den Kiemen«. Der Engel ist auch medizinisch gut informiert. Er empfiehlt dem jungen Tobias, Herz, Galle und Leber des Fischs aufzubewahren, »denn sie sind sehr gut als Arznei« (Tob 6,6). Die Leber, auf dem Kohlefeuer gebraten, ist ihm denn auch in der Hochzeitsnacht sehr hilfreich. Seine Braut war nämlich zuvor bereits sieben Männern angetraut, die infolge der Aktivität eines bösen Geistes alle umgekommen sind. Die bratende Fischleber ermöglicht nun dem ratgebenden Engel namens Rafael, aktiv zu werden (Tob 8,3): »Da nahm der Engel Rafael den bösen Geist gefangen und band ihn fest in der Wüste von Oberägypten.« Allerdings mussten Tobit und Braut zunächst drei Nächte lang beten, ehe sie die Ehe vollziehen konnten.

Der alte Tobias wurde nach vier Jahren wieder sehend und starb dann, wie gesagt, mit 102. Sein Sohn lebte 99 Jahre »im Glück und Gottesfurcht« (Tob 14,16).

Jesus Sirach – Dem Kranken hilft nicht nur Beten

Jesus Sirach (hebräische Kurzform Ben Sira), der mutmaßlich dem Jerusalemer Bürgertum entstammte, reflektiert in diesem 51 Kapitel umfassenden Weisheits-Buch alle Bereiche des Alltaglebens. Er macht sich Gedanken über Gott und die Welt, in Kenntnis dessen, was darüber die Ägypter gedacht haben sowie die Weisen der hellenistischen Welt. »Auf die speziell israelitischen Traditionen wird nicht einmal angespielt«, bemerkt Othmar Keel. Das Buch ist ursprünglich hebräisch geschrieben. Die hebräische Fassung ist mittlerweile nach Funden der alten Schriften seit 1898 zu zwei Dritteln bekannt (15). Der katholische Theologe Johannes Marböck (Universität Graz) erschließt als Zeitpunkt für die Abfassung des Buchs das erste Viertel des 2. vorchristlichen Jahrhunderts. Das war die Zeit der Seleukiden-Herrschaft und des Vordringens des Hellenismus bis nach Jerusalem. Natürlich betont Sirach (Sir 1,1): »Alle Weisheit kommt von Gott.« Doch wenn der Mensch krank ist, hilft nicht nur Beten (Sir 38,13): »Es kann die Stunde kommen, in der dem Kranken allein durch die Hand des Arztes geholfen wird.« Darum (Sir 38,1): »Ehre den Arzt mit gebührender Verehrung, damit du ihn hast, wenn du ihn brauchst.« Vieldeutig erscheint uns heute der Satz von Jesus Sirach (Sir 38,15): »Wer vor seinem Schöpfer sündigt, der soll dem Arzt in die Hände fallen.«

Männliche Ängste

Anders als die Ärzte dürften sich die Frauen von dem Lehrer der Weisheit weniger gut verstanden fühlen. Wusste dieser doch (Sir 25, 18,25): »Es ist keine Bosheit so schlimm wie Frauenbosheit«, oder »Alle Schlechtigkeit ist gering gegen die Schlechtigkeit einer Frau« – aber auch (Sir 26,1) »Wohl dem, der eine gute Frau hat!« Man kann davon ausgehen, dass Sirach die Frauen angeschaut hat. Kommentiert er doch (Sir 26, 23–24): »Schöne Beine auf schlanken Fesseln sind wie goldene Säulen auf silbernen Füßen.« Freilich warnt er auch die Männer (Sir 9,2): »Laß deiner Frau keine Gewalt über dich, damit sie nicht über dich Herr wird.«

Sirachs Lehren bestimmt ein männliches Wertesystem in den Gegensätzen von Ehre und Schande. Johannes Marböck erklärt das so: »Jesus Sirachs Aussagen über Frauen spiegelten angesichts vordringender hellenistischer Lebensweise männliche Befürchtungen, in einem letzten noch überschaubaren Bereich die Kontrolle und die Ehre zu verlieren.« Diese Angst hat der Vatikan heute, mehr als zweitausend Jahre später, immer noch.

Das Buch Jesus Sirach war bei Martin Luther sehr beliebt, so dass er gerne darüber predigte. Eines der bekanntesten Kirchenlieder stammt daraus. Dort heißt es (Sir 50,24): »Nun danket alle Gott (wörtlich: dem Gott des Alls), der große Dinge tut an allen Enden.« Martin Rinckart machte daraus 1636 den Liedertext: »Nun danket alle Gott, mit Herzen, Mund und Händen / Der große Dinge tut, an uns und allen Enden …«

Baruch – Voll von Übersetzungsfehlern

Das Buch ist in seiner ältesten Fassung nur griechisch vorhanden, aber so voller »als Übersetzungsfehler zu deutende(n)« eigenwilliger Ausdrücke, dass es wahrscheinlich ursprünglich auf Hebräisch verfasst worden ist (15). Es enthält ein Bußgebet, Belehrung über den Zugang zur Weisheit sowie Trost und Verheißung. Jedoch, so betont der katholische Theologe Ivo Meyer (Universitäre Hochschule Luzern): »Kein Satz im Buch ist originell.« Keinem fehle die Rückbindung an die kanonische Überlieferung. Der Verfasser stehe loyal zum Tempel, zu Priesterschaft und Opfer, ohne von Sühne und Vergebung zu reden. Als 6. Kapitel enthält Baruch einen »Brief des Jeremia«, der zu dem Buch Baruch keine Verbindung hat. Nach Meyer ein ursprünglich wohl hebräisch geschriebenes, doch nur griechisch vorhandenes Traktat. Es macht den Exulanten Mut, weil die Götzen von Babel keine Götter seien. Darum »fürchtet euch nicht vor ihnen« (Bar 6,65). Möglicherweise hat der ›Brief‹ einen »Verfasser im frühhellenistischen Babel« (15).

Das Erste und Zweite Buch der Makkabäer – Religionskriege in Jerusalem

Die Geschichten, die hier erzählt werden, spielen in der hellenistischen Zeit; während der Herrschaft der Ptolemäer in Ägypten und der Seleukiden im Zweistromland, der Diadochen also, die nach dem Zerfall des Reichs Alexanders des Großen in Teilen seines Reiches die Macht übernahmen. Alexander hatte 332 vor Christus Palästina und Ägypten erobert. Der Römer Pompeius eroberte schließlich 63 vor Christus Jerusalem und fügte das Land in das Römische Reich ein.

Zunächst hatten die Ptolemäer (Ptolemäus I.) anno 301 Jerusalem erobert und einen Teil der Bevölkerung nach Ägypten deportiert. Zahlreiche Juden sind allerdings auch freiwillig nach Alexandria ausgewandert. Sie begründeten dort eine aufblühende Gemeinde.

Nach vielen Kriegen der Ptolemäer mit den Seleukiden errangen diese um das Jahr 200 die Oberhoheit über Judäa.

In Jerusalem war das wichtigste Amt das des Hohepriesters. Der erste Hohepriester nach dem Exil war Joschija (Joschua). Seine Nachfolger bekamen im Laufe der Zeit nicht nur Einfluss auf den Kult, sondern auch eminente politische Macht. Eine Hochzeit zwischen Ptolemäern und Seleukiden hatte für Jerusalem einschneidende Konsequenzen. Ptolemäus V. heiratete um das Jahr 193 die Tochter des Seleukiden Antiochus III., Kleopatra I. Ein Abkommen sah offenbar vor, dass die Steuereinnahmen aus Samaria, Judäa, Phönizien und Zölesyrien als Kleopatras Mitgift an die Ptolemäer in Alexandria gingen, wohingegen die Seleukiden die Oberherrschaft behielten (1). In Jerusalem wurde der Hohepriester zugleich oberster Steuereintreiber. Das Amt des Hohepriesters wurde käuflich, direkt vom Seleukiden-König zu erwerben. In Jerusalem tobten Auseinandersetzungen zwischen den Seleukiden und den Ptolemäern nahestehenden jüdischen Gruppen. Überdies betrieben die Seleukiden die Hellenisierung Jerusalems. Dazu gehörte ein anderes Verständnis von Bildung: der Bildung nämlich gleichermaßen von Körper und Geist gemäß dem griechischen Ideal.

Der Kampf gegen die Seleukiden

Anno 173 machten die Seleukiden mit einem gewissen Menelaus erstmals einen Mann zum Oberpriester, der nicht – wie traditionell alle Hohepriester – zadokidischer Abstammung war, also nicht zu den levitischen Priestern aus der Nachkommenschaft des Priesters Zadok am Hofe Davids gehörte. Die nicht hellenisierten zadokidischen Priester flohen in die Wüste. Zwischendurch eroberte der Seleukiden-Herrscher Antiochus IV. Jerusalem, plünderte den Tempel und stellte dort einen Zeusaltar auf.

Dagegen wehrte sich der Priester Mattatias vom Geschlecht der Hasmonäer. Mit seinen Söhnen, darunter Judas, genannt Makkabäus, wagte er den Aufstand gegen die Seleukiden. Dies könne man als Erhebung der traditionsbewussten Landbevölkerung gegen die hellenistisch gebildete Oberschicht der Stadt deuten, so Angelika Berlejung. Den Aufständischen schloss sich die Gruppe der Hassidäer/Chasidim (die Frommen) an, denen daran gelegen war, die Gesetze der Tora im Alltag zu leben. Aus dem Bürgerkrieg wurde, als die Seleukiden Menelaus unterstützten, ein Befreiungskrieg. Mattatias starb 166 vor Christus. Sein Sohn Judas Makkabäus bekämpfte weiter die Seleukiden und zog 164 in Jerusalem ein. Dort einigte er sich mit Menelaus. Der Tempel wurde von Menelaus wieder eingeweiht und der Hohepriester blieb im Amt – bis er irgendwann umgebracht wurde. Die Seleukiden machten dann einen Alkimus zum Hohepriester. Die frommen Hassidäer – aus denen die Pharisäer wurden, die in der Auseinandersetzung mit Jesus von Nazareth eine große Rolle spielten – akzeptierten ihn. Judas Makkabäus kämpfte allein weiter gegen die Seleukiden, wobei er anno 160 ums Leben kam. Sein Bruder und Nachfolger Jonatan musste sich in die Wüste zurückziehen.

Der hellenistisch orientierte Hohepriester Alkimus hatte den Plan, die Mauer des inneren Hofes des Tempels niederzureißen. Das hätte eine Aufhebung der Trennung zwischen Priestern und Laien bedeutet. Der Gedanke kommt erst wieder im Neuen Testament auf. Nach dem Tode Jesu geschahen allerlei Zeichen und Wunder, wie die Evangelisten später zu berichten wussten. So heißt es im ältesten Evangelium, dem des Markus (Mk 15,38): »Und der Vorhang im Tempel zerriß in zwei Stücke von oben an bis unten aus.« Damit will der Evangelist sagen, die Trennung der Welt in heilig und profan war aufgehoben. Die christliche Kirche hat diese Trennung rasch wieder eingeführt und der Vatikan wie die orthodoxen Kirchen haben sie bis heute beibehalten. Der Hohepriester Alkimus starb, ehe er sein Vorhaben verwirklichen konnte.

Nach längerer Vakanz wurde Jonatan zum Hohepriester ernannt, was das Ende der hellenistischen Partei bedeutete. In weitere Zwistigkeiten verwickelt, kam auch Jonatan im Jahr 143 ums Leben. Sein Bruder Simon Makkabäus machte »aus Judäa praktisch einen unabhängigen Staat« (1).

Bis heute nachwirkende Propaganda

Das erste Makkabäer-Buch berichtet über Mattatias und seine fünf Söhne, das zweite Buch praktisch nur über Judas Makkabäus. Der schon erwähnte Mönch Hieronymus aus Stridon in Dalmatien, der die lateinische Bibelübersetzung, die Vulgata, schuf, hatte das 1. Buch der Makkabäer noch in der hebräischen Originalsprache zur Verfügung (8). Heute gibt es nur mehr griechische Handschriften, die auf eine einzige Übersetzung zurückgehen.

Die Autoren der beiden Makkabäer-Bücher »können stolz darauf sein wie ihre Propaganda bis auf den heutigen Tag Einstellungen geformt und bestimmt hat«, zitiert Othmar Keel einen Kollegen. Keel meint, das 1. Buch sei Anfang des 2. vorchristlichen Jahrhunderts entstanden. Ziel des Verfassers sei es gewesen, die makkabäischen Brüder »als die einzigen erscheinen zu lassen, durch die Israel wirklich Rettung geschenkt werden konnte«. Die problematische Seite der Verschmelzung der politischen und der kultischen Aufgaben in einer Hand werde verschwiegen. Helmut Engel, katholischer Theologe an der Philosophisch-Theologischen Hochschule St. Georgen/ Frankfurt am Main (15), betont, dass der Verfasser des Buchs essenische und pharisäische Messias-Konzepte unerwähnt lasse. Für diese sei die Trennung der politisch-militärischen und der priesterlichen Funktion des Hohepriesters unabdingbar gewesen.

Die Annahme, der Seleukiden-König Antiochus IV. habe alle Kulte in seinem Reich vereinheitlichen und die standhaften Juden und Jüdinnen ausrotten wollen, sei »historisch unzutreffend« (8). Tatsächlich hätten genau umgekehrt die Hasmonäer (Makkabäer) »versucht, in ihrem Herrschaftsbereich eine Einheitsreligion durchzusetzen«.

Der Verfasser des 2. Buchs Makkabäer behauptet von sich, er habe es unternommen, die ihm vorliegenden ursprünglich fünf Bücher eines Jason von Kyrene »in eins zusammenzuziehen«. Dieser Jason, so glauben die Alttestamentler heute, dürfte ein Zeitgenosse des Judas Makkabäus gewesen sein. Die »Kenntnisse Jasons über seleukidische Institutionen, Namen und Funktionen von Beamten haben sich immer mehr als präzise herausgestellt« (15). Der Verfasser des biblischen Buchs habe dieses bald nach 124 vor Christus zusammengestellt.

Abgesehen von zwei Briefen am Anfang des Textes, die sich an die Juden in Ägypten wenden, ist das 2. Makkabäer-Buch von vornherein auf Griechisch verfasst worden. Die Verherrlichung des Jerusalemer Tempels als Ort der Begegnung mit Gott ist eines der Hauptanliegen des Autors. »Und wenn es gut gelungen und geschickt geordnet ist, so war das meine Absicht« (2. Makk 15,39). So schreibt dieser selbst am Ende des Werkes.

Stücke zu Ester und zu Daniel – Helden- und Lügengeschichten

Die »Stücke zu Ester« sind in der katholischen Bibel Teile des Buches Ester. Sie sind, so Erich Zenger, stark theologisch motiviert. Ester ist danach »Paradigma jüdischer Diasporaexistenz«. Traumzusätze und Gebete seien Einrahmungen, die in der jüdisch-hellenistischen Epoche sehr beliebt waren.

Wieder geht es darum, dass die verstreut im Reich des »Großkönigs Artaxerxes« lebenden Juden auf dessen Befehl ausgerottet werden sollen. Die (jüdische) Königin Ester geht zum König und stimmt ihn um. Dabei nutzt sie Mittel, die bis ins 19. nachchristliche Jahrhundert und bis zur Entdeckung des Unbewussten durch Sigmund Freud als ›typisch weiblich‹ gelten: »Als er (nämlich der König) nun aufblickte und sie in höchstem Zorn ansah, erblaßte die Königin und sank in Ohnmacht und ließ das Haupt auf die Dienerin sinken.« Dem König »wurde Angst um sie, und er sprang auf von seinem Thron und umfing sie mit seinen Armen, bis sie wieder zu sich kam« (St zu Est 4,5–6). Das Ganze passiert der Königin gleich noch ein zweites Mal; dann aber erfolgreich.

Als apokryph gelten für die Kirchen der Reformation nach der Entscheidung Martin Luthers auch zwei Texte zu Daniel. In den katholischen Bibelübersetzungen sind sie Anhänge zum Daniel-Buch.

Die erste dieser Erzählungen handelt von der im babylonischen Exil lebenden Jüdin Susanna. Sie wird fälschlich des Ehebruchs angeklagt. Dagegen erhebt ein Jüngling namens Daniel aufgrund göttlicher Weisung Einspruch. Es gelingt ihm, ihre Ankläger des Meineids zu überführen. Nach Herbert Niehr (15) wird in dieser Geschichte auf den Sinn des Namens David (»Gott hat Recht verschafft«) abgehoben. Dabei könne auch die traditionsgeschichtlich ältere Vorstellung von Daniel als Richter eine Rolle spielen.

Ein verfressenes Kultbild und ein Kochkünstler

Im zweiten Stück geht es zum einen um ein Kultbild des Gottes Bel (Marduk) im alten Babylonien. Es futtere und trinke, so behaupten seine Priester, die natürlich die Opfergaben selbst verzehren. Daniel beweist Letzteres dem Perserkönig. Darauf erlaubt dieser dem Daniel, das Kultbild zu zerschlagen, und lässt die Priester nebst ihren Familien umbringen.

Zum anderen geht es um einen Drachen, ebenfalls Symboltier des Bel. Der König der Babylonier verlangt von David, den Drachen anzubeten. David erhält aber auf seine Bitte stattdessen vom König die Erlaubnis, den Drachen ohne Schwert und Spieß umzubringen – sofern er das kann. »Da nahm Daniel Pech, Fett und Haare und kochte es zusammen, machte Fladen daraus und warf sie dem Drachen ins Maul; und der Drache barst davon mitten entzwei« (St zu Dan 2,26). Solcherart Kochkunst missfiel den Anhängern des Drachenkults. Auf ihren Druck hin musste der König ihnen David übereignen. Sie warfen ihn zu den Löwen in einen Graben. Dort blieb er sechs Tage lang, wundersamerweise ungefressen und von einem Propheten regelmäßig mit gesundem Brei versorgt. Am siebenten Tag kam der König, sah erstaunt, dass Daniel noch lebte, und ließ ihn frei. Als geschichtlichen Kontext sieht Herbert Niehr die wachsende Judenfeindlichkeit in Alexandrien nach 150 vor Christus, verbunden mit den Vorwürfen der Götterfeindlichkeit sowie der Weigerung, Bilder und Tiere zu verehren.

Daniel in der Löwengrube. Römisches Mosaik aus dem 4. Jahrhundert.

Exkurs: Das Alte Testament und die Erkenntnisse der Gehirnforschung

Die Biographie des Alten Testaments ist, wie ich zu zeigen versuche, nur zu verstehen, wenn man die Weltdeutungsbedürfnisse und -zwänge des Menschen versteht. Anders als frühere Generationen begreifen wir heute dank der Ergebnisse der Gehirnforschung bereits ziemlich gut, was dabei in unserem Kopf passiert. Und dieser unser Kopf unterscheidet sich nicht grundsätzlich von den Köpfen der biblischen Autoren.

Nach heutigem Wissen hat sich das Gehirn des Menschen mit dem Auftreten von *Homo sapiens,* also in den letzten 100 000 Jahren, nicht mehr verändert. Die Primaten, zu denen auch wir zählen, unterscheiden sich von niedrigeren Organismen darin, dass sie die Welt nicht mehr direkt wahrnehmen. Die Informationen, welche die Sinnesorgane mit den stammesgeschichtlich älteren Hirnrindenarealen aufnehmen, werden mit Hilfe der stammesgeschichtlich jüngeren Hirnrindenbereiche zunächst verarbeitet – und zwar auf die gleiche Weise, mit der die alten Areale die Signale aus der Umwelt verarbeiten. Wir sehen also die Welt nicht direkt wie, sagen wir, eine Biene, sondern erfahren das Ergebnis einer Bearbeitung der Basisinformationen. Deswegen ›sehen‹ wir auch wider besseres Wissen, was in Wahrheit eine optische Täuschung ist, wir können gar nicht anders. Jeder Bühnenbildner im Theater kann darauf bauen, dass wir seine Bilder so sehen, wie er sie gesehen wissen will, nicht wie sie objektiv sind.

Weil andererseits das Denken so anstrengend ist, trachtet das Gehirn danach, möglichst wenig Arbeit zu haben. Das heißt, es versucht weitgehend zu kategorisieren; im Sinne von »das ist nichts anderes als …« Unbekanntes auf bereits Bekanntes zurückzuführen. Der Mensch hat zwar ein Weltdeutungs-Bedürfnis, aber keinen Weltdeutungs-Sinn. Im Gegenteil, er kann sich nur Bilder von der Welt machen.

»Unser Gehirn ist doch gar nicht daraufhin ausgelegt, das Absolute zu erfassen, sondern sich ganz pragmatisch mit Signalen auseinanderzusetzen, die zum Überleben wichtig sind. So ein System ist sicher nicht dazu angetan, die Welt so zu erfassen, wie sie möglicherweise wirklich ist.« So formuliert es Wolf Singer vom Max-Planck-Institut für Gehirnforschung in Frankfurt a. M. (42)

Der Mensch ist, wie gesagt, gezwungen, die Welt zu deuten, weil er sie naturgemäß mit seinen Sinnesorganen nur unvollständig erfasst. Wenn wir allerdings nur die Rohinformationen hätten, die unsere Sinnesorgane erreichen, könnten wir gar nichts verstehen. Der Mensch hat aber die Fähigkeit, Zusammenhänge, Ordnung, Muster zu erkennen. Das Gehirn komponiert also ein Bild aus vielen Details. Dabei kann es allerdings, ohne dies zu bemerken, Erinnerung mit der Stimulation von Vorstellungskraft verwechseln. Aus seinen Bildern der Welt, die nicht die Welt sind, formt der Mensch Bilder-Lehren, das heißt Ideologien. Dabei funktioniert sein Gehirn nach erzkonservativen Prinzipien. Weil die Welt so unendlich komplex ist, neigt es dazu, das ihm Neue auf ihm bereits Vertrautes zurückzuführen, wie gesagt, etwa von der Art: »Es ist nicht anderes als …« Das hat überdies den Vorteil, dass Bekanntes weniger Angst macht als Unbekanntes.

Deshalb neigen wir dazu, die Bilder und Deutungen, die sich bereits unsere Urahnen von der Welt gemacht haben, so weit als möglich beizubehalten. Und wir neigen ebenfalls dazu, einmal erfundene Spielregeln und Rituale im Wesentlichen zu behalten. Wäre da nicht die spielerische Neugierde, gäbe es keine kulturelle Entwicklung, keinen technischen Fortschritt und schon gar keine Revolution. Doch, wie gesagt, die Neigung, das womöglich Neue auf Althergebrachtes zurückzuführen, ist tief im Menschen verankert.

Sie wird ergänzt um eine weitere problematische Eigenschaft unseres Gehirns: Wenn der Mensch für einen komplexeren Sachverhalt, der auch emotional besonders wichtig ist, endlich eine Erklärung gefunden zu haben glaubt, dann bleibt er dabei, selbst wenn später unleugbare Tatsachen der Erklärung widersprechen. Dann werden eher die Fakten umgedeutet, als dass die Erklärung den Fakten angepasst wird. »Selbst-abdichtend« nannte der Psychoanalytiker Paul Watzlawick diese Verfahrensweise. Wer die Aussagen der theologischen Dogmatik studiert, muss oft an Paul Watzlawicks Bestseller *Wie wirklich ist die Wirklichkeit* (1976) denken. 30 Jahre später formulieren es Neurowissenschaftler so:

»Da unser Gehirn auf Kohärenz erpicht ist, versucht es unentwegt, aus den aufgenommenen Informationen sinnvolle Zusammenhänge zu konstruieren. Passt etwas nicht in den erwarteten Ablauf, oder hat es nicht mit der gerade zu lösenden Aufgabe zu tun, tilgen unsere grauen Zellen diese Fakten aus dem Bewusstsein. Egal, wie offensichtlich sie sein mögen« (43).

Wir wissen heute, dass der Mensch dazu neigt, einzelne Beobachtungen so zu deuten, als hingen sie sachlich miteinander zusammen. Das ist zwar bei räumlicher oder zeitlicher Koinzidenz oft der Fall, und daher die Erwartungshaltung, dies könne kein Zufall sein. Es ist aber eben nicht immer so. Der Mensch hat jedoch keinen Sinn für den Zufall. Sein Gehirn ist, wie gesagt, lediglich dafür ausgestattet, Muster zu erkennen. Er neigt jedoch dazu, zufällige Bezüge als absichtsvoll zu deuten.

Mit diesem Wissen lässt sich über die Erkenntnisse der historisch-kritischen Forschung hinaus subtiler erklären, warum aus Mythen, geschichtlichen Erfahrungen und den Bemühungen, die jeweilige Gegenwart im Lichte dieser Mythen und Erfahrungen zu deuten, die biblischen Bücher zum Alten Testament gewachsen sind.

Ähnliches gilt auch vom Neuen Testament, von dem im Folgenden die Rede sein wird. Ohne das Alte Testament zu kennen, kann man auch das Neue Testament nicht verstehen. Die Biographie der Bibel lehrt insbesondere die Evolution eines Gottesbildes. Vom Sturmgott und seiner Gespielin bis hin zu dem Bild von Gott, das Jesus von Nazareth seinen Jüngern vorgelebt und gedeutet hat und das Evangelisten und Apostel der Menschheit – allerdings wiederum in ihrer eigenen Deutung – vermittelt haben.

III

Jesus und das Neue Testament

Deutungen der Evangelisten

Keiner der Evangelisten und Apostel kannte Jesus – Suche nach
den Quellen ihres Wissens

Jesus von Nazareth hat nach seinem Tod am Kreuz nichts Schriftli-
ches hinterlassen. Keiner der Evangelisten kannte Jesus persönlich,
auch der Apostel Paulus nicht, dessen Briefe zwar die ältesten Texte
des Neuen Testaments sind, aber auch erst zwanzig bis dreißig Jahre
nach Jesu Tod geschrieben wurden. Warum wissen wir trotzdem so
viel über Jesus – oder glauben dies zumindest?

Was Jesus einst während seines kurzen Lebens als Wanderprediger zu sagen hatte, verstanden seine Zuhörer als Evangelium, als
›Frohe Botschaft‹, die es sich zu merken galt und weiter zu verbreiten, schließlich auch aufzuschreiben. Und so wurden bald nach
seinem Tod Notizen angefertigt über das, was Jesus nach der Erinnerung seiner Jünger gesagt hatte. Diese Notizen kennen wir allerdings nicht direkt, sondern die Fachleute schließen auf deren
Existenz. Die Bibelwissenschaftler vermuten nämlich mit guten
Gründen, dass Matthäus, Markus und Lukas Abschriften dieser frühen schriftlichen Überlieferung als Quelle für ihre Evangelien genutzt haben.

Die ersten Jünger Jesu, die seine Worte überliefert haben, beschäftigten sich nach heutigem Wissen der Theologen noch nicht
mit den später aufkommenden Fragen der Christen nach Auferstehung und Himmelfahrt Jesu. Ihnen war vielmehr wichtig, dass Jesus
gepredigt hatte: »Das Reich Gottes ist herbeigekommen« (Mk 1,15),
und was das wohl bedeute. Forscher wie Burton L. Mack, Neutestamentler am theologischen Forschungszentrum in Claremont/Ka-
lifornien, nennen diese frühen Jesus-Anhänger deshalb »Reich-

Gottes-Leute«. Der Neutestamentler Gerd Theißen (Universität Heidelberg) meint, die Übermittler der Jesusworte seien zum Teil wandernde Missionare und Prediger gewesen, die den heimatlosen Lebensstil Jesu fortsetzten (44): »Sie haben uns die radikalen Gebote Jesu in seinem Geist erhalten: Nur heimat-, besitz- und familienlose Wanderprediger wie Jesus selbst konnten sie glaubhaft vertreten und überliefern, ohne sie an die Notwendigkeiten eines ›bürgerlichen‹ Lebens anpassen zu müssen!« Die Jesus-Überlieferungen hätten andererseits die Bedürfnisse der (späteren) Ortsgemeinden viel weniger geprägt, als man annehmen könnte: »Nirgendwo werden ortsansässige Autoritäten (Presbyter, Episkopen und Diakone) durch ein Jesuswort legitimiert.«

Von den Schwierigkeiten, das Neue Testament zu verstehen

Jesus sprach aramäisch. Die Evangelisten, und zuvor schon Paulus, schrieben jedoch griechisch. Selbstverständlich hat Paulus, der die römische Staatsbürgerschaft besaß, seinen Brief an die Gemeinde in Rom nicht etwa auf Lateinisch, sondern auf Griechisch verfasst. Und die römische Gemeinde korrespondierte ebenfalls auf Griechisch. Griechisch war damals nämlich die allen gemeinsame Sprache im römischen Weltreich. Das Lateinische wurde dies erst viel später. Allein der Sprachenwechsel führt bereits notwendigerweise zu Missverständnissen, denn es gibt, wie gesagt, keine Eins-zu-eins-Übersetzung.

Das Neue Testament ist eine Sammlung verschiedener Schriften, die sehr viel später zu einem Konvolut gebündelt worden sind; dem Buch, das wir heute Neues Testament nennen. Darin finden sich höchst unterschiedliche Deutungen der Geschichte von Jesus. Auch hier gilt, was der Theologe, Publizist und Präsident des Deutschen Evangelischen Kirchentags, Heinz Zahrnt, 1960 so formulierte: »Die Bibel ist von Menschen geschrieben, sie ist ein menschliches Buch, und darum kann sie nicht anders gelesen und verstanden und nicht nach anderen Methoden ausgelegt werden als andere menschliche Bücher auch.«

Das ist inzwischen nicht mehr selbstverständlich, nicht einmal unter den deutschen Protestanten. So kann der evangelische Publizist Peter Hahne vom ZDF, Mitglied des Rats der Evangelischen Kirche in Deutschland (EKD), anno 2008 polemisch fragen: »Welche Bibel meinen wir denn überhaupt? Das von unserer Kritik gnädig übrig gelassene Gerippe theologischer Allgemeinplätze oder das ewig gültige Wort Gottes?«

Die Bibel ist, wie bisher schon deutlich geworden sein dürfte, nicht eben leicht zu verstehen. Dazu bedarf es vielmehr großer Anstrengungen. Und dazu sind eher schlichte Gemüter nicht bereit. Sie faseln lieber vom »ewig gültigen Wort Gottes«. Eben das in dem von Menschen verfassten Buch zu erkennen, bemühen sich Christen seit 2000 Jahren. Dazu muss man allerdings differenzieren können. Der evangelische Theologe an der Universität Siegen Michael Bachmann beschreibt es so (45): »In den industrialisierten Staaten nimmt die Zahl der Analphabeten zu, und kompliziertere Texte werden hier von immer weniger Menschen verstanden. Lesen spielt nun einmal in einer zunehmend von audiovisuellen Medien bestimmten Gesellschaft trotz stetig wachsender Textproduktion und -verarbeitung eine insgesamt bescheidene Rolle.« Auch Peter Hahne ist hauptberuflich ein Fernsehmann. Im 3. nachchristlichen Jahrhundert wusste bereits ein Terentianus Maurus: *Pro captu lectoris habent sua fata libelli* – »Dem Fassungsvermögen des Lesers entsprechend, haben Bücher ihre Schicksale«. Das heißt, die Deutungs- und Wirkgeschichte der Bibel ist auch Ergebnis des Fassungsvermögens ihrer Leser.

Mit kanonischem Anspruch geschrieben

Das Neue Testament beginnt mit den vier Evangelien nach Matthäus, Markus, Lukas und Johannes, gefolgt von der Apostelgeschichte. Ihnen schließen sich jene Briefe an, die in den Bücher-Kanon Aufnahme gefunden haben. Ans Ende gestellt wurde das Buch der Offenbarung des Johannes. Die Evangelien von Matthäus, Markus und Lukas haben in der Abfolge der beschriebenen Ereignisse

194 Jesus und das Neue Testament

und bis in den Wortlaut so viel Gemeinsames, dass man bei diesen drei Evangelisten von den *Synoptikern* (Synopsis heißt Zusammenschau) spricht.

Die Evangelien wurden zwar erst später zu Kanonischen Schriften im Sinne einer verbindlichen Grundlage für den christlichen Glauben. Sie sind jedoch »von vornherein mit kanonischem Anspruch geschrieben« worden (46). Gerd Theißen meint damit, dass die Evangelisten die alttestamentliche Geschichtsschreibung fortsetzen. Das wird besonders deutlich im Matthäus-Evangelium, das mit einem genealogischen Überblick der Geschichte Israels von Abraham an beginnt. Dagegen haben die Briefe des Apostels Paulus, von denen noch ausführlich die Rede sein wird, keine literarischen Vorbilder in der Bibel.

Das Markus-Evangelium ist das älteste und bildet die gemeinsame Vorlage für die beiden anderen synoptischen Evangelien. Matthäus, Lukas sowie auch Markus hatten nach dem heutigen Wissen der Neutestamentler noch eine weitere Quelle genutzt und unabhängig voneinander in ihre Evangelien eingearbeitet. Diese im Original unbekannte Sammlung von vorzugsweise Jesus zugeordneten Sprüchen (Logien) wird Logien-Quelle, abgekürzt Q, genannt. Sie ist vermutlich im Zeitraum 40–65 nach Christus entstanden (44). Da in der Quelle die mit dem sogenannten Apostelkonzil anno 46/48 anerkannte Heidenmission noch nicht im Blick ist, hält Gerd Theißen eine Datierung zu Anfang dieses Zeitraums für möglich. Die Logien-Quelle sei vermutlich im aramäischsprachigen syrisch-palästinensischen Raum entstanden.

Schließlich haben Matthäus und noch mehr Lukas Material verwendet, das sich jeweils nur in ihren Texten findet. Die Neutestamentler sprechen hier von »Sondergut«.

Das Matthäus-Evangelium – Schlüsselworte für das Papsttum

Das erste Evangelium im Neuen Testament ist zwar nach dem Apostel Matthäus benannt, stammt aber nicht von diesem, sondern hat einen unbekannten Verfasser. Um dem Buch seinen besonderen Rang zu geben, hat man ihm später die Autorenschaft des Apostels zugeschrieben. Nach heutigem Wissen ist das Evangelium im Jahrzehnt 80 bis 90 nach Christus entstanden, das heißt: weit mehr als ein halbes Jahrhundert nach Jesu Tod. Der Tempel in Jerusalem, das spirituelle Zentrum der gläubigen Juden, war damals bereits seit mehr als einem Jahrzehnt zerstört.

Der Autor lebte vermutlich in Syrien

Der Autor des Matthäus-Evangeliums schrieb griechisch und lebte vermutlich in Syrien. Dort existierte eine große griechisch sprechende jüdische Gemeinde. Und dort wurde dieses Evangelium im ersten Viertel des 2. Jahrhunderts auch erstmals bezeugt. Schließlich, und das ist ebenfalls ein Indiz, erwähnt Matthäus den in *Galiläa* wirkenden Jesus mit dem Satz: »Und die Kunde von ihm erscholl durch ganz *Syrien*« (Mt 4,24). Über die Person des Verfassers wissen wir, dass er sich selbst als »Schriftgelehrten« verstand, »der ein Jünger des Himmelreichs geworden ist« (Mt 13,52). Von Markus hat Matthäus etwa die Hälfte seines Evangeliums abgeschrieben, etwas mehr als ein Viertel aus der Logien-Quelle Q. Weniger als ein Viertel ist nur bei ihm zu finden.

»Das Bemerkenswerte an der Erzählung des Matthäus liegt darin, daß es ihr, obgleich sie, was den Hauptteil ihres Materials angeht, vollkommen auf Q und Markus beruhte, gelang, Jesus einen – gegenüber der Darstellung der beiden Vorläufer – vollkommen anderen Charakter und seinen Lehren einen ganz anderen Tenor zu verleihen.« So formuliert es Burton L. Mack (47).

Ethische Abgrenzung vom Judentum

Matthäus hat zum Beispiel Kritik am (jüdischen) Gesetz, die Markus Jesus zuschreibt, nicht übernommen. Im Gegenteil, Matthäus betont die andauernde Gültigkeit des Gesetzes der Tora, bis »Himmel und Erde vergehen«. Das heißt, der Evangelist versteht sich als frommer Jude, der die Lehre des Juden Jesus nach seinem Verständnis deutet. Kein anderer Evangelist setzt sich so vehement mit dem pharisäischen Judentum seiner Zeit auseinander. Zum Beispiel, indem er Jesus den Satz in den Mund legt: »Wenn eure Gerechtigkeit nicht besser ist als die der Schriftgelehrten und Pharisäer, so werdet ihr nicht in das Himmelreich kommen« (Mt 5,20). Die Pharisäer (das heißt: die Abgesonderten) waren eine Gruppe besonders gesetzestreuer Juden.

Gerd Theißen (46) sieht bei Matthäus eine *ethische* Abgrenzung zum Judentum durch Proklamation einer »besseren Gerechtigkeit«. Dagegen habe der Evangelist Markus die *rituelle* Abgrenzung zum Judentum betont. Theißen erklärt dies psychologisch. Markus, dessen Evangelium älter als das des Matthäus ist, habe noch »den Verlust des Tempels als rituelles Zentrum von Juden- und Christentum verarbeiten« müssen.

Matthäus hat sich die Freiheit genommen, »den Lehren Jesu einige wenige eigene Weisungen hinzuzufügen« (47), wie dies »in den Schultraditionen der Antike üblich war«. Man erkennt das zum Beispiel daran, dass andere, ältere Textfassungen die entsprechenden Passagen nicht enthalten. Das macht die vergleichenden Untersuchungen der verschiedenen alten biblischen Texte so interessant. Für uns Heutige ist eine derartige Verfahrensweise, wie die Experten sie nicht nur bei Matthäus identifiziert haben, höchst anrüchig. Und auch deshalb ist für viele Fromme so schwer verständlich, dass die originalbiblischen Jesus-Zitate nicht selbstverständlich auch von Jesus stammen. So ergänzt der Evangelist Jesu Gleichnis vom Weingärtner um den Jesus untergeschobenen Satz: »Das Reich Gottes wird von euch genommen und einem Volk gegeben werden, das seine Früchte bringt« (Mt 21,43). Der Göttinger Neutestamentler

Reinhard Feldmeier kommentiert Sätze des Matthäus wie diesen so (45): »Es entbehrt so nicht ganz der Ironie, dass gerade das Evangelium, das sich am intensivsten vom pharisäischen Judentum abgrenzt, durch seine antithetische Bezogenheit auf dieses am stärksten dessen Toratreue in das Christentum hinein vermittelt hat.«

Ergänzungen und Deutungen des Matthäus

Die Ergänzungen des Matthäus sind aus der Zeit heraus zu verstehen, in der das Evangelium aufgeschrieben wurde. Und das geschah, wie gesagt, mehr als ein halbes Jahrhundert nach Jesu Tod. Die Judenchristen waren damals eine von den ›rechtgläubigen‹ Juden bedrängte Minderheit. Sie machten etwa die Erfahrung, in den Synagogen ausgepeitscht (gegeißelt) zu werden. Diese Strafmaßnahme gegenüber den Judenchristen hat Matthäus, im Unterschied zu den Evangelisten Markus und Lukas, eigens in sein Evangelium eingefügt (Mt 10,17).

Der Evangelist hat anscheinend in der Quelle Q einmal den Begriff »kleingläubig« gefunden. Der hat ihm so gut gefallen, dass er das Wort gleich viermal in Jesus-Zitate einbaut. Für Reinhard Feldmeier ist das bemerkenswert, denn das Neue Testament »kennt in der Regel nur den Gegensatz von Glauben und Unglauben« (45).

Evangelium der Gerichtsdrohungen

Auffallend häufig ist im Matthäus-Evangelium von Gottes Gericht die Rede. »In keinem anderen Evangelium wird auch nur annähernd so oft gedroht wie im ersten Evangelium, und Worte wie Gericht, Gerichtstag, die äußerste Finsternis (als Strafort) sowie Heulen und Zähneklappern gehören zu seinem ausgesprochenen Vorzugsvokabular« (45). Ich vermute, dass insbesondere deshalb bereits die junge christliche Kirche eben das Matthäus-Evangelium als das Erste in seinen Kanon aufgenommen hat. Auch mit Angst und Drohungen hält man nämlich eine Gemeinde zusammen, wenn man ihr den Weg weist, von den angedrohten Folgen verschont zu bleiben. Der

Neutestamentler und vormalige Lübecker evangelische Landesbi-schof Ulrich Wilckens betont sogar (6), dass die Maßstäbe von Mat-thäus in der heutigen Kirche genauso gelten würden wie zu dessen Zeit: »Wer Jesus als Messias und Sohn Gottes ablehnt und sich wei-gert, sein Jünger zu werden, und wer die Gebote des Mosegesetzes nicht so auslegt und befolgt, wie Jesus sie für seine Jünger gelehrt hat, kann am Heil der Gottesherrschaft nicht teilnehmen.« Im Ge-gensatz zu solchen Interpretationen versuche ich den Lesern und Leserinnen dieses Buches zu zeigen, dass Matthäus *seine* Deutung von Jesus vermittelt, unter anderem, indem er Jesu Worte in *seinem* Sinne ergänzt. Er verhält sich damit im Übrigen nicht anders als alle anderen Evangelisten und Apostel.

Jesus selbst hat sich nicht als Messias verstanden. Das evange-lische Magazin *chrismon* (48) formulierte jüngst als Fazit unter der Rubrik *Religion für Einsteiger:* »Heute ist es weitgehend unstrittig: Von einem Messias ist erst seit der Auferstehung die Rede. Er selbst ließ sich so nicht nennen. Bereits vor sechzig Jahren brachte es der Theologe Rudolf Bultmann auf den Punkt: ›Jesus ist nicht als König aufgetreten, sondern als Prophet und Rabbi. Nichts von der Macht und Herrlichkeit, die nach jüdischer Vorstellung den Messias cha-rakterisiert, ist im Leben Jesu verwirklicht.‹«

Die Erfindung der Schlüsselgewalt für Petrus

Matthäus, und nur Matthäus, hat als Zitate Jesu dem Apostel Petrus gegenüber – »unter Ausblendung des Kontextes« (45) – formuliert (Mt 16,18–19): »Du bist Petrus, und auf diesen Felsen will ich mei-ne Gemeinde (die katholische Kirche übersetzt: Kirche) bauen … Ich will dir die Schlüssel des Himmelreichs geben: alles, was du auf Erden binden wirst, soll auch im Himmel gebunden sein, und al-les, was du auf Erden lösen wirst, soll auch im Himmel gelöst sein.«

Mit dem Kontext ist der etwas später folgende Vers gemeint. Zunächst prophezeit Jesus, dass er getötet werde, worauf Petrus kommentiert: »Das widerfahre dir nur nicht!« Darauf Jesus zu Pe-trus (Mt 16.23): »Gehe weg von mir, Satan! Du bist mir ein Ärgernis; denn du meinst nicht, was göttlich, sondern was menschlich ist.« Diesen Satz freilich hat Matthäus von Markus abgeschrieben. Er drückt allerdings nicht aus, dass Petrus von Jesus eine herausragende positive Rolle zugewiesen bekommen hat. Das Wortspiel mit dem Namen erklärt sich daher, dass Petrus, griechisch *Petros,* übersetzt »Stein« heißt und aramäisch *Kephas,* die Bezeichnung, die Paulus verwendet. Das Petrus nur bei Matthäus zuerkannte Recht, zu binden und zu lösen, deutet der katholische Theologe Klaus Berger: »Vieles spricht dafür, daß es sich hier um eine abgewandelte exorzistische Vollmacht handelt« (49). Exorzismus, also das Austreiben von bösen Geistern, war zu biblischen Zeiten eine auch Jesus selbst zugeschriebene, gängige Praxis. Und der Satz »Gehe weg von mir, Satan!« klingt in der Tat nach Exorzismus.

Doch auf den offensichtlich nicht historischen Satz des Matthäus gründet der Papst in Rom seine Macht. Allerdings kann man gerechterweise nicht Matthäus die Erfindung eines »Stellvertreters« Jesu beziehungsweise »Nachfolgers« auf dem »Stuhle Petri« anlasten.

Während der Evangelist Markus das letzte Abendmahl Jesu mit seinen Jüngern beschreibt, indem er Jesus den Kelch mit Wein weiterreichen und ihn sagen lässt: »Das ist mein Blut des Bundes (Martin Luther übersetzt: des [neuen] Testaments), das für viele vergossen wird« (Mk 14,24), hängt Matthäus auch hier eine eigene Ergänzung an: »das vergossen wird für viele *zur Vergebung der Sünden*« (Mt 26,28). Ich werde darauf zurückkommen.

Pontius Pilatus und die Wurzeln des christlichen Antisemitismus

Ebenfalls nur bei Matthäus findet sich eine Ergänzung der Szene, in der Jesus vor dem Stadthalter Pontius Pilatus erscheint. Dieser wollte Jesus zum Nutznießer einer zum Passahfest üblichen Amnestie machen, aber das Volk wollte statt seiner einen »berüchtigten Gefangenen, der hieß Jesus Barabbas«, welcher vermutlich ein politischer Aktivist war, frei haben und Jesus gekreuzigt sehen. Pilatus »wusch sich die Hände vor dem Volk und sprach: Ich bin unschuldig an seinem Blut, seht ihr zu! Da antwortete das ganze Volk und sprach: Sein Blut komme über uns und unsere Kinder!« (Mt 27, 24–25). Die Vorstellung, dass »das ganze Volk« dies tatsächlich gesagt haben könnte, ist mehr als abenteuerlich. Doch eben dieser Satz, in einer Zeit geschrieben, als die Judenchristen ohnmächtig und die orthodoxen jüdischen Gemeinden relativ machtvoll waren, ist bis in die jüngste Zeit eine zentrale Begründung für den Antisemitismus der christlichen Kirchen.

Trotz ›Auschwitz‹, dem Symbol für die Ermordung der Juden in der nationalsozialistischen Zeit, glaubt der protestantische Neutestamentler Ulrich Wilckens, dies könne »keineswegs ein Grund für die Kirche sein, jegliche ›Judenmission‹ aufzugeben. Das hieße ja, ihnen die Chance zur Heilsteilhabe zu verschließen« (6). Hat doch Matthäus sein Evangelium mit dem sogenannten Taufbefehl Jesu beendet. Posthum soll dieser seine elf Jünger (natürlich ohne Judas den ›Verräter‹) auf einen Berg in Galiläa bestellt und ihnen dort gesagt haben (Mt 28,19): »gehet hin und machet zu Jüngern alle Völker. Taufet sie auf den Namen des Vaters und des Sohnes und des heiligen Geistes.« Der Evangelist Markus verknüpft das Ganze sogar noch mit einer Drohung (Mk 16,15–16): »Gehet hin in alle Welt und predigt das Evangelium aller Kreatur. Wer da glaubt und getauft wird, der wird selig werden; wer aber nicht glaubt, der wird verdammt werden.« Allerdings stammt der »Taufbefehl« gar nicht von Markus. Er »ist in den ältesten Handschriften nicht vorhanden und sekundär hinzugefügt worden«. So der Neutestamentler Reinhard Feldmeier. Ich komme darauf gleich zurück.

Die eben beschriebene Episode spielt bei Markus nicht auf einem Berg. Matthäus beschreibt die Berg-Szene dagegen detailliert so (Mt 28,16–17): »die elf Jünger gingen nach Galiläa auf den Berg, wohin Jesus sie beschieden hatte. Und als sie ihn sahen, fielen sie vor ihm nieder; einige aber zweifelten.« Bereits die Bibel kennt nämlich den Zweifel, sogar den Zweifel daran, dass Jesus nach seinem Tod seinen Jüngern erschienen sei.

Die christliche Judenmission wird von den Juden und mittlerweile von vielen Christen in engem Zusammenhang mit den christlichen

Wurzeln des Antisemitismus gesehen. Diese Mission lehnt deshalb zum Beispiel die evangelisch-lutherische Landeskirche in Bayern auf Beschluss der Landessynode vom November 2008 ausdrücklich ab (50). Das tun auch die (kirchenpolitisch unmaßgeblichen) Laien im Zentralkomitee der deutschen Katholiken (ZdK). In einer Erklärung ihres Gesprächskreises Juden und Christen vom April 2009 heißt es: »Weil Gottes Bund Israel bereits das Heil erschlossen hat, braucht die Kirche nicht um das Heil Israels besorgt zu sein, die Juden nicht zum christlichen Glauben zu bekehren« (51).

Wie der Papst heute für die Juden beten lässt

Dagegen hat Papst Benedikt XVI. im Sommer 2007 angeordnet, dass in katholischen Kirchen auf Wunsch der Gläubigen die Messe nach dem alten lateinischen Ritus in der vorkonziliaren Form von 1962 gefeiert werden dürfe. Das heißt, zum Beispiel, der Priester spricht kirchenlateinisch und wendet der Gemeinde dabei den Rücken zu. In der lateinischen Messe wird am Karfreitag ein besonderes Gebet gesprochen. Für die lateinische Karfreitagmesse hat der Papst im Frühjahr 2008 das folgende Gebet festgelegt: »Lasst uns auch beten für die Juden, auf dass Gott unser Herr ihr Herz erleuchtet, damit sie Jesus Christus erkennen, den Retter aller Menschen. … Gewähre gnädig, dass beim Eintritt der Fülle aller Völker in deine Kirche ganz Israel gerettet wird.« In der Variante von 1962 war sogar noch von einer »Verblendung jenes Volkes« die Rede, das aus seiner »Finsternis entrissen« werden solle.

Allerdings hatten die Christen der Frühzeit ein jüdisches Vorbild für das Verteufeln der anderen Seite. Die Deutung von Jesus als Christus durch seine Anhänger, die »Nazoräer«, haben die frommen Juden sofort als schlimmen Verstoß gegen ihren Glauben an den einen und einzigen Gott verstanden. Insofern waren für sie die Christen Häretiker (minim). Deshalb fügten die Juden im 2. nachchristlichen Jahrhundert in das Hauptgebet im Gottesdienst, das sogenannte Achtzehnbittengebet, die ›Ketzerbitte‹ ein. Sie lautete so: »Den Getauften sei keine Hoffnung, und das frevlerische

Königreich wollest Du schnell entwurzeln in unseren Tagen, und die Nazoräer und die minim, mögen in einem Augenblick untergehen, sie mögen ausgelöscht werden aus dem Buch des Lebens und mit den Gerechten nicht eingetragen werden. Gepriesen bist Du, Herr, der die Frevler demütigt« (6). Daraus wurde im heute gültigen reformjüdischen Gebetbuch die Formulierung: »Lass die Verleumdung keine Hoffnung auf Bestand haben und lass das Unrecht aus der Welt verschwinden. Du, Gott, kennst doch die Pläne der Menschen. Gepriesen seiest du, Ewiger. Du entfernst die Ungerechtigkeit aus der Welt« (52). Dieser Satz ist gewiss nicht mehr gegen die Christen gerichtet.

Anders verhält es sich mit dem immer noch hochproblematischen Papst-Gebet »für« die Juden. Der in diesem Buch mehrfach zitierte emeritierte katholische Münsteraner Alttestamentler Erich Zenger bezeichnete das Papst-Gebet als »ärgerlichen Rückschritt« (53), die Präsidentin des Zentralrats der Juden in Deutschland, Charlotte Knobloch, qualifizierte es als »sehr diffamierend« (54). Der jüdische Münchner Historiker Michael Wolffsohn sagte, dies sei »der größte theologische Rückschritt in Bezug auf das Judentum der katholischen Kirche seit 1945« (55).

Das Papst-Gebet beruhe auf einer verfälschten Wiedergabe von Passagen des Briefes von Paulus an die Römer, so der katholische Regensburger Pastoraltheologe Heinz-Günther Schöttler (56). Im Römerbrief, von dem noch ausführlich die Rede sein wird, heißt es tatsächlich: »Verstockung ist einem Teil Israels widerfahren, so lange bis die Fülle der Heiden zum Heil gelangt ist; und so wird ganz Israel gerettet werden« (Röm 11,25–26). Von einem vorausgehenden Eintritt der Juden in die katholische Kirche ist wahrlich nicht die Rede. Doch Papst Benedikt will ausdrücklich auch beim ökumenischen und interreligiösen Dialog Mission betreiben. Ich meine, der Papst missbraucht hier die Bibel für seine kirchenpolitischen Zwecke.

Das Markus-Evangelium – Das älteste Buch mit jüngeren Zutaten

Das Markus-Evangelium ist das älteste der vier Evangelien. »Weder die früheren Jesusbewegungen noch die Christusgemeinden hatten so eine Darstellung des Lebens Jesu erdacht. Erst die Komposition des Markus sammelte die früheren Überlieferungen, nutzte die jüngste Geschichte Jerusalems, um die Voraussetzungen für eine Darstellung der Zeit Jesu zu schaffen, erdachte die Handlung, beschrieb genau die Motive und schuf auf diese Weise die Geschichte, die für das Christentum zum Evangelium der Wahrheit werden sollte.« So beschreibt es Burton L. Mack (47). Und er ergänzt: »im Fall des Markus haben wir eine offenkundig fiktive Darstellung vor uns ... Die markinische Fiktion wurde bald zur anerkannten Darstellung dessen, wie man sich Jesu Auftreten in der Welt vorstellen sollte.«

Das Evangelium ist vierzig Jahre nach Jesu Tod im Gefolge des Römisch-Jüdischen Krieges, also um das Jahr 70 nach Christus, entstanden. Mack verweist darauf, dass es damals bereits keinen Hauptbeteiligten mehr gegeben habe, »der hätte sagen können, es habe sich nicht auf diese Weise zugetragen«. Wer der Verfasser dieses Evangeliums war, ist nicht bekannt. Erst ein halbes Jahrhundert später identifizierte ihn der Bischof Papias von Hierapolis als »Dolmetscher des Petrus«. Doch Papias habe so viel gesagt, was »eindeutig falsch« ist, dass sein Zeugnis »auch hier keine allzu große Glaubwürdigkeit« verdiene. So Reinhard Feldmeier. Ulrich Wilckens verweist darauf, dass »nach übereinstimmender altkirchlicher Tradition der judenchristliche Missionar Johannes Markus der Verfasser« des Evangeliums sei. Diese Nachricht verdiene »historisches Vertrauen« (6) – was auch immer dies sein möge.

Objektiv ist es besonders schwer, das Markus-Evangelium zu bewerten, da es ja die Quelle darstellt, von der die anderen synoptischen Evangelisten abgeschrieben haben. Jedenfalls hat er die vom Verlust bedrohte Jesus-Überlieferung gesammelt und nach Feldmeier »relativ treu bewahrt«.

Markus beginnt sein Evangelium mit den Sätzen: »Dies ist der Anfang des Evangeliums von Christus, dem Sohn Gottes.« Er fährt dann fort: »Wie geschrieben steht im Propheten Jesaja: ›Siehe ich sende meinen Boten vor dir her, der deinen Weg bereiten soll. Es ist eine Stimme eines Predigers in der Wüste … ‹« (Mk 1,1–3). Jesus wird als »Sohn Gottes« definiert. Als Bote und Prediger in der Wüste ist vom Evangelisten Johannes der Täufer im Nachhinein identifiziert worden. Mit Hilfe von Informationen über Johannes, die Markus der Quelle Q entnommen hat, und solchen aus dem Buch Jesaja stellt er Jesus zugleich in die Reihe der Propheten Israels.

Gottes Stimme als Referenz: Wie die Taube zum christlichen Symbol wurde

»Der markinische Jesus vereint die Merkmale vieler mythischer und idealer Gestalten … Kind der Weisheit, leidender Gerechter, Prophet, Schriftgelehrter, Gesetzgeber, Lehrer, göttlicher Mensch, Messias, Menschensohn, Sohn Gottes, auferstandener Herr, Richter im Jüngsten Gericht und König des ›Reiches Gottes‹. Eine solche

Taufe Christi. Die Taube wird zum christlichen Symbol für den Heiligen Geist. Darstellung von Meister E. S. anno 1450.

Gestalt bedarf keiner anderen Referenzen als der Stimme der An-
erkennung durch Gott«, so Burton L. Mack. Als eine solche Referenz beschreibt der Evangelist die Taufe Jesu durch Johannes, wobei
»sich der Himmel auftat und der Geist wie eine Taube herabkam auf
ihn. Und da geschah eine Stimme vom Himmel: Du bist mein lieber Sohn, an dir habe ich Wohlgefallen« (Mk 1,10–11). Nebenbei gesagt, wurde so die Taube in den christlichen Kirchen zum Bild des
Heiligen Geistes.

Das Markus-Evangelium ist zweigeteilt. Im ersten Teil dominie-
ren die Taten Jesu. Der zweite Teil ist ganz auf Jesu Passion ausge-
richtet. Markus betont, dass Jesus aus Galiläa stammte. Die Auseinandersetzung Jesu mit den Pharisäern und Schriftgelehrten in den
Synagogen spielt in diesem Evangelium eine herausragende Rolle.
»Am Sabbat ging er in die Synagoge und lehrte. Und sie entsetzten
sich über seine Lehre; denn er lehrte mit Vollmacht und nicht wie
die Schriftgelehrten« (Mk 1,21–22), heißt es zum Beispiel über den
Auftritt von Jesus in Kapernaum. Markus geht davon aus, dass es zu
Jesu Zeit in ganz Galiläa Synagogen gegeben habe – »eine Annahme, die Archäologen und Historiker nicht zu erhärten vermoch-
ten« (47). Manche Forscher vermuten deshalb, die Gemeinschaft
des Markus sei, wie schon für die des Matthäus vermutet, in Syrien,
im Raum von Tyrus (Tyros) und Sidon anzusiedeln, was Mack für
»durchaus plausibel« hält.

Damit wird eine kleine Geschichte besser verständlich. Markus berichtet von einer Griechin aus Syrophönizien, die Jesus gebeten habe, einen bösen Geist von ihrer Tochter auszutreiben
(Mk 7,26,27). »Jesus aber sprach zu ihr: Laß zuvor die Kinder satt
werden; es ist nicht recht, daß man den Kindern das Brot wegneh-
me und werfe es vor die Hunde.« Jesus kritisiert damit nicht etwa
frühe Auswüchse der Hundehaltung. Gerd Theißen beschreibt vielmehr eine dahintersteckende »vorsynoptische« Tradition (44): »Das
schroffe Wort von den Hunden (= Heiden), denen man nicht das
Brot der Kinder (= Juden) vorwerfen soll, wird verständlicher, wenn
man weiß, daß die Juden Galiläas die Brotlieferanten des reichen
Tyros waren.«

Jesu Probleme mit seiner Familie

Der Evangelist Markus schildert die Beziehung von Jesus zu seiner Mutter Maria und seinen Brüdern und Schwestern alles andere als freundlich. Die eigene Familie hielt von dem Wunderheiler Jesus nämlich gar nichts, meinte vielmehr: »Er ist von Sinnen« (Mk 3,21). Die Theologen vermuten, dass Jesus erst mit etwa 30 Jahren als Wanderprediger anfing. Im Witz drückt sich das flapsig so aus: Jesus war ein Student. Bis dreißig daheim gewesen, und wenn er was getan hat, war's ein Wunder.

Doch zurück zum biblischen Befund: Als die Familie einmal nach Jesus rufen ließ und man ihm sagte: »deine Mutter, und deine Brüder und deine Schwestern draußen fragen nach dir«, bekamen sie zur Antwort: »Wer ist meine Mutter und meine Brüder? ... wer Gottes Willen tut, der ist mein Bruder und meine Schwester und meine Mutter« (Mk 3,32–35). Im Laufe der Kirchengeschichte wurde eben diese Maria als leiblich auferstandene »Mutter Gottes« für die Katholiken gleichsam selbst zu einer Himmelsgöttin; obendrein noch rückwirkend zum Phantom einer ewigen Jungfrau, trotz ihrer zahlreichen Kinder.

Bereits in allen drei synoptischen Evangelien erkennt Gerd Theißen die »Konzentration auf die Gestalt Jesu und die Tendenz, den Irdischen mit göttlicher Aura zu umgeben«.

Ergänzungen im 2. Jahrhundert: Der Taufbefehl und Jesu Himmelfahrt

Die ältesten Abschriften des Markus-Evangeliums enden mit Kapitel 16, Vers 8. Der Evangelist beschreibt den Besuch von drei Frauen am Grab des gekreuzigten Jesus, um den Leichnam mit wohlriechenden Ölen einzusalben. Sie sehen am Grab einen Jüngling in weißem Gewand, der ihnen sagt: »Er ist auferstanden, er ist nicht hier ... Geht aber hin und sagt seinen Jüngern und Petrus, daß er vor euch hingehen wird nach Galiläa ... Und sie gingen hinaus und flohen von dem Grab ... Und sie sagten niemandem etwas; denn

sie fürchteten sich« (Mk 16,6–8). Das Original-Evangelium schließt
damit, wie die ältesten überlieferten Handschriften, die Codices *Sinaiticus* und *Vaticanus* ausweisen. Davon wird weiter unten noch
die Rede sein. Die historisch-kritisch forschenden Neutestamentler vermuten, dass der Markus-Text im 2. Jahrhundert um die Verse 9–20 ergänzt wurde. Der Textbearbeiter erzählt, der auferstandene Jesus sei den elf Aposteln (ohne Judas den ›Verräter‹) beim
Essen erschienen und habe dort den »Taufbefehl« gesprochen. Anschließend »wurde er aufgehoben gen Himmel und setzte sich zur
Rechten Gottes« (Mk 16,19). So steht es denn auch im Glaubensbekenntnis von Nicäa, das die Christen aller Konfessionen seit dem
Jahre 325 als Dogma akzeptieren: »… auferstanden nach der Schrift
und aufgefahren in den Himmel. Er sitzt zur Rechten des Vaters.«
In der in diesem Buch, wenn nicht anders angegeben, verwendeten
revidierten Fassung der Luther-Bibel von 1984 heißt es in einer An-
merkung, die Ergänzung des Markus-Evangeliums sei hinzugefügt
worden, »vermutlich um dem Markusevangelium einen den anderen Evangelien entsprechenden Abschluss zu geben«. Wie erwähnt,
sind die anderen Evangelien später als das des Markus verfasst worden. In den vor den Evangelien geschriebenen Briefen des Paulus
ist, anders als in den Evangelien selbst, nirgends von einem »leeren
Grab« Jesu die Rede.

Das Lukas-Evangelium – Das Buch von Erbarmen, Heil und Gnade

Diesem Evangelisten macht es die geringsten Schwierigkeiten, von
Jesu göttlichem Wesen und Wirken zu erzählen. »Denn Lukas lebt
in einer Welt, in der die Vergottung von Menschen selbstverständlich ist« (46). Über ›Lukas‹ als Person wissen wir nichts außer dem,
was man aus seinem Evangelium erschließen kann. Sein Sprachstil
ist »gepflegter als in den anderen Evangelien« (45). Lukas beginnt
mit dem Hinweis: »Viele haben es schon unternommen, Bericht zu
geben von den Geschichten, die unter uns geschehen sind …«, der

Satz geht weiter, »… wie uns das überliefert haben, die es von Anfang an selbst gesehen haben und Diener des Worts gewesen sind.«
Damit bezeugt der Evangelist »die Existenz mündlicher Jesusüber-
lieferung« (44). Lukas fährt, anders als die anderen Evangelisten,
in der Ich-Form fort: »So habe auch ich's für gut gehalten«, das
sorgfältig Erkundete »in guter Ordnung aufzuschreiben« (Lk 1,1–
3). Feldmeier versteht das Lukas-Evangelium als »ein literarisches
Produkt«, das »für eine breite Öffentlichkeit bestimmt« gewesen
sei. Theißen sieht speziell eine Abgrenzung des Evangelisten vom
Judentum in »narrativer«, also erzählender Art. Lukas führe »die
alttestamentliche Heilsgeschichte in einer Weise weiter, welche die
Trennung von Juden und Christen historisch verständlich machen
und legitimieren soll«.

Lukas-Evangelium und Apostelgeschichte haben denselben Verfasser

Der Verfasser der Apostelgeschichte, die im Neuen Testament den
vier Evangelien folgt, gibt an, dass er bereits das Lukas-Evangelium geschrieben habe. Dieses Evangelium wie die Apostelgeschichte widmet er einem gewissen Theophilus. Ulrich Wilckens meint,
dass jener Theophilus »die Herstellung und Verbreitung der beiden
Bücher finanziert« habe. Das Lukas-Evangelium sei aber bereits als
Buch erschienen gewesen, als Lukas das zweite, also die Apostelgeschichte, herausgab. Als ein großes zweibändiges Werk sind »um
das Jahr 120 nach Christus« die beiden Bücher »irgendwo im Mittelmeerraum« aufgetaucht, schreibt Mack. Zu einem späteren Zeitpunkt sei das Werk dem von Paulus in seinen Briefen erwähnten
Mitarbeiter Lukas zugeschrieben worden – obwohl »der von Paulus
erwähnte Lukas dieses Werk nicht geschrieben haben kann«.

Jedenfalls war der Tempel in Jerusalem bereits zerstört, als das
Lukas-Evangelium geschrieben wurde. Feldmeier meint, es sei
»am wahrscheinlichsten, dass Lukas sein Evangelium zwischen 80
und 90 verfasst hat«. Reinhard Feldmeier schließt es aus dem Um-
stand, dass Lukas eine »relativ wohlwollende Darstellung der römi-

schen Herrschaft« gibt, was in der Spätzeit des Kaisers Domitian mit dessen übersteigertem Herrscherkult seit Beginn der 90er Jahre »schwer vorstellbar« sei. Jedenfalls ist das Lukas-Evangelium das zuletzt verfasste synoptische Evangelium.

Maria und die Schwangerschaft vom Heiligen Geist

Lukas lässt ganze Zyklen von Wundergeschichten, die Markus schildert, einfach weg; etwa die »Speisung der fünftausend« Menschen durch Jesus mit fünf Broten und zwei Fischen, oder Jesu Wandern auf dem See ohne zu versinken. Dafür finden sich bei ihm wunderbare Gleichnisse Jesu, die kein anderer Evangelist aufgenommen hat. So zum Beispiel das Gleichnis vom barmherzigen Samariter, als Erklärung dafür, was mit der oben schon erwähnten Aufforderung im Deuteronomium »Du sollst Gott lieben … und deinen Nächsten wie dich selbst« gemeint ist: Der Samariter findet einen Menschen auf der Straße, der »unter die Räuber gefallen ist«, und kümmert sich um ihn, während andere achtlos vorbeigehen. Der Verwundete war für den barmherzigen Samariter »der Nächste«.

Freilich finden sich im Lukas-Evangelium auch absonderliche Geschichten, wie die vom altklugen zwölfjährigen Jesus im Tempel zu Jerusalem, der zuvor von zu Hause ausgebüxt war. Er fällt im Tempel durch kluge Fragen auf und verwundert sich, dass ihn seine Eltern voller Sorge suchen. Ist doch der Tempel der Ort, wo er »sein muss«. Wilckens nimmt an, dass Lukas sehr viele Informationen aus einer Quelle Q übernommen hat, »die bereits mit Sonderstoffen vermischt waren«.

Als »Kurzfassung der lukanischen Theologie« versteht Feldmeier den Lobgesang der Maria, das »Magnifikat« zu Anfang des Evangeliums. Der von Maria gepriesene Gott »stößt die Gewaltigen vom Thron und erhebt die Niedrigen« (Lk 1,52), wie er Maria erhöht hatte, indem er sie mit Jesus schwanger werden ließ. »Kein Evangelium spricht so oft von Erbarmen, Frieden, Heil und Gnade wie gerade das dritte, und es meint damit auch die Neuordnung der Welt durch die Erhöhung der Niedrigen, die mit Jesus beginnt« (45).

Die seltsame Geschichte einer Schwangerschaft vom Heiligen Geist interpretieren heutige Theologen so: In der damaligen Zeit galt ein Mädchen als Besitz seines Vaters, der in die Hand des Ehemannes übergeht, sobald der Brautpreis bezahlt und die Verlobungszeit beendet ist. Der Evangelist Lukas erklärt mit dem mythologischen Bild der Jungfrauengeburt, dass Maria nicht der Besitz eines Mannes, sondern von Gott erwählt war. Sie selbst entscheidet sich, nachdem ihr der Engel Gottes die Schwangerschaft durch den Heiligen Geist angekündigt hat: »Mir geschehe, wie du gesagt hast« (Lk 1,38).

Reinhard Feldmeier betont zudem: »In keinem Evangelium spielt der Heilige Geist eine so entscheidende Rolle wie bei Lukas.« Schließlich betont Lukas »in durchweg redaktionellen Zusätzen« (45) die Rolle des Gebets bereits bei Jesus. Offensichtlich hat sich der Evangelist dabei nicht zu Herzen genommen, was Jesus selbst nach Matthäus zum Beten zu sagen wusste: »Wenn du aber betest, so geh in dein Kämmerlein und schließ die Tür zu und bete zu deinem Vater, der im Verborgenen ist; und dein Vater, der das Verborgene sieht, wird dir's vergelten« (Mt 6,6).

Das Johannes-Evangelium – Jesus wird vergöttlicht

Das vierte Evangelium ist zuletzt entstanden, etwa um die Jahre 90 bis 100 nach Christus. Sein Verfasser ist unbekannt. Aus seinen Texten lässt sich über den Autor dies erschließen: »Er spricht ein einfaches Griechisch, dessen Satzbau dem semitischer Sprachen entspricht. Er hat Zugang zum Aramäischen und übernimmt aramäische Wörter. Daraus lässt sich schlussfolgern, dass er Judenchrist ist« – also ein Christ gewordener Jude und kein getaufter Heide. So der evangelische Theologe Matthias Rein (45). Zusammenfassend betont Gerd Theißen (46): »Im Johannes-Evangelium erreicht die Vergöttlichung des irdischen Jesus ihren Höhepunkt.« Und ein wenig ironisch sagte der Theologe Rudolf Bultmann 1961 über den Jesus, wie ihn Johannes verstanden hat, dass der »Offenbarer Gottes nichts offenbart, als daß er der Offenbarer ist« (46).

Der Papyrus 52 ist das älteste erhaltene
Stück des Neuen Testaments, ein visiten-
kartengroßes Fragment des Johannes-
Evangeliums. Das Textstück stammt aus
der Zeit 100 bis 150 nach Christus.

Eine ganz andere Deutung als die der Synoptiker

Das Johannes-Evangelium ist als eigenständige Deutung der synoptischen Evangelien verfasst worden. Dabei hat der Autor seine Quellen mit großer Freiheit benutzt, in dem Bemühen, seine Leser auf eine »höhere Stufe des Verstehens« (46) zu heben. Allerdings war Johannes kein Augenzeuge. Wie sollte er auch, sechzig bis siebzig Jahre nach Jesu Tod?

Das Evangelium beginnt mit den in der Übersetzung von Martin Luther berühmt gewordenen Sätzen: »Im Anfang war das Wort (griechisch: Logos), und das Wort war bei Gott, und Gott war das Wort« (Joh 1,1). Johannes setzt den Gedanken dann fort mit dem auf Jesus hinweisenden Satz: »Und das Wort ward Fleisch und wohnte unter uns, und wir sahen seine Herrlichkeit als des eingeborenen Sohnes vom Vater, voller Gnade und Wahrheit« (Joh 1,14).

Der Logos als Brücke zur Philosophie der Antike

Der Begriff *Logos,* den Johannes verwendet, ist bereits Jahrhunderte zuvor von den antiken griechischen Philosophen geprägt worden. Heraklit, der um 500 vor Christus in Ephesos lebte, benutzte das Wort, um damit das Weltgesetz zu kennzeichnen, welches das Werden regelt. Aristoteles (384–322) versteht unter dem *orthos Logos* die »rechte Vernunft«. Die Verknüpfung des Logos mit Jesus dem Christus bildet in den ersten nachchristlichen Jahrhunderten die Brücke zwischen dem philosophischen Erbe der Antike und der biblischen Überlieferung. Sie wird »Kristallisationspunkt« (45) der altkirchlichen Dogmenbildung.

Zitate – Jesus in den Mund gelegt

Johannes beschreibt Jesus mit seinen Worten, die er Jesus in den Mund legt; Worten, die seither von den Christen zitiert werden: »Ich bin das Brot des Lebens«, »Ich bin das Licht der Welt«, »Ich bin der gute Hirte«, »Ich bin die Auferstehung und das Leben«, »Ich und der Vater sind eins«. »Ich bin der Weg und die Wahrheit und das Leben; niemand kommt zum Vater denn durch mich.« Das sind alles keine historischen Jesus-Zitate, sondern Deutungen des Evangelisten Johannes, welche dieser in Zitatform gießt. Und diese Deutungen haben ihre eigene Wirkungsgeschichte. Deutsche fundamentalistische Protestanten zum Beispiel betreiben hierzulande Mission an Juden, eben mit der Begründung, Jesus selbst habe gesagt: »niemand kommt zum Vater denn durch mich« (Joh 14,6). Mit anderen Worten: Wenn die Juden nicht Christen werden, kommen sie in die Hölle, jedenfalls nicht in den Himmel.

Johannes kann offensichtlich als einziger Evangelist den Widerspruch zwischen den auf Jesus hin gedeuteten Prophezeiungen des Alten Testaments und der tatsächlichen Biographie Jesu offen aussprechen. Er hält es hier mit der tatsächlichen Historie: Für Johannes ist Jesus »Josefs Sohn, aus Nazareth« (Joh 1,45). Damit erhält er einen irdischen Vater, und es gab keine Zeugung durch den Heili-

gen Geist. Johannes verweist sogar ausdrücklich darauf, dass es in
der Schrift, also dem Alten Testament, heiße, »aus dem Geschlecht
Davids und aus dem Ort Bethlehem, wo David war, soll der Christus kommen« (Joh 7,42). Das heißt, der Evangelist macht den Widerspruch offenbar.

Jesu Kampf gegen den Opferkult

Der Tod Jesu als Verbrecher am Kreuz hat eine Vorgeschichte. Jesus, der zuvor in Galiläa als Wanderprediger wirkte, ging kurz vor
Beginn des Passahfestes nach Jerusalem. Und »er fing an, auszutreiben die Verkäufer und Käufer im Tempel; und die Tische der Geld-
wechsler und die Stände der Taubenhändler stieß er um und ließ
nicht zu, daß jemand etwas durch den Tempel trage« (Mk 11,15–
16). Der Tempel in Jerusalem war damals vor allem ein mehr oder
minder frommer Geschäftsbetrieb. Der Opferkult – das zentrale Ritual im Tempel – hatte gigantische Ausmaße angenommen. Allein
etwa achttausend Priester arbeiteten hier (57) und lebten davon. Die
frommen Juden mussten die Tiere, die sie opfern wollten, zunächst
kaufen. Daraus entwickelte sich ein blühender Geschäftszweig. Auf
Jesus, den frommen Mann aus der Provinz, wirkte das Ganze offenkundig äußerst abstoßend. Er provozierte einen Eklat. Theologisch begründete er ihn mit einem Satz des Propheten Jesaja. Jesus:
»Steht nicht geschrieben: ›Mein Haus soll ein Bethaus heißen für
alle Völker‹? Ihr aber habt eine Räuberhöhle daraus gemacht« (Mk
11,17). Bei Jesaja heißt es, indem er den HERRN zitiert: »… und ihre
Brandopfer und Schlachtopfer sollen mir wohlgefällig sein auf meinem Altar; denn mein Haus wird ein Bethaus heißen für alle Völker.« Jesaja nahm also, anders als Jesus, am Opferkult nicht Anstoß.
Der Begriff »Räuberhöhle« ist bei Jesus auch als ein Zitat zu verstehen. Der Prophet Jeremia zitiert nämlich den HERRN mit dem Satz
(Jer 7,11): »Haltet ihr denn dies Haus, das nach meinem Namen genannt ist, für eine Räuberhöhle?« Nach dem von Jesus provozier-
ten Eklat trachteten die Hohepriester und Schriftgelehrten danach,
»wie sie ihn umbrächten« (Mk 11,18).

Jesus war der Ernst der Situation durchaus klar, möglicherweise aber erst im Nachhinein. Nichts spricht jedoch dafür, dass er seine Demonstration gegen den Opferkult so gemeint hat, als müsse *er* sich nun als Opferlamm seinem Gott für die Sünden der Menschheit darbieten (Joh 1,29). Eine solche Deutung ist das Konstrukt seiner Jünger nach Jesu Tod.

Die Apostelgeschichte des Lukas – Wie die Kirche Jesus ersetzt

Die Apostelgeschichte ist »ein literarisch durchgestaltetes Werk« (6). Nach eigenen Angaben hat der Verfasser des Lukas-Evangeliums auch die Apostelgeschichte geschrieben. Der Neutestamentler Friedrich Wilhelm Horn von der Universität Mainz meint, sie sei »am Ausgang des ersten Jahrhunderts« aufgeschrieben worden (45). Burton L. Mack datiert sie noch später: »Sie wurde gegen Ende des ersten Viertels des 2. Jahrhunderts von einem hochgebildeten hellenistischen Christen verfasst.« Was die Quellen für die Geschichte sind, weiß man nicht. Lukas hat Traditionen der christlichen Gemeinde in Antiochien verarbeitet, der Küstenstadt im Norden Syriens. Horn vermutet, dass Lukas zudem Einzelüberlieferungen wie Missionslegenden verwendet habe, die »im Lauf der Jahrzehnte erzählerisch gewachsen waren«. Ein knappes Drittel der Apostelgeschichte besteht aus zum Teil ausführlichen Reden der Apostel. Ihre Authentizität ist bereits zu Beginn des 19. Jahrhunderts in Frage gestellt worden (45). Es ist ja auch unwahrscheinlich, dass zum Beispiel Stephanus, der als erster christlicher Märtyrer gilt, unmittelbar bevor er gesteinigt wurde, noch eine ausführliche Rede gehalten hat, in der er nicht einmal auf die gegen ihn erhobenen Vorwürfe eingegangen ist, sondern einen ausführlichen Rückblick auf die Geschichte Israels gibt. Die Verfahrensweise des Lukas, in seinen Bericht allgemeine Betrachtungen einzubauen, die mit der jeweils geschilderten Situation in keinem direkten Zusammenhang stehen, entsprach den Spielregeln der antiken Geschichtsschreibung.

Was die Faktengenauigkeit angeht, muss man dies bedenken: Wenn die Datierung der Experten zutrifft, wäre das Bemühen des Lukas historisch etwa so anspruchsvoll, wie wenn jemand heute versuchen würde, eine detaillierte Geschichte des Ersten Weltkriegs zu schreiben aufgrund der Notizen einiger weniger Augenzeugen sowie vom Hörensagen.

Die Erfindung apostolischer Traditionen

Die Apostelgeschichte bringt, wie Mack es formuliert, die »Erfindung apostolischer Traditionen« in die Christenheit. In dieser Darstellung sind es die Apostel, welche die Jesus-Erzählung in der Zeit verankern, die Zeugnis dafür ablegen, dass all dies wirklich geschehen sei. Die »Fiktion« von zwölf Jüngern, die zu Aposteln wurden, habe sich »aus der frühchristlichen Mythenbildung unter Intellektuellen, die zentristische Neigungen und institutionelle Tendenzen verfolgten« ergeben. Man befand sich damit also bereits auf dem Wege zur Institution ›Kirche‹. Rückblickend habe der Verfasser der Geschichte die Vorstellungen von einem Apostelkonzil geschaffen sowie von einem »apostolischen Zeitalter«, dem Bindeglied, »das eine unmittelbare Traditionslinie von Jesus bis zu den Kirchen garantierte, insbesondere zu jenen Kirchen, die das besondere Privileg anerkannten, das der Gemeinde in Rom zukam«. Es sei der »apostolische Mythos«, der die weitere christliche Vorstellung auf die »seltsame Überzeugung festlegte, für Christen hänge die Wahrheit von den Augenzeugenberichten einer vergangenen privilegierten Klasse von Jüngern ab, die dem Göttlichen persönlich begegnet waren«.

Die Apostelgeschichte als Rechtfertigung der Kirchengeschichte

Man kann die Apostelgeschichte als eine Art Evangelium des gemeinsamen Nenners verstehen. Die Deutungen des Lukas sind die ideologische Voraussetzung für das spätere Entstehen der christlichen Kirche. Das erkennt man freilich erst im Rückblick. Mack beschreibt es so: Die Verlagerung des Interesses von Jesus auf die

Apostel hat die Darstellung der Evangelien »auf ein Glaubensbekenntnis reduziert, und die Wiederholung dieses Credos wurde zum Zeichen der apostolischen Autorität. Die apostolische Autorität stützte eine konkrete gesellschaftliche Institution, die Kirche, und diese hatte nunmehr ihren Mythos fertiggestellt: Sie hatte ihre Stiftergestalt, ihren göttlichen Herrn, ihre Apostel, ihre eigenen Beamten und Führer, ihre Rituale, ihr Ensemble an Praktiken und ihren Bestand an Lehren.« Das heißt, die Apostelgeschichte rechtfertigt vorzugsweise den weiteren Verlauf der Kirchengeschichte. Wenn es nur sie gäbe, würde man dies freilich nicht so klar erkennen können.

Die Apostelgeschichte beginnt mit einer Erzählung des Lukas von Christi Himmelfahrt, dem »Pfingstwunder« und der Nachwahl des Matthias in den Zwölferkreis der Apostel als Ersatz für Judas. Lukas schildert das Wirken der Apostel in Jerusalem, wobei hier Petrus im Mittelpunkt der Berichterstattung steht. Konflikte in der Jerusalemer Urgemeinde zwischen (zu Christen gewordenen) griechischen und hebräischen Juden deutet Lukas an. Er versuche allerdings zu »beschönigen«, meint Friedrich Wilhelm Horn. Der »Grieche« Stephanus, der mit sechs anderen griechischen Juden zum Armenpfleger gewählt worden war, wurde gesteinigt. Bei der nächsten Verfolgung der christlichen durch die orthodoxen Juden wurden die Griechen aus Jerusalem vertrieben, die Apostel dagegen nicht. Warum das so war, erklärt der Verfasser der Apostelgeschichte nicht. Diese Vertreibung der Griechen sorgt allerdings letztlich für die Verbreitung des Christentums durch die Vertriebenen außerhalb Jerusalems. Zentrum der Mission wird Antiochien im Norden des heutigen Syrien.

Vom Saulus zum Paulus

Lukas erzählt in seiner Apostelgeschichte insbesondere die Geschichte des jüdischen Pharisäers und Christenverfolgers Saulus, der nach seinem ›Damaskuserlebnis‹ (einer Vision auf dem Wege nach Damaskus) ›vom Saulus zum Paulus‹ wird; einem zum Sprichwort gewordenen Wandel der Einstellung. Paulus verstand seine Vision, genauer gesagt: seine Audition, ein inneres Hörerlebnis, das ihn vorübergehend blind werden ließ, als Anruf von Jesus. Medizinisch gesehen, war dies wahrscheinlich ein epileptischer Anfall. Dieses für ihn einschneidende Erlebnis interpretierte Paulus als direkte Berufung durch Jesus, womit er sich, den Jüngern Jesu gleich, ebenfalls als ein Apostel verstand. Wir kennen die Details aus der Apostelgeschichte. Doch auch »bei dieser Geschichte handelt es sich um eine etwa achtzig Jahre nach dem Ereignis verfasste Legende« (47).

Damit wird Paulus »der Held der Geschichte« (47). Allerdings »findet seine Theologie kaum Erwähnung und wenn, dann in der Form, wie Lukas sie sich vorgestellt hat« (45). Paulus unternimmt drei Missionsreisen nach Kleinasien und Griechenland. Jedes Mal kehrt er nach Antiochien zurück, um über seine Erfolge zu berichten. Freilich gab es nicht nur Erfolge zu vermelden. Nach Darstellung der Apostelgeschichte gab es viel Ärger mit den Juden in den Diasporagemeinden. Offenkundig sind sie auch gewaltsam gegen Paulus und seinen Mitstreiter Barnabas vorgegangen. Deshalb pflegten die beiden zu verschwinden, wenn man sie nicht hören wollte. Lukas verwendet dabei eine Formulierung, die er bei Markus fand. Dieser zitiert Jesus mit dem Satz (Mk 6,11): »Und wo man euch nicht aufnimmt und nicht hört, da geht hinaus und schüttelt den Staub von euren Füßen.« Lukas lässt auch Paulus und Barnabas den Staub von ihren Füßen schütteln.

Widersprüchliches über Petrus

Zu den ersten ernsten Problemen, welche die junge Christengemeinde zu lösen hatte, gehörte die Frage, ob ein ›Heide‹ zunächst Jude werden, sich also beschneiden lassen und die rituellen mosaischen Gesetze einhalten müsse, ehe er Christ werden könne. Paulus hielt das, im Gegensatz zu den Jüngern in der Jerusalemer Urgemeinde, nicht für nötig. So kam es um die Zeit 46/48 nach Christus (44) zu dem von Lukas so genannten ›Apostelkonzil‹ in Jerusalem. Nach der Darstellung des Lukas unterstützte dabei Petrus den

Paulus. Jakobus, der leibliche Bruder Jesu (er war zu Lebzeiten von Jesus kein Jünger), stellte allerdings rituelle Minimalforderungen auf, die sich im sogenannten Aposteldekret niederschlugen. Die Heidenchristen hätten sich danach von verbotenen Geschlechtsbeziehungen enthalten und kein nicht rituell geschlachtetes Fleisch verzehren (Apg 15,20) dürfen. Nach der Apostelgeschichte hat Paulus auch einen Brief mit dem entsprechenden Beschluss der Gemeinde in Antiochien überbracht (Apg 15,30). Paulus schildert das Apostelkonzil aus seiner Sicht in seinem Brief an die Gemeinden in Galatien, dem Galater-Brief. Der Brief ist über fünfzig Jahre früher als die Apostelgeschichte geschrieben worden. Man sei sich einig gewesen, dass er, Paulus, mit Barnabas unter den Heiden, dagegen der Jesus-Bruder Jakobus, sowie Kephas (Petrus, wörtlich: Fels) und Johannes, »die als Säulen angesehen werden« (Gal 2,9), unter den Juden predigen sollten. Das Aposteldekret erwähnt Paulus allerdings in seinen Briefen nie explizit. In seinem Brief an die Galater betont er im Gegenteil: »Mir haben die, die das Ansehen hatten, nichts weiter auferlegt« (Gal 2,6). Zusätzlich schildert Paulus eine Szene, die Petrus als Feigling darstellt und nicht, wie die Apostelgeschichte, als Vorkämpfer für die Freiheit der Christen vom »Joch« (Apg 15,10) des jüdischen Gesetzes: »Als aber Kephas nach Antiochia (Antiochien) kam, widerstand ich ihm ins Angesicht, denn es war Grund zur Klage gegen ihn« (Gal 2,11–13). Petrus habe nämlich zunächst mit den Heiden – also ohne Rücksicht auf die rituellen jüdischen Speisegesetze – gespeist. Als aber Judenchristen (»einige von Jakobus«) hinzukamen, habe er sich abgesondert, »weil er die aus dem Judentum fürchtete. Und mit ihm heuchelten auch die anderen Juden, so dass selbst Barnabas verführt wurde, mit ihnen zu heucheln.« Sie taten also so, als würden sie die jüdischen rituellen Speisegesetze weiterhin einhalten.

Paulus hat sich in der Praxis am Ende durchgesetzt. Ein Heide musste nicht zunächst Jude werden, ehe er Christ werden konnte, und er musste auch nicht die jüdischen rituellen Speisegesetze einhalten. Eine Entwicklung, ohne die das Christentum eine jüdische Sekte geblieben wäre.

Jakobus, der Bruder Jesu, dem die Ritualgesetze so wichtig waren, war übrigens nicht nur in der urchristlichen Gemeinde, sondern auch bei Teilen der jüdischen Gemeinde sehr hoch angesehen. Nachdem nämlich der sadduzäische Hohepriester den Jakobus, der damals Leiter der Urgemeinde war, anno 62 hatte steinigen lassen, war der Protest unter den Juden so groß, dass der Hohepriester abgesetzt wurde.

Zurück zur Apostelgeschichte. Nach der Rückkehr des Paulus von seiner dritten Missionsreise nach Jerusalem, so schildert es Lukas (Apg 21,27–28), »sahen ihn die Juden aus Asien im Tempel und erregten das ganze Volk, legten die Hände an ihn und schrien: Ihr Männer von Israel helft! Dies ist der Mensch, der alle Menschen an allen Enden lehrt gegen unser Volk ...« Paulus wurde verhaftet. Vor einem kurzen Prozess konnte er sich retten. Er berief sich darauf, dass er die römische Staatsbürgerschaft besaß, also nur vom Kaiser in Rom verurteilt werden könne. Die Folge: »Auf den Kaiser hast du dich berufen, zum Kaiser sollst du ziehen« (Apg 24,12), so nach langer Haft des Apostels in Jerusalem der römische Stadthalter Porcius Festus. Nach einer Reise voller Hindernisse, so berichtet Lukas, kam Paulus nach Rom. Die Apostelgeschichte endet mit den Sätzen (Apg 28,30–31): »Paulus aber blieb zwei volle Jahre in seiner eigenen Wohnung und nahm alle auf, die zu ihm kamen, predigte das Reich Gottes und lehrte von dem Herrn Jesus Christus mit allem Freimut ungehindert.«

Ein Herz und eine Seele als Idealzustand

In der Kirchenhistorie hat das in der Apostelgeschichte gezeichnete Bild von einem »Idealzustand der Urgemeinde« (45) eine große Wirkung entfaltet. Dazu gehören die von Lukas verwendeten Schlagworte, die dieses Bild geschaffen haben. Schlagworte wie »Gemeinschaft«: »Sie blieben aber beständig in der Lehre der Apostel und in der Gemeinschaft und im Brotbrechen und im Gebet« (Apg 2,42). Oder »einmütig«: »Sie waren täglich einmütig beieinander im Tempel« (2,46). Zum Sprichwort wurde das Bild »ein Herz und eine Seele«: »Die Menge der Gläubigen aber war ein Herz und eine Seele; auch nicht einer sagte von seinen Gütern, daß sie sein wären, sondern es war ihnen alles gemeinsam.« Oder: »Es war auch keiner unter ihnen, der Mangel hatte, denn wer von ihnen Äcker oder Häuser besaß, verkaufte sie und brachte das Geld für das Verkaufte« (Apg 4,32,34). Von diesen herzigen Bildern ließen sich zuletzt die Erfinder des Kommunismus blenden. Sie scheiterten bekanntlich an der Realität der Unvollkommenheit der Menschen und ihrem ökonomischen Unverstand.

Die Briefe

Das Neue Testament enthält 21 Briefe, deren Verfasser sich namentlich als Apostel vorstellen. Doch wie meistens in der Bibel, gilt auch hier, »Gefühl ist alles. Name ist Schall und Rauch«, um mit Goethes *Faust* zu sprechen. Oder im Verbraucherdeutsch gesagt: Was draufsteht, ist nicht immer drin. Das heißt, nur die Paulus-Briefe stammen wirklich von Paulus, doch selbst sie nicht alle. Alles andere ist Namens-Anmaßung. Natürlich hat man auch von den echten Briefen nicht mehr die Originale, also keine *Autographen* von Paulus, sondern immer nur Abschriften. Die ältesten dieser Abschriften stammen aus der Zeit um 200, etwa 140 bis 150 Jahre nachdem sie verfasst worden sind.

Aus den echten Paulus-Briefen, den ältesten Zeugnissen, lässt sich die christliche Frühgeschichte in vielen Details erschließen. Die Jünger Jesu fanden nach dem Tod ihres Meisters unter den Juden alsbald Anhänger ihres Glaubens an Jesus, den sie als Christus deuteten. Sie ließen sich zum Zeichen des Christ-sein-Wollens taufen. Aber man blieb Jude unter Juden. Man ging in den Tempel, betete gemeinsam, traf sich auch zu gemeinsamen Mahlzeiten, verteilte, soweit vorhanden, seinen Besitz an Arme, an Witwen und Waisen und wartete in ›frühkommunistischer‹ Gemeinschaft auf das Ende der Welt.

Das alles spielte sich zunächst in Jerusalem ab. Die Jünger Jesu, Petrus (Kephas), Jakobus und Johannes, leiteten die Gemeinde, zu der auch die leiblichen Brüder Jesu stießen. Dabei spielte der Jesus-Bruder Jakobus, nicht zu verwechseln mit dem Apostel gleichen Namens, eine herausragende Rolle.

Selbst Petrus war kein Single

Die Apostel waren verheiratet und lebten nicht etwa im Zölibat. Sie waren Menschen wie du und ich, denn es gab damals keine Priesterweihe. Man weiß von der familiären Situation der Apostel aufgrund eines Briefs des Apostels Paulus an die Gemeinde in Korinth (1. Kor 9,5). Er betont darin sein »Recht, eine Schwester als Ehefrau mit uns zu führen, wie die anderen Apostel und die Brüder des Herrn und Kephas«. Das heißt, selbst Petrus (Kephas), als dessen Nachfolger sich die Päpste verstehen, war kein Single, wie Paulus ausdrücklich betont.

Der Zölibat ist erst viel später eingeführt worden; im 3. Jahrhundert begann es mit der Gewohnheit, dass die Priester nach der Ordination keine Ehe mehr eingingen – und zwar aufgrund der heidnischen Vorstellung, dass der Beischlaf zum Kult unfähig mache. Das generelle Verbot der Priesterehe wurde in der römischen Kirche im 11. und 12. Jahrhundert mehr oder minder durchgesetzt.

Zurück zum Apostel Paulus. Erst mit seinem Auftreten begann die Mission unter den Nichtjuden. Die Konflikte, die dabei gelöst werden mussten, veranschaulichen die Paulus-Briefe.

Die Paulus-Briefe – Viel älter als die Evangelien

Die Briefe des Paulus sind die frühesten handschriftlich bezeugten christlichen Schriften. Sie stammen aus den fünfziger Jahren, sind also um Jahrzehnte älter als etwa die Evangelien. Diese Briefe sind

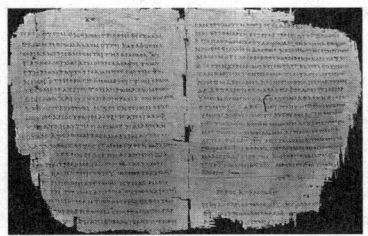

Eine der frühesten erhaltenen Abschriften der Paulusbriefe findet sich in der Chester-Beatty-Papyrus-Sammlung in Dublin. Hier der Papyrus 46 mit dem Ende des Römer-Briefes und dem Anfang des 1. Briefes an die Korinther, wohl um 200 nach Christus.

die einzigen Texte aus dem 1. nachchristlichen Jahrhundert, welche die Theologen als authentisch ansehen, die also tatsächlich von dem Verfasser geschrieben wurden, dem sie zugeschrieben werden. Doch auch als Paulus seine Briefe schrieb, lag Jesu Kreuzigung bereits zwei Jahrzehnte zurück; zwanzig Jahre, in denen seine Jüngerinnen und Jünger diesen Tod zu verstehen und auf unterschiedliche Weise zu deuten suchten.

Paulus' trickreiche Deutung

Paulus deutete ebenfalls, auch mit Hilfe von ›Tricks‹, wie man heute sagen würde. Der jüdische Theologe Pinchas Lapide hat nachgezählt (58): »Von den zweiundachtzig Zitaten, die Paulus aus seiner hebräischen Bibel bringt, stimmen rund dreißig mit der Septuaginta-Übersetzung überein, sechsunddreißig weichen beträchtlich von ihr ab; zwölf Zitate weisen wesentliche Sinnveränderungen auf; der Rest besteht aus äußerst freien Paraphrasen, die kaum dem Sinn, geschweige dem Wortlaut des Originals entsprechen.« Ich werde darauf noch zurückkommen.

Nicht alle Paulus-Briefe stammen mit Sicherheit von Paulus.

Der Apostel Paulus als Briefschreiber, dargestellt in einer Handschrift aus St. Gallen aus dem frühen 9. Jahrhundert.

Die Bibelwissenschaftler sprechen bei den echten Briefen von *Homologumena* (griechisch »zugestehen«). Diese echten Paulus-Briefe sind der Römer-Brief, die Briefe an die Korinther, der Galater- und der Philipper-Brief, der erste Brief an die Thessalonicher und der Philemon-Brief. Solche Briefe, bei denen man die Verfasserschaft des Paulus anzweifelt, nennen die Experten *Antilegomena* (griechisch »widersprechen«). Es sind dies die Schreiben an die Epheser und die Kolosser, mittlerweile als sicher unecht eingestuft, sowie der zweite Thessalonicher-Brief. Die zwei Briefe an Timotheus und der an Titus werden, ihrer Intention entsprechend, *Pastoralbriefe* (Hirtenbriefe) genannt. Sie stammen *nicht* von dem Apostel Paulus. Auch der Hebräer-Brief gilt als sicher nicht von Paulus verfasst.

Die echten, die fragwürdigen und die falschen Briefe des Apostels Paulus wurden abgeschrieben, gekürzt oder ergänzt und zu Sammlungen zusammengefasst, lange ehe es das Neue Testament gab.

Der Römer-Brief – Wirkmächtige Deutung von Jesu Tod

»Theologischer Essay« für die Jesus-Anhänger in der Hauptstadt

Diesen Brief hat Paulus vor einem in Aussicht genommenen Besuch an die Gemeinden in Rom geschrieben. Man kannte ihn dort nicht persönlich. Und so ist das Schreiben, das Paulus wahrscheinlich in Korinth verfasst hat (45), zu einem »theologischen Essay« (47) geworden. Paulus vermittelt den Jesus-Anhängern seine Deutung der Botschaft Jesu. Er wendet sich an Juden und Heiden in Rom. Das ist nach Karl-Wilhelm Niebuhr (45) so zu verstehen: Im Umfeld der jüdischen Synagogen waren auch die ersten christlichen Gemeinschaften entstanden. Zu ihnen gehörten nicht nur Juden, sondern auch von Paulus so genannte Heiden, die schon vor ihrer Zuwendung zum Glauben an Jesus im Kontakt mit den Synagogengemeinden waren, allerdings ohne sich beschneiden zu lassen. Leute also, die, wie Paulus schreibt, »das Gesetz kennen«. Der wichtigste Hinweis darauf sei die mehrfach in antiken Quellen belegte Ausweisung von *Juden* aus Rom zur Zeit des Kaisers Claudius (41–54 nach Christus), wegen Unruhen, die durch einen gewissen *Chrestos* ausgelöst worden waren. Zu den Ausgewiesenen gehörten nach Darstellung der Apostelgeschichte auch das Ehepaar Aquila und Priszilla (Priska), die Paulus im Römer-Brief als seine Mitarbeiter bezeichnet. Aus den Briefen des Paulus lässt sich erschließen, dass Frauen in den urchristlichen Gemeinden – anders als heute in den katholischen Kirchen – eine wichtige Rolle spielten. Paulus erwähnt viele von ihnen namentlich und voller Hochachtung.

Für die Geschichte des Christentums entscheidend ist die Deutung des Todes Jesu durch Paulus als ein Opfer, ein »edler Tod«, wie es die Griechen verstanden. Paulus wusste, dass seine Leser die Tora kannten. Er konnte sich also, wie für die ersten Christen selbstverständlich, in seinen Interpretationen auf das Alte Testament beziehen. Und so entwickelt der Apostel sein Credo aus der Verbindung eines *Mythos* mit der *Deutung* einer tatsächlichen Begebenheit. Der Mythos ist die Vorstellung, dass durch den ›Sündenfall‹ des Adam im Paradies – das Essen vom Baum der Erkenntnis des Guten und Bösen – die Sünde in die Welt gekommen sei; »und der Tod durch die Sünde«. Denn für Paulus gilt: »der Sünde Sold ist der Tod« (Röm 6,23). Diesen Mythos verbindet der Apostel mit der Deutung des Todes Jesu am Kreuz als Opfertod. Gott selbst sei es, der »seinen eigenen Sohn nicht verschont hat, sondern hat ihn für uns alle dahingegeben« (Röm 8,32). Damit machte Jesus wieder gut, was Adam angerichtet hatte. Diese Vorstellungen sind, wie schon oben angedeutet, für viele Theologen nicht mehr akzeptabel, gehören aber nach wie vor zum Grundinventar des von den Kirchen aller Konfessionen verkündeten christlichen Glaubens.

Das Gute, das ich will, das tue ich nicht

Noch ein weiterer Satz, eine weitere Deutung des Paulus hat Kirchengeschichte gemacht. Der Apostel schreibt an die Römer (Röm 3,28): »So halten wir nun dafür, daß der Mensch gerecht wird ohne

226 Jesus und das Neue Testament

des Gesetzes Werke, allein durch den Glauben.« Paulus wusste bereits aus seiner Lebenserfahrung, was neuerdings die Gehirnforscher erklären können: Der »Freie Wille« ist ein Konstrukt. Der Mensch fühlt sich zwar in seinen Entscheidungen frei. Doch viel stärker wird er von unbewussten Kräften bestimmt als vom bewussten Wollen. Der gute Wille ist nicht entscheidend. Paulus formulierte es in seinem Römer-Brief so: »das Gute, das ich will, das tue ich nicht; sondern das Böse, das ich nicht will, das tue ich« (Röm 7,19). Der erlösungsbedürftige Mensch ist also auf die Gnade Gottes angewiesen. Er kann sie nicht durch »des Gesetzes Werke« erwerben, sondern sie wird ihm im Glauben geschenkt.

Dieser Gedanke der »Rechtfertigung« des Menschen durch Gott, allein durch dessen Gnade, war für Martin Luther entscheidend für die Formulierung seiner Thesen, die das Zeitalter der Reformation auslösten.

Auch der folgende Satz des Paulus hat Kirchengeschichte gemacht (Röm 13,1–2): »Jedermann sei untertan der Obrigkeit, die Gewalt über ihn hat. Denn es ist keine Obrigkeit, außer von Gott; wo aber Obrigkeit ist, die ist von Gott angeordnet.« Martin Luther machte daraus die »Zwei-Reiche-Lehre«. Sie unterscheidet zwischen dem »weltlichen« und dem »geistlichen« Regime, wobei in Ersterem die von Gott gesetzte Obrigkeit herrsche. Diese Lehre beförderte bei den Lutheranern eine Entpolitisierung. Zugleich erlaubte sie die enge Verbindung der deutschen protestantischen Landeskirchen mit ihren Landesherren, die sich »von Gottes Gnaden« auf ihre Throne gesetzt fühlten. Das war nicht eben demokratiefördernd. Und trug auch nicht dazu bei, den Widerstand gegen einen Adolf Hitler hervorzurufen.

Der Erste und Zweite Brief an die Korinther – Unser Wissen ist Stückwerk

Paulus wirkte um das Jahr 50 etwa achtzehn Monate lang im griechischen Korinth und ging dann nach Ephesus in der Provinz »Asia«, an der Küste der heutigen Türkei gelegen. Dort schrieb er einen Großteil seiner Briefe an die Korinther und reiste zwischendurch auch noch mindestens einmal nach Ephesus. Die beiden Briefe an die Korinther sind nach Mack »in Wirklichkeit eine Sammlung von sechs verschiedenen Korrespondenzen«. Der 1. Korinther-Brief allerdings sei »ein einzelner, relativ unversehrter Brief«.

Unklarheiten über mögliche Kürzungen und Einfügungen

Auch das ist nicht unumstritten. Im 1. Korinther-Brief gibt es nämlich ebenfalls Brüche, wie die philologische Feinanalyse des griechischen Textes zeigt. Ein versöhnlicher Tonfall der Gemeinde gegenüber wechselt zu einem aggressivem, oder dasselbe Thema – eine Geldsammlung für die Gemeinde in Jerusalem – wird auf zweierlei Weise behandelt. Viele Exegeten vermuten deshalb, dass die Kapitel 1–9 sowie 10–13 ursprünglich selbstständige Briefe waren (45).

Das führt allerdings zu einer Reihe von Fragen. »Teile der ursprünglichen Paulusbriefe müssten bei ihrer Zusammenstellung zu den kanonischen Briefkompositionen ausgeschieden worden sein … Neue, aber nicht von Paulus stammende Textpassagen könnten hinzugekommen sein« (45). Aber wer könnte das innerhalb der wenigen Jahrzehnte, die dafür in Frage kommen, getan haben?

Die neutestamentliche Forschung hat auf diese Fragen »keine Antworten gefunden« (45). Ebenso wenig sei es aber gelungen, »das auffällige literarische Erscheinungsbild besonders des 2. Korinther-Briefes in seiner kanonischen Gestalt befriedigend zu erklären«. Fazit des Jenaer Neutestamentlers Karl-Wilhelm Niebuhr: »Wir erkennen, wie viel über die Entstehungsgeschichte des Neuen Testaments wir *nicht* wissen.« Die Wirkung dieser Briefe in der

Theologie- und in der Kirchengeschichte ging freilich erst von den Briefen in ihrer kanonischen Textgestalt aus.

Das Hohelied der Liebe

Im 1. Korinther-Brief sind uns von Paulus wunderbare Sätze überliefert, etwa »das Hohelied der Liebe«, das so beginnt: »Wenn ich mit Menschen- und mit Engelzungen redete und hätte die Liebe nicht, so wäre ich ein tönendes Erz oder eine klingende Schelle. … Die Liebe ist langmütig und freundlich, die Liebe eifert nicht, die Liebe treibt nicht Mutwillen …« und der Schlusssatz: »Nun aber bleiben Glaube, Hoffnung, Liebe, diese drei; aber die Liebe ist die größte unter ihnen« (1. Kor 13,1,4,13). Vor diesem Schlusssatz hat Paulus noch eine Formulierung gefunden, welche die Grenzen menschlicher Erkenntnis beschreibt und zugleich voller Hoffnung bleibt (V9,12): »Denn unser Wissen ist Stückwerk … Wir sehen jetzt durch einen Spiegel ein dunkles Bild; dann aber von Angesicht zu Angesicht. Jetzt erkenne ich stückweise; dann aber werde ich erkennen, wie ich erkannt bin.«

Um solcher Sätze willen lohnt es sich, wie ich meine, die Bibel zu lesen. Sie zu verstehen, kostet nach den inzwischen vergangenen Jahrtausenden und dem damit gewonnenen Gewicht ihrer Deutungsgeschichte einige Mühe. Dies wird auch der Leser dieses Buchs feststellen. Diese Anstrengung lohnt sich, weil wir keine besseren Antworten auf die grundlegenden Fragen unseres Lebens finden können.

Der Brief an die Galater – Umdeutung des Alten Testaments

Der Brief an die Gemeinde in Galatien inmitten Anatoliens ist »die erste schriftlich dokumentierte Revision der Geschichte Israels, die den Versuch unternimmt, den Christusmythos mit dieser Geschichte auf eine Linie zu bringen«, so Mack. Wie schon angespro-

chen, war in der damaligen Zeit die große Frage, ob ein Heide erst
Jude werden müsse, ehe er Christ sein konnte. Paulus setzte sich mit
seiner Ansicht durch, dass dies nicht nötig sei. Aber wie begründete er, dass die nach jüdischem Verständnis den Juden, und nur
diesen, als ein gemeinsamer Bund versprochene *special relationship*
mit Gott nun auch für die nichtjüdischen Christen gelten solle?

Paulus will die Heiden gewinnen: Politik mit Zitaten

Paulus zitiert zu dem Zweck das Buch Genesis so (Gal 3,16): »Nun
ist die Verheißung Abraham zugesagt und *seinem* Nachkommen. Es
heißt nicht: und *den* Nachkommen, als gälte es vielen, sondern es
gilt einem: ›und *deinem* Nachkommen‹, welcher ist Christus.« Paulus zitiert hier das Alte Testament falsch. Denn tatsächlich heißt es
im Buch Genesis (Gen 22,18): »und durch dein Geschlecht (hebräisch: deinen Samen) sollen alle Völker auf Erden gesegnet werden«.
Hier ist mit Geschlecht eindeutig der Plural gemeint.

Dies ist eines der von Pinchas Lapide angegebenen Beispiele ab-
sichtlich falschen Zitierens des Paulus aus dem Alten Testament –
um der guten Sache willen. Lapide belegt, dass dem Paulus der richtige Sinn des Begriffs Samen »sehr wohl bekannt« gewesen ist. Und
auch Mack bestätigt, Paulus habe, um seiner Argumentation Plau-
sibilität zu verleihen, »die jüdischen Schriften auf den Kopf stellen«
müssen und dem offenkundigen Sinn im Buch Genesis »Gewalt angetan«.

Paulus findet allerdings in seinem Brief als Konsequenz seiner
Neudeutung auch wieder Formulierungen, die in ihrer emanzipato-
rischen Kraft Geschichte gemacht haben (Gal 3,28): »Hier ist nicht
Jude noch Grieche, hier ist nicht Sklave und Freier, hier ist nicht
Mann noch Frau, denn ihr seid allesamt einer in Christus Jesus.«

Die Freiheit vom Gesetz der Tora ist nach Paulus denen, die an
Christus glauben, von diesem geschenkt worden. Zum Beleg zitiert
Paulus einen aus dem 3. Buch Mose stammenden und auch von Jesus zitierten Satz so: »das ganze Gesetz ist in einem Wort erfüllt, in
dem ›Liebe deinen Nächsten wie dich selbst‹.« Und in der speziellen

paulinischen Variante ergänzt der Apostel: »Einer trage des andern Last, so werdet ihr das Gesetz Christi erfüllen« (Gal 6,2). Der im Römerbrief voll entfaltete Gedanke der »Rechtfertigung« des Menschen allein durch seinen Glauben und nicht aus Werken des Gesetzes wird von Paulus erstmals in dem (älteren) Galater-Brief angesprochen. Für Niebuhr ist der Galater-Brief »das in Sprache gefasste Ergebnis der Reflexion geschichtlicher Herausforderungen«.

Der Epheser-Brief – Nicht von Paulus

Die Fachtheologen meinen, dass der Brief an die Gemeinde im griechischen Ephesus nicht von Paulus stammt, sondern von einem seiner Schüler, »der den Namen des Paulus benutzt, um seinem Brief größere Autorität bei seinen Adressaten zu verschaffen« (45). Vielleicht war der Brief »ein Begleitschreiben für eine frühe Sammlung von Paulusbriefen« (47); entstanden in einem Zentrum für christliche Unterweisung, wahrscheinlich in Ephesus, in den achtziger oder neunziger Jahren. Das heißt, der Brief wurde lange nach Paulus' Tod verfertigt. Wann und wie Paulus gestorben ist, ist nicht bekannt. Vermutlich kam er um das Jahr 58/59 nach Rom – wo er nach Angaben der Apostelgeschichte »zwei volle Jahre in seiner eigenen Wohnung« (Apg 28,30) blieb, um auf seinen Prozess aufgrund jüdischer Anschuldigungen zu warten. Wie dieser Prozess ausging, ist unbekannt. Nach späterer Überlieferung ist der Apostel Anfang der sechziger Jahre als christlicher Märtyrer gestorben.

Auftritt eines frühen Kirchenfunktionärs

Während Paulus den Begriff *ekklesia* (Gemeinde, Kirche) für eine örtliche Gemeinde verwendet, benutzt ihn der Verfasser des Briefes als Bezeichnung für eine universelle Kirche. Er versteht diese Kirche als »Leib Christi«. Burton L. Mack findet den Brief schlicht »langweilig«. Ich habe den Eindruck, dass hier bereits einer der frühen Kirchenfunktionäre auftritt, dem sehr daran gelegen ist, die Hierarchie deutlich zu machen: Apostel, Propheten, Evangelisten, Hirten und Lehrer; »damit die Heiligen zugerüstet werden zum Werk des Dienstes. Dadurch soll der Leib Christi erbaut werden« (Eph 4,12).

Das geht natürlich nur, wenn man eine »Bauordnung« hat. Der Briefverfasser beschreibt sie so: »ordnet euch einander unter in der Furcht Christi. Ihr Frauen, ordnet euch euren Männern unter wie dem Herrn. Denn der Mann ist das Haupt der Frau, wie auch Christus das Haupt der Gemeinde ist. ... Ihr Männer, liebt eure Frauen, wie auch Christus die Gemeinde geliebt hat. ... Ihr Kinder, seid gehorsam euren Eltern. ... Und ihr Väter, reizt eure Kinder nicht zum Zorn« (Eph 5,21–6,4). Diese Bauordnung hat der Verfasser allerdings dem Kolosser-Brief entnommen, wovon noch gleich die Rede sein wird.

Der Philipper-Brief – Schreiben aus der Gefangenschaft

Dies ist ein echter, sehr persönlicher Brief des Paulus an die von ihm gegründete und ihm eng verbundene Gemeinde im griechischen Philippi. Der Apostel hat sich als Gefangener vor Gericht zu verantworten und weiß nicht, ob am Ende des Prozesses sein Tod stehen wird. »Ort, Zeit, Grund und Ausgang dieser Gefangenschaft lassen sich nicht sicher bestimmen« (45). In dem Brief geht es, den Umständen des Verfassers entsprechend, um das Leben in Bedrängnis. Denn es ist dies eine Zeit, in der es den Menschen geschieht, »um Christi willen, nicht allein an ihn zu glauben, sondern auch um seinetwillen zu leiden« (Phil 1,29). Paulus will seiner Gemeinde dabei ein Vorbild sein. Der Apostel erhofft auch für sich selbst die »Auferstehung von den Toten«. Die Zielsetzung seines Lebens beschreibt er mit einem in der Kirchengeschichte viel zitierten und doch ›dunklen‹ Satz. Dieser verdeutlicht, wie sehr Paulus das Christsein als einen dynamischen Vorgang während eines Lebenswegs versteht: »Nicht, daß ich's schon ergriffen habe oder schon vollkommen sei; ich jage ihm aber nach, ob ich's wohl ergreifen könnte, weil ich von Christus ergriffen bin« (Phil 3,12). Im Brief an die Philipper findet sich auch eine Formulierung, die im christlichen Gottesdienst zu einem Ritual-Satz geworden ist (Phil 4,7): »Und der Friede Gottes, der höher ist als alle Vernunft, bewahre eure Herzen und Sinne in Christus Jesus.«

Der Kolosser-Brief – Nicht echt, aber wirksam

Der Brief an die Kolosser stammt ebenso wenig von Paulus wie der an die Epheser. Der Stil des Kolosser-Briefs unterscheidet sich in sehr charakteristischer Weise von dem der übrigen Paulusbriefe – mit Ausnahme des Epheser-Briefs, der ja, wie beschrieben, nicht von Paulus stammt. Die Philologen können dies anhand des Satzbaus oder der Verwendung bestimmter Wörter sehr präzise nachweisen. Beide Briefe können nicht unabhängig voneinander entstanden sein, denn sie stimmen »bis in den Wortlaut ganzer Sätze hinein exakt überein« (45). Niebuhr meint, dass der Verfasser des Epheser-Briefes »den Kolosserbrief gekannt und benutzt hat«. Der Kolosser-Brief sei »irgendwann während der siebziger oder achtziger Jahre verfasst« worden, meint Burton L. Mack.

Wie gesagt, hat der Schreiber des Epheser-Briefs seine Gedanken über christliche Verhaltensweisen dem Kolosser-Brief entnommen. Martin Luther hat im Jahre 1529 eine Anzahl von Zitaten aus den biblischen Briefen, darunter viele aus dem Epheser-Brief, mit eigenen Überschriften versehen und als »Haustafel« an seinen »Kleinen Katechismus« angehängt. In diesem Katechismus, der bis heute Grundlage für den Konfirmationsunterricht ist, erklärt Luther die Zehn Gebote, das Vaterunser sowie Taufe, Beichte und Abendmahl. Mit der Haustafel hat Luther die aus der antiken Gesellschaft stammenden Bibelsprüche zur Essenz dessen umfunktioniert, wie sich evangelische Christen seiner Zeit, in einer spätmittelalterlichen Ständegesellschaft, verhalten sollten. Als Teil einer der lutherischen ›Bekenntnisschriften‹, aber mehr noch durch ihre Verwendung im christlichen Unterricht für alle Volksschichten sind diese

Textzusammenstellungen in den von der Reformation geprägten Gesellschaften der Neuzeit »in Europa und Nordamerika von überaus großer Bedeutung« gewesen (45). Das heißt, die gesellschaftspolitische Wirkung der falschen Paulus-Briefe war bis ins 20. Jahrhundert nachhaltig.

Die Briefe an die Thessalonicher – Die erste christliche Schrift und ein umstrittener Text

Der erste Brief des Paulus an die Thessalonicher ist der früheste Paulusbrief, den wir besitzen, und zugleich die allererste christliche Schrift, die uns als selbständige Handschrift vorliegt. Vermutlich wurde er im Jahre 50 geschrieben (47), wahrscheinlich in Korinth. Paulus hat ihn an die von ihm im Jahr davor gegründete christliche Gemeinde in Thessaloniki (heute Saloniki), der Hauptstadt der römischen Provinz Mazedonien, geschrieben.

Der Briefschreiber war voller Freude. Denn sein Mitarbeiter Timotheus, der die Gemeinde besucht hatte, berichtete nach seiner Rückkehr dem Apostel in Athen, dass diese den christlichen Glauben, wie Paulus sie gelehrt hatte, behalten habe. Der Apostel gibt der Gemeinde Hinweise darauf, wie sie mit jenen umgehen hätten, die vom »Geist« (Gottes) erfüllt auftraten oder als »Propheten«. Er schreibt (1. Thess 5,19–21): »Den Geist dämpft nicht. Prophetische Rede verachtet nicht. Prüft aber alles, und das Gute behaltet.« Er fordert also ausdrücklich zu einem kritischen Umgang mit dem auf, was die Frommen im Namen Gottes verkündeten. Paulus beschreibt nun seinerseits in prophetischer Rede, was allerdings einer späteren Prüfung durch die Realität nicht standhalten sollte. Er glaubte nämlich, in der ›Endzeit‹ zu leben, und beschrieb es so (1. Thess 4,16–17): »der Herr (Jesus) wird, wenn der Befehl ertönt, wenn die Stimme des Erzengels und die Posaune Gottes erschallen, herabkommen vom Himmel, und zuerst werden die Toten, die in Christus gestorben sind, auferstehen. Danach werden wir, die wir leben und übrigbleiben, zugleich mit ihnen entrückt werden auf den Wolken in die Luft, dem Herrn entgegen; und so werden wir bei dem Herrn sein allezeit.«

Der 2. Thessalonicher-Brief ergänzt, was alles noch vor der Wiederkehr Jesu geschehen werde. Der »Widersacher« werde sich nämlich erheben »über alles, was Gott oder Gottesdienst heißt, so daß er sich in den Tempel Gottes setzt und vorgibt, er sei Gott« (2. Thess 2,4). Karl-Wilhelm Niebuhr meint, hier habe Paulus versucht, »das Missverständnis (das möglicherweise durch ihn selbst hervorgerufen war) auszuschließen, die in naher Zukunft bevorstehende Wiederkehr des Herrn sei schon da«. Auch die Sache mit dem Widersacher im Tempel hat sich als Fehlprognose herausgestellt. Der Tempel in Jerusalem wurde im Jahre 70 durch die Römer zerstört.

Niebuhr glaubt, auch der 2. Thessalonicher-Brief sei von Paulus geschrieben worden. Viele Theologen sind jedoch anderer Meinung. Burton L. Mack ist sich zum Beispiel völlig sicher, dass der 2. Thessalonicher-Brief »nicht paulinischer Herkunft« ist. Nahezu ein Drittel seien wörtliche Abschriften aus dem 1. Brief. Das bedeutet, dass dem Verfasser des 2. der 1. Brief bekannt war. Diesen unstrittigen Sachverhalt lässt Niebuhr allerdings als Argument nicht gelten: »Das wäre auch der Fall, wenn beide von demselben Autor stammen, sofern die Zeit zwischen der Abfassung beider nicht zu lang ist.« Warum aber sollte sich Paulus in kurzer Zeit im Wortlaut und der Reihenfolge seiner Ausführungen gegenüber denselben Empfängern wiederholt haben? Wenn andererseits Mack recht hat, spiegelt sich in der Eschatologie (Endzeitlehre) des Verfassers eine Entwicklung des christlichen apokalyptischen Denkens wider, »die sich erst nach dem Römisch-Jüdischen Krieg um die Wende des 1. Jahrhunderts vollzog«. Wäre der Brief aber so spät geschrieben worden, dann wäre der Satz vom Widersacher im Tempel unsinnig, weil der Tempel damals längst zerstört war.

Die Pastoralbriefe an Timotheus und an Titus – Werke eines Paulus-Imitators

Die »Pastoralbriefe« haben ihren Namen bekommen, weil sie der Unterweisung der christlichen Gemeindevorsteher dienen sollten. Aus dem »Ältesten«, dem Vorsteher (griechisch *episkopos*), ist im Laufe der Kirchengeschichte der Bischof geworden.

Die zwei Briefe an Timotheus und der Titus-Brief stammen gewiss nicht von Paulus. Denn ihre Sprache, ihr Stil und ihre Denkweise seien vollkommen unpaulinisch, so Mack. Die Bezugnahmen auf konkrete Anlässe im Leben der Helfer des Paulus, Timotheus und Titus, »passen nicht zur Rekonstruktion dieser Geschichte, wie sie sich aufgrund der authentischen Paulus-Briefe vornehmen lässt«. Diese Schriftstücke und die echten Paulus-Briefe wurden zu unterschiedlichen Zeiten verfasst, die Pastoralbriefe »zweifellos während der ersten Hälfte des 2. Jahrhunderts« (47). Die Briefe an Timotheus und an Titus sind weder von Marcion (von ihm wird noch zu reden sein) in dessen Liste der Paulus-Briefe um das Jahr 140 aufgenommen worden noch in die, davon abgesehen, älteste Sammlung von Paulus-Briefen, eine Papyrushandschrift, mit dem Kürzel P 46 bezeichnet, aus der Zeit um 200 nach Christus. Karl-Wilhelm Niebuhr bestätigt: Man müsse davon ausgehen, dass die Absender- und Adressenangaben der drei Briefe »ein Mittel literarischer Fiktion« darstellten. Der unbekannte Schreiber habe »die paulinische Verfasserschaft mit Hilfe zahlreicher fiktiver Angaben bewusst vorgetäuscht, um seinem Werk größere Autorität zu verleihen«.

Wie wir sehen, ist der Gedanke »Der Zweck heiligt die Mittel« den Verfassern der biblischen Bücher von alters her sehr vertraut gewesen. Das Sprichwort selbst entstammt wahrscheinlich erst der Zusammenfassung eines Gedankens des britischen Philosophen Thomas Hobbes. Dieser lebte im 16./17. Jahrhundert. Die Maxime »Der Zweck heiligt die Mittel« gelte »gemeinhin als Quintessenz der Jesuitenmoral«, heißt es in Georg Büchmanns berühmtem Werk *Geflügelte Worte* (59). Der anno 1534 durch Ignatius von Loyola gegründete Orden der Jesuiten versteht sich als Verteidiger des römisch-katholischen Glaubens. Die fiktiven Paulusbriefe, so zeigt die Wirkungsgeschichte, haben jedenfalls ihren Zweck erfüllt und »wesentliche Gemeindestrukturen der sich stabilisierenden Kirche maßgeblich geprägt« (45).

Kein Freund der Frauen

In den Briefen erscheinen Timotheus und Titus, die Paulus auf dessen Missionsreisen begleitet hatten, »wie ortsansässige Gemeindeleiter« (45). Der fiktive Paulus schreibt vor: »Einer Frau gestatte ich nicht, daß sie lehre, auch nicht, daß sie über den Mann Herr sei, sondern sie sei still« (1. Tim 2,12) – eine Anweisung, die bis heute in der römisch-katholischen Kirche beherzigt wird. Die auch in den protestantischen Kirchen zumindest über lange Zeit ausgeprägte Leibfeindlichkeit konnte sich gleichfalls auf einen angeblichen Paulus-Satz berufen (1. Tim 4,8): »die leibliche Übung ist wenig nütze; aber die Frömmigkeit ist zu allen Dingen nütze.« Besonders zuwider sind dem fiktiven Paulus jüngere Witwen, weil sie wieder heiraten wollten. »Daneben sind sie faul … und nicht nur faul sind sie, sondern auch geschwätzig und vorwitzig und reden, was nicht sein soll« (1. Tim 5,13).

Vorbild für den protestantischen Pfarrer

Der Gemeindevorsteher (Luther übersetzt »Bischof«, ein Amt, das es damals noch nicht gab) »soll untadelig sein, Mann einer einzigen Frau, nüchtern, maßvoll, würdig, gastfrei, geschickt im Lehren, kein Säufer, nicht gewalttätig, sondern gütig, nicht streitsüchtig, nicht geldgierig, einer, der seinem eigenen Haus gut vorsteht und gehorsame Kinder hat in aller Ehrbarkeit« (1. Tim 3,2–4) … und weiter (V7) »Er muß aber auch einen guten Ruf haben bei denen, die draußen sind, damit er nicht geschmäht werde.« Kurzerhand wird hier vom Verfasser des 1. Timotheus-Briefs ein Idealbild gezeichnet, das jahrhundertelang prägend war, insbesondere als das Ideal des protestantischen Pfarrers in Deutschland.

Der 2. Timotheus-Brief ergänzt unter anderem auch Endzeit-Beschreibungen. Der fiktive Paulus sieht als endzeitlich an, dass Kinder »den Eltern ungehorsam« sein werden. Offensichtlich hat der Verfasser selbst keine Kinder gehabt. Und er warnt vor Menschen, »die sich in die Häuser einschleichen und gewisse Frauen einfangen, die mit Sünden beladen sind und von mancherlei Begierden getrieben werden, die immer auf neue Lehren aus sind und nie zur Erkenntnis der Wahrheit kommen können« (2. Tim 3,2, 6–7). Man tut dem falschen Paulus wohl kaum Unrecht, wenn man ihn ein wenig ›kleinkariert‹ findet.

Ein Paradoxon missverstanden

Der Mann hat auch ein berühmtes logisches Paradoxon gründlich missverstanden. Der um 200 nach Christus lebende Theologe Clemens von Alexandrien schrieb den Satz »Alle Kreter sind Lügner« dem griechischen Priester aus Kreta, Epimenides, zu, der im 6./7. vorchristlichen Jahrhundert gelebt haben soll. Wenn ein *Kreter* sagt, *alle* Kreter seien Lügner, sagt er damit die Wahrheit und zugleich die Unwahrheit. Weil nämlich Epimenides, der für *alle Kreter* spricht, *selbst* ein Kreter ist. Dieses witzige Paradoxon hat der fiktive Paulus ins Moralische gewendet und dem fiktiven, angeblich in Kreta lebenden Titus geschrieben (Tit 1,10,11–12): »Denn es gibt viele Freche, unnütze Schwätzer und Verführer, besonders die aus den Juden … Es hat einer von ihnen gesagt, ihr eigener Prophet: Die Kreter sind immer Lügner, böse Tiere und faule Bäuche. Dieses Zeugnis ist wahr. Aus diesem Grund weise sie scharf zurecht, damit sie gesund werden im Glauben.«

Auch Titus-Brief-Zitate sind in die Kirchengeschichte eingegangen, zum Beispiel der: »es ist erschienen die heilsame Gnade Gottes allen Menschen« (Ti 2,11) mit der weniger zitierten Fortsetzung (V12) »und nimmt uns in Zucht, daß wir absagen dem ungöttlichen Wesen und den weltlichen Begierden und besonnen, gerecht und fromm in dieser Welt leben«. Erstaunlicherweise, man möchte fast sagen: versehentlich, findet sich in dem Brief auch ein Satz, der in

unserer Zeit zu einem Sprichwort gegen die Prüderie geworden ist
(Ti 1,15): »Dem Reinen ist alles rein.«

Der Brief an Philemon – Ein entlaufener Sklave bringt Paulus in Verlegenheit

Philemon, einem Mitarbeiter des Paulus, war der Sklave Onesimus
(»der Nützliche«) entlaufen. Onesimus kam zu Paulus, der gerade im Gefängnis saß, und wurde von diesem zu Christus bekehrt.
Doch brachte seine Anwesenheit den Apostel in große Schwierigkeiten. Denn im Römischen Reich gab es Gesetze, die verboten, einen entlaufenen Sklaven zu unterstützen. Paulus löste das Dilemma
so. Er schrieb dem Philemon, dass ihm Onesimus sehr nützlich sei
und er ihn gerne bei sich behalten wolle. Aber »ohne deinen Willen wollte ich nichts tun, damit das Gute dir nicht abgenötigt wäre,
sondern freiwillig geschehe« (Phil 14). Also schickte er den Sklaven
zurück, in der Hoffnung, Philemon werde diesen freilassen. Falls
Onesimus aber Schaden angerichtet habe oder seinem Herrn etwas
schuldig sei, bietet Paulus an: »Ich will's bezahlen« (Phil 19).

Für die Neutestamentler ist dieser als echt akzeptierte Paulus-
Brief deshalb interessant, weil er zeigt, wie groß der Mitarbeiterstab
des Apostels war. Allein in dem Brief an Philemon, den Vorstand
einer »Hausgemeinde«, nennt Paulus neun Mitarbeiter namentlich,
sechs aus seinem Umfeld und neben Philemon selbst noch zwei
weitere beim Adressaten. Niebuhr deutet es so, dass Paulus seine
Arbeit »als Gemeinschaftswerk ansah und betrieb«.

Der Brief diente im Verlauf der Kirchengeschichte sowohl den
Befürwortern als auch den Gegnern der Sklaverei als Argumentati-
onshilfe. Paulus stellt einerseits die Institution der Sklaverei nicht in
Frage. Andererseits erwartet er, das der Sklavenhalter Philemon den
zum Christentum bekehrten Onesimus, »einen, der mehr ist als ein
Sklave: ein geliebter Bruder … sowohl im leiblichen Leben wie auch
in dem Herrn« (Phil 16) »freiwillig« freilässt. So hat sich jede Partei
das ihr passende Argument aussuchen können.

Der erste Brief des Petrus – Erfindung der Wiedergeburt

Dieser Brief wurde in Rom geschrieben, wo bereits zu Lebzeiten des Petrus – so bezeugt es der römische Historiker Tacitus (um 55 bis etwa 120 nach Christus) – eine relativ große Christengemeinde bestand. Doch er stammt mit allergrößter Wahrscheinlichkeit nicht von Petrus. Es gibt – anders als von Paulus – überhaupt kein mit Sicherheit originales Schreiben von Petrus. Der Neutestamentler Reinhard Feldmeier zählt die Gründe dafür auf, warum der Petrus-Brief nicht von Petrus stammen kann: Der Text ist in gehobenem Griechisch verfasst. Petrus aber war gelernter Fischer, wie im Markus-Evangelium steht (Mk 1,16). Die Leute haben damals Petrus und Johannes angemerkt, »daß sie ungelehrte und einfache Leute waren« (Apg 4,13). Der Verfasser dieses Petrus-Briefs zitiert das Alte Testament ausschließlich in der griechischen Übersetzung (Septuaginta). Petrus selbst hätte als palästinischer Jude die hebräische Bibel gekannt und vermutlich auch zitiert. Der Verfasser beendet seinen Brief mit der Formulierung: »Es grüßt euch aus Babylon die Gemeinde …« (1. Petr 5,13). Die Gleichsetzung von Rom mit Ba-

Jüdische Münze aus der Zeit des Aufstands der Juden gegen die Römer in der Zeit 66–70 (oben) sowie eine römische Münze mit der Prägung »Judäa capta« (das eroberte Judäa), auf der die Niederschlagung des Aufstands gefeiert wird.

bylon ist erst für die Zeit nach der Zerstörung des Tempels in Jerusalem durch die Römer im Jahre 70, also nach dem vermutlichen Tod des Petrus, belegt. Da es keinen originalen Brief des Petrus gibt (der 2. ›Petrus-Brief‹, von dem gleich die Rede sein wird, stammt auch nicht von dem Apostel), kann man, anders als bei den Paulusbriefen, keine direkten Vergleiche vornehmen. Die »positive Sicht« auf die Obrigkeit lässt Feldmeier zu dem Schluss kommen, dass der Brief in der Frühzeit des Kaisers Domitian, das heißt im Zeitraum 81 bis 90 von einem unbekannten Verfasser geschrieben wurde.

Die Christengemeinde in Rom sah sich großen Anfeindungen durch ihre nichtchristliche Nachbarschaft ausgesetzt. Der Briefautor beschreibt diese als Schmähungen und Verleumdungen und deutet sie mit einer Überlegung, die bereits im Alten Testament entwickelt wurde. Dem Gedanken nämlich, zwar von Gott erwählt, aber ein »Fremdling« zu sein. »Bleibe als Fremdling in diesem Lande, und ich will mit dir sein«, sagt der HERR zu Isaak (1. Mose 26,3). ›Petrus‹ verallgemeinert, dass die Christen auf Erden »Fremdlinge und Pilger« (1. Petr 2,11) seien. Diese Formulierung hat in der Kirchengeschichte eine nachhaltige Resonanz gefunden. Bekannte Kirchenlieder sind dem Thema gewidmet. Paul Gerhardt schrieb anno 1666: »Ich bin ein Gast auf Erden und hab hier keinen Stand; / der Himmel soll mir werden, da ist mein Vaterland …«

Eine weitere Formulierung des ›Petrus‹ spielt neuerdings, jedenfalls in Kreisen protestantischer Fundamentalisten, eine Rolle. Der fiktive Petrus formulierte (1. Petr 1,3): »Gelobt sei Gott, der Vater unseres Herrn Jesus Christus, der uns nach seiner großen Barmherzigkeit wiedergeboren hat …« Vor allem in Amerika nennen sich religiöse Fundamentalisten, zum Beispiel der frühere US-Präsident George W. Bush, gerne »Wiedergeborene«.

Der zweite Brief des Petrus – Ein falsches Beweisstück

Auch der 2. Brief des ›Petrus‹ stammt nicht von dem Apostel Petrus, bezieht sich aber auf den 1. Brief. Nach Meinung des verstorbenen protestantischen Neutestamentlers an der Universität Erlangen-Nürnberg, Jürgen Roloff, haben wir es vielmehr »zweifellos mit der am spätesten entstandenen neutestamentlichen Schrift zu tun«, die im Zeitraum 125 bis 130 abgefasst worden sei (45). Auch dieser ›Petrus‹ ist ein penetranter Moralapostel. Er warnt vor »falschen Propheten«, womit er aber nicht etwa sich selbst meint. Als Selbstrechtfertigung verstehe ich den Satz des falschen Petrus: »es ist noch nie eine Weissagung aus menschlichem Willen hervorgebracht worden, sondern getrieben von dem heiligen Geist haben Menschen im Namen Gottes geredet« (2. Petr 1,21). Freilich beklagt der so Getriebene, dass »unser lieber Bruder Paulus« Briefe geschrieben habe, »in denen einige Dinge schwer zu verstehen sind, welche die Unwissenden und Leichtgläubigen verdrehen« (2. Petr 3,16). Im Übrigen sollen seine Leser »an das Gebot des Herrn und Heilands, das verkündet ist durch eure Apostel« denken (2. Petr 3,2). Das heißt, »selbst Christus ist in erster Linie Erkenntnisgegenstand und Garant der apostolischen Autorität« (45). Eigenständig ist die Deutung, die ›Petrus‹ für die Verzögerung der von Paulus noch zu Lebzeiten erwarteten Wiederkehr Christi gefunden hat: »Der Herr verzögert nicht die Verheißung, wie es einige für eine Verzögerung halten, sondern er hat Geduld mit euch und will nicht, daß jemand verloren werde, sondern daß jedermann zur Buße finde« (2. Petr 3,9).

Bemerkenswert ist noch ein weiterer Satz: »Und das sollt ihr vor allem wissen, daß keine Weissagung in der Schrift eine Sache eigener Auslegung ist« (2. Petr 1,20). Das sieht das kirchliche Lehramt des Vatikans bis heute so.

Mythos der petrinischen Tradition – kein Beweis für Petrus in Rom

Die Petrus-Briefe haben die traditionelle Vorstellung verbreiten helfen, dass der Apostel Petrus, der zunächst tatsächlich einer der Leiter der Urgemeinde in Jerusalem war, das Evangelium als Erster nach Rom gebracht habe. Das ist historisch falsch. Es gibt keinen Beweis dafür, dass Petrus überhaupt in Rom gewesen ist. Der Neutestamentler Burton L. Mack kommentiert die Wirkungsgeschichte der falschen Petrus-Briefe so: »Da stets diese beiden Briefe die Beweisstücke für die Tradition lieferten, sollte klar sein, daß diese Tradition in Wirklichkeit ein Mythos ist. Die sogenannte petrinische Tradition wurde im 2. Jahrhundert mittels pseudonymer Schriften geschaffen.«

Die Johannes-Briefe – Konflikte unter Theoretikern

Die drei Briefe des Johannes stammen ebenso wenig wie das Johannes-Evangelium von Johannes, dem Jünger Jesu. Der Name dieses Jüngers kommt auch weder in ›seinem‹ Evangelium noch in ›seinen‹ Briefen vor. Im 2. und 3. Johannes-Brief ist dagegen deren Verfasser mit seinem Titel »Der Älteste« (2. Joh 1) genannt, auch *Presbyter* übersetzt. Der Bischof Eusebius von Cäsarea, geboren etwa 260 bis 265 nach Christus, schrieb als Erster eine Kirchengeschichte, die bis zum Jahre 324 reicht. Er konnte dazu viel aus mittlerweile verloren gegangenen Schriften zitieren. Eusebius zitiert das Werk eines Papias von Hierapolis in Phrygien (Anatolien), verfasst um das Jahr 130, mit dem Titel »Erklärung von Herrenworten«. Eusebius hat den Papias zwar »als beschränkt abgelehnt« (60), zitiert ihn aber trotzdem. Papias benannte danach jenen »Presbyter« aus den Johannes-Briefen genauer als »Presbyter Johannes«, der deutlich unterschieden ist von dem Jünger Johannes.

Texte aus einer eigenen Gemeinschaft

Der katholische Neutestamentler Hans-Josef Klauck vermutet, dass der 1. Johannes-Brief als Lesehilfe für das Johannes-Evangelium gedacht war (45). Offensichtlich gehören die drei Johannes-Briefe, das Johannes-Evangelium sowie vielleicht auch die Offenbarung des Johannes als Schriften einer »johanneischen Gemeinschaft« oder »johanneischen Schule« zusammen. Die kürzesten Briefe, der erste und der zweite, sind zugleich vermutlich die ältesten schriftlichen Dokumente dieses Kreises, der nach altkirchlicher Tradition im Raum Ephesus angesiedelt war. Sie werden auf Ende des 1. Jahrhunderts datiert (45). Burton L. Mack glaubt, das letzte Stadium der Bearbeitung des Johannes-Evangeliums habe etwa zu der Zeit stattgefunden, als der 1. Johannesbrief geschrieben wurde.

In den Briefen geht es um eine Auseinandersetzung mit Dissidenten, die in den letzten zwei Briefen detailliert, im ersten Brief grundsätzlich behandelt wird.

Die Johannesbriefe sind, wie auf andere Weise die Paulusbriefe, Publikationen innerhalb »reflektierter Gemeinschaften« (47). Die Probleme, um die es damals ging oder die man sich damals machte, sind heute den theologischen Laien kaum mehr verständlich. Es war die Zeit, in der man intensiv darüber nachdachte, wie Gott und Jesus als Sohn Gottes sowie der Heilige Geist im Verhältnis zueinander zu verstehen seien, und was das für den Christen bedeutet. Dies ist alles hoch spekulativ, wird aber im Ergebnis bis heute – nunmehr freilich unreflektiert – durch die Jahrtausende transportiert.

Merkwürdige »Immanenz«

Merkwürdig aus heutiger Sicht sind die von den Theologen so genannten »Immanenzaussagen«. So heißt es im 1. Johannes-Brief (1. Joh 3,24): »wer seine Gebote hält, der bleibt in Gott und Gott in ihm. Und daran erkennen wir, daß er in uns bleibt: an dem Geist, den er uns gegeben hat.« Gewiss kann man hoffen, dass Gott einem nahe ist. Doch die Vorstellung, dass der Mensch in Gott sein könne, erscheint uns Heutigen sehr bizarr. Was damit gemeint sein kann, wird aus einem weiteren Zitat deutlicher (1. Joh 4,16): »Gott ist die Liebe, und wer in der Liebe bleibt, der bleibt in Gott und Gott in ihm.« Als Redewendung hat sich dieses Johannes-Zitat zweitausend Jahre lang in den Kirchen gehalten.

Der Verfasser verwendet noch ein anderes Bild, das er selbst deutet. Es ist dies das Bild vom »Licht«. Der Mensch kann im Licht oder in der Finsternis wandern. Letzteres war in der nicht elektrifizierten Welt der Antike mit Gefahren verbunden, die man sich heute schwer vorstellen kann. Der Verfasser des 1. Johannesbriefs formuliert so: »Wer seinen Bruder liebt, der bleibt im Licht, und durch ihn kommt niemand zu Fall. Wer aber seinen Bruder haßt, der ist in der Finsternis und wandelt in der Finsternis und weiß nicht, wo er hingeht« (1. Joh 2,10–11).

Als die Briefe geschrieben wurden, hatte es die johanneische Gemeinde mit Dissidenten zu tun. Deren Weltbild lässt sich aus dem Wortlaut der Briefe indirekt erschließen. Der Verfasser des 1. Briefs betont, dass »das Blut Jesu« den Menschen rein von aller Sünde mache. Und nun kommt wieder eine merkwürdige Formulierung (1. Joh 5,6): »Dieser ist's, der gekommen ist durch Wasser und Blut, Jesus Christus; nicht im Wasser allein, sondern im Wasser und im Blut; und der Geist ist's, der das bezeugt, denn der Geist ist die Wahrheit.« Damit deutet der Verfasser, wie aus Jesus der Christus geworden ist, also aus einem Menschen der Sohn Gottes. Durch die Taufe (das Wasser) sowie den Opfertod am Kreuz (das Blut). Für die Dissidenten ist dagegen »das Wasser allein« entscheidend. »Nach ihrer Auffassung mußten sie nicht an einen solchen Sühnetod glauben, weil sie bereits das vom Jesus des Evangeliums in die Welt gebrachte neue Leben und Licht erfahren hatten« (47).

Unterschiedliche Meinungen über die Wirkung der Taufe

Im Johannes-Evangelium heißt es von Johannes dem Täufer, der wiederum ein anderer Johannes ist als der Briefschreiber, über Jesus: »Und Johannes bezeugte und sprach: Ich sah, daß der Geist herabfuhr wie eine Taube vom Himmel und blieb auf ihm« (Joh 1,32). Aus dem »wie eine Taube« ist in der christlichen Ikonographie die Taube an sich geworden, die Pablo Picasso dann im 20. Jahrhundert zur ›Friedenstaube‹ gemacht hat.

Den Akt der Taufe, der die Zugehörigkeit zur christlichen Gemeinde begründet, verstanden die Dissidenten in der johanneischen Gemeinde viel weitergehend. Sie glaubten, durch die Taufe persönlich sündenfrei geworden zu sein. Damit aber war es für sie auch überflüssig, Jesu Tod am Kreuz »als Martyrium oder Opfer um der Sünden willen zu verstehen« (47). Der Verfasser des 1. Johannes-Briefs weist sie zurecht (1. Joh 1,8–9): »Wenn wir sagen, wir haben keine Sünde, so betrügen wir uns selbst, und die Wahrheit ist nicht in uns. Wenn wir aber unsre Sünden bekennen, so ist er treu und gerecht, da er uns die Sünden vergibt.« Die Diskussion darüber, wie der Tod Jesu zu deuten sei, begann, wie gesagt, mit dessen Tod und hat bis heute kein Ende gefunden.

Die von Johannes attackierten Dissidenten erkennen »den menschlichen Jesus nicht an, sondern ausschließlich den himmlischen Christus« (45). Im 2. Johannes-Brief betont der Verfasser, wie schon im 1. Brief angedeutet (2. Joh 7): »viele Verführer sind in die Welt ausgegangen, die nicht bekennen, daß Jesus Christus in das Fleisch gekommen ist. Das ist der Verführer und der Antichrist.« Die frühen Christen glaubten nämlich, dass in der »Endzeit« vor der Ankunft des Messias ein »Antichrist« erscheinen werde. Der Johannes-Brief-Schreiber macht die Dissidenten korporativ zum »Antichrist«.

In dem sehr kurzen 3. Johannes-Brief geht es darum, dass ein gewisser Diotrephes den »Ältesten« nicht aufnimmt. Darüber beklagt sich dieser in seinem Brief »an Gajus den Lieben«. Die Theologen unserer Zeit streiten sich darüber, wer denn nun der Rechtgläubige war und wer der Dissident beziehungsweise »Gnostiker«. Von der die Christenheit erschütternden Auseinandersetzung mit der Gnosis und ihren Anhängern, den Gnostikern, wird noch die Rede sein.

Der Hebräer-Brief – Sicher nicht von Paulus

Die Neutestamentler sind sich längst einig, dass der Hebräer-Brief nicht von Paulus stammt. In der ältesten Handschrift, die diesen Brief enthält, dem Papyrus P 46 aus der Zeit um 200, hat man ihn zwischen die echten Paulus-Briefe an die Römer und an die Korinther eingefügt. Deshalb ging man in alten Zeiten davon aus, auch der Hebräerbrief stamme von Paulus. Der Verfasser war wohl ein gebildeter, griechischsprachiger Judenchrist. Burton L. Mack meint, der Schreiber habe zwar möglicherweise über keinen so scharfen Verstand wie Paulus und auch nicht über dessen Leidenschaft verfügt, »doch er war ihm, was Bildung, analytische Fähigkeiten und systematisches Denken betrifft, weit überlegen«. Wann der Brief verfasst wurde, ist nur grob abzuschätzen, »zwischen 70 und 140, näherhin wohl zwischen 90 und 120«, so Bachmann (45), im Zeitraum der sechziger und siebziger Jahre bis spätestens im Jahre 96, meint Mack. Ungewissheit herrscht auch darüber, wer denn der Schreiber ist. Martin Luther dachte, der aus Alexandrien stammende und in der Apostelgeschichte erwähnte Judenchrist Apollos, »ein beredter Mann und gelehrt in der Schrift« (Apg 17, 24), könne der Verfasser sein. Auch heute meinen Fachleute, dass Apollos »in der Tat einen besonders guten Kandidaten abgibt« (45).

Der Verfasser des Hebräerbriefs hat als Erster für Jesus den jüdischen Titel »Hohepriester« übernommen. Den Unterschied zum Geschäft des Berufspriesters beschreibt der Verfasser so (Hebr 10,11–12): »jeder Priester steht Tag für Tag da und versieht seinen Dienst und bringt oftmals die gleichen Opfer dar, die doch niemals die Sünden wegnehmen können. Dieser aber hat ein Opfer für die Sünden dargebracht« – nämlich sich selbst. Solche Bilder waren in einer Gesellschaft normal, in welcher der Opferkult selbstverständlich gewesen ist, wie das für die Antike gilt.

Als frommer Spruch ist bis heute ein Satz aus dem Hebräer-Brief beliebt: »Jesus Christus gestern und heute und derselbe auch in Ewigkeit« (Hebr 13,8). Der Brief endet: »Es grüßen euch die Brüder aus Italien« (Hebr 13,24), womit wohl gemeint ist, dass diese nun nicht mehr in Italien lebten und aus der Fremde ihre Grüße nach Italien richteten. Daraus schließt man, der Brief sei nach Rom beziehungsweise Italien geschickt worden. Ansonsten aber hinterließ der Brief an die Hebräer »keine Spur im kollektiven Gedächtnis der Kirche« (47).

Der Jakobus-Brief – Quelle für die Krankensalbung

Dies ist ein Text voller Spruch-Weisheiten wie »Seid aber Täter des Worts und nicht Hörer allein« (Jak 1, 22), oder »Selig ist der Mann, der die Anfechtung erduldet« (1. Jak 12), oder »So ist auch der Glaube, wenn er nicht Werke hat, tot in sich selber« (2. Jak 17). Letzteres formuliert der Verfasser selbst noch einmal so: »Denn wie der Leib ohne Geist tot ist, so ist auch der Glaube ohne Werke tot.« Hier wird deutlich, dass sich der Briefschreiber von der Theologie des Paulus absetzt. Anders als dieser betont Jakobus die Wichtigkeit der guten Taten, insbesondere den Armen gegenüber. Der Briefschreiber kritisiert den großen Einfluss der Reichen in den Gemeinden und die schlechte Behandlung der Armen.

Die Neutestamentler halten es heute für »weniger wahrscheinlich« (45), dass der Verfasser dieses Briefes tatsächlich Jakobus, der leibliche Bruder von Jesus, war. Denn Jesu Bruder ist im Jahre 62 als Märtyrer gestorben. Feldmeier nimmt an, der Brief sei »wahrscheinlich am Ende des 1. Jahrhunderts« entstanden. Er wurde sehr spät, erstmals nachweisbar im 4. Jahrhundert, als »kanonisch«, also als zugehörig zu den Schriften des Neuen Testaments, anerkannt. Mack meint, dass damals »ein Interesse bestand, innerhalb des Spektrums der im 4. Jahrhundert für die Führer der Kirche annehmbaren Überlieferungen auch für das Judenchristentum Raum zu lassen«. Der Jakobus-Brief verkörpere das Denken einer jüdischen Jesusbewegung, welche auf dieselbe Weise wie die Gemeinschaft, für die der Verfasser des Matthäus-Evangeliums sprach, zu einem christlichen Selbstverständnis gefunden habe. Das in der römisch-katholischen Kirche gepflegte Ritual der Krankensalbung findet im Jakobus-Brief einen biblischen Beleg. Dort heißt es (Jak 5,14): »Ist jemand unter euch krank, der rufe zu sich die Ältesten der Gemeinde, daß sie über ihm beten und ihn salben mit Öl in dem Namen des Herrn.« In der Kirchengeschichte viel zitiert ist auch der Jakobus-Satz: »Des Gerechten Gebet vermag viel, wenn es ernstlich ist« (Jak 5,16). Martin Luther hat diesen Brief, wegen dessen Missachtung der paulinischen Erkenntnis der Rechtfertigung des Christen allein im Glauben, heftig abgelehnt.

Der Brief des Judas – Quelle für Michaels Kampf mit dem Satan

Dieser Briefschreiber stellt sich als »Bruder des Jakobus« vor und damit als den im Markus-Evangelium namentlich genannten Judas, den Bruder Jesu. Der Verfasser schreibt in gutem Griechisch und befasst sich mit den Problemen der dritten Generation des Urchristentums. »Viele Kommentatoren« (45) nehmen deshalb auch hier an, dass die Verfasserangabe fiktiv ist. Der Brief diente dem 2. Petrus-Brief als Vorlage. Feldmeier meint, der Text sei um die Wende zum 2. Jahrhundert geschrieben worden.

In diesem Brief ist viel von Engeln die Rede. Zum Beispiel von dem im Buch Daniel bereits erwähnten Erzengel Michael, der bei Judas »mit dem Teufel stritt« (Jud 9). In der Volksfrömmigkeit und in der bildenden Kunst ist aufgrund dieser Vorlage der Kampf Michaels mit dem Satan zu einem beliebten Sujet geworden. Ansonsten hat er theologisch »kaum Wirkung gezeigt« (45), denn er ist, so Mack, »schlicht ein schludriges literarisches Erzeugnis«.

Die Offenbarung des Johannes – Quelle christlicher Ängste

Auf der kleinen griechischen Insel Patmos, nahe dem asiatischen Festland, südwestlich von Samos und nordwestlich von Kos gelegen, wurde gegen Ende des 1. Jahrhunderts ein gewisser Johannes festgesetzt, weil er sich bei den Behörden unbeliebt gemacht hatte. Die Art, wie er seinen christlichen Glauben lebte, hatte ihn in »Bedrängnis« gebracht. Eines schönen Sonntags wurde er nach eigenen Angaben »vom Geist ergriffen«. Er hörte eine dröhnende Stimme, die ihn aufforderte: »Was du siehst, das schreibe in ein Buch«. Er drehte sich um und sah »sieben goldene Leuchter und mitten unter den Leuchtern einen, der war einem Menschensohn gleich angetan mit einem langen Gewand … seine Augen wie eine Feuerflamme … seine Füße wie Golderz, das im Ofen glüht, und seine Stimme wie großes Wasserrauschen« (Offb 1,10–15).

Anno 1498 schuf Albrecht Dürer in Anlehnung an die Offenbarung des Johannes seinen berühmten Holzschnitt »Die apokalyptischen Reiter«.

Das erschreckte Johannes sehr, so dass er »wie tot« umfiel. Der im langen Gewand suchte ihn zu beruhigen mit den Worten: »Fürchte dich nicht! Ich bin der Erste und der Letzte« (Offb 1,17) – um später noch zu ergänzen (Offb 22,13): »Ich bin das A und das O, der Erste und der Letzte, der Anfang und das Ende«. Das klingt für unsere Ohren zwar nicht unbedingt beruhigend. Aber vom »A und O« sprechen wir noch heute. Im Originaltext heißt es »Alpha und Omega«. Das sind der erste und der letzte Buchstabe des griechischen Alphabets. Johannes schrieb nämlich griechisch, wenn auch das »einfache semitisierende Griechisch« (45), das ihn als einen Judenchristen ausweist.

Johannes bezeichnet sein Buch selbst als »Offenbarung« (*apokalypsis*, wörtlich: Enthüllung) und »Weissagung« (Prophetie). Er hat seine Enthüllungen sorgfältig strukturiert und war nicht etwa von der Fülle der Gesichte überwältigt. Der Verfasser der »Offenbarung« hat nämlich viel von seinen »Prophezeiungen« schlicht im Alten Testament gelesen, das heißt: »Er spielt, ohne auch nur ein einziges als solches gekennzeichnetes Zitat zu bieten, circa 150mal auf diese Schriften an« (45).

Stoff für die Sektierer von heute

Johannes benutzt eine bilderreiche Sprache. Die bereits im Alten Testament beliebte Zahl Sieben (Beispiel: die mit der Erschaffung der Welt eingeführte Sieben-Tage-Woche) verwendet er besonders oft: sieben Leuchter, sieben Siegel, sieben Donner, sieben Engel, welche sieben Schalen, »voll vom Zorn Gottes«, ausschütten. Dreimal nennt der Offenbarer die Zahl 144 000. Er zählt die 144 000 von Engeln »versiegelten« »Knechte unseres Gottes«, »die erkauft sind von der Erde. Diese sind's, die sich mit Frauen nicht befleckt haben, denn sie sind jungfräulich« (Offb 14,3–4). Die 144 000 kommen nach Johannes »aus allen Stämmen Israels« (Offb 7,4). Ich erwähne dies so ausführlich, weil sich in der Kirchengeschichte immer wieder Sektierer zu den 144 000 Versiegelten zählen und damit vor apokalyptischem Schicksal bewahrt wähnen. Eine besondere Rolle in der Wirkungsgeschichte spielt auch der in der Offenbarung (Offb 16,16) genannte Ort Harmagedon. Dort soll ein »Kampf am großen Tag Gottes« stattfinden (Offb 16,14). Die »Schlacht von Harmagedon« spielt in den Weltbildern der Sektierer gleichfalls eine große Rolle. Auch davon wird noch die Rede sein.

Anno 1498 schuf Albrecht Dürer in Anlehnung an die Offenbarung seinen berühmten Holzschnitt »Die apokalyptischen Reiter«. Johannes auf Patmos nennt vier Reiter (Off 6,1–8): der erste mit Bogen und einer Krone reitet auf einem weißen Pferd »sieghaft und um zu siegen«, der zweite reitet auf einem feuerroten Pferd, »den Frieden von der Erde zu nehmen«, der dritte »hatte eine Waage in der Hand« und saß auf einem schwarzen Pferd, der vierte schließlich, »dessen Name war: Der Tod«, ritt auf einem fahlen Pferd. Das rote Pferd hat der Apokalyptiker von Sacharja abgeschaut, vermutlich ohne zu wissen, dass dieser an den Sonnengott erinnerte. Der ersten Reiter war bereits für die frühen Theologen, wie heute für Ulrich Wilckens, »Christus der Sieger« (6). Martin Luther dagegen sah hier unter dem Eindruck der Türken vor Wien die »erste Plage« der Endzeit.

Johannes berauscht sich geradezu an seinen blutrünstigen Bildern. Das Ausschütten des »Zornes Gottes auf die Erde« sieht dann so aus: »und der zweite Engel goß aus seine Schale ins Meer; und es wurde zu Blut wie von einem Toten, und alle lebendigen Wesen im Meer starben. Und der dritte Engel goß aus seine Schale in die Wasserströme und in die Wasserquellen, und sie wurden zu Blut« (Offb 16,3–4).

Als lästerliches Verhalten der Menschen bezeichnet Johannes die Anbetung des »Tieres«, dem er, wovon noch zu sprechen sein wird, die Zahl Sechshundertsechsundsechzig zuordnet. Mit dem Tier meint er »mit höchster Wahrscheinlichkeit« (45) den als Gott kultisch verehrten römischen Kaiser; ein Kult, der im Osten des Römischen Reichs früher als im Westen Bedeutung hatte. Und mit der »großen Hure Babylon«, deren Untergang er voraussieht, ist Rom gemeint.

Aus der Offenbarung des Johannes stammt auch die Vorstellung vom »Tausendjährigen Reich«. Bekannt ist es spätestens, seit die Nationalsozialisten wähnten, dieses gegründet zu haben. Ein Engel, so die Vision des Johannes, »ergriff den Drachen, die alte Schlange, das ist der Teufel und der Satan, und fesselte ihn für tausend Jahre, und warf ihn in den Abgrund und verschloß ihn und setzte ein Siegel oben darauf, damit er die Völker nicht mehr verführen sollte, bis vollendet würden die tausend Jahre. Danach muss er losgelassen werden eine kleine Zeit« (Offb 20,2–3).

Schließlich kommt das große Weltgericht für die Lebenden und die Toten. Sie werden gerichtet »nach ihren Werken«. Wer nicht im »Buch des Lebens« verzeichnet ist, wird »geworfen in den feurigen Pfuhl« (Offb 20,15). Das Bild vom »Buch des Lebens« hat übrigens Paulus (Phil 4,3) als Erster gefunden. Dies konnte wohl auch nur ein Mensch assoziieren, dem ein Buch, nämlich die Bibel der Hebräer, lebenswichtig war.

Am Ende sieht Johannes nach all den grässlichen Bildern »einen neuen Himmel und eine neue Erde« und in deren Mitte »das neue Jerusalem«: »Und ich hörte eine große Stimme von dem Thron her, die sprach: Siehe da, die Hütte Gottes bei den Menschen! Und er wird bei ihnen wohnen, und sie werden sein Volk sein, und er selbst, Gott mit ihnen, wird ihr Gott sein; und Gott wird abwischen alle Tränen von ihren Augen, und der Tod wird nicht mehr sein, noch Leid noch Geschrei noch Schmerz wird mehr sein, denn das Erste ist vergangen« (Offb 21,1–4).

Wie kommt »Johannes Theologos«, wie ihn die griechisch-orthodoxen Christen nennen, dazu, ein solches Buch zu schreiben? Burton L. Mack räumt ein, dass es »der Verfasser mit seinem Engagement gewiss ernst meinte. Daß er das rechte Augenmaß verloren hatte, ist dennoch unübersehbar.«

Seit der Zeit von Gajus Julius Cäsar (100–44 vor Christus) hatten die Römer den Juden eine Reihe von Privilegien eingeräumt. Sie waren vom Militärdienst befreit und hatten das Recht, sich zu versammeln und ihre eigene Tempelsteuer einzutreiben (47). Dafür versprachen sie, für den Kaiser zu beten. Solange die Christen als jüdische Sekte zählten, genossen auch sie diese Privilegien. Das änderte sich, sobald die Christen als eigenständige Religionsgemeinschaft wahrgenommen wurden.

Kaiser Nero macht die unbeliebten Christen zu Sündenböcken

Und als eigenständig sind die christlichen Gemeinden in Rom schon frühzeitig aufgefallen. Im Juli 64 entstand in der Hauptstadt des Reiches eine Feuersbrunst. Das Volk beschuldigte den vermeintlich wahnsinnigen Kaiser Nero (54–68) der Brandstiftung. Dieser wälzte den Verdacht auf die Christen und machte ihnen den Prozess. Zahlreiche Christen wurden hingerichtet. Darüber berichtet der römische Historiker Publius Cornelius Tacitus (circa 61–120 nach Christus). Der Vorgang selbst ist »in vielerlei Hinsicht … dunkel« (60). Tacitus mutmaßt nämlich über den Brand, der weite Teile Roms zerstörte, »ob durch Zufall entstanden oder aber durch Tücke des Kaisers« – weiß es also nicht. Um dem Gerücht ein Ende zu machen, nannte Nero die Christen als die Schuldigen, »die bei der ungebildeten Menge … verhasst« waren. Tatsächlich waren die Christen in Rom seinerzeit in der Bevölkerung äußerst unbeliebt. Wer Christ wurde, löste sich aus den alten Bindungen und verkehrte nur noch unter seinesgleichen. Diese meist einfachen Leute verachteten den Prunk des Heidentums der reicheren Schichten – und wurden ihrerseits von diesen wegen ihrer Kulturfeindlichkeit und Unbil-

Im Juli 64 entstand in Rom eine Feuersbrunst. Das Volk beschuldigte den vermeintlich wahnsinnigen Kaiser Nero (54–68) der Brandstiftung. Dieser wälzte den Verdacht auf die in der Bevölkerung unbeliebten Christen, von denen in der Folge viele umgebracht wurden.

dung verachtet. Vom nichtchristlichen Pöbel wurden die Christen mit ähnlichen üblen Nachreden verfolgt, die man damals schon und bis in die Neuzeit den Juden gegenüber erhoben hatte. Zum Beispiel, sie schlachteten zu rituellen Zwecken Kinder (61). Tacitus behauptete, »eine riesige Menge« von Christen sei auf so brutale Weise umgebracht worden, dass sich gegen sie »Mitleid regte, als ob sie … zur Befriedigung der Mordlust eines einzelnen geopfert würden«. Mack betont dagegen, dass es sich dabei »um eine spontane, örtlich begrenzte Sündenbockaktion handelte, die jeder als Handlung eines Wahnsinnigen verstand«. Sie sei von Tacitus, »um Nero zu diskreditieren, in hohem Maße übertrieben« worden.

Die Chiffre 666 und eine Legende als Hintergrund

Von den Christen ist jedoch diese Untat als ungeheuerlich wahrgenommen worden und hat sie zutiefst verstört. So ist auch die von Johannes verwendete Zahl 666 zu deuten, von der er schreibt: »Wer Verstand hat, der überlege die Zahl des Tieres; denn es ist die Zahl eines Menschen, und seine Zahl ist sechshundertundsechsundsechzig« (Offb 13,18).

Im Hebräischen, Griechischen und auf Lateinisch hat man Zahlenwerte mit Buchstaben bezeichnet – die Ziffern kamen erst durch die Araber im frühen Mittelalter ins Abendland. Johannes hat die Zahlenwerte der Buchstaben addiert, wobei er sich auf zwei in der hebräischen Konsonantenschrift notierte Wörter bezog: Die griechischen Wörter *Neron Kaisar* (Nero Kaiser), hebräisch umschrieben, ergeben nrwn qsr, in Ziffern 50+200+6+50+100+60+200 = 666. Das heißt, Johannes wollte mit dem Tier auf Nero verweisen. Nach zeitgenössischer Vorstellung sollte Nero noch einmal wiederkehren. Bei Johannes liest sich das so: »Das Tier, das du gesehen hast, ist gewesen und ist jetzt nicht und wird wieder aufsteigen« (Offb 17,8). In der mit Caligula beginnenden Reihe der römischen Kaiser ist Domitian (81–96) der sechste Herrscher, und Johannes erwartete, dass Nero als achter noch einmal zurückkommen würde. In der Offenbarung liest sich das so (Offb 17,11): » Und das Tier, das gewesen ist und jetzt nicht ist, das ist der achte und ist einer von den sieben und fährt in die Verdammnis« – womit gleich noch dessen Zukunft angesprochen wird. Nach Neros frühem Tod durch Selbstmord im Alter von 31 Jahren entstand im Osten des Römischen Reiches die Legende, Nero sei gar nicht tot, sondern halte sich im Reich der Parther in Asien versteckt und werde von dort siegreich zurückkehren. Das ist der Hintergrund für die Darstellung des Johannes (61).

Der siebente Herrscher, Kaiser Nerva, regierte von 96 bis 98. Danach könnte das Buch der Offenbarung in der Regierungszeit Nervas geschrieben worden sein (45). Manche Forscher meinen allerdings, das Buch sei unter Domitian verfasst worden. Auf das Jahr 95 datierte 1977 die »Bruderschaft des Klosters Johannes Theologos« in Griechenland das Werk. Auch Bachmann sieht Indizien für die Entstehung in den letzten Jahren Domitians. Damals gab es Hinrichtungen von Christen. Allerdings gibt Mack zu bedenken: »die moderne Forschung vermag keinen Beweis für eine domitianische Verfolgung zu finden«. Seine Schlussfolgerung: »Es muß die um die Wende des 1. Jahrhunderts deutlich gewordene Verwundbarkeit von Christen gegenüber den Vorwürfen von Illoyalität gewesen sein, die Johannes so stark beschäftigte.«

»Unser Herr und Gott« – der römische Kaiser

Das Hauptproblem für die junge Christenheit war, vom Osten des Reiches ausgehend, die Tendenz der römischen Kaiser, sich als Gott verehren zu lassen. Dies war für Juden wie Christen unakzeptabel, wobei die Juden, wie erwähnt, durch besondere Vereinbarungen, etwas besser vor Konflikten mit der Obrigkeit geschützt waren.

Die römischen Kaiser ließen sich nicht nur in der Person, sondern auch im Bild verehren. Im kaiserlichen Bilderkult waren die Person und ihr Bildnis gleichgesetzt. »Dieser Brauch führte dazu, daß das Bild in nahezu alle Ehren und Rechte eingesetzt wurde, die dem Kaiser selbst zukamen. Die staatsrechtliche Stellung des Kaisers wird auf dessen Bildnis übertragen« (63). Bei Regierungsantritt eines neuen Herrschers wurde das kaiserliche Bild überall im Reich als Zeichen für die Übernahme der Herrschaft demonstrativ aufgestellt. Zu der damit verbundenen rituellen Huldigung gehörte auch das demütige Niederknien (*Proskynese*) vor dem Herrscherbild. Die gewaltsame Entfernung des Bildes wurde dagegen als Aufstand oder Abfall vom Reich verstanden. Manchmal wurde auch ein unliebsam gewordener Herrscher oder ein geächtetes Mitglied seiner Familie damit bestraft, dass sein Bildnis zerstört und er damit aus der Erinnerung gelöscht wurde. *Damnatio memoriae* nannte man dieses Verfahren, das bereits die alten Ägypter praktizierten.

Aus dem Ritus der Verehrung des Kaisers im Bild entwickelte sich der Ikonenkult in den orthodoxen Kirchen. Der rituelle Kniefall der römisch-katholischen Gläubigen vor dem Hochaltar in einer Kirche ist ebenfalls aus der Tradition des römischen Kaiserkults zu verstehen. Noch in unserer Zeit hängt in den deutschen Amtsstuben das Bild des jeweiligen Bundespräsidenten, obwohl dieser nicht mehr als Gott verehrt wird und sich selbst auch nicht mehr als Herrscher von Gottes Gnaden versteht.

Bereits Gajus Julius Cäsar wurde dagegen in einer Inschrift in Ephesus im Jahre 48 vor Christus als »erscheinender Gott und Retter des menschlichen Lebens« verherrlicht (45). Dass Menschen zu Göttern werden konnten, war in der Antike nicht Besonderes. Die Vergottung Jesu war deshalb seinerzeit nicht so ungewöhnlich, wie sie uns heute erscheinen muss.

Kaiser Domitian erhob den Anspruch, als *dominus et deus noster,* »Unser Herr und Gott«, verehrt zu werden. Welche Probleme sich daraus für die Christen ergaben, lässt sich rückwirkend aus einem im Jahre 112 nach Christus geführten und dokumentierten Briefwechsel des damaligen Kaisers Trajan mit dem Statthalter von Bithynien im nördliche Kleinasien, namens Plinius, erkennen. Seinerzeit wurde die Loyalität gegenüber Rom an der Bereitschaft gemessen, ein Bild des göttlichen Kaisers buchstäblich zu beweihräuchern. Das konnten weder fromme Juden noch fromme Christen tun. Plinius, dem es hier um die Christen ging, sah keine andere Möglichkeit, als diese hinrichten zu lassen, wenn sie sich weigerten, mit Weihrauchgaben ihre Loyalität zum Kaiser zu beweisen. Kaiser Trajan bestätigte die Rechtslage, betonte allerdings, Plinius solle den Christen nicht systematisch nachspionieren, als seien sie alle illoyal, keine anonymen Pamphlete als Beweisstücke zulassen und ihnen die Chance geben, zu widerrufen und »unsere Götter« zu verehren (47).

Damit wird deutlich, wie einerseits christliche Gemeinden eine größer werdende Rolle spielten und andererseits der Kaiserkult zum Test für die Loyalität der Christen wurde. In dieser Zeit prägten die Christen den Begriff Märtyrer. Das griechische Wort bedeutet eigentlich nur »Zeugnis« und hatte zunächst nichts mit Martyrium zu tun. Das änderte sich mit der Hinrichtung von Christen um ihres Glaubens willen. »Die Folge davon war, dass der Mythos des Martyriums zur höchsten Form des christlichen Bekenntnisses wurde« (47).

IV

Die Geburt der Bibel

Der Kanon entsteht

Ich habe erklärt, wie die einzelnen biblischen Texte entstanden sind. Sie haben mittlerweile eine über zweitausendjährige Lebensgeschichte. Es war weder selbstverständlich, dass ausgerechnet aus diesen Texten die Bibel in ihrer kanonischen Form wurde, noch geschah dies in einem einmaligen Akt. Wie schon erwähnt, lasen Juden und Christen im 1. nachchristlichen Jahrhundert die gleiche griechische Heilige Schrift, die Septuaginta. Die ersten Christen lebten außerdem mit den Erinnerungen an Jesus, ihren Herrn, in mündlicher Überlieferung. Daraus entstanden Sammlungen von Herrenworten. »Die vermutete Spruchquelle (Q) war eine Zusammenfassung solcher Sammlungen für den Unterricht«, meint Wilckens (6). Um das Jahr 100 entstand eine Sammlung von Paulus-Briefen (60), andererseits eines von drei (oder vier) Evangelien. »Beide Sammlungen waren unabhängig voneinander entstanden und noch nicht in eine organische Beziehung zueinander gesetzt«, so Heussi (60).

Die Entstehung des Kanons der biblischen Bücher, wie wir ihn heute kennen, ist das Ergebnis von massiven internen Auseinandersetzungen im 2. Jahrhundert. Es ging dabei um mystische Vorstellungen, die in den christlichen Gemeinden Anklang fanden. Bereits in vorchristlichen Zeiten gab es die Mystik der hellenistischen Welt, die sogenannte *Gnosis* (Erkenntnis). Sie bewegte nun auch die Christen.

Viele Evangelien wurden als apokryph abgestempelt und verworfen

In den ersten nachchristlichen Jahrhunderten sind zahlreiche ›Evangelien‹ aufgetaucht, die nicht in den biblischen Kanon aufgenommen worden sind, auch nicht als ›Apokryphen‹: zum Beispiel das dem Matthäus-Evangelium nahe verwandte, unter palästinensischen Judenchristen vor 130 entstandene Hebräer-Evangelium, das legendarische, um 150 vermutlich in Syrien entstandene Petrus-Evangelium, oder das Ägypter-Evangelium, das im 2. Jahrhundert in Ägypten in Gebrauch war (60). Man nennt auch diese Schriften *apokryph* (griechisch-lateinisch = verborgen, aber auch übersetzt mit geheimnisvoll oder falsch) – was zu Missverständnissen führen kann.

Diese alten Schriften sind aus unterschiedlichen Gründen nicht in den Kanon des Neuen Testaments eingereiht worden. Sobald ein solcher Text als ›gnostisch‹ abgestempelt werden konnte, kam er keinesfalls in den Kanon. Diese Etikettierung begann bereits mit dem Apostel Paulus. Er beschimpfte Christen mit etwas anderen Vorstellungen, als er sie hegte, zum Teil auf das Übelste und warnte vor ihnen, etwa als den »Hunden« und »böswilligen Arbeitern« (Phil 3,2). Theologen kritisieren seit einiger Zeit, dass die paulinische Perspektive ungeprüft übernommen werde. Das verleite dazu, in den von Paulus avisierten Gegnern Häretiker zu sehen, obwohl sie, wie Paulus selbst, frühchristliche Missionare gewesen seien, die, wie auch er, frühchristliche Theologie betrieben hätten. Das sei »ein Vorurteil, das durch die jahrelang vorherrschende Klassifizierung dieser Gegner als Gnostiker abgestützt wurde« (45).

Im Dezember 1945 gruben ägyptische Bauern am Fuß eines Felsenhangs nahe Nag Hammadi, nördlich von Luxor, einen Krug aus. Sie fanden darin alte Papyri aus dem 4. Jahrhundert, darunter das Thomas-Evangelium: eine bereits im 2. Jahrhundert in Fragmenten bekannte Sammlung von Jesus zugeschriebenen Sprüchen. Das Thomas-Evangelium repräsentiert eine gnosisnahe, judenchristliche Grundströmung, eine »Weiterentwicklung jüdischer Weisheits-

theologie«, betont Gerd Theißen (46). Auch er gehört zu den Theologen in Europa und in Nordamerika, die sich dafür einsetzen, in
der Forschung über die Grenzen des biblischen Kanons hinauszu-
gehen und alles Material zu nutzen, das im selben Zeitraum wie die
kanonischen Evangelien entstanden ist.

Zeit der Gnosis – Philosophen deuten Bibeltexte

Ich kehre zurück zur Zeit der Gnosis. Diese, als das Bemühen um
die Erkenntnis Gottes wie auch des Selbst, vereinigt Vorstellungen
verschiedener Kulturen, der altorientalischen Religionen ebenso
wie griechischer philosophischer Schulen. Der christliche Gnostizismus ist das Ergebnis von Bestrebungen, das Christentum mit der
Gnosis zu verbinden. Dabei haben sich die gnostischen Lehrer auf
dieselben biblischen Schriften bezogen, die auch für die ›rechtgläubigen‹ Christen maßgeblich waren. Und bei deren Auslegung »be-
dienten sie sich der gleichen allegorischen Methode, die bereits jüdische Theologen wie Philo, aber auch Apostel wie Paulus und der
Verfasser des Hebräerbriefs angewendet hatten«, so Wilckens (6).
Philo war ein älterer Zeitgenosse Jesu, der bereits vor dem Evangelisten Johannes die Idee des *Logos* als Mittler der göttlichen Offenbarungen entwickelt hatte.

Im Verständnis der Gnostiker ist die Welt ein »Mischgebilde«
(61). Nebeneinander existieren auf der Welt das »Reich der Finsternis« und das »Reich des Lichtes«. Dieses dualistische Weltbild ist
persischen Ursprungs. Der Mensch besteht nach gnostischer Vorstellung aus Körper, Seele und Geist. Das eigentlich Wertvolle ist
danach nur jenes als Lichtfunke oder göttlicher Funke vorgestellte
›Geistpartikel‹ im Menschen, das es zu erlösen gilt.

Auseinandersetzungen mit gnostischen Vorstellungen sind, wie
gesagt, bereits im Neuen Testament erkennbar. So mahnt der Verfasser des 1. Briefs an Timotheus (1. Tim 6,20) diesen: »meide das
ungeistliche lose Geschwätz und das Gezänk der fälschlich so genannten Erkenntnis (Gnosis).« Und in seiner Apostelgeschichte

erwähnt Lukas einen »Zauberer« namens Simon in Samaria, von dem die Leute sagten: »Dieser ist die Kraft Gottes, die die Große genannt wird« (Apg 8,10). Dies war »ein verstecktes Gottesprädikat« (61). Jener später »Simon Magus« genannte Mann wurde als ›erster Gnostiker‹ bezeichnet. Hans-Josef Klauck erklärt das so: »Die Kirchenväter und die Gnostiker selbst haben im Neuen Testament nach einem möglichen Schulhaupt für die gnostische Bewegung gesucht, Simon Magus als Kandidaten ausgemacht und ihn entsprechend aufgewertet.« Im 3. und 4. Jahrhundert wurde mit dem Auftreten des Persers Mani und seiner Lehre, dem *Manichäismus,* die Gnosis im Abendland erst richtig virulent.

Der vornehme Perser Mani entwickelte ein Weltbild, das vom Dualismus Licht und Finsternis bestimmt wird, wie wir das von den anderen Gnostikern bereits kennen. Die Entstehung und die Erlösung der Welt verstand auch Mani als einen kosmischen Prozess. Er verband seine Lehre mit einem streng asketischen Leben. Mani wurde von der persischen Priesterkaste vermutlich anno 273 gekreuzigt. Seine Lehre aber verbreitete sich sehr stark im Orient. Der Manichäismus wurde im 4. Jahrhundert auch zu einer ernsthaften Konkurrenz für die christliche Kirche. Das »Reich des Bösen«, wie US-Präsident Ronald Reagan die Sowjetunion nannte, und die »Achse des Bösen«, eine Bezeichnung des gleichfalls republikanischen US-Präsidenten George W. Bush für islamistische Regimes, aber auch für das kommunistische Nordkorea, sind ein später Nachhall manichäischen Gedankenguts im 20. und 21. Jahrhundert.

Marcions Bibel – ohne das Alte Testament

Ich habe vorgegriffen, denn der Manichäismus spielte, wie gesagt, im Abendland erst im 4. Jahrhundert eine Rolle. Zuvor hatten sich die christlichen Gemeinden mit weiteren Bemühungen auseinanderzusetzen, aus den biblischen Schriften eine eigene Lehre zu machen. Eben dies versuchte mit zeitweilig großem Erfolg Marcion, ein sehr gebildeter, reicher Reeder aus Sinope in Pontus. Er fand anno 139 Aufnahme in die Christengemeinde Roms. Fünf Jahre später trat er vor die Presbyter der Gesamtgemeinde und stellte ihnen sein theologisches Konzept vor.

Marcion hatte das Alte Testament als Ganzes gelesen. Dabei fielen ihm gravierende Widersprüche zur Lehre und insbesondere zum Gottesbild Jesu auf. Man muss nach Marcion das Alte Testament wörtlich lesen und auf alle allegorischen Umdeutungen und Zurechtbiegungen verzichten, deren sich die Christen befleißigen. Dann erkenne man, dass es Weissagungen bezogen auf Jesus Christus im Alten Testament gar nicht gibt. Allegorisch heißt sinnbildlich. Ich habe bei der Behandlung der Bücher des Alten Testaments viele dieser christlichen Umdeutungen angesprochen.

Der Schöpfergott und zugleich Gott des Zorns und der Gewalt im Interesse ethnischer Reinheit des Alten Testaments, so Marcion, sei ein anderer als der Gott der Gnade und Barmherzigkeit der ganzen Welt gegenüber, den Jesus bekannt gemacht habe. Marcion akzeptierte von den Aposteln nur Paulus und beklagte Ergänzungen und Veränderungen, wie sie in den Auseinandersetzungen mit der jüdischen Theologie, die er ablehnte, vorgenommen worden seien. Durch Marcion wurde »der erste Kanon neutestamentlicher Literatur« (47) geschaffen. Er enthielt zehn Paulus-Briefe (mit Auslassungen) sowie das ebenfalls gekürzte Lukas-Evangelium.

Die römische Gemeinde akzeptierte dies überhaupt nicht. Vielmehr wurde Marcion, vermutlich im Juli des Jahres 144, von den Presbytern aus der Gemeinde ausgeschlossen. Marcion gründete darauf hin eine Gegenkirche, die großen Zustrom fand. Marcionitische Gemeinden waren im 2. und 3. Jahrhundert vom Euphrat bis zur Rhone verbreitet.

Montanus und seine Lehre vom Weltende

In Phrygien (Kleinasien) trat bereits im 1. Jahrhundert ein Mann namens Montanus auf, ein früherer Priester der Kybele, einer kleinasiatischen Fruchtbarkeitsgöttin, welche die Römer als *Magna*

Mater (Große Mutter) verehrten. Dieser Montanus gründete eine prophetisch-enthusiastische, radikal charismatische Bewegung (6), die sich rasch im ganzen Osten des Römischen Reichs verbreitete. Montanus verstand sich als der von dem Evangelisten Johannes vorhergesagte Fürsprecher vor Gott (*Paraklet*). Johannes zitiert nämlich Jesus mit dem Satz (Joh 14,16): »Und ich will den Vater bitten, und er wird euch einen andern Tröster (Fürsprecher) geben, daß er bei euch sei in Ewigkeit.« Zusammen mit zwei Prophetinnen, Priszilla und Maximilla, verlangte Magnus radikale Askese und verkündete das nahe Ende der Welt. Die ›Orakel‹ dieser Bewegung wurden aufgeschrieben und gesammelt. Und sie zeitigten Wirkung im Römischen Reich. Der Montanismus verbreitete sich rasch. Montanus wurde nach einer Reihe kleinasiatischer Synoden, »den ersten, von denen wir wissen« (60), aus der Kirche ausgeschlossen. Nach dem Tod von Montanus und Priszilla leitete Maximilla die Gemeinschaft. Sie prophezeite, dass unmittelbar nach ihrem Tode das Ende der Welt kommen werde. Als nach ihrem Tod anno 179 davon nichts zu bemerken war, irritierte das ihre Anhänger zwar zunächst, aber nicht mit durchschlagender Wirkung. Diese Erfahrung, nämlich aus Erfahrung nicht zu lernen, sollte sich in Zukunft bei zahlreichen Sekten der Christenheit, die ebenfalls auf das Ende der Welt setzten, wiederholen. Die Montanisten, längst zu Häretikern erklärt, wurden noch um das Jahr 400 von der Amtskirche bekämpft.

Kanon und Hierarchie – Bürokraten ersetzen die Apostel

Die Auseinandersetzung mit den ›Abweichlern‹ blieb nicht ohne Folgen für die christlichen Gemeinden. In der urchristlichen Zeit lagen die geistlichen Funktionen in Händen der charismatisch begabten Apostel, Propheten und Lehrer. Unter *Charisma* verstand man die Begabung durch den Geist (griechisch *Pneuma*) Gottes. Die Episkopen und Diakone waren nur Gehilfen für die äußeren Angelegenheiten, also ›Beamte‹ (60). Doch im Laufe der Zeit

verschwanden die Charismatiker. Mit dem »Dahinschwinden des
›Pneuma‹« (60) traten die Bürokraten in die Lücke. Es entstand der
monarchische (alleinherrschende) *Episkopat* – die katholische Kirche. In der Auseinandersetzung mit den ›Irrlehren‹, die vor allem
von Rom aus geführt wurde, musste man etwas zum Beleg der eigenen ›Rechtgläubigkeit‹ tun. Man erfand die apostolische Tradition. Das heißt, die ›Kirche‹ verstand sich als von den Aposteln eingesetzt und in ununterbrochener Nachfolgekette (*Sukzession*) mit
jenen verbunden, die Träger des »Geistes der Wahrheit« (*charisma
veritatis*) seien.

Für die nunmehr agierenden ›Beamten‹ war natürlich eine Kirchenordnung vordringlich. Im Jahre 1875 entdeckte man in der Bibliothek des griechischen Patriarchen von Jerusalem, die in Konstantinopel aufbewahrt wurde, einen uralten Text. Sein Titel:
Didache oder *Lehre der Zwölf Apostel*. Eine Kirchenordnung. Diese
war vermutlich zu Beginn des 2. Jahrhunderts verfasst worden (47).
Sie enthält neben kultischen Vorschriften auch Wahlordnungen für
die Episkope (Bischöfe) und Diakone.

Nicht minder wichtig als die Kirchenordnung war eine verbind-
liche Festlegung auf einen Schriftenkanon. Schließlich mussten die
Schriften auch ausgelegt werden. Es entstand gewissermaßen der
Beruf des Theologen. »Das Werden einer katholischen Theologie
und die Entstehung des zweiteiligen Schriftkanons gehen also miteinander und bedingen sich gegenseitig« (6).

Das Christentum als Philosophie

Die ersten Christen hatten ein großes Selbstbewusstsein. Anfang
des 2. Jahrhunderts traten im Römischen Reich sogenannte Apo-
logeten auf, die das Christentum gegen Angriffe von außen vertei-
digten – als eine neue *Philosophie*. Denn Philosophie war im Reich
nicht verboten, im Unterschied zu neuen Religionen. Eine Folge war
die Hellenisierung der christlichen Gedankenwelt. Dazu trug insbesondere die theologische Konstruktion des *Logos* bei, des Prinzips der in der Welt waltenden Vernunft. Sie hatte der Verfasser des

Johannes-Evangeliums in den neunziger Jahren von den jüdischen
alexandrinischen Philosophen um Philo übernommen.

Diese hochspekulativen Konstruktionen stehen neuerdings wieder im Zentrum des Glaubens, wie ihn Papst Benedikt XVI. versteht. Entgegen allen Erkenntnissen der historisch-kritisch arbeitenden Theologen deutet der Papst aus Bayern im Lichte des viel später geschriebenen Johannes-Evangeliums die älteren Evangelien von Matthäus, Markus und Lukas. Glaube und Vernunft, so Benedikt XVI., müssten immer im Einklang miteinander stehen. Nur so könne der Mensch »Gott und sich selbst erkennen« (64).

Wenn man dies ernst nimmt, muss man im Lichte des heutigen vernünftigen Wissens der Kosmologen sagen: Wir wissen nicht, was »im Anfang« war, auch wenn es im Johannes-Evangelium heißt: »Im Anfang war das Wort«. Und Gott »erkennen« können wir schon gar nicht. Der Quantenphysiker Anton Zeilinger, dessen Experimenten wir fundamentale neue Erkenntnisse über die Welt verdanken, kommt zu dem Schluss: »Wirklichkeit und Information sind dasselbe« (65). In diesem Sinne könnte man »das Wort« mit »Information« übersetzen. Aber auch das führt uns nicht zum Anfang. Möglicherweise gab es im Kosmos viele Anfänge und gibt es sogar mehrere Universen. Diese Hinweise sollten genügen, um zu erkennen, dass man im Rückgriff auf 1900 Jahre alte Spekulationen Gott und die Welt und sich selbst nicht besser versteht.

Tertullian erfindet dogmatische Grundbegriffe

Der erste Apologet, der nicht griechisch, sondern lateinisch schrieb, war Tertullian (circa 150/55–222/23), ein gelernter Jurist, in Karthago geboren, aber in Rom aktiv. Auch wenn er später mit der Kirche brach und Anhänger des Montanus wurde, verdankt ihm die Kirche die Erfindung dogmatischer Grundformeln, und damit wesentlicher kirchenlateinischer Fachbegriffe wie *religio, trinitas, substantia, sacramentum* (60). Für Tertullian galten die biblischen Schriften im strikt wörtlichen Sinne als wahr. Diesen Gedanken hat ein wenig später Origenes aus Alexandria (185/86–254), der hochgebildete Erfinder des ersten theologischen Systems, aufgegriffen. Danach sind alle biblischen Schriften »unter dem Anhauch des heiligen Geistes nach dem Willen des Vaters aller Dinge durch Jesus Christus niedergeschrieben und auf uns gekommen« (6).

Origenes wie auch die späteren sogenannten Kirchenväter, besonders Augustinus, waren Platoniker. Das heißt, ihr Denken war stark von dem griechischen Philosophen Platon (427–348/47 vor Christus) beeinflusst. Kernstück der platonischen Philosophie ist dessen Ideenlehre. Die Ideen sind danach die Urgestalten des sinnlich Erfahrbaren, sie sind ewig. Kein Wunder, dass Origenes, wie einst sein Kollege Philo in Alexandria tätig, seine theologischen Spekulationen um die Logos-Idee kreisen ließ. Das Verhältnis von Gott und Logos, das den jüdischen Philosophen Philo beschäftigte, wurde nun erweitert um die Idee von Jesus als Gottessohn.

Es sind dies Überlegungen, die beim Konzil zu Nicäa anno 325 zum ersten und einzigen Dogma der Alten Kirche erhoben werden; dem der Dreieinigkeit (*Trinität*) Gottes, des Vaters, des Sohnes und des Heiligen Geistes. Dieser Heilige Geist wird mit dem Logos der Philosophen gleichgesetzt. Und der zur Fundamentalgröße erhobene Heilige Geist hat definitionsgemäß den Verfassern dieses Dogma persönlich offenbart.

Dogma – Definitionsbemühungen um die Wahrheit

In der hellenistischen Umwelt des Neuen Testaments bedeutete ein *Dogma* die Meinung oder der Lehrsatz eines Philosophen. Jesus selbst hat keine Lehrsätze formuliert, und schon gar keine ein für alle Mal gültigen Definitionen. Vielmehr hat er, wie beschrieben, in Gleichnissen Gott und die Welt gedeutet. Für die römisch-katholische Kirche sind dagegen die von den Konzilien und den Päpsten definierten und verkündigten Dogmen die ein für alle Mal formulierte ›von Gott offenbarte Wahrheit‹. In evangelisch-christlicher Definition bezeichnet dagegen ein Dogma »die höchstmögliche Bestimmtheit Jesus-bezogener Aussagen des christlichen Glaubens« (35). Damit ist jedoch nicht die Art der Formulierung gemeint.

Allerdings verstanden auch die Protestanten bis in die jüngste Zeit das ›Mysterium‹ der Trinität als von Gott offenbarte Wahrheit. Eine Vorstellung, die jedoch heute unreflektiert nur noch von Fundamentalisten geteilt wird.

Die Idee einer »Selbstoffenbarung« Gottes

Noch anno 2009 behaupten protestantische Theologen, wie die Nachrichtenagentur der Evangelikalen, *idea,* zu berichten weiß, die »Selbstoffenbarung Gottes als Vater, Sohn und Heiliger Geist« sei »grundsätzlich jeder Diskussion entzogen« (66). Diese Theologen kritisierten damit ihre eigene bayerische Landeskirche, die dies nicht mehr ganz so sieht. Nicht der Diskussion entzogen ist damit das Wissenschaftsverständnis dieser Professoren.

Wenn es denn so wäre und sich der vergottete Jesus via Heiliger Geist in den Dogmen und Konzilsentscheidungen der Kirchengeschichte offenbaren würde – dann hätte dieser Jesus Christus posthum doch sehr stark seinen Charakter verändert. Der lebende Jesus war auf Seiten der Schwachen, der ›Selbstoffenbarer‹ Jesus Christus war offensichtlich die Kirchengeschichte hindurch stets auf Seiten der Sieger, der siegreichen *Ecclesia triumphans,* der triumphierenden Kirche in Rom.

Origenes, um auf diesen zurückzukommen, war ein großer Gelehrter und zugleich ein fanatischer Asket. Kirchenhistoriker formulieren feinsinnig so: »Sein asketischer Übereifer verirrte sich zu buchstäblicher Erfüllung von Mt 19,12« (60). Der Evangelist Matthäus legt Jesus die Aussage in den Mund: »einige sind von Geburt an zur Ehe unfähig, andere haben sich selbst zur Ehe unfähig gemacht.« Auf Deutsch: Der fromme Origenes hat sich persönlich kastriert.

Jesu Vergottung nach kaiserlichem Vorbild

Dass man Jesus posthum zu einem Gott machte, war nichts Ungewöhnliches. Wurden doch, wie schon erwähnt, im Römischen Reich auch die Herrscher spätestens nach ihrem Tode als Gottheiten kultisch verehrt. Der protestantische Neutestamentler Gerd Theißen (Universität Heidelberg) erklärt die Vergottung Jesu als »Machtüberbietung durch Erhöhung« und »Gegenentwurf zum Kaiserkult« (46). Das heißt, der am Kreuz erniedrigte Jesus musste mindestens dem Kaiser gleichgestellt werden. Diese Erhöhung des Menschen Jesus war psychologisch folgerichtig mit einer Dämonisierung des Kaisers als satanisches Tier verbunden (Off 13,11). Man hatte aber bei dieser Konstruktion Schwierigkeiten, zu erklären, dass Jesus schließlich erkennbar ein sterblicher Mensch war. Denn Götter sind ja bekanntlich unsterblich. Und wenn man ihn als »Sohn Gottes« definierte, machte das in einer patriarchalischen Welt, in welcher der Sohn dem Vater Gehorsam schuldete, zusätzliche Schwierigkeiten. Das Konzil von Nicäa definierte Jesus als »gezeugt, nicht geschaffen, eines Wesens (griechisch *homousios*) mit dem Vater«.

Diese Konstruktion war schon vor Beginn des Konzils umstritten. Widerspruch kam aus Alexandria. Arius, ein Presbyter, zu Beginn des Streites bereits in vorgerücktem Alter, war der Wortführer. Er entwickelte ein Gegenbild zu dem der römischen Theologen. Danach ist der Logos von Gott aus dem Nichts geschaffen worden.

Im 4. Jahrhundert setzte sich die Vorstellung des Klerikers Arius aus Alexandria im Morgenland weitgehend durch. Danach war Jesus zwar ein ganz besonderer Mensch, aber kein Gott. Die orthodoxen Christen ergriffen die Flucht, wie diese Miniatur aus der Zeit um 880 darstellt. Letztlich haben jedoch die Arianer den frühen Religionskrieg verloren.

Jesus war danach ein leidensfähiger Mensch; ›Gott‹ genannt, ohne es zu sein.

Die Definition der Dreieinigkeit Gottes auf der Synode von Nicäa provozierte massiven Widerstand der orientalischen Christen. Die Bezeichnung *homousios* für das Verhältnis von Gott und Jesus wollten sie auf gar keinen Fall akzeptieren. Davon wird gleich noch einmal die Rede sein. Arius starb freilich bereits anno 336. Seine Anhänger, die sogenannten Arianer, sollten in der Kirchengeschichte eine große Rolle spielen. Letztlich haben die Verteidiger der Konzilsbeschlüsse den Machtkampf gewonnen. Nur deshalb ist aus Jesus »wahrer Gott und wahrer Mensch« geworden. So formulierte es die Synode von Chalcedon anno 451. Doch »nach heutiger Exegese ist diese Zweinaturenlehre keineswegs identisch mit der ursprünglichen Christusbotschaft des Neuen Testaments«. So formuliert es zurückhaltend der katholische Theologe Hans Küng (67).

Reaktion auf Marcion: Altes und Neues Testament werden miteinander verbunden

Die Entstehungsgeschichte des Neuen Testaments liegt weitgehend im Dunkeln. Ein Neues Testament im Sinne einer Schriftensammlung, die dem Alten Testament zur Seite gestellt wurde, hatten die Gemeinden Anfang des 2. Jahrhunderts noch nicht (60). Als Reaktion auf Marcions Schriftsammlung entstand aber auch unter den ›rechtgläubigen‹ Gemeinden eine Sammlung. Wir wissen, dass der Kleriker Irenäus – geboren um 142 in Kleinasien, anno 178 Bischof von Lyon, der ein einflussreicher Kämpfer gegen den Gnostizismus war, eine Art ›Neues Testament‹ kannte. Dazu gehörten die vier Evangelien (wobei das vierte, das des Johannes, noch anno 170 auf großen Widerstand in Kirchenkreisen stieß), ferner die Apostelgeschichte sowie die »apostolischen Briefe«. Allerdings weiß man nicht, ob die nichtpaulinischen Briefe bereits dazuzählten. Nach Wilckens ist das für den 1. Petrus-Brief sowie die ersten zwei Johannes-Briefe wahrscheinlich. Irenäus zählte in seinem Neuen Tes-

tament auch den mittlerweile nicht mehr anerkannten 1. Clemens-
brief sowie den ebenfalls längst eliminierten »Hirten des Hermas«
zu den biblischen Schriften, nicht aber den heute im Kanon zu fin-
denden Hebräer- und den Jakobus-Brief. Den Abschluss bildete
auch für Irenäus die Offenbarung des Johannes. Jedenfalls hat man
dieses Neue Testament mit den Büchern des Alten Testaments als
zusammengehörig verstanden. Ein Grundbestand hatte sich also im
2. Jahrhundert herausgebildet. »Die Ränder sowohl des Alten wie
des Neuen Testaments sind aber noch lange offen geblieben« (6).

Die lateinische Bibel

Ein Gelehrter namens Hieronymus aus Dalmatien (circa 345–420)
hat die Bibel seiner Zeit ins Lateinische übersetzt, die *Vulgata*. Nach
der Trennung der Protestanten von den Katholiken hat die römisch-katholische Kirche auf ihrem Konzil von Trient anno 1546
die Vulgata als endgültige Gestalt der Heiligen Schrift akzeptiert.
Wie schon erwähnt, haben die Kirchen der Reformation einige der
alttestamentlichen Schriften als nicht echt, aber lesenswert ausgesondert. Unter dem Namen *Apokryphen* (apokryph = verborgen)
gehören sie zum Anhang des Alten Testaments. Martin Luther hat
die Reihenfolge der Bücher des Neuen Testaments gegenüber jener
der Vulgata abgeändert. Die seiner Ansicht nach weniger bedeutsamen Schriften, den Hebräer-Brief sowie die Briefe des Jakobus und
des Judas, stellte er zusammen mit der Offenbarung als Schlusswort
nach hinten. Eine Umstellung, welche die reformierten protestantischen Kirchen nicht übernommen haben.

Die frühen christlichen Theologen setzten das Neue Testament
bereits als Autorität voraus. Sie deuteten die Schriften und entwickelten Glaubensbekenntnisse, welche die kirchliche Tradition begründeten. Man erkannte nämlich, dass die Bibel allein nicht aus-
reichte, um zwischen Rechtgläubigkeit (Orthodoxie) und Häresie
unterscheiden zu können. Denn, wie schon erwähnt, auch die später als Häretiker disqualifizierten theologischen Lehrer, wie etwa
Marcion, beriefen sich auf biblische Aussagen.

274 Die Geburt der Bibel

Spuren alter Texte: Die Codices

Die biblischen Texte sind immer wieder abgeschrieben worden. Man kennt heute allein 5000 Handschriften des Neuen Testaments. Wenn man nur die ältesten Codices nimmt, bleiben wenige erwähnenswert.

Der *Codex Sinaiticus* entstand in der ersten Hälfte des 4. nachchristlichen Jahrhunderts. Es ist dies die älteste erhalten gebliebene Bibel-Handschrift mit dem vollständigen Neuen Testament. Vom Alten Testament ist etwa die Hälfte erhalten geblieben. Von den insgesamt 407 Blättern des Codex befinden sich 43 seit 1844 in der Universitätsbibliothek Leipzig, 347 Blätter seit 1933 in der British Library in London, fünf Fragmente in der russischen Nationalbibliothek in St. Petersburg und 12 fragmentarische Blätter sowie 14 kleinere Fragmente im Katharinenkloster auf dem Sinai. Dort hat der Deutsche Konstantin von Tischendorf Mitte des 19. Jahrhunderts den Codex entdeckt. Die auseinandergerissenen Blätter des Codex wurden in einem internationalen Projekt digitalisiert und virtuell zusammengeführt und sind seit Anfang Juli 2009 vollständig für jedermann im Internet zugänglich. Der Codex ist eine besonders großformatige Bibelausgabe. Um die Pergamente herzustellen, waren, wie man errechnet hat, die Häute von etwa 700 Ziegen notwendig. Die Entdeckungsgeschichte des Codex Sinaiticus erzähle ich anschließend.

Der *Codex Vaticanus Graecus* aus dem 4. Jahrhundert umfasst das Alte und das Neue Testament, wobei einige Blätter verloren gegangen sind. Er befindet sich seit 1475 in der Bibliothek des Vatikans. Über die Zeit davor ist nichts bekannt.

Der *Codex Sinaiticus* und der *Codex Vaticanus* sind miteinander eng verwandt. In beiden Codices fehlt zum Beispiel das (wie oben berichtet nicht originale) letzte Kapitel des Markus-Evangeliums (Mk 16,9–20) mit dem Taufbefehl und dem Bericht von Jesu Himmelfahrt. In beiden Texten steht das Vaterunser (Lk 11,2–4) in der originalen kürzeren Fassung ohne die Zusätze »Dein Wille geschehe auf Erden wie im Himmel« und »... sondern erlöse uns von

dem Bösen«, wie sie im Matthäus-Evangelium aufgezeichnet sind
(Mt 6,10,13).

Der *Codex Alexandrinus* stammt aus dem 5. Jahrhundert. Er
enthält das Alte Testament und den größten Teil des Neuen Testaments. Er ist seit dem 11. Jahrhundert in der Bibliothek des Patriarchen von Alexandria nachweisbar und wurde von einem dieser Patriarchen, Kyrillos Loukaris, 1627 dem englischen König geschenkt.
Heute befindet er sich in der British Library in London. Dieser Codex gilt als wichtigste Handschrift für die Offenbarung des Johannes. Für dieses Buch hatte der Schreiber eine andere Vorlage als für
die übrigen Texte.

Der *Codex Ephraemi* ist eine Handschrift aus dem 5. Jahrhundert, die im 12. Jahrhundert aus Sparsamkeitsgründen abgekratzt
und neu beschriftet wurde; ein sogenannter *Palimpsest*. Im 19. Jahrhundert gelang es Konstantin von Tischendorf, den ursprünglichen
Text mit Chemikalien wieder lesbar zu machen. Allerdings wurde
das Manuskript dabei schwer beschädigt. Der Codex enthält einige
Teile aus dem Neuen und noch weniger Teile aus dem Alten Testament. Der in der Nationalbibliothek in Paris aufbewahrte Codex
gilt als weniger wichtig.

Der Codex Sinaiticus wird entdeckt

Der 29-jährige Theologe und Leipziger Privatdozent Konstantin
von Tischendorf besuchte im Mai 1844 eines der ältesten noch erhaltenen Klöster der Welt, das Katharinenkloster am Berg Sinai aus
dem 6. Jahrhundert. Tischendorf hoffte, dort alte biblische Handschriften zu finden. Die gastfreundlichen Mönche erlauben dem
Deutschen, die Bestände der Bibliothek zu durchforschen. In einem
Korb entdeckt er 129 altgriechisch beschriebene Pergamentblätter. Sie enthalten Teile des Alten Testaments. Um diesen Korb wird
bis heute gestritten. Angeblich war es ein ›Papierkorb‹, in dem die
zum Verbrennen vorgesehenen Pergamente aufgehoben wurden.
Dem widersprechen die Mönche von St. Katharina heute entschie-
den. Es sei seinerzeit üblich gewesen, Pergamente in Körben aufzu-

bewahren. 43 Blätter dieser Handschrift mit Teilen aus dem 1. Buch der Chronik sowie der Bücher Jeremia, Nehemia und Ester darf Tischendorf nach Leipzig mitnehmen, wo sie seither in der Universitätsbibliothek aufbewahrt werden. Den Fundort gab Tischendorf zunächst nicht preis, da er hoffte, auch noch an die anderen Blätter zu kommen. 1853 besuchte er das Katharinenkloster erneut. Doch da waren die Pergamente angeblich unauffindbar.

1859 reist Tischendorf zum dritten Mal zum Sinai. Diesmal mit einem Empfehlungsschreiben von Alexander II., dem russischen Zaren und Schirmherren der griechisch-orthodoxen Kirche. Zunächst dennoch wieder vergeblich. Am Vorabend des Tages, an dem er bereits wieder abreisen wollte, brachte der Verwalter des Klosters dem deutschen Forscher eine in ein rotes Tuch eingewickelte Handschrift. Darin lagen nicht nur die von Tischendorf gesuchten restlichen 86 Pergamentblätter, sondern noch viele weitere.

Nun kam es zu intensiven Verhandlungen. Dabei spielte die entscheidende Rolle, dass der Zar von Russland ein besonderes Interesse an der Handschrift hatte. Denn die Tausendjahrfeier der Gründung des Russischen Reiches 1862 nahte. Schließlich überreichten die Mönche Tischendorf den Codex zur Veröffentlichung in Leipzig, und um ihn dem Zaren zu überreichen. In Russland erschien der Text der Handschrift im Jubiläumsjahr 1862 in einer Prachtausgabe, die zuvor in Leipzig gedruckt worden war. Seither wird viel darüber spekuliert, ob Tischendorf korrekt gehandelt habe. Die Privatbriefe, die er seinerzeit aus dem Kloster an seine Frau geschrieben hat, lassen vermuten, er habe die Handschrift rechtmäßig erworben. Im Jahre 2007 wurde im alten Zarenarchiv in Moskau die Schenkungsurkunde des Katharinenklosters aufgefunden. Die Handschrift blieb bis 1933 in St. Petersburg (Leningrad). Dann verkaufte die an religiösen Werken nicht interessierte sowjetische Regierung den Codex an das Britische Museum in London. 1975 fanden sich im Katharinenkloster noch weitere 15 Blätter aus dem *Codex Sinaiticus*, die dort aufbewahrt werden.

V

Die Bibel in ihren jungen Jahren

Frühzeit der Kirche

Kirchenväter – die ersten christlichen Theologen

Während die Bücher und Briefe des Neuen Testaments von den »Apostolischen Vätern« verfasst wurden, nennt man seit Anfang des 4. Jahrhunderts die ihnen folgenden ersten Theologen »Kirchenväter«. Kirchenmütter kennt die patriarchalische christliche Gesellschaft nicht. Der bestbekannte Kirchenvater ist Augustinus (354–430). Deshalb so gut bekannt, weil er sich in seinen »Bekenntnissen« (*Confessiones*) selbst sehr genau beschrieben hat. Ursprünglich ein Manichäer, haben ihn später die paulinischen Vorstellungen von Erbsünde und Gnade sehr stark geprägt. Seine Philosophie wird gerne als »christlicher Platonismus« bezeichnet. Die Vorstel-

Augustinus im 4./5. Jahrhundert war ursprünglich selbst ein Manichäer. Hier streitet er mit einem Häretiker. Das Bild entstammt einem Codex der Schriften der Kirchenväter Hieronymus und Augustinus gegen die Manichäer, Mitte des 11. Jahrhunderts.

lung ist, dass der Christ sich im vernünftigen Verstehen seines Glaubens bewusst wird. Augustinus formulierte, was zu einem Leitmotiv der mittelalterlichen Philosophie werden sollte, natürlich lateinisch, so: *Intellige ut credas, crede ut intelligas* – Verstehe (sieh ein), damit du glaubst, glaube, auf dass du verstehst. Formulierungen, an denen sich in unserer Zeit Papst Benedikt XVI. begeistert.

Augustinus, der seinerzeit, wovon gleich noch die Rede sein wird, den Staat gegen die sogenannten Donatisten zu Hilfe gerufen hatte, war übrigens auch der Erfinder der Idee des »Gottesstaates« (*De civitate dei*, Über den Gottesstaat, heißt sein Werk, an dem er von 413 bis 426 arbeitete); Erfinder der Idee waren also nicht diejenigen, die sie praktizierten: der protestantische Reformator Johann Calvin (1509–1564) in Genf sowie der Schiitenführer Ayatollah Ruhollah Mussawi Khomeini (1900–1989) im Iran. Augustinus unterschied zwischen Gemeinschaften nach dem Willen Gottes oder gegen ihn, der Ordnung oder dem Chaos, der Idealität oder der Begierlichkeit. Wobei die Kirche nach Augustinus auf dieser oder jener Seite stehen kann – also nicht a priori den Gottesstaat repräsentiert.

Sünde und Buße

Nach einem sehr warmen Januar sagte meine Putzfrau zu mir: »Das werden wir büßen müssen.« Mit einem die zeitige Blumenpracht zerstörenden späten Wintereinbruch nämlich, wie sie vermutete. In der Formulierung »büßen« drückt sich eine manchen Menschen immer noch präsente archaische Vorstellung aus vom Neid der Götter, wenn es dem Menschen zu gut geht. »Mir grauet vor der Götter Neide«, heißt es in den *Horen* von Friedrich Schiller.

Die sich durch das ganze Alte Testament ziehende Begründung für alles Elend, das dem Volk Israel widerfahren war, lautete: Das ist die Strafe Gottes für eure Sünden. Diese Vorstellung ist nicht nur in der jüdischen Orthodoxie noch immer virulent, sondern auch in der katholischen Kirche unserer Zeit. Im Januar 2009 ernannte Papst Benedikt XVI. den österreichischen Priester Gerhard Maria Wagner zum Weihbischof der Diözese Linz. Dieser sieht das Weltgeschen »sündentheologisch«. Als der Hurrikan *Katrina* anno 2005 die Stadt New Orleans großenteils zerstörte, nannte Wagner »geistige Umweltverschmutzung« als Ursache für die Katastrophe. In seinem Pfarrblatt verwies er darauf, der Hurrikan habe »nicht nur alle Nachtklubs und Bordelle«, sondern auch sämtliche »Abtreibungskliniken« der Stadt zerstört. Und der Tsunami habe im Dezember 2004 in Thailand gewütet, was ebenfalls kein Zufall gewesen sei, weil sich damals die reichen Leute aus dem Westen im armen Thailand vergnügt hätten (68). Der Zorn über diese Ernennung unter den Katholiken Österreichs, die Bischöfe eingeschlossen, war allerdings so groß, dass Wagner wenige Tage später den Papst darum bat, die Ernennung rückgängig zu machen. Dies geschah dann auch.

Nach urchristlicher Vorstellung befreit die Taufe den Menschen, als Ausdruck seiner Bereitschaft zur »Umkehr« (*Metanoia*, fälschlich auch mit Buße übersetzt), von seinen Sünden. Auch Jesus selbst hat sich, wie der Evangelist Markus schreibt, taufen lassen. Allerdings betont Theißen den Befund der historisch-kritischen Forschung: »Nirgendwo wird in Worten des irdischen Jesus die Taufe als ›Eintrittsritus‹ in die Gemeinde gefordert!« Die ersten getauften Christen lebten sozusagen in erwartungsvoller Unschuld, wartend auf die Wiederkehr Christi. Als sich diese hinzog, erfand man das, was die Protestanten gerne Kirchenzucht nennen oder auch Ergebnis sündentheologischer Reflexion.

Die Frage war, wie die christlichen Gemeinden mit ihren zwar getauften, aber rückfällig gewordenen, sozusagen Spätsündern umzugehen habe. Man kam zu dem Ergebnis, eine »zweite Buße« zu erlauben. Doch hatte das Grenzen. Steht doch bereits im Markusevangelium (Mk 3,29) als Aussage Jesu: »wer aber den heiligen Geist lästert, der hat keine Vergebung in Ewigkeit ...« Daher kommt der Begriff der Sünde wider den heiligen Geist. Man erfand den Begriff der Todsünden. Das waren Mord, Ehebruch/Hurerei sowie Abfall vom Glauben. Doch machten die ersten Kirchenfunktionäre ihre eigenen Lebenserfahrungen. Alsbald erweiterte man nämlich die Möglichkeit der »zweiten Buße« auch auf die Tatbestände Ehebruch/Hurerei sowie Abfall vom Glauben.

Das aber führte zu schweren Verwerfungen. Im 4. Jahrhundert entwickelte sich in Nordafrika die Vorstellung, nur jene Kirche, deren Kleriker frei von Todsünden seien, habe den Heiligen Geist und verfüge über wirkungskräftige Sakramente. Nach ihrem geistlichen Führer, dem Bischof Donatus, nannten sich diese Christen Donatisten. Sie gewannen zunächst eine große Anhängerschaft.

Inzwischen war das Christentum bereits zur amtlich anerkannten Religion im Römischen Reich geworden. Und die römischen Kaiser kümmerten sich um die junge Kirche. Das begann bereits mit Kaiser Konstantin dem Großen (306–337). Dieser schreckte zwar selbst vor Mord in der eigenen Familie nicht zurück. Das hinderte ihn aber nicht daran, beim Konzil von Nicäa, das er eröffnete, die entscheidende Rolle im Hintergrund zu spielen. Damals wurde, wie schon angesprochen, die Trinität von Gott Vater, Sohn und Heiligem Geist zum christlichen Dogma gemacht.

Kaiser Konstantin der Große (306– 337) machte durch seine Politik das Christentum zu einer zunächst nur geduldeten, allmählich aber immer mehr begünstigten Religion. Er eröffnete anno 325 das Konzil von Nicäa und spielte die entscheidende Rolle im Hintergrund.

Der nach der Teilung des Reiches anno 395 weströmische Kaiser Honorius (395–423) lud im Jahre 411 orthodoxe Katholiken und Donatisten zu einer Disputatio nach Karthago. Wortführer der Orthodoxen war Augustinus. Dieser hatte sogar die Staatsgewalt gegen die Donatisten zu Hilfe gerufen und verlangte deren Bestrafung. Die Auseinandersetzung endete »mit dem vollen Sieg der laxen Bußdisziplin« (60). Erst in unserer Zeit kommt die katholische Kirche insbesondere in den USA damit in Schwierigkeiten. Dort nämlich wird mittlerweile sexueller Missbrauch durch Kleriker von den Gerichten mit erheblichen Bußgeldern geahndet.

Die Bibel und die Kirchen

Warum die Germanen Arianer wurden

Die ersten Christen haben die biblischen Bücher des Alten Testaments verstehen können, weil diese in ihren Sprachen geschrieben waren: Hebräisch und Griechisch. Paulus konnte, wie erwähnt, seine Briefe an die ersten Gemeinden von christlichen Juden und Nichtjuden problemlos auf Griechisch verfassen.

Griechisch und Lateinisch waren die Sprachen des römischen Weltreichs. Das Lateinische in abgewandelter Form (›Kirchenlatein‹) blieb die Sprache der römisch-katholischen Kirche. In den Wirren der Völkerwanderung und mit dem Untergang des römischen Imperiums blieb die Sprache der Bibel nicht mehr die der Völker des ursprünglichen Reiches. Es wurde Zeit für eine weitere Übersetzung.

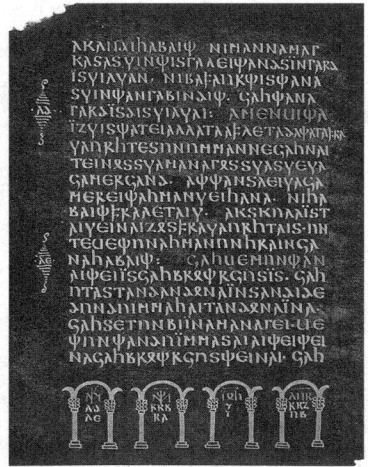

Der geniale Wulfila bildete aus dem griechischen, dem lateinischen und dem gotischen (Runen-)Alphabet ein gotisches Abc und übersetzte die Bibel ins Gotische. Dies ist eine Seite aus dem Codex Argentus, der prächtigen Abschrift von Wulfilas Bibelübersetzung aus der Zeit um 500.

Der anno 310 geborene Sohn eines gotischen Vaters und einer Sklavin aus Kappadozien im heutigen Ostanatolien, Wölfchen (Wulfila), wuchs zweisprachig auf. Gotisch war seine Vatersprache, Griechisch die seiner Umwelt. Später lernte er noch Lateinisch als Amtssprache auf der Balkanhalbinsel. Wulfila war Christ und begann seine kirchliche Laufbahn als Lektor, das heißt als Übersetzer der Texte im Gottesdienst. Bischof Eusebius von Konstantinopel machte ihn um das Jahr 341 zum Missionsbischof unter den Goten im Lande Dazien, einem Gebiet an der unteren Donau. Der geniale Wulfila bildete aus dem griechischen, dem lateinischen und dem gotischen (Runen-)Alphabet ein gotisches Abc und übersetzte die Bibel ins Gotische. Allerdings war Eusebius ein Arianer. Und so wurden durch Wulfila die Goten und nach und nach die übrigen germanischen Stämme ebenfalls Arianer.

Das war kein Zufall. Denn die Vorstellung, dass Jesus und Gott gleichen Wesens (*homousios*) seien, passte den Germanen überhaupt nicht in ihr Weltbild. Der »Sohn«, Jesus, war zwar gleichsam ein Königssohn, also nach Germanen-Vorstellung gleichen Blutes mit dem Vater und deshalb alle anderen überragend. Aber dem Vater selbst war der Sohn zu Gehorsam und Dienst verpflichtet (60), also diesem eben doch nicht gleich. Und der ›Logos‹ war für die Vorfahren der Deutschen ohnedies nur Ausdruck theologischer Spekulation. So wurden die Germanen eben Arianer – so lange, bis sich die immer mächtiger werdende römische Kirche auch ihnen gegenüber durchsetzte und sie katholisch machte.

Weitere Übersetzungen

Wulfila war übrigens nicht der einzige Übersetzer der Bibel – wenn seine Transkription auch besondere Konsequenzen hatte. In der Frühzeit der Kirche gab es bereits Bibelübersetzungen in zahlreiche Sprachen. Besonders wichtig war neben der griechischen Septuaginta und der lateinischen Vulgata die syrische Peschitta. Die Bibel wurde aber damals auch ins Armenische, Georgische, Koptische, Äthiopische und Arabische übersetzt. Der Gottesdienst wurde seinerzeit überall in der jeweiligen Volkssprache gehalten; »es gab damals nirgends eine von der Volkssprache geschiedene Kirchensprache« (60).

Die Brüder Konstantin (später Kyrill genannt) und Methodius aus Thessaloniki wirkten seit etwa 863 als Missionare in Mähren – und sie verwendeten die slawische Sprache im Gottesdienst. Kyrill übersetzte die Bibel und die Liturgie, woraus die altslawische Kirchensprache wurde. Auf der Grundlage des Griechischen hat er vermutlich (der Sachverhalt ist unter Historikern umstritten) die kyrillische Schrift erfunden.

Ergebnis einer erfolgreichen Mission ist die Taufe. Hier taufen bulgarische Mönche in Anwesenheit des Königs Michael III. und seiner Gattin den bulgarischen Khan Boris. Die Miniatur stammt aus einer Chronik aus dem 14. Jahrhundert.

Das Christentum wird Staatsreligion

Um die weitere Wirkungsgeschichte der Bibel zu verstehen, müssen ein paar historische Hintergründe erläutert werden. Nach allerlei Wirren wurde Konstantin, den man später den Großen nannte, anno 324 Alleinherrscher über das Römische Reich. Bereits im Jahre 311 war das Christentum zu einer im Reich tolerierten Religion (*religio licita*) geworden. Nun wurde diese immer mehr privilegiert, wenngleich Konstantin die alten Religionen und ihre Kulte weiter tolerierte. Doch bereits Konstantin nahm sich die kirchliche Regierungsgewalt, war also zugleich ›Cäsar‹ und ›Papst‹ (man nennt das *Cäsaropapismus*) – eine Entwicklung, die im Osten des Reiches viel prägnanter war als im Westen.

Unter Theodosius dem Großen, der 394–395 Alleinherrscher über das Römische Reich war, wurde die katholische Kirche zur Staatskirche. Das heißt, jeder Römer *musste* Christ sein, und zwar orthodoxer Christ. Er hatte, wie anno 380 ausdrücklich vom Kaiser festgelegt wurde, an die Trinität (genauer: an das nicäische Bekenntnis) zu glauben. Heidentum und Häresie wurden im Reich zu Staatsverbrechen.

Diese Entwicklung war freilich nicht nur befreiend für die Menschen. Der angesehene Ägyptologe Jan Assmann (Universität Heidelberg) verweist auf das Gewaltpotenzial des Monotheismus im Judentum, Christentum und Islam. Allerdings waren Gewaltexzesse, wie sie etwa bei der angeblichen Eroberung des Landes Kanaan durch das Volk Israel beschrieben werden, Fantasien der biblischen Autoren. Assmann betont, dass es ausschließlich die Christen und die Muslime gewesen seien, die diese Gewalt in die Tat umgesetzt hätten. »Gott ist die Wahrheit, die Götter der anderen sind Lüge. Das ist die theologische Basis der Unterscheidung von Freund und Feind« (69). Papst Benedikt XVI. entwickelte diese archaische Polarisierung weiter und formuliert analog für die römisch-katholische Welt: Kirche sind nur wir, die Protestanten sind nicht Kirche im »eigentlichen Sinn«, nämlich nach päpstlichem Eigen-Sinn. Und im heutigen Israel ist Gewalt nicht mehr nur eine Sache der Fantasie von Theologen. So versteht der Chefrabbiner der israelischen Armee, Oberst Avishai Ronski, als seinen Job, den Kampfgeist der Soldaten zu stärken (70).

Zurück zu den Anfängen der Christenheit. Nach dem Tod des Theodosius im Jahre 395 wurde das Land unter seinen Söhnen geteilt. Es entstanden das Oströmische und das Weströmische Reich, die jeweils – auch kirchenpolitisch – eigene Wege gingen. Das Weströmische Reich allerdings hatte nur noch eine Zukunft von wenigen Jahren: Anno 476 setzte der Germanenführer Odoaker den letzten römischen Kaiser, Romulus Augustulus, ab.

Kreative Weiterentwicklungen der Opferpraxis

So wie der Kaiser unumschränkter Herrscher über die Kirche war, wurden unter dem Schutz des Kaisers die Bischöfe (fast) unumschränkte Herrscher über ihre Gemeinden. Sie beschlossen, die immer reichlicher werdenden Spenden der Gläubigen nicht mehr allein ›für die Armen‹ zu verwenden, sondern einen Gutteil davon für sich persönlich zu behalten; das heißt, der Klerus wollte nicht mehr – wie einst noch der Apostel Paulus – von seiner Hände Arbeit leben. Paulus war nämlich von Beruf »Zeltmacher« (Apg 18,3). Er erwähnt einmal gegenüber der Gemeinde in Korinth: Wir, die Apostel, »mühen uns ab mit unsrer Hände Arbeit«, und beklagt gleich anschließend, wie gering geschätzt seine Arbeit als Apostel sei: »Wir sind geworden wie der Abschaum der Menschheit« (1. Kor 4,12–13). Das sind, darauf sei nebenbei hingewiesen, Formulierungen, die bis heute als Schlagworte verwendet werden. Solcher Mühsal und solcher Missachtung wollten sich die nunmehr staatlich privilegierten Bischöfe der römischen Reichskirche nicht aussetzen.

Das ist eine konsequente Weiterentwicklung der jüdischen Opferpraxis. Bereits im Alten Testament haben die Priester, natürlich als Wille Gottes deklariert, festgelegt, welche guten Stücke eines Opfertieres sie vor dem Opfer Gott vorenthalten und selbst verzehren durften. So verlangt das 5. Buch Mose als Gebot des HERRN (Dtn 18,3), »daß man dem Priester gebe die Vorderkeule und die beiden Kinnbacken und den Magen« von Rind und Schaf.

Die alten Griechen hatten noch eine Ahnung davon, dass es nicht eben redlich sei, die als Opfer gedachten Gaben selbst zu verzehren, sondern eigentlich ein Betrug an der Gottheit. Sie drückten dieses Unbehagen in einem Mythos aus. Der griechische Dichter Hesiod berichtete im 8. vorchristlichen Jahrhundert von einer einschlägigen »List« des Titanen Prometheus. Dieser schlachtete einen Stier. Für sich und die Seinigen füllte er den Rindsmagen mit dessen Fleisch zu einem äußerlich unansehnlichen Paket, für den Göttervater Zeus dagegen verpackte er die bloßen Knochen in Fett zu einem augenscheinlich attraktiven Opferpaket. Der Göttervater vergaß Prometheus den Betrug nicht, den er ja durchschauen konnte. Die Moral dieser Geschichte: Das ist nicht die feine Art!

Bis heute werden in kreativer Fortentwicklung des Prinzips zum Beispiel in Bayern die katholischen wie die evangelischen Bischöfe vom Steuerzahler (*nicht* etwa vom *Kirchen*steuerzahler, sondern auch von den *keiner* Kirche Angehörigen) ausgehalten. Mit dem biblischen Christentum hat das freilich nichts zu tun, wohl eher mit der List des Prometheus.

Mit zunehmender kirchlicher Macht wurde der Einfluss der Lehren Jesu auf die Christen immer geringer. Michael Wolffsohn, Historiker an der Bundeswehrhochschule in München, kommt zu dem Schluss: Das Christentum wurde immer »alttestamentlicher«, während das Judentum nach der Zerstörung des Tempels in Jerusalem immer »jesuanischer« wurde. »Das kirchlich geprägte Christentum entsprach nach und trotz Jesus eher dem Klischee vom ›Typisch-Jüdischen‹: Hart und furchteinflößend. Das Neue Judentum, nach der Zerstörung des zweiten Tempels entstanden, entsprach von diesem Zeitpunkt an bis zur Gründung des Staates Israel eher dem christlichen Klischee vom unschuldig Leidenden, vom ›Agnus dei‹, dem Opferlamm« (52).

Nebenwirkung eines Bibelzitats – das Mönchstum

Es begann damit, dass ein Satz, den die synoptischen Evangelien Jesus zuschreiben, vor allem in Ägypten seine Wirkung entfaltete. Ein reicher junger Mann hatte Jesus gefragt, was er persönlich tun müsse, um das ewige Leben zu gewinnen. Jesus sagte zu ihm (Mt 19,21): »Willst du vollkommen sein, so geh hin, verkaufe was du hast, und gib's den Armen, so wirst du einen Schatz im Himmel haben; und komm und folge mir nach.« Zahlreiche Männer verstanden das so, dass sie durch strengste Askese sowie Verzicht auf allen Besitz und alle sozialen Kontakte vollkommen würden.

Der Gedanke der Askese war durchaus zeitgemäß. Er findet sich bereits in der griechischen Philosophie, etwa bei den Stoikern. Extrem asketisch lebende Menschen wurden die ersten christlichen Mönche mit einer brutalen, autoaggressiven Lebenspraxis. Sie verzichteten auf körperliche Reinlichkeit, schleppten schwere Ketten oder Kreuze, schliefen im Sitzen, und einige lebten vom 5. Jahrhundert an, zunächst in Syrien, gar als »Säulenheilige« nahezu unbeweglich auf Säulen. Ein Nebeneffekt der extremen Askese war, dass das Unbewusste der Extremisten rebellierte. In ihrer Fantasie entwickelten sie schreckliche wie verführerische Bilder. Sie glaubten, Dämonen würden sie bedrängen oder verführen.

Ein Kopte namens Pachomius brachte etwas Ordnung in das Chaos. Er schuf um das Jahr 320 Männer-Genossenschaften mit einem genau geregelten Leben in der Abgeschiedenheit von Klöstern. Pachomius gründete ebenfalls das erste Kloster für Frauen.

Das Mönchstum setzte sich schließlich auch im Abendland durch. Ein gewisser Benedikt gründete vermutlich im Jahre 529 in Italien das Kloster Monte Cassino und damit den nach ihm benannten ersten Mönchsorden, den der Benediktiner. Zu den Regeln des Klosterlebens (*regula benedicti*) zählen Ortsansässigkeit, Verzicht auf Eigentum, Keuschheit und ein arbeitsreicher Alltag. Das Letztere hat nun wieder mit der Biographie der Bibel zu tun. Denn zu den Arbeiten in den Klöstern gehörte das Abschreiben der Heiligen Schriften. Ohne diese Fleißarbeit gäbe es vermutlich die Bibel gar nicht mehr.

Das Papsttum – Erzeugnis antiken Römergeistes

Als die Germanen das römische Imperium im Abendland auflösten, war schon eine neue Macht entstanden, die Rom noch einmal, in anderem Sinne als bisher, zur Herrin der Welt erheben sollte: das Papsttum. Es war kein Erbe des Urchristentums oder gar des Evangeliums, sondern ein Erzeugnis des antiken Römergeistes auf dem Boden des katholischen Kirchentums. So beschrieb es der Jenaer Kirchenhistoriker Karl Heussi vor einem halben Jahrhundert (60). Schon frühzeitig fühlten sich nämlich die römischen Bischöfe berufen, ihre Vorstellungen im ganzen Reich durchzusetzen. Der Bischof von Rom war nun einmal Bischof der Hauptstadt eines zentralistisch geprägten Weltreichs. Ein paar historische Ereignisse erleichterten die Zentrierung des Christentums auf Rom: Kaiser Konstantin hatte seine Residenz von Rom nach Byzanz verlegt. So wurde der Bischof von Rom zum vornehmsten Mann des Abendlandes. Noch zu Zeiten des Konzils von Nicäa hatte Rom keinerlei Vorrechte gegenüber den Patriarchen in den Metropolen des Orients. Alexandria verlor jedoch seinen Rang endgültig mit dem Erstarken des Islams im 7. Jahrhundert. Byzanz trotzte den Ansprüchen des römischen Bischofs. Es dauerte noch bis zum Jahre 1054, bis es zum endgültigen Bruch zwischen Rom und Byzanz, der lateinischen und der griechischen Kirche kam. Das Mittelalter ist dann zu einer Geschichte des Machtkampfes zwischen Kaisern und Päpsten geworden.

Die Bibel in der mittelalterlichen Theologie

Der philosophische Trieb erwacht

Wie wir gesehen haben, beschäftigten sich die Theologen der Frühzeit mit allerlei Spekulationen, insbesondere um das Verhältnis von Gott, Christus und dem Heiligen Geist (Logos) zueinander. Dazu benötigten sie Kenntnisse der griechischen Philosophie, aber kaum die Bibel. Ebenso wenig war sie bei der Umwidmung der Heroen im Römerreich zu Märtyrern und Heiligen aller Art vonnöten. Deren Körperteile fand oder erfand man, manchmal Jahrhunderte posthum, und machte daraus Reliquien, woraus sich ein blühendes Geschäftsfeld entwickelte. Wichtig war nicht der Glaube an Gott, wie ihn der biblische Jesus verkündet hatte, sondern – bereits seit dem 3. Jahrhundert – der Glaube an die Kirche. Schon lange bevor die Idee des Papstes aufkam, definierte der Bischof von Karthago, Caecilius Cyprianus, die Zugehörigkeit zur bischöflich verfassten Kirche sei die unumgängliche Vorbedingung des Heils. Die Kirche sei die allein selig machende »Mutter«, durch welche die Gläubigen zum Leben geboren würden. Das sieht man im Vatikan noch heute so. Insbesondere machte sich die Kirche daran, die arianischen Germanen entweder auszurotten oder in die römische Kirche heimzuholen.

Mit ebenso großem Fanatismus wie um die Trinität stritten die Theologen über die Deutung des »letzten Abendmahls« Jesu, wobei man sich immerhin auf die Bibel bezog. Der Streit dauert nun zwei Jahrtausende lang an und hat bis heute kein Ende gefunden. Letztlich entwickelte sich in der katholischen Kirche die Vorstellung, dass nach Aufforderung des Priesters während der Messe auf

wundersame Weise Hostie und Wein in Leib und Blut Christi ver-
wandelt werden (*Transsubstantiation* oder *Wandlung* genannt).
Dies wurde im Jahre 1215 zum Dogma erklärt.

*In der Bildsprache eines römischen
Triumphzugs wird auf diesem
römischen Mosaik aus dem
4. Jahrhundert der ›Sieg der
Eucharistie‹, des christlichen
Abendmahl-Rituals, gefeiert.*

Der Universalienstreit: Von der Realität der Ideen

Im 11. Jahrhundert bereits zeigte sich, in welcher Stärke sich der
»philosophische Trieb« (60) entwickelt hatte. Es begann der sogenannte *Universalienstreit.* Die weltbewegende Frage war, wie wirklich die Allgemeinbegriffe (*universalia*) im Verhältnis zur Realität
der Einzeldinge seien. Es war dies noch die Spätwirkung der Philosophie Platons. Der griechische Philosoph (427–348/347 vor Christus) lehrte, wie schon kurz erwähnt, die Ideen seien die Urgestalten
der sinnlich erfahrbaren Dinge und ewig. Sie denkend zu erfahren
sei »Erinnerung«. Die sinnlich erfahrbaren Dinge seien die Abbil-
der oder »Schatten« der Ideen. Nur am Rande sei erwähnt, dass die
Überlegungen heute immer noch aktuell sind. Sind mathematische
Strukturen und Formen, etwa die Zahlen und Zahlensysteme, von
Menschen *erdacht* worden oder wurden sie *entdeckt,* weil sie unab-

hängig vom Menschen existieren? Juri Manin, ehemaliger Direktor am Max-Planck-Institut für Mathematik in Bonn, gehört zu den Anhängern der – nicht beweisbaren –»Existenz einer solchen platonischen Welt reiner Ideen außerhalb unseres Denkens« (71). Jedenfalls gelten die Gesetze der Mathematik, zum Beispiel die der Statistik, unabhängig von der menschlichen Existenz. Aber zurück zu den Überlegungen der Philosophen.

Die vom Christentum geprägten Philosophen des Mittelalters waren teils »Realisten«, teils »Nominalisten«. Die Realisten spekulierten, der Grad der Realität steigere sich mit dem Grade der Allgemeinheit. Die Allgemeinbegriffe haben danach eine von der Realität der Einzeldinge unabhängige Realität in den Ideen. Das ›Absolute‹, nämlich Gott, sei das Allerrealste. Der Theologe Anselm von Canterbury (1033–1109) machte daraus einen »Gottesbeweis«: Gott als das Allervollkommenste und das Allerrealste könne nur als existierend gedacht werden.

Die Nominalisten dagegen gestanden den Allgemeinbegriffen als bloßen Worten für die Dinge keinerlei Wirklichkeit zu. Einer ihrer hervorragenden Vertreter war der englische Theologe und Philosoph Wilhelm von Occam (Ockham). Er lebte etwa 1285 bis 1349, zum Schluss in München als Berater des deutschen Kaisers Ludwig des Bayern in dessen Konflikten mit dem Papst. »Die Nachwirkung seiner zersetzenden Äußerungen ist bedeutend« (60).

Anselm lehrte in Anlehnung an Augustinus *credo ut intelligam* – ich glaube, um zu verstehen (einzusehen); eine Formel, die Papst Benedikt XVI. heute gerne nachspricht. Occam, nach dem auch in München eine Straße benannt ist, formulierte sehr klar, eine Begründung des Glaubens aus der Vernunft sei unmöglich. Bis in die heutige Zeit bewährt hat sich eine Maxime Occams, auch »Occams Rasiermesser« (englisch *Ockham's Razor*) genannt: Wenn man einen Sachverhalt auf einfache oder auf komplizierte Weise erklären kann, empfiehlt es sich, die einfache Erklärung beizubehalten, solange sie den Tatsachen standhält. Die Theologen halten sich freilich, anders als die Naturwissenschaftler, bis heute nicht daran.

Anselm und Occam markieren Anfang und Ende eines Zeitalters, das man das der *Scholastik* (von lateinisch *schola,* die Schule) nennt. Da blühte und wucherte die philosophisch-theologische Spekulation, gebunden an die Autorität der Bibel, der Kirchenväter sowie des Philosophen Aristoteles (384–322 vor Christus), des Schülers von Platon und Begründers der ›Denklehre‹ (Logik).

Der Kampf der Kirche gegen heidnische Kunst und Wissenschaft

Bücher werden verbrannt, Kunstwerke zerstört

Die Bibel ist nicht in einer literaturfreien Welt entstanden. Im Gegenteil, in der Antike gab es eine umfangreiche Buchproduktion in griechischer und in lateinischer Sprache. Man weiß dies aus der Erforschung der Geschichte der großen Bibliotheken, aber auch aus Abschätzungen der Produktion des Buch(rollen)-Rohstoffs Papyrus in Ägypten. Die berühmteste Bibliothek der Antike, die von Alexandria, wuchs in ihrem Bestand bis zum Jahre 47 vor Christus, als der Feldherr Gajus Julius Cäsar sie besuchte, auf etwa 700 000 Buchrollen, größtenteils in griechischer Sprache (72). Bei dem Besuch Cäsars brannte übrigens nicht, wie heute manchmal kolportiert wird, die Bibliothek, sondern lediglich ein Lagerhaus am Hafen mit 40 000 Rollen nieder, wahrscheinlich eine einzige Papyrus-Jahresproduktion.

Nach Schätzungen (72) wurden in der griechischen Welt seinerzeit mindestens 1100 Titel im Jahr produziert, so dass es anno 350 nach Christus einen Bestand von über einer Million verschiedener Buchtitel gegeben haben muss. Der Umfang an lateinischen Werken könnte ebenso groß gewesen sein. Wenn man die Papyrusproduktion berücksichtigt, sind nach Naphtali Lewis (73) Jahr für Jahr Millionen von Buchrollen hergestellt worden. Da die Papyri jedenfalls viele Jahrhunderte haltbar sind, müssen schätzungsweise hundert Millionen Buchrollen in Umlauf gewesen sein. Dabei ist bereits berücksichtigt, dass nur etwa zehn Prozent der Papyri zu Büchern verarbeitet wurden, der große Rest zu Verwaltungsschriften, Briefen und Urkunden.

Nur etwa ein Promille dieser ›heidnischen‹ Bücher überdauerte die kulturelle Machtübernahme der Kirche. Die meisten wurden von frommen Christen verbrannt. Die pauschale Begründung der Kirche für den Kulturfrevel: Es handele sich um »Zauberbücher«. Dabei konnte man sich auf die Bibel berufen. Berichtet doch die Apostelgeschichte (19,19) über Paulus in Ephesus dies: »Viele aber, die Zauberei getrieben hatten, brachten die Bücher zusammen und verbrannten sie öffentlich und berechneten, was sie wert waren, und kamen auf fünfzigtausend Silbergroschen.« Zerstört wurden nicht nur Bücher, sondern auch Kunstwerke aller Art. Der Protest einiger Intellektueller wie des seinerzeit berühmten Rhetorikers Libanios in Antiochien gegen die »Vernichtung unermesslicher Kunstschätze« im Jahre 388 blieb ohne Wirkung (60).

Bibliotheken werden geschlossen

Anno 391 erließ Kaiser Theodosius I. ein Gesetz, das die Schließung aller heidnischen ›Tempel‹ befahl. Das waren die meisten nichtkirchlichen Kulturgebäude, so auch die den Göttern geweihten Bibliotheken. Die Codices und Buchrollen gebildeter Leute mit eigener Bibliothek wurden durch die christlichen Fanatiker öffentlich verbrannt, ihre Besitzer hingerichtet. So berichtet der römische Geschichtsschreiber Ammianus Marcellinus (circa 330–395). Aus Furcht, dass es ihnen ähnlich gehen würde, verbrannten die Besitzer von Bibliotheken in den östlichen Provinzen des Reiches ihre Bücher gleich selbst. Die Bücherverbrennung ist also keine Erfindung von Joseph Goebbels und den Nationalsozialisten. Und auch nicht die Ermordung Andersdenkender.

An der Universität (dem Museion) von Alexandria lehrte Anfang des 5. Jahrhunderts eine hoch angesehene Frau, namens Hypatia, platonische Philosophie. Die Tochter eines Mathematikers hatte Mathematik, Philosophie, Astronomie und Musik studiert und einen Kreis von Schülern und Schülerinnen um sich gesammelt.

Anno 415, zu Zeiten des Patriarchen Kyrill, der bereits die Juden aus Alexandria vertrieben hatte, und möglicherweise auf seine Veranlassung hin, wurde die Frau eines Tages vom »christlichen Pöbel« (60) aus ihrem Wagen gezerrt und auf bestialische Weise zu Tode gequält. Das war dann auch das Ende der alexandrinischen Mathematikerschule. Im Jahre 529 ließ der byzantinische Kaiser Justinian I. (527–565) die Akademie Athens als letzte der alten Philosophen-Schulen schließen.

In der antiken Welt war der Bildungsgrad der Bevölkerung relativ hoch. Plinius der Ältere (circa 24–79 nach Christus) schrieb seine enzyklopädische Naturgeschichte ausdrücklich auch für Bauern. Selbst Sklaven konnten lesen. In Salzburghofen (Freilassing) fand sich eine Tafel aus der Römerzeit mit einer Inschrift, die der Sklave Maurus, wohl ein Afrikaner, seiner mit 36 Jahren verstorbenen Frau auf das Grab hatte setzen lassen. Und in St. Georgen bei Laufen hat der Sklave der Terentia Honorata namens Senecio seinem mit 65 Jahren verstorbenen Vater ein auf diese Umstände verweisendes Grabmal errichtet (74).

Mit den Büchern verschwindet die Bildung

Mit den Büchern verschwand weitgehend die Bildung in Europa. Selbst die Mönche des Mittelalters waren zum Teil Analphabeten. Sie malten das textliche Bild der Vorlagen, die sie zu kopieren hatten, einfach ab, übersahen dann aber manchmal ganze Zeilen, die von den des Lesens fähigen Korrektoren nachgetragen werden mussten. Es gibt in der Tat herrlich bebilderte Handschriften der Bibel – doch sie zu lesen waren im ›finsteren Mittelalter‹ nur wenige Menschen fähig. Zu Zeiten der Reformation waren nach Schätzungen (75) ein Prozent der Deutschen in der Lage zu lesen und zu schreiben. Das änderte sich mit der Übersetzung der Bibel ins Deutsche durch Martin Luther.

Bete und arbeite, war das Motto der mittelalterlichen Mönche nach der Regula Benedicti. Manche der Bibelkopisten konnten freilich nicht einmal richtig lesen, was sie abmalten. Dennoch verdanken wir ihrer Kopierarbeit die Überlieferung der alten Texte.

Bildungshunger bei den Protestanten, Bücherverbote bei den Katholiken

Martin Luther hat nicht nur die Bibel übersetzt, sondern sich auch intensiv und erfolgreich für den Bau von Schulen eingesetzt, Schulen für Jungen und für Mädchen. Anno 1524 schrieb er »An die Bürgermeister und Ratsherren aller Städte in deutschen Landen«. Sie sollten Schulen gründen, um den Kindern nicht nur Lesen und Schreiben beizubringen, sondern auch Sprachen, das hieß damals insbesondere Deutsch und Lateinisch, ferner Geschichte, Musik und Mathematik. Er verlangte von den Kommunalpolitikern auch, Bibliotheken einzurichten. Darin sollte nicht nur die Bibel auf Lateinisch, Griechisch, Hebräisch und Deutsch zu finden sein, »und wenn vorhanden, noch in weiteren Sprachen«. Dem Erlernen von Sprachen sollten »die Dichter und Redner, ohne Rücksicht darauf, ob sie Heiden oder Christen sind«, dienen. Dazu sollten Bücher aus den freien Künsten kommen und »aus allen anderen Wissenschaften. Zuletzt auch die Rechts- und Arzneibücher« (76). Das heißt, Martin Luther schlug ein breites Bildungsprogramm vor. Und das mit bis heute spürbarem Erfolg. So war die Alphabetisierungsrate um das Jahr 1600 bereits auf mindestens zehn Prozent angestiegen.

Vorzugsweise die Protestanten lernten Lesen und Schreiben. Die katholische Kirche dagegen schuf 1564 den Index der verbotenen Bücher (*Index librorum prohibitorum*). Spätfolge: Noch anno 1871 war die Alphabetisierungsquote unter den evangelischen Christen in den 450 preußischen Landkreisen um durchschnittlich zehn Prozentpunkte höher als unter den Katholiken. Das hat der Bildungsökonom Ludger Wößmann vom Münchner ifo-Institut für Wirtschaftsforschung jüngst aus zuvor unerforschten Daten ermittelt und vorgestellt (75). Selbst heute haben in Deutschland die Protestanten ein höheres Bildungsniveau als die Katholiken – »im Durchschnitt fast ein ganzes Bildungsjahr mehr«, so Wößmann (77). Doch zunächst gehe ich wieder ein paar Jahrhunderte zurück zu den Verhältnissen im frühen Mittelalter.

Aufklärung und Gegenaufklärung: Während Immanuel Kant zwar die Grenzen der Vernunft (Kritik der reinen Vernunft, Titelblatt der Erstausgabe von 1781) auslotete, aber den Menschen dazu bringen wollte, seinen Verstand zu nutzen, beharrte die katholische Kirche darauf, zu entscheiden, was für den Menschen gut sei. Ihr unerwünschte Bücher kamen noch bis 1966 auf den Index (Titelblatt des Index von 1786).

Warum Ideologien den kritischen Blick erschweren

Die moderne Gehirnforschung hat erkannt, warum wir gezwungen sind, uns Bilder von der Welt und den Dingen zu machen (10). Warum wir also nicht fähig sind, die Welt direkt wahrzunehmen. Während Lebewesen mit einfacheren Gehirnen sehen oder hören, was sie sehen oder hören, nimmt der Mensch seine Sinneseindrücke nur in bereits von seinem Gehirn verarbeiteter Form wahr – zum Beispiel als optische oder akustische Täuschung. Obendrein sind unsere Sinnesorgane weniger perfekt als die anderer Lebewesen. Wir sehen zum Beispiel weder ultraviolettes Licht, wie die Schmetterlinge, noch hören wir Ultraschall wie die Fledermäuse.

Anders aber als alle anderen Lebewesen können wir uns auch aus unvollständigen Sinneseindrücken, indem wir diese deuten, ein ›Bild‹ von der Welt machen, ja wir sind dazu gezwungen. Nur neigen wir dazu, und auch das ist die Folge der Arbeitsweise unseres Gehirns, Bilder der Wirklichkeit für die Wirklichkeit zu halten. Wir sind unfähig, zwischen Beobachtungen und Vorstellung zu unterscheiden. Das heißt, wir neigen dazu, die jeweilige Bilddeutung als eine »Bilderlehre« (griechisch: *Ideologie*) zu verabsolutieren. Das zeigt nicht zuletzt die Bibel, und das macht ihre historisch-kritische Interpretation so schwer.

Frühe Reformatoren erfahren den Hass der Kirche

John Wiclif, Johannes Hus und die ersten Religionskriege

Die erste vollständige Übersetzung der Bibel ins Englische stammt aus dem Jahre 1382. Die Übersetzer waren John Wiclif (circa 1328 bis 1384) und seine Mitarbeiter. Wiclif, Philosoph und Theologe an der Universität Oxford, war seit Jahrhunderten der erste namhafte Denker, der erkannte und aussprach, wie weit die römisch-katholische Kirche sich in dem, was sie lehrte, von der Bibel entfernt hatte. Entsprechend heftig waren die Reaktionen aus Rom.

Wiclif lehrte, dass Jesus seinem Jünger Petrus nach dem biblischen Befund keineswegs den *Primat* in der ›Kirche‹ gegeben habe, und deshalb sei das Papsttum zu verwerfen. Die *Transsubstantia-tion* – Verwandlung von Brot und Wein in Leib und Blut Christi auf Zuruf eines ›geweihten‹ Priesters – definierte Wiclif als Ketze-rei. Die Priesterweihe sei aus der Bibel ebenso wenig zu begrün-den wie Heiligen- und Reliquienverehrung. Und auch nicht die Lehre der Kirche vom »Schatz der überschüssigen guten Werke« ihrer Heiligen, *thesaurus bonorum operum*. Diesen Schatz hatten pfiffige Theologen erfunden. Ihn verwaltet die Kirche seither und meint, damit habe der Nachfolger Petri das Recht, selbst den To-ten gegen Bezahlung »Ablass« zu gewähren, das heißt, ihnen post-hum den Aufenthalt im Fegefeuer zu erlassen, jenem Ort, der nach katholischer Lehre zur Abbüßung zeitlicher Sündenstrafen – wo auch immer – eingerichtet worden ist. Zuletzt erregte das Ritual als ein »Sonderablass« Aufsehen beim Weltjugendtreffen der Katholi-ken in Köln im Jahre 2005 mit dem frisch gewählten Papst Bene-dikt XVI.

Wiclif hat unter dem Schutz des englischen Königs überlebt, sei-ne Anhänger in England wurden allerdings blutig verfolgt. Folgen-reicher als seine nationale war jedoch seine internationale Wirkung. Johannes Hus (etwa 1369–1415), Priester und Professor an der Uni-versität Prag, war seit 1402 mit den Schriften Wiclifs vertraut ge-worden. Er übernahm dessen Überlegungen weitgehend (nicht aber zum Beispiel die Kritik Wiclifs an der Transsubstantiationsleh-re) und hatte damit rasch die Mehrzahl der tschechischen Böhmen auf seiner Seite. Hus predigte nämlich auf Tschechisch und ver-drängte die deutschen Professoren und Studenten aus Prag. Diese gründeten daraufhin anno 1409 die Universität Leipzig. Neben dem Streit um die Aufgaben der Kirche und der in Prag virulenten Frage: deutsch oder tschechisch, spielte auch noch der scholastische Uni-versalienstreit eine Rolle: Hus war wie Wiclif »Realist«, die Deut-schen dagegen Anhänger des Nominalisten Occam.

Hus hatte freilich am Ende die theologische Fakultät an der Uni-versität gegen sich, den Erzbischof sowieso. Und so verhängte der Papst den »Bann« über Hus – auch ein Werkzeug, das die Päpste aus

der im Matthäus-Evangelium eingeführten (und als Jesus-Zitat ge-
setzten) ›Schlüsselgewalt‹ (Matt 16,19) abgeleitet hatten.

Kaiser Sigismund (der jüngere Bruder des böhmischen Königs
Wenzel) verlangte nun, dass sich Hus, dem er sicheres Geleit ver-
sprach, nach Konstanz zu begeben habe. Dort tagte (1414–1418) ein
Konzil. Es verurteilte Wiclifs Lehre und Person. Allerdings war dieser schon tot. Die Wut der frommen Konzilsgemeinde auf den Eng-
länder war jedoch anhaltend groß. Sie beschloss, die Knochen des
längst Verstorbenen ausgraben und verbrennen zu lassen. Das geschah dann auch 1427. Der Hass der Kirche traf aber auch den lebenden Johannes Hus, der nicht daran dachte, seinen Überzeugungen abzuschwören. Das Konzil verurteilte ihn zum Tod.

*Das Ende des böhmischen Reformators Johannes Hus in einer Bildgeschichte von
1536: Degradiert als Geistlicher durch zwei Bischöfe, in ein schwarzes ›Ketzergewand‹
gekleidet, wird der Kritiker des Papsttums durch die Stadt Konstanz geführt und unter
Aufsicht des Herzogs Ludwig von Bayern anno 1415 auf dem Scheiterhaufen verbrannt.
Seine Asche wird in den Rhein gekarrt.*

1415 wurde Hus in Konstanz auf dem Scheiterhaufen verbrannt. Kaiser Sigismund tat nichts, um ihn zu retten. Der »Geleitbrief« erwies sich als nicht mehr als ein Reisepass. Der Tod versetzte ganz Böhmen in Aufruhr. Die Anhänger von Johannes Hus, die Hussiten, rebellierten. Als nach dem Tode des böhmischen Königs Wenzel die Krone auf seinen Bruder, den Kaiser Sigismund, überging, erhob sich die tschechische Nation gegen den ›Mörder‹ von Hus, den sie als ihren König nicht anerkennen wollten, und gegen die römische Kirche. Es kam zu den Hussiten-Kriegen, die von 1419 bis 1436 dauerten und mit dem Sieg der katholischen Kirche über die ›protestantische‹ Kirche der Hussiten endete. Anno 1520 schrieb der deutsche Reformator Martin Luther an seinen Freund und Mitarbeiter Georg Spalatin: »Ich habe bisher unbewusst den ganzen Johann Hus gelehrt und gehalten.«

VI

Zeit der Differenzierungen

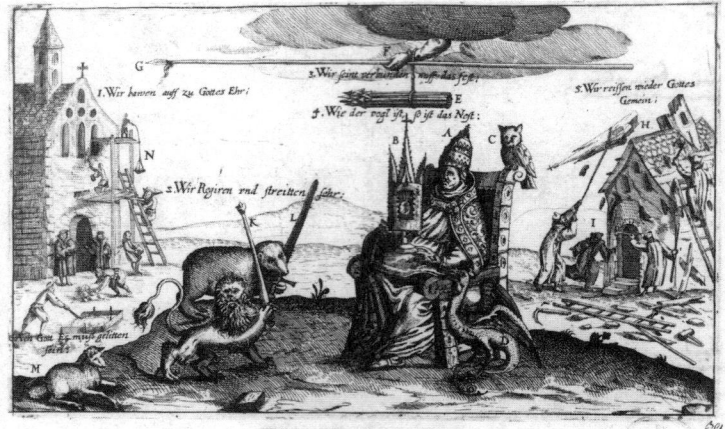

Protestantische Polemik gegen Papst und Jesuiten in einem Flugblatt aus dem 17. Jahrhundert. Links die evangelischen Kirchenbauer: »Wir bauen auf zu Gottes Ehr«, rechts die für die Gegenreformation kämpfenden Jesuiten: »Wir reissen nieder Gottes Gmein«. In der Mitte der Papst auf dem »Stuhle Petri«. Sammlung Dr. Helmut Urban.

Die Bibel und die Reformation

Martin Luther und die Bibel

Allein die Schrift ist für Christen maßgebend – aber der Sinn muss richtig erfasst werden

Es dauerte weitere hundert Jahre, ehe die Bibel erneut ins Zentrum weltgeschichtlicher Entwicklung rückte. Anno 1483 ist in Eisleben Martin Luther geboren worden. Er wurde Augustinermönch und 1512 Professor für Bibelauslegung in Wittenberg. Am 31. Oktober 1517 veröffentlichte der Theologe 95 Thesen gegen den grassierenden Ablasshandel. Damit begann eine Auseinandersetzung, die am Ende zur Reformation und damit zur Gründung der evangelisch-lutherischen Kirche führte. In seiner Rechtfertigung gegenüber Papst Leo X., der ihm den Bann androhte, verwendet Luther im Jahre 1520 einen Begriff, der zu einem Schlachtruf der Protestanten werden sollte: *sola scriptura* – allein (durch) die Schrift wird die christliche Botschaft des Heils vermittelt, nicht aber durch kirchliche Traditionen.

Martin Luther meinte nicht den Wortlaut der Bibel. Er war nicht so töricht wie die Evangelikalen von heute in aller Welt. Vielmehr deutete er die Schrift bereits und verlangte, die Bibel von ihrer Mitte her zu verstehen, nämlich daher, was in ihr »Christum treibet« (*Vorrede zum Neuen Testament* 1522). Dagegen gab es Einwendungen nicht nur von römisch-katholischer, sondern auch von humanistischer Seite. Insbesondere der bedeutende Humanist Erasmus von Rotterdam verwies auf die unverständlichen, »dunklen« Stellen in der Bibel, die der Auslegung von außen bedürften. Luther betonte dagegen die »Klarheit« der Schrift. Der Reformator wusste freilich aufgrund seiner Erfahrung mit der Übersetzung der Heiligen Schrift: »der Prediger oder Lehrer mag wohl die Bibel so oft durchlesen, wie er will, so mag er den Sinn treffen oder auch verfehlen, wenn niemand da ist, der beurteilt, ob er's richtig mache oder nicht. Soll man nun urteilen, so muß Sprachwissenschaft da sein, sonst ist's vergebens« (76). Luther hat für seine Übersetzung des Neuen Testaments die Vulgata und die lateinische Bibelübersetzung aus dem Griechischen des Erasmus von Rotterdam von 1516 benutzt, dazu gelegentlich den hebräischen Text selbst.

Die katholische Kirche stellt sich über die Bibel

Die katholische Kirche verabschiedete auf dem Konzil von Trient anno 1546 ein Dekret mit ihrer Deutung, die dem »*sola scriptura*« widerspricht. Danach ist die göttliche Wahrheit nicht allein in der Bibel, sondern in der Verbindung von Schrift und Tradition zu finden. Zur Begründung bezieht man sich auf Sätze im Johannes-Evangelium (Joh 14,26): »der Tröster, der heilige Geist, den mein Vater senden wird in meinem Namen, der wird euch alles lehren …« Und (Joh 16,13): »Wenn aber jener, der Geist der Wahrheit, kommen wird, wird er euch in alle Wahrheit leiten. …« Dieser Geist der Wahrheit ist nach katholischem Verständnis bei allen Konzilsbeschlüssen federführend dabei.

Die römische Kirche besteht überdies darauf, dass nur sie die rechte Auslegung der Bibel garantiere, da nur sie in ihrem Wirken vom Heiligen Geist geleitet werde. Die Bibel habe ihre Autorität erst durch die Kirche bekommen, die älter sei als die Bibel. Die Kirche habe den Kanon der Bibel überhaupt erst festgelegt. Die Lutheraner dagegen beharrten in ihrer »Konkordienformel« von 1577 darauf, dass allein die Heilige Schrift Richter, Norm und Richtschnur (*sola sacra scriptura iudex, norma et regula*) sei. Oder anders gesagt, dass die Schrift Norm-stiftende Norm sei, weil sich die kirchlichen Bekenntnisse aus der Schrift ableiten würden.

Ein Flugblatt von anno 1632 zeigt in der Mitte Martin Luther, über ihm die Heilige Schrift mit dem Hinweis »Gottes Wort, Lutheri Lehr, vergehet nun nimmer mehr«. Sammlung Dr. Helmut Urban.

Orthodoxie bei Lutheranern: Die Idee der wörtlich offenbarten Schrift

Bei ihrer Entstehung definierte sich die christliche Kirche in der Auseinandersetzung mit den als Häretikern diffamierten jeweiligen Verlierern als *orthodox,* das heißt rechtgläubig. Das wiederholte sich auch analog bei der Entwicklung des Protestantismus. Nach dem Tode Martin Luthers, 1546, verschärften sich die Auseinandersetzungen unter seinen Anhängern. Die Gewinner dieser Fehden nannten sich fortan *orthodoxe* Lutheraner. Sie erfanden die Theorie von der *Verbalinspiration* der Bibel als wörtlich von Gott offenbarter Heiliger Schrift.

Martin Luther hätte sich wohl im Grabe umgedreht, wenn er dies erfahren und ihm das Drehen möglich gewesen wäre. Aber das Sprichwort geht von der vorchristlichen Vorstellung aus, dass die Seele eines Verstorbenen bis zu dessen Verwesung im Grabe bleibt und von den gleichen Gemütsbewegungen erschüttert wird wie zu Lebzeiten. Luther hat die Großtat vollbracht, die Bibel ins Deutsche zu übersetzen, und damit die deutsche Hochsprache begründet. Er wusste sehr gut, dass es keine wörtliche Übersetzung gibt. Er betonte vielmehr, man müsse sich, um verstanden zu werden, bemühen, den Sinn zu dolmetschen.

Wie Martin Luther das Übersetzen verstanden hat

In einem *Sendbrief vom Dolmetschen* anno 1530 erklärte der Reformator, warum er wie übersetzt hatte (76). Zum Beispiel den Satz aus der lateinischen Bibel (Matt 12,34): *Ex abudantia cordis os loquitur.* Buchstäblich hätte er, so schreibt Luther, übersetzen müssen: »Aus dem Überfluß des Herzens redet der Mund« – jedoch: »Welcher Deutsche versteht so etwas? ... ›Überfluß des Herzens‹ ist kein Deutsch, so wenig wie ›Überfluß des Kachelofens‹, sondern so redet die Mutter im Haus und der einfache Mann: ›Wes das Herz voll ist, des geht der Mund über.‹« Eben diese Übersetzung Luthers ist bis heute ein »Geflügeltes Wort« geblieben.

Und noch ein weiteres Beispiel nennt der Reformator: Der Evangelist Markus beschreibt, dass Maria Magdalena Jesu Haar mit kostbarem Öl salbt. Einige seiner Jünger hielten das für Verschwendung (Mk 14,4). In der lateinischen Bibel steht: *Ut quid perditio ista unguenti facta est?* Luther drastisch: »Folge ich den Eseln und Buchstabilisten, dann muß ich's so verdeutschen: ›Warum ist diese Verlierung der Salbe geschehen?‹ Was ist das aber für ein Deutsch?« Martin Luther übersetzte stattdessen: »Es ist schade um die Salbe«

(in der modernen Luther-Bibel heißt es: »Was soll diese Vergeudung des Salböls?«).

Doch Luther betont andererseits auch, er habe mit seinen Gehilfen »in großer Sorgfalt darauf gesehen, daß, wo es etwa an einer Stelle darauf ankommt, da hab ich's nach den Buchstaben behalten und bin nicht so frei davon abgewichen«. Und er resümiert: »Ach, es ist Dolmetschen ja nicht eines jeden Kunst, wie die tollen Heiligen meinen. Es gehört dazu ein recht fromm, treu, fleißig, furchtsam, christlich, gelehrt, erfahren, geübt Herz.« Mit einer solchen Einstellung konnte man gewiss nicht an die »Verbalinspiration« der Bibel glauben.

Titelblatt der Luther-Bibel von 1534

Die Protestanten und die Schriftauslegung

Die Bibel wird verzettelt

Da aber die orthodoxen Lutheraner, wie gesagt, an die Verbalinspiration der Bibel glaubten, genügte es ihnen, einzelne Bibelzitate als Beleg für dogmatische Lehrsätze heranzuziehen. Für die persönliche Frömmigkeit reicht ja manchem auch ein Haufen passender Bibelzitate aus.

Seit dem Jahre 1731 erscheint jedes Jahr ein Buch mit »Losungen« für den Tag, mittlerweile in rund fünfzig Sprachen, allein auf Deutsch in einer Auflage von über einer Million Exemplaren. Die Idee hatte Nikolaus Ludwig Graf von Zinzendorf in der sächsischen Oberlausitz. Der fromme evangelische Christ hatte im Jahr 1722 hussitische Protestanten aus Böhmen und Mähren, die um ihres Glaubens willen von den Katholiken verfolgt wurden, auf seinem Landgut aufgenommen und »unter der Hut des Herren« die »Gemeine Herrnhut« gegründet. Diese »Gemeine« lebte nach dem Vorbild der frühen Christen ohne dogmatische Scheuklappen mit der Bibel. Mittlerweile ist aus diesen Anfängen die Herrnhuter Brüdergemeine mit weltweit über 830 000 Mitgliedern geworden, davon leben zwei Drittel in Afrika und nur 6500 in Deutschland. Sie steht den auf die persönliche Frömmigkeit setzenden *Pietisten* nahe.

Zinzendorf hatte seinerzeit damit angefangen, die Bibel zu verzetteln und aus dem Alten wie dem Neuen Testament allerlei ihm wichtige Sprüche herauszusuchen. Zettel mit diesen Sprüchen kamen in eine Schale. Daraus wurden dann wie bei einer Lotterie die »Losungen« gezogen, Sprüche für jeden Tag des Jahres. Das Verfahren hat sich seither nicht geändert. Der fromme Benutzer versucht, jeden seiner Tage unter die jeweilige Losung zu stellen. Dabei wird der historische Kontext, aus dem heraus die biblischen Sätze zu verstehen sind, völlig missachtet. Im Witz drückt sich das so aus: In der Bibel steht, Judas »ging fort und erhängte sich«. Und: »So geh hin und tu desgleichen!« Der erste Satz findet sich bei Matthäus (Matt 27,5), der zweite bei Lukas (Lk 10,27). Natürlich ist der Kontext jeweils ein anderer.

Die Methode ist im kirchlichen Leben nach wie vor sehr beliebt. Man zitiert nicht etwa nur dazu vorgesehene Spruchweisheiten oder Psalmen. Vielmehr werden einzelne Sätze aus der Bibel ohne Rücksicht auf den geschichtlichen Zusammenhang, aus dem heraus sie entstanden und zu verstehen sind, als jeweils aktuelle Gebrauchsanweisung genutzt.

Das rechte Wort zur rechten Zeit – und wie die EKD das begründet

So veröffentlichte der Rat der Evangelischen Kirche in Deutschland (EKD) im Jahre 2008 eine Denkschrift zum »Öffentlichkeitsauftrag der Kirche« mit dem netten Titel *Das rechte Wort zur rechten Zeit* (78). Die Arbeitsgruppe, die den Text verfasst hatte, leitete die bayerische Regionalbischöfin Susanne Breit-Keßler. Das Vorwort schrieb der EKD-Ratsvorsitzende, Bischof Wolfgang Huber.

Huber behauptet, das Evangelium selbst gebiete der Kirche, zu »Grundfragen des politischen und gesellschaftlichen Lebens Stellung zu nehmen« – also etwa zu Bildungsfragen. Als Begründung für dieses ›Gebot‹ und als »Öffentlichkeitsauftrag Jesu an seine Jünger« zitiert der Bischof allen Ernstes das Matthäus-Evangelium mit dem Jesus zugeschriebenen Satz: »Geht aber und predigt und sprecht: Das Himmelreich ist nahe herbeigekommen« (Matt 10,7). Mit dieser Prognose hat sich Jesus bekanntlich geirrt. Als Begründung für gesellschaftspolitisches kirchliches Engagement zitiert Huber außerdem den Jesus zugeschriebenen ›Missionsauftrag‹ nach dem Matthäus-Evangelium (Matt 28,18–20). Er stammt nach heutigem Wissen sicher nicht von Jesus. Der Evangelist hat dabei auch gewiss nicht an das Berliner Volksbegehren »Pro Reli« oder die Bankenkrise gedacht und was ein Bischof Huber dazu knapp 2000 Jahre später sagen werde. Die Methode der ewigen Wiederholung angeblich ewig gültiger Sätze erinnert an die Methode der Wettervorhersage nach dem Hundertjährigen Kalender.

Der Hundertjährige Kalender als Modell

Im 17. Jahrhundert schuf Abt Mauritius Knauer vom Kloster Langenheim im Bistum Würzburg das *Calendarium oeconomicum practicum perpetuum*. Der fromme Mann beobachtete seit 1652 sieben Jahre lang genau die Witterungsverhältnisse seiner Umwelt und machte sich Notizen. Dann brach er die Beobachtungsreihe ab. Glaubte er doch zu wissen, dass sich das Wetter in einem siebenjährigen Rhythmus wiederhole. Jedes Jahr war nach astrologischer Sitte einem der damals bekannten großen Gestirne zugeordnet: Sonne, Mond, Merkur, Venus, Mars, Jupiter und Saturn. Diese bestimmten, so glaubten die Astrologen, nacheinander jeweils für ein Jahr den Witterungsverlauf. Mit den Beobachtungen über sieben Jahre könne man für alle Zukunft das Wetter richtig voraussagen. Ein geschäftstüchtiger Erfurter Arzt namens Hellwig besorgte sich, wie auch immer, Jahrzehnte später Knauers Aufzeichnungen. Er vereinfachte den Text, ohne Rücksicht auf lokale Besonderheiten zu nehmen, machte ihn zur Wetter-Vorhersage und wählte als Prognose-Zeitraum ein volles Jahrhundert. Das Ganze veröffentlichte Hellwig anno 1700 als »Hundertjährigen Kalender«. Er wurde für lange Zeit neben der Bibel das meistverbreitete Druckwerk, weit über Deutschland hinaus.

Geburt der Reformierten Kirchen: Ulrich Zwingli und Johann Calvin

Zur selben Zeit wie Martin Luther, aber unabhängig von ihm, wurde auch Ulrich (Huldreich) Zwingli (1484–1531) in Zürich zum Reformator. Er stellte alles zur Disposition, was in Kult und Kirchenregiment nicht aus der Bibel zu begründen war. Dabei verschwanden mit der katholischen Messe auch die Bilder, die Orgel und der Gesang aus den Kirchen. Das Abendmahl hatte für Zwingli nur symbolische Bedeutung. Es war vor allem ein Bekenntnis der Gemeinde. Martin Luther hat dagegen zwar die Idee der Transsubstantiation abgelehnt, aber doch die reale Gegenwart Christi während der Abendmahlsfeier betont. Ein theologischer Kerngedanke Zwinglis war seine *Prädestinationslehre;* die Idee, dass das individuelle menschliche Leben von Gott vorherbestimmt sei.

Ein Gottesstaat in Genf

In Genf ist der um eine Generation jüngere Johann Calvin (1509–1565) als Reformator aufgetreten. Für Calvin, der in extremer Weise die Prädestination und damit auch ein sehr elitäres Christentum der von Gott Erwählten lehrte, spielte das Alte Testament eine besondere Rolle. Er verstand es als von Gott offenbartes Gesetz und gleichberechtigt mit dem Neuen Testament, sofern nicht ausdrücklich im Neuen Testament außer Kraft gesetzt. Calvin hat 1541 in Genf eine Art Gottesstaat begründet, mit strengster »Kirchenzucht« – so der evangelische Ausdruck für den Zwang zu »angemessenem« Verhalten. Aus diesen Vorstellungen für ein ›moralisches Leben‹ entwickelte sich später in Deutschland der Pietismus, in England der Puritanismus. Seine Gegner ließ Calvin gnadenlos hinrichten. In den ersten fünf Jahren des ›Gottesstaates‹ wurden 78 Verbannungen ausgesprochen und 56 Todesurteile gefällt, etwa wegen »Hochverrats« oder wegen »Blasphemie« (79). Das gesamte ›sittliche‹ Leben der Gemeinde wurde überwacht, Gewissensfreiheit galt nicht.

Noch zu Lebzeiten Calvins vereinigten sich 1549 die »reformierten« Schweizer Kirchen, nachdem man sich in Genf und Zürich auf ein gemeinsames Verständnis des Abendmahls geeinigt hatte. Der Calvinismus breitete sich, beginnend mit direkten Kontakten Calvins, in ganz Westeuropa aus, Teile Westdeutschlands eingeschlossen. Über England kam er dann auch in die USA.

Krieg im Namen Gottes

Sobald sie die Macht dazu hatten, waren die Christen schnell dazu bereit, Andersdenkenden den Schädel einzuschlagen. Und das Andersdenken bezog sich auf die Deutung der biblischen Texte; genauer gesagt, auf die darauf fußenden Dogmen. Für uns Heutige ist es unvorstellbar, dass sich, wie Zeitzeugen berichteten, zur Zeit des Konzils von Nicäa die Menschen auf der Straße über die angeblich wahre Natur Jesu die Köpfe heiß redeten. Der Streit um die Deutung der biblischen Berichte vom »letzten Abendmahl« Jesu hat nicht nur bis heute Katholiken und Protestanten auseinandergebracht. Er spielte jahrhundertelang auch zwischen Lutheranern und Reformierten eine die Menschen wirklich bewegende Rolle.

Wie wir wissen, scheute man bereits in den ersten Jahrhunderten des organisierten Christentums nicht davor zurück, Andersgläubige als »Ketzer« umzubringen. So funktionierte die Mission. So funktionierten die sieben Kreuzzüge (beginnend 1096 und endend 1270). Vorzugsweise ging es gegen den erstarkenden Islam. Nebenbei verfolgte man dabei auch die Juden (im ersten Kreuzzug) und zerschlug aus Geschäftsinteresse des venezianischen Dogen das byzantinische Reich der orthodoxen Glaubensbrüder (im 4. Kreuzzug). Papst Innozenz III., der im 4. Kreuzzug Konstantinopel eroberte, zettelte auch die sogenannten Albigenserkriege (1209–1229) an. Die Albigenser, benannt nach der Stadt Albi im südfranzösischen Languedoc, gehörten zu den streng asketisch lebenden, gnostischen Glaubensgemeinschaften, die sich auch Katharer nannten und im 12. und 13. Jahrhundert in den romanischen Ländern verbreitet waren. Ihre Anhänger wurden auf unvorstellbar grausame Weise großenteils ausgerottet. Übrig geblieben ist das von »Katharer« herkommende Wort *Ketzer*.

Das Morden der Andersgläubigen hat mit der Reformation nicht aufgehört, im Gegenteil. Die Reformation artete zum blutigsten aller Kriege in Europa aus, dem Dreißigjährigen Krieg (1618–1648). Das ist dem Wesen des Neuen Testaments nicht völlig fremd. Hat doch der Evangelist Matthäus – ob zu Recht, wissen wir nicht, der

folgende Satz steht nur in diesem einen Evangelium – Jesus die Formulierung in den Mund gelegt (Matt 10,34): »Ihr sollt nicht meinen,
daß ich gekommen bin, Frieden zu bringen auf die Erde. Ich bin
nicht gekommen, Frieden zu bringen, sondern das Schwert.« Wie
auch immer sie gemeint war und von wem auch immer sie stammt,
diese ›Ankündigung‹ ist jedenfalls wahr geworden.

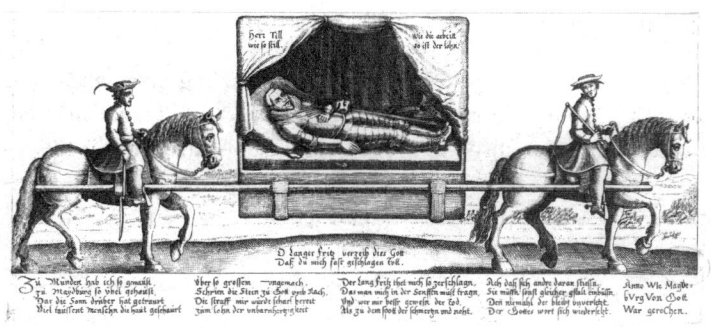

*Der katholische kaiserliche Feldherr Tilly unterwarf im Dreißigjährigen Krieg Nord-
deutschland und zerstörte Magdeburg. Im Jahre 1632 wurde er durch den evangelischen
König Gustav II. Adolf von Schweden tödlich verwundet. Die Protestanten freuten sich,
wie dieses Flugblatt zeigt: »O langer Fritz verzeih dirs Gott / Daß du mich fast geschlagen tot«. Sammlung Dr. Helmut Urban.*

Die Aufklärung und die Antworten der Kirchen

In diesem Buch ist immer wieder von den Ergebnissen der historisch-kritischen Erforschung der Bibel die Rede. Diese Forschung
ist ein Ergebnis der Aufklärung. Ende des 17. Jahrhunderts begann in
England, was sich im 18. Jahrhundert in ganz Europa und Nordamerika ausbreitete: das Zeitalter der Aufklärung. Es war verbunden mit
großen Hoffnungen auf eine segensreiche Wirkung der Vernunft.
Sie könne, so glaubte der deutsche Philosoph Immanuel Kant (1724–

1804), den Menschen zum »Ausgang aus seiner selbstverschuldeten Unmündigkeit« verhelfen. Unmündigkeit, so definierte Kant *in Beantwortung der Frage: Was ist Aufklärung* im Jahre 1784, »Unmündigkeit ist das Unvermögen, sich seines Verstandes ohne Leitung eines anderen zu bedienen«. Kant war allerdings auch ein scharfer Deuter der Grenzen der »reinen« wie der »praktischen Vernunft«.

Das Dogma von der Unfehlbarkeit des Papstes

Allen verschiedenen Strömungen der Aufklärung gemeinsam war die Kritik am absoluten Wahrheitsanspruch der Offenbarungsreligion sowie an der absoluten Monarchie. Die Antwort der römisch-katholischen Kirche auf die Aufklärung kam spät, war aber fundamental: Auf dem Ersten Vatikanischen Konzil am 18. Juli 1870 beschloss die Mehrheit der Anwesenden das Dogma von der Unfehlbarkeit des Papstes in von diesem *ex cathedra* erlassenen Lehrentscheidungen über Glaube und Sitte. Der widerspenstigen Minderheit, zu der vor allem deutsche Konzilsteilnehmer zählten, hatte der Papst gütigst erlaubt, vor der Abstimmung abzureisen. Unfehlbar war, wie wir längst wissen, freilich nicht einmal der biblische Jesus. Auch er glaubte fälschlicherweise, »daß das Reich Gottes nahe ist … Dieses Geschlecht wird nicht vergehen, bis alles geschieht« (Lk 21,31–32). Jesus war halt auch ein Mann seiner Zeit. Die Vorstellung vom nahen Ende teilten seinerzeit viele Menschen, zum Beispiel Johannes der Täufer. Auch dieser predigte (Matt 3,2): »das Himmelreich ist nahe herbeigekommen!«

Dieses Beispiel zeigt, wie wichtig es ist, die Bibel kritisch zu lesen. Das gelingt jedoch nur, wenn man die Erkenntnisse der historisch-kritischen Forschung beachtet. Diese Art Forschung begann in Deutschland mit dem protestantischen Theologen Johann Salomo Semler (1725–1791) an der Universität Halle. Er unterschied zwischen Theologie und Religion, womit er der Wissenschaft einen Freiraum öffnete.

Anfänge kritischer Bibelforschung: Strauss, Schweitzer und Harnack

Anno 1808 wurde in Ludwigsburg der spätere protestantische Reformtheologe David Friedrich Strauss geboren. Sein Werk *Das Leben Jesu, kritisch bearbeitet* erschien 1835/36 in Tübingen. Strauss hielt das Dogma von Jesus als Gottmensch als historische Realität für undenkbar. Er betonte die geschichtliche Entwicklung der Dogmen, die im Lichte wissenschaftlicher Erkenntnisse kritisch zu bewerten seien. Albert Schweitzer, knapp 70 Jahre später geboren und selbst einer der ersten Leben-Jesu-Forscher, pries Strauss als »Propheten einer kommenden Wissenschaft«.

Die liberale Kantonatsregierung in Zürich berief Strauss anno 1839 auf einen Lehrstuhl für Dogmatik in Zürich. Er durfte das Amt jedoch niemals antreten und wurde pensioniert, ehe er auch nur eine einzige Vorlesung hatte halten können. Denn die Frommen im Land entfachten einen Sturm der Entrüstung gegen den »deutschen Christusfeind«. »Unter dem Schlachtruf ›Vorwärts, wer ein guter Christ ist!‹, marschierten gut zweitausend bewaffnete Bauern, geführt von landeskirchlichen Hasspredigern, in Zürich ein. Auf dem Münsterplatz entlud sich harte Religionsgewalt. Ermutigt auch von ihren Pfarrern, griffen die Gotteskrieger Regierungstruppen an. Vierzehn Glaubensputschisten und ein um Ausgleich bemühter Regierungsrat fielen.« So beschreibt es mit den Worten unserer Zeit der Münchner evangelische Theologe Friedrich Wilhelm Graf (80).

Das »Glanzgestirn der Kirchengeschichte« (60) war Adolf von Harnack (1851–1930), Begründer und erster Präsident der Kaiser-Wilhelm-Gesellschaft, der Vorgängerin der Max-Planck-Gesellschaft. Für ihn war das im christlichen Glaubensbekenntnis artikulierte altkirchliche Dogma »Produkt des griechischen Geistes auf dem Boden des Evangeliums«. Und Albert Schweitzer konstatierte anno 1906 in seiner *Geschichte der Leben-Jesu-Forschung* als ihn selbst bedrückenden Ertrag dieser Forschung: »Der Jesus von Nazareth, der als Messias auftrat, die Sittlichkeit des Gottesreiches verkündete, das Himmelreich auf Erden gründete und starb, um seinem Werke die Weihe zu geben, hat nie existiert.«

Die Erkenntnis, dass die Trinität Gottes ein menschliches Konstrukt ist, war bereits mit der Reformation wieder virulent geworden. Die *Unitarier* (von *unitas* = Einheit) oder *Antitrinitarier* wurden in der Reformationszeit von Calvinisten wie Lutheranern als Ketzer verfolgt. Seit dem 18. Jahrhundert gibt es weltweit unitarische Glaubensgemeinschaften.

Die kritische Deutung der *Bibel* provoziert unter den gläubigen Christen Ängste, seit man sich darum bemüht, seit über 200 Jahren also. Die kritische Deutung der *Dogmen* beunruhigt seit jeher nur die Kirchen. Und weil es den Kirchen aller Konfessionen auch immer um Machtfragen geht, ist deren Haltung der Forschung gegenüber, freundlich gesagt, zwiespältig. Adolf von Harnack jedenfalls provozierte mit seiner Meinung, auch Dogmen seien historisch zu verstehen, 1892 die protestantische Generalsynode dazu, ein »Irrlehregesetz« zu verabschieden, ein »Kirchengesetz, betreffend das Verfahren bei Beanstandung der Lehre von Geistlichen«. Das war erkennbar kein Gesetz zur Förderung der theologischen Forschung.

Katholische Grenzen des Bibelstudiums

Im Oktober 2008 tagte im Vatikan eine Weltbischofssynode. Thema: Die Bedeutung der Bibel. Dabei ging es auch um die Rolle der historisch-kritischen Forschung. In seiner Schlussrede sagte Papst Benedikt XVI.: »Die Bibel ist das Wort Gottes – in menschlichen Worten« (81). Beobachter verstanden dies als klares Bekenntnis zur historisch-kritischen Forschung. Der Papst ergänzte diesen Satz jedoch um die Formulierung, die Bibel müsse »in ihrer Einheit, in der Tradition der Kirche und im Licht des Glaubens« gelesen werden. Damit werden die Grenzen historisch-kritischer Deutung der Bibel für die katholische Kirche wieder sehr deutlich. Dieser Kirche ist die Tradition der Bibel-Deutung mindestens ebenso wichtig wie die Bibel selbst. Denn der gegenwärtige Papst Benedikt XVI. versteht eine »neben der Schrift herlaufende ... mündliche Überlieferung«

als göttliche Offenbarung. Er interessiert sich nicht für den histori-schen Jesus von Nazareth, sondern für »den Christus der hellenis-tischen Konzilien, den er überall in die neutestamentlichen Schrif-ten hineininterpretiert« (67). Benedikt verlangt von den Katholiken Glaubensgehorsam in allem, »was kraft des allgemeinen und ge-wöhnlichen Lehramtes als von Gott offenbart zu glauben vorgelegt wird« (82).

Der im Vatikan residierende Chef-Kirchenhistoriker Walter Brandmüller, Präsident des Päpstlichen Komitees für Geschichts-wissenschaft, argumentiert so: Die Frage, ob ein im Neuen Tes-tament als Wort Jesu ausgegebenes Zitat auch tatsächlich von Je-sus stammt, ist unerheblich. Wenn es im Neuen Testament steht, ist es »Wort Gottes«. »Dann erübrigt sich freilich jede kritische Bi-bel- und Theologieforschung«, so die Antwort des katholischen Kirchenhistorikers Georg Denzler (83). Die Kongregation für die Glaubenslehre hat im Zusammenhang mit dem katholischen Kir-chenverständnis neuerdings den Begriff »gesunde theologische For-schung« erfunden (84). Die Formulierung löst in Deutschland auto-matisch böse Assoziationen an das »gesunde Volksempfinden« aus.

Bekenntnisbewegung kontra Forschung

Antwort auf den Nationalsozialismus: Protestantischer Fundamentalismus

Während noch Anfang des 20. Jahrhunderts die Theologen, jeden-falls auf evangelischer Seite, im gesellschaftlichen Diskurs Akzen-te setzten, kann heute davon nicht mehr die Rede sein. Das hat mit dem Nationalsozialismus zu tun. Dessen Chef-Propagandist, Alfred Rosenberg, wollte die Bibel umfunktionieren. Bereits 1930 erschien sein Buch *Der Mythus des 20. Jahrhunderts*. Rosenberg lehnte das Alte Testament rundweg ab, behauptete, der Apostel Paulus habe eine »Theokratie« angestrebt, und beklagte »die Paulinische Verfäl-schung der großen Gestalt Christi«. Jesus war für Rosenberg kein Jude, sondern ein »Arier«.

Im Jahre 1935, als dazu bereits großer persönlicher Mut gehörte, erschien in Berlin die *Antwort auf den Mythus* des evangelischen Theologen Walter Künneth (85). Künneth erklärt den Jesus des Alfred Rosenberg damit, »daß es sich um das bekannte Jesusbild des Liberalismus in völkischem Gewand handelt«. Für Künneth lautete die Alternative: »Entweder ist die christliche Botschaft menschliche Erfindung, dann hat der ›Mythus‹ mit seinen Methoden recht, oder sie ist aus Gott, dann liegt der Grund zur Entstehung des Urchristentums jenseits der geschichtlichen Ebene, dann ist die Entstehung nicht mehr einer rationalhistorischen Analyse zugänglich, sondern das Wunder der Offenbarung.«

Die »liberalen« Theologen hatten gerade erst den historischen Jesus entdeckt. Nun aber, im heraufziehenden Kirchenkampf, blieb der »bekennenden Kirche« anscheinend nur die wörtlich genommene Bibel, die sich der »rationalhistorischen Analyse« entziehe.

Anfänge einer Entmythologisierung der Bibel

Das sah der Marburger protestantische Theologe Rudolf Bultmann anders. Mit seinem Vortrag *Neues Testament und Mythologie* im Jahr 1941 war die theologische Wissenschaft noch während der NS-Zeit auf einmal wieder da. Bultmann, der durchaus ein frommer Christ war, wies darauf hin, dass das »mythische« Weltbild der Verfasser des Neuen Testaments einer kritischen Interpretation bedürfe. *Entmythologisieren* nannte Bultmann die »Methode der Auslegung des Neuen Testaments, die versucht, die tiefere Bedeutung hinter den mythologischen Vorstellungen wieder aufzudecken« (86).

Der Gedanke der ›Entmythologisierung‹ fand Anklang. Er machte aber wiederum auch vielen frommen Christen Angst. Zentrum der Aktivitäten dieser Ängstlichen waren – und sind bis heute – pietistische Kreise insbesondere in Württemberg. 1966 gründete der inzwischen an der Universität Erlangen lehrende Walter Künneth mit Gleichgesinnten die Bekenntnisbewegung »Kein anderes Evangelium« als Gegengewicht gegen die fortschreitende Entmythologisierung der Bibel im Sinne Bultmanns.

Die Bibel ist offensichtlich so robust, dass sie in ihrer Wirkgeschichte viel aushält. Sie hilft den Menschen seit 2000 Jahren, ihr Leben zu bewältigen. Sie verleitet sie aber auch zu allerlei absurden Spekulationen, zum Beispiel dazu, den Weltuntergang vorauszusagen – und weil die Prognose nicht eintrifft, immer wieder neu zu datieren. Die Bibel kann Menschen weise werden lassen, aber auch abgrundtief dumm. Sie hat klerikale Machtstrukturen entstehen lassen und wurde doch den Ohnmächtigen auf der Welt zu allen Zeiten »Frohe Botschaft«.

VII

Die Bibel und ihre Leser

Ein Experiment für die Leser

Eine Vision, die Erscheinung des ›romantischen‹ Bildes von Jesus, lässt sich künstlich provozieren: Man schaue entspannt etwa 30 Sekunden lang auf die vier kleinen Punkte zwischen Herz und Baum, und blicke dann auf eine einfarbige Wand oder ein leeres Blatt Papier. Es zeigt sich zunächst eine leuchtende Scheibe – und darin dann die Erscheinung. Man sollte die Pupillen möglichst unbewegt halten, dann bewegt sich auch die Erscheinung nicht.

Die Heilige Schrift und die Leichtgläubigen

Am 30. Mai ...

... ist der Weltuntergang. Wir leben nicht mehr lang, wir leben nicht mehr lang ... So singt man im rheinischen Karneval. Eine befreiende Reaktion auf allerlei Ängste, die in den letzten Jahrhunderten regelmäßig gegen Ende eines Jahrhunderts im Namen der Bibel von frommen Dummköpfen geschürt werden. Ein gewisser Charles T. Russel in den USA hatte zum Beispiel nach eifrigem, aber eben unkritischem Bibelstudium Ende des 19. Jahrhunderts den »Plan Gottes mit der Menschheit« entdeckt. Er gründete 1879 das Blatt *Zion's Watch Tower.* Daraus wurde später der *Wachturm,* das Zentralorgan jener ›Ernsten Bibelforscher‹, die sich 1931 den Namen »Zeugen Jehovas« zulegten. Sie beziehen sich auf einen Satz beim Propheten Jesaja (Jes 43,12), »Ihr seid meine Zeugen, spricht der HERR«.

Das Tausendjährige Reich und seine Zeugen

Russel hatte für das Jahr 1914 den Beginn des in der »Offenbarung des Johannes« angekündigten »Tausendjährigen Reichs« vorhergesagt; 19 Jahre zu früh. Denn das Tausendjährige Reich begann erst 1933, endete aber bereits 1945 und war alles andere als ein Friedensreich. Russels Anhänger gerieten zuvor bereits, wenn auch nur vorübergehend, in große Verwirrung. Zum vorhergesagten Termin, 1914, begann nämlich nicht der Weltfriede, da der Satan »für tausend Jahre« gefesselt sein sollte (Off 20,3), sondern im Gegenteil der Erste Weltkrieg. Das hindert die »Zeugen Jehovas« – in Deutschland mittlerweile in einigen Bundesländern eine Institution öffentlichen Rechts geworden – nicht daran, weiterhin aller Welt ihre Deutung der Bibel aufzudrängen.

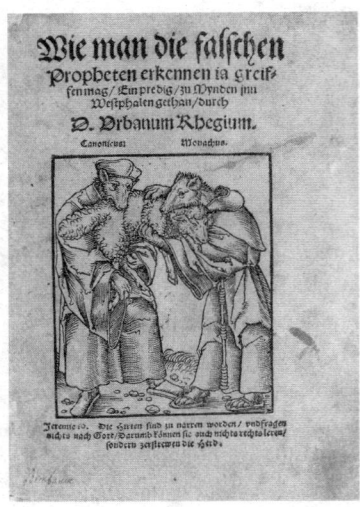

Die drastische Darstellung »Wie man die falschen Propheten erkennen, ja greifen mag« auf einem Holzschnitt vom Anfang 16. Jahrhunderts bezieht sich auf einen Satz beim Propheten Jeremia (10,21): »Denn die Hirten sind zu Toren geworden ... Darum kann ihnen nichts Rechtes gelingen.«

Bereits in den zwanziger Jahren des 19. Jahrhunderts entdeckte in Großbritannien ein calvinistischer Protestant, John Darby, nach ebenfalls naivem Bibelstudium die Lehre der sechs heilsökonomischen Weltzeitalter (*Dispensionen*). Das Zeitalter der Menschen im Paradies, das von Adam bis Noah, das von Noah bis Abraham, das Zeitalter der biblischen Patriarchen von Abraham bis Mose, das bis zum Auftreten Jesu und das Zeitalter der Kirche, dem alsbald das Tausendjährige Reich folgen werde (87). Darbys Lehre fasste seit den sechziger Jahren des 19. Jahrhunderts in den USA als »Dispensionalismus« Fuß. Vor allem in den Vereinigten Staaten bekommen die immer wieder aufflammenden »Erweckungsbewegungen« durch die Vorstellung Nahrung, man lebe in der »Endzeit«. Besonders anfällig dafür sind die fundamentalistischen Protestanten. Ronald Reagan (US-Präsident 1981–1989) hatte einen solchen Evangelikalen, James Watt, zum Innenminister gemacht. Dieser hielt den

Umweltschutz für überflüssig, da die »Endzeit« ja ohnehin unmittelbar bevorstehe.

Die islamistische Attacke vom 11. September 2001 während der Amtszeit von George W. Bush wurde von vielen seiner evangelikalen Anhänger ebenfalls als ein – in der Bibel angekündigtes – Vorzeichen des nahen Weltendes gedeutet. Anno 2000, zu Beginn des neuen Jahrtausends also, bekannten 50 Prozent der US-Amerikaner, die Bibel sei von Gott wortwörtlich inspiriert (87).

Der Zustand der Verzückung

Die Gouverneurin von Alaska und im November 2008 gescheiterte republikanische Kandidatin für das Amt der US-Vizepräsidentin, Sarah Palin, ist eng verbunden mit Kirchen der Pfingstbewegung, die bis heute unverzagt dem Dispensionalismus anhängen. Sie glauben, mit dem alsbald zu erwartenden Weltende und der Wiederkunft Christi würden die Ungläubigen vernichtet, die Christen jedoch in einen Zustand der Verzückung geraten. Der Begriff Verzückung kommt, wie oben beschrieben, im 1. Buch Samuel vor. Der Pfarrer von Sarah Palins Gemeinde, der *Assembly-of-God*-Kirche in Wasilla, Ed Kalins, beschreibt es so: »Die Heilige Schrift weist besonders auf Erdölkrisen als Zeichen für das Herannahen der Zeit der Verzückung und somit der Endzeit hin. Die Kriege um Erdöl nehmen ständig zu, und die Zeichen für die Erfüllung der Prophezeiungen folgen aufeinander in immer kürzeren Abständen« (88). Der letzte Krieg um Erdöl, der Irakkrieg, wurde jedoch nicht von Gott selbst, sondern von dem »wiedergeborenen« evangelikalen George W. Bush »im Namen Gottes« angezettelt. Sarah Palin sprach anno 2008 im Zusammenhang mit diesem Krieg ebenfalls von der »Erfüllung eines Auftrags … der von Gott gewollt ist«. Die Bibel falsch zu deuten und dann, darauf bezogen, »im Namen Gottes« zu handeln, kann, wie in diesem Buch gezeigt wird, brandgefährlich für die ganze Welt sein.

Schamanen und Pfingstler

Wie einst die Schamanen, so nutzen auch in unserer Zeit Menschen psychische Gegebenheiten aus, die sie auf ihre Weise deuten. Ich meine die charismatische Pfingstbewegung, die weltweit am schnellsten wachsende christliche Gemeinschaft. Sie ist, anders als die evangelikale Bewegung, in den USA vor allem unter Schwarzen und Hispanics verbreitet. Ihre Anhänger beziehen sich, wie schon erwähnt, auf das in der Apostelgeschichte beschriebene Pfingst-Ereignis sowie die in den Briefen des Apostels Paulus beschriebenen Praktiken der ersten Christen.

In den ersten christlichen Gemeinden herrschte der »Geist«. Er bewirke, so schreibt Paulus an die Korinther (1. Kor 12), »von der Weisheit zu reden«, »von der Erkenntnis zu reden«, »die Gabe gesund zu machen«, »die Kraft, Wunder zu tun«, »prophetische Rede«, »die Geister zu unterscheiden« sowie »mancherlei Zungenrede«.

Das ekstatische Stammeln, genannt »Zungenreden« (die *Glossolalie,* das unverständliche Sprechen mit ›fremder Zunge‹), ist in den christlichen Pfingstgemeinden auch heutzutage beliebt. Paulus formulierte das seinerzeit freundlich so (1. Kor 14): »wer in Zungen redet, der redet nicht für Menschen, sondern für Gott; denn niemand versteht ihn, vielmehr redet er im Geist von Geheimnissen.« Und etwas weniger freundlich: »Wer in Zungen redet, der erbaut sich selbst«. Paulus schätzte mehr das »prophetische Reden«, denn wer prophetisch rede, »der redet den Menschen zur Erbauung und zur Ermahnung und zur Tröstung«.

Der Zustand des Außer-sich-Seins und damit auch des Zungenredens lässt sich, wie schon in der Steinzeit bekannt war, mit allerlei Tricks gezielt erreichen: mit rhythmischer Musik, Tanz, Askese oder Drogen. Die Mediziner sprechen von einem rauschhaften, ins Extrem gesteigerten Gemütszustand. Dabei schwinden Ichbewusstsein und Kritikfähigkeit bei körperlicher Empfindungs- und Reglosigkeit. In Ekstase geraten Menschen durch Autosuggestion. Die ›Pfingstler‹ deuten, was ihnen im Zustand des Außer-sich-Seins passiert, als persönliche Erfahrung des Heiligen Geistes. Die neuro-psychologische Deutung als Ergebnis einer Manipulation ist die einfachere und sollte im Sinne des alten Vorschlags des Wilhelm von Occam so lange beibehalten werden, wie sie die Tatsachen widerspruchsfrei erklärt.

Das Gelobte Land

Viele christliche Auswanderer in die USA verstanden die »Neue Welt« in Anklang an das Buch der Offenbarung auch als das »Neue Jerusalem«. Die evangelikalen Nachkommen der in diese Neue Welt verschleppten Sklaven wiederum verstehen sich, anders als die mehr auf die Apokalypse schauenden weißen Evangelikalen, als das neue Volk Israel; in Erinnerung an den jüdischen Mythos vom Exodus aus Ägypten ins »Gelobte Land«. Konsequenz dieses Bildes: Wenn wir, die Schwarzen, das neue auserwählte Volk sind, können es »die Juden nicht mehr sein« (87).

Der Antisemitismus der christlichen Zionisten

Der Antisemitismus der christlichen Zionisten gründet sich ebenfalls auf die Bibel. Da heißt es zum Beispiel im Buch Daniel nach allerlei apokalyptischen »Offenbarungen« (Dan 12,7): »wenn die Zerstreuung des heiligen Volks ein Ende hat, soll dies alles geschehen.« Und so haben fundamentalistische Christen und Juden die Gründung des Staates Israel als diesen Anfang vom Ende angesehen; ja noch weitergehend: Die Eroberung des ganzen ›Heiligen Landes‹ ist für sie die Voraussetzung für das Kommen des Messias beziehungsweise für diese Christen die Voraussetzung für die Wiederkehr von Jesus Christus. Die zionistischen evangelikalen Christen in den USA unterstützen die Bestrebungen Israels, die besetzten Gebiete Palästinas zu annektieren. Dabei geht es ihnen aber nur darum, die Wiederkehr Christi zu beschleunigen – in dem Glauben, dass dann die Juden ohnedies wie alle anderen ›Ungläubigen‹ auf ewig verdammt sein werden. Motto: Erst kehren die Juden ins Heilige Land zurück, dann fahren sie zur Hölle.

Die Bibel als Wegbereiterin des Aberglaubens

In Zeiten der Anfechtung haben fromme Menschen sich immer wieder auf die Erfahrungen der ersten Christen berufen. Die Bücher des Neuen Testaments sind ja großenteils in Zeiten der Verfolgung verfasst worden. Insofern ist verständlich, dass ihre Verfasser auch die Aussagen Jesu über zu erwartende Verfolgung posthum aus ihrer Lebenserfahrung heraus gedeutet und entsprechend formuliert haben. In den Verfolgungen während der NS-Zeit, aber auch in der DDR haben Christen auf diesen Fundus zurückgegriffen und darin Trost gefunden. Es spricht für die bleibende Aktualität der Bibel, dass dies trotz der erkennbaren intellektuellen Problematik bis heute sogar für einzelne Bibelzitate gilt: Sie können Menschen trösten oder ihnen als Motto für ihr Leben dienen.

Aber wenn man sie nicht als Bilder, sondern als Gebrauchsanweisung nimmt, ist das bestenfalls harmloser Aberglaube. Schlimmstenfalls können sie der Motivation und Rechtfertigung von Gewalt im Namen Gottes dienen. Diese interpretierende ›Biographie‹ der Bibel soll das Bewusstsein dafür schärfen.

Die Bibel spiegelt, wie ich in diesem Buch zeige, die sich wandelnden Weltbilder ihrer Verfasser über die Jahrhunderte hinweg. Der Glaube an die Existenz und das Wirken von Dämonen, Engeln und Teufeln zum Beispiel gehörte zum Weltbild der Antike. Das neue Testament berichtet ganz selbstverständlich von der Austreibung von Teufeln durch Jesus und auch durch seine Jünger. Die Aktivitäten von guten und bösen Geistern waren auch im Mittelalter den Menschen vertraut. Martin Luther sah sich zeitlebens mit dem Teufel konfrontiert und wusste: »Viele Gegenden sind von Teufeln bewohnt, Preußen ist voll davon.«

Aufgrund der Erkenntnisse von Sigmund Freud wissen wir heute, dass dies Aberglauben war. Es war »eine Form kollektiver Be-

herrschung des Unbewussten«, schrieb der amerikanische Psychoanalytiker Erik H. Erikson in einer Studie über Martin Luther (89).
In einer Welt voller Gefahren machte diese Vorstellung »das Unbekannte vertraut und erlaubte dem einzelnen, zu seinen Ängsten
und Konflikten zu sagen: Ich sehe euch! Ich erkenne euch!« Martin
Luther »sah« noch kurz vor seinem Tod den Teufel auf der Dach-
rinne sitzen. Heute wissen wir das besser. Aus den real gedachten
Gestalten werden Bilder – zum Beispiel das wunderbare Bild des
Schutzengels. Doch wer heute etwa, wie das lange Zeit in Europa
mit schrecklichen Folgen möglich war, eine Frau als Hexe anzeigt,
die es mit dem Teufel getrieben habe, gilt als psychisch gestört.

Damit meine ich dies: Was Aberglaube ist, steht nicht ein für alle Mal fest, sondern ist vom jeweiligen Erkenntnisstand abhängig.
Zunehmende Erkenntnis erlaubt uns, abwegigen Glauben als Aberglauben zu identifizieren. Das heißt, wir wissen es heute manchmal
besser als die Menschen von gestern. Besseres Wissen ersetzt den
damit als abwegig identifizierten Glauben, der nunmehr zum Aberglauben wird.

Die Suche nach einem Mindestmaß an Gewissheit

Der Hang des Menschen zum Aberglauben ist anscheinend kein
Zufall. Wissenschaftler meinen nämlich, das selbst der Aberglaube
eine tief verankerte und evolutionär wertvolle Fähigkeit sei. Aberglaube und magisches Denken würden nämlich ein Mindestmaß an
Gewissheit anbieten, vor allem dort, wo eigentlich keine letzte Gewissheit zu haben ist. Diese archaische Form der Weltinterpretation
ermögliche es, so Bruce Hood, Psychologie-Professor an der Universität Bristol in England, das dem Verstand nicht direkt Zugängli-
che intuitiv und naiv zu erklären (90). Allerdings führen Überzeugungen, die aus einer allzu schlichten Deutung der Bibel entstehen,
zu einem fundamentalistischen Weltbild. Der Präsident der Katholischen Bibelföderation, Bischof Vincenzo Paglia, sieht es so: »Fundamentalismus entsteht dort, wo sich verunsicherte Menschen zur
Bibel wenden, ohne sie wirklich zu verstehen« (91). Im Gegensatz

zum amtskatholischen Verständnis meine ich allerdings, dass es ebenfalls Aberglaube ist, zu meinen, ein Lehramt könne die Bibel ein für alle Mal verbindlich auslegen.

Wunder: Eine Frage der Deutung

Die Bibel steckt voller Wundergeschichten. Aufgeklärte Menschen können damit umgehen, wenn sie als ein Wunder keinen objektiven Sachverhalt, sondern seine Deutung verstehen. Man darf selbstverständlich das Erlebnis der Liebe oder die Geburt des eigenen Kindes für sich persönlich als ein beglückendes Wunder erfahren. Dazu bedarf es aber nicht des Etiketts des Übernatürlichen. Für Naturwissenschaftler ist selbstverständlich, dass in der Welt die naturwissenschaftlichen Gesetze gelten, auch wenn man viele Sachverhalte nicht versteht. Das motiviert eher dazu, nach Erklärungen zu suchen, als sich mit dem frommen Etikett »Wunder« zufrieden zu geben. Man muss schon ein sehr katholischer Philosoph sein, wie Wilhelm Vossenkuhl von der Universität München, um den Spieß einfach umzudrehen. Vossenkuhl behauptet nämlich, wer sage, dass es aus naturwissenschaftlichen Gründen keine Wunder gebe, verkünde einen Aberglauben (92). Der evangelische Theologe Klaus-Peter Jörns dagegen betont: »Jenseits dessen, was Menschen mit ihren Sinnen wahrnehmen können, gibt es weder Offenbarung noch irgendwelche Sonderwahrnehmungen.« Professor Vossenkuhl ist übrigens Inhaber eines »Konkordatslehrstuhls«. Solche Lehrstühle in Bayern sind »ein Privileg aus vordemokratischen Zeiten« (93). Ergebnis eines Paktes zwischen dem Königreich Bayern und dem Vatikan anno 1817, zuletzt bestätigt im Jahre 1974. Wer auf einen von 21 dieser Konkordatslehrstühle in Bayern berufen werden will, braucht das *nihil obstat* (kirchenlateinisch: Es spricht nichts dagegen) der Kirche. Und dies, obwohl es sich *nicht* einmal um Lehrstühle der Theologie handelt. »Forschung und Lehre sind frei«, heißt es im deutschen Grundgesetz von 1949. Aber es gibt eben noch Wunder.

Kirchenfunktionäre sprechen, wenn sie Wunder meinen, wie schon das Neue Testament, gerne von »Geheimnis«, wie zum Beispiel der bayerische evangelisch-lutherische Landesbischof Johannes Friedrich: »Auferstehung ist weniger ein Rätsel, als vielmehr ein Geheimnis«, sagte er in einer Osterpredigt – was freilich nur ein Spiel mit Worten ist –, um die Frage anzuschließen: »Warum sollte es Gott nicht möglich sein, Jesus aus dem Grab zu holen, den Leichnam dort nicht verwesen zu lassen?« (94). Das ist genauso albern wie die Aussage: Warum sollte es Gott nicht möglich sein, einen Stein zu erschaffen, der so schwer ist, dass er selbst, Gott, ihn nicht aufheben kann?

Manches Wunder ist mittlerweile mit dem Wissen der Psychologen und neuerdings der Neurowissenschaftler ganz gut zu erklären – womit die Deutung als ein Wunder zum Aberglauben wird. Dabei relativieren sich sogar fundamentale Erfahrungen des Menschen.

Wie sich Körper-Erfahrungen als Einbildung erweisen

Jeder gesunde Mensch ist sich seines eigenen Körpers bewusst. Aber zum Beispiel das Selbstbildnis, schön zu sein oder hässlich oder zu dick oder zu dünn, hat mit eigenen Wertvorstellungen und mit gesellschaftlichen Normen zu tun, ist also nicht objektiv. Selbst die anscheinend doch handfeste Erfahrung der eigenen Körperlichkeit ist, wie wir neuerdings wissen, ›Einbildung‹, das heißt Ergebnis von Bildern, die wir uns machen. Man kann nämlich einen Menschen im Experiment dazu bringen, einen fremden Körper, sogar eine Puppe, als den eigenen Leib wahrzunehmen.

Mit Hilfe von Videobrille und Kamera wird einem Menschen suggeriert, er schaue auf seinen eigenen Leib, obgleich dies der Körper einer anderen Person ist. Wenn dann beide Körper gleichzeitig mit einem Stäbchen berührt werden, hat die Versuchsperson, wie sich experimentell belegen lässt, innerhalb von zwei Minuten das Gefühl, in dem fremden Körper zu stecken. Wird dem fremden Körper ein Messer vor den Bauch oder an die Handgelenke gehalten, reagieren die Versuchspersonen so nervös (mit einem messbaren Schweißausbruch), als wenn es ihr eigener Körper wäre; sie erleben ihren eigenen Körper als bedroht.

Manche Menschen, die dem Tode nahe waren und später darüber berichten können, erzählen von Out-of-Body-Erlebnissen: Sie machten die Erfahrung, sich außerhalb des eigenen Körpers im Raum aufzuhalten. Wenn man einen Menschen mittels Kamera und Videobrille seinen eigenen Rücken erblicken lässt und diesen Rücken mit einem Stab berührt, dann hat diese Versuchsperson ebenfalls ein Out-of-Body-Erlebnis. Sie wähnt sich hinter ihrem physischen Körper. Und wenn Menschen im Spiegel ein künstliches Gesicht erblicken, dessen Augen sich aber synchron wie die eigenen bewegen, identifizieren sie sich rasch mit dem künstlichen Bild. Das geschieht selbst dann, wenn die Versuchsperson von weißer Hautfarbe, das Bild aber das eines Schwarzen ist. Solche Experimente wurden im Karolinska-Institut in Stockholm vorgenommen, aber auch am Polytechnikum Lausanne, gemeinsam mit der Universität Mainz (95). Unser Gehirn lässt sich also leicht austricksen, selbst bei vitalen Erfahrungen.

Vieles, das uns zunächst wundersam erscheint, erklärt sich nach und nach als etwas Natürliches. Das gilt auch für manches wundersame Ereignis, von dem die Bibel zu berichten weiß. Es wurde zu einer Zeit notiert, als die Menschen nichts von dem wussten, was wir mit dem Instrumentarium der Naturwissenschaften mittlerweile verstehen können; besser gesagt, verstehen könnten. Der Evangelist Markus berichtet zum Beispiel von einem plötzlich aufkommenden Sturm, während Jesus und seine Jünger auf einem Boot auf dem See Genezareth trieben. Die Jünger hatten Angst, Jesus aber schlief. Auf Bitten seiner Jünger stand er auf »und bedrohte den Wind und sprach zu dem Meer: Schweig und verstumme. Und der Wind legte sich, und es entstand eine große Stille« (Mk 4,39). Der tief gelegene See Genezareth kann auch heute gelegentlich durch Fallwinde plötzlich sehr aufgewühlt werden. Doch alsbald vergeht der Spuk und der See wird schnell wieder völlig ruhig.

Man kann nun fragen, warum dieses Wunder in die Bibel gekommen ist. Der katholische Theologe Eugen Drewermann deutet es so: Wir alle erleben gelegentlich Zeiten, in denen wir aufgewühlt sind, und müssen lernen, inmitten des Sturmes innerlich zur Ruhe zu kommen. Es sei »allein der Glaube und das Vertrauen, die den Sturmwinden Einhalt zu gebieten vermögen« (96).

Das heißt, man kann die Geschichte meteorologisch deuten, aber auch mit dem Wissen der Tiefenpsychologie, ohne dabei an Wunder glauben zu müssen. Doch viele Menschen glauben lieber weiter an Wunder und wollen es gar nicht so genau wissen. Auf der Funkausstellung in Berlin am 22. August 1930 hielt Albert Einstein eine Rede. Er sagte, es sollten »sich alle schämen, die gedankenlos sich der Wunder der Wissenschaft und Technik bedienen und nicht mehr davon erfasst haben, als die Kuh von der Botanik der Pflanzen, die sie mit Wohlbehagen frisst«.

Um nicht missverstanden zu werden: Es gibt immer noch unendlich viel mehr Dinge »im Himmel und auf Erden, als eure Schulweisheit sich träumt«. Das wusste bereits William Shakespeares Hamlet, und es gilt auch heute für unsere »Hochschulweisheit«.

Die EKD und die Fundamentalisten

Im Lichte von besserem Wissen wird die Wissenschaft von gestern zu ›Aberwissen‹ – ein für die Wissenschaftler selbstverständlicher Prozess. Ebenso wird freilich, wie gesagt, der ebenfalls *auch* zeitbedingte Glaube von gestern im Lichte eines besseren Verständnisses zu Aberglaube. Die Bibel selbst ist, wie ich beschrieben habe, voller Gedanken des Zweifels und schon deshalb nicht wörtlich zu nehmen.

Zu zweifeln und zugleich für etwas zu stehen, ist ein schwieriger Balanceakt. Allerdings nur dann, wenn mit Glaube das Für-wahr-Halten von Lehrsätzen gemeint ist; zum Beispiel, wie sie im Glaubensbekenntnis von Nicäa formuliert sind. Und noch schlimmer, wenn moralische Glaubensvorschriften höllenstrafbewehrt sind. Diese Biographie soll das Gewicht der Bibel zeigen, ohne dass sie erdrückend wirkt. Den Berufs-Dogmatikern unserer Zeit sei ein Zitat aus einer Predigt des großen Albert Schweitzer (1865–1975) anno 1905 in Straßburg vorgehalten: »Mich wollte letztlich schier der Unmut erfassen, als mir ein frommer Mensch sagte, nur der könne an den lebendigen Jesus glauben, der an die leibhaftige Auferstehung und an die verklärte ewige Leiblichkeit Christi glaube. ... Um der Suchenden in unserer Zeit willen, möchte ich sagen: Haltet sie nicht auf mit Formeln und Lehren, sondern ermutigt sie, sich auf den Weg zu ihm zu machen« (97).

Die kirchlichen Institutionen verwenden die Bibel immer schon auch als Waffe. »Sünde« ist ein Totschlagargument für alle Fundamentalisten.

Die Anzahl der fundamentalistischen Christen, welche die Bibel in jeweils ausgewählten Passagen wörtlich nehmen, wächst weltweit. Dagegen besuchen, jedenfalls in Europa, immer weniger aufgeklärte Christen einen Gottesdienst. Folge: Die Kirchen nähern sich immer mehr den biblizistischen Fundamentalisten an; ein gewiss auch machtpolitisch zu verstehender Prozess. So beehrte der EKD-Ratsvorsitzende Bischof Wolfgang Huber (»Bischof des Jahres« 2006 des evangelikalen Leitmediums *idea-Spektrum*) im Frühjahr 2008 das *Christival*-Treffen der protestantischen Fundamentalisten in Bremen. Er behauptete dort öffentlich, es sei falsch, theologisch konservative evangelikale Christen mit Fundamentalisten gleichzusetzen (98). Andere evangelische Landesbischöfe gaben Solidaritätsbekundungen für das Treffen in Bremen ab. Die Katholische Nachrichtenagentur KNA sieht darin einen »Beleg für die in den vergangenen Jahren vollzogene Annäherung der Evangelischen Kirche in Deutschland (EKD) und den Evangelikalen« (99).

Wenn die Intellektuellen die Kirchen verlassen, die fundamentalistischen Frommen aber bleiben, kann man sich ausrechnen, wie die Kirche von morgen oder übermorgen aussehen wird. Von den 25 Millionen evangelischen Christen hierzulande geht eine Million sonntags in die Kirche. Das sind etwa vier Prozent. Sie wählen ihre Repräsentanten in die kirchlichen Gremien, und das sind folglich auch eher konservative Leute. Die Evangelische Allianz, das ist »das Netzwerk evangelikaler Christen«, hat nach eigenen Angaben bundesweit etwa 1,3 Millionen Mitglieder, allerdings die Freikirchler und Mitglieder von Erweckungsbewegungen eingeschlossen. Das heißt, die Anzahl der Evangelikalen in Deutschland und die Anzahl der evangelischen Kirchgänger stimmen in der Größenordnung in etwa überein. Wie soll daraus eine aufgeklärte Kirche entstehen?

Auf der Suche nach dem Geist

Das Christentum ist, wie auch das Judentum und der Islam, eine »Offenbarungsreligion«. *Offenbarung* ist »ein Begriff der theologischen Reflexionssprache, der in den erzählenden und verkündigenden biblischen Texten keine einheitliche wörtliche Entsprechung hat« (35). Das heißt, wenn von (göttlicher) Offenbarung die Rede ist, wird damit die Entstehungsweise der biblischen Texte *gedeutet*. Für diese Deutung gibt es freilich überhaupt keine objektivierbaren Kriterien. Das ist anders als bei der historisch-kritischen Text-Deutung. Deren Kriterien sind objektivierbar und natürlich im Einzelnen auch zu kritisieren. Das Deutungs*bedürfnis* des Menschen selbst wiederum ist, wie bereits beschrieben, evolutionsbedingt und naturwissenschaftlich zu erklären. Die Tatsache, dass es um das Jahr 2000 nach Angaben des protestantischen Münchner Theologen Friedrich Wilhelm Graf weltweit bereits 34 000 christliche Bekenntnisse gab, die sich auf jeweils unterschiedliche Offenbarungen berufen, verdeutlicht den in diesem Begriff steckenden Relativismus.

Ähnliches gilt für die biblischen Begriffe *Zeugnis* und *Bekenntnis*. Eindeutig zu verstehen ist, was eine Gemeinschaft oder ein Einzelner meint, wenn sie ihren Glauben bekennen. Weniger eindeutig ist, wenn ›Zeugnis‹ abgelegt wird. Denn bezeugen kann man nur etwas, dessen Zeuge man (gewesen) ist. Die Verfasser der biblischen Schriften ›bezeugen‹ freilich fortwährend Sachverhalte oder angebliche Sachverhalte, deren Zeuge sie *nicht* waren. Der Apostel Paulus formuliert es einmal so (Röm 8,16): »Der Geist selbst gibt Zeugnis unserm Geist …« Womit wir wieder bei der Offenbarung, hier durch den Heiligen Geist, wären.

Biblische Rituale: Die Taufe

Mittlerweile wissen wir ernüchternd mehr über den Geist. Der Gehirnforscher Wolf Singer gibt auf die Frage, welche falsche Vorstellung er am häufigsten korrigieren müsse, die folgende Antwort (100): »Die meisten Menschen können sich nicht vorstellen, dass unsere geistigen und mentalen Leistungen die Folge von neuronalen Prozessen sind – und nicht umgekehrt. Sie sind meist heimliche Dualisten und glauben, dass da ein unabhängiger Geist schaltet und waltet und irgendwie mit dem Gehirn wechselwirkt, damit es tut, was der Geist will.«

Diese Erkenntnis der Gehirnforschung hat sich noch nicht bis zu den Theologen herumgesprochen, und erst recht nicht bis in die Kirchen. Das geht besonders deutlich hervor aus einer Deutung des biblischen Rituals der Taufe durch den Rat der Evangelischen Kirche in Deutschland (EKD). Dieser hat im Jahr 2008 eine »Orientierungshilfe« durch eine Kommission unter Leitung des Kirchenhistorikers und Präsidenten der Berliner Humboldt-Universität, Christoph Markschies, erarbeiten lassen (101). Darin heißt es zum Beispiel über den durch die Taufe vermittelten Heiligen Geist:

»Dieser Geist schenkt Kraft zu Glaube, Liebe und Hoffnung und konkretisiert sich in einer Vielzahl von Geistesgaben. Die Taufe mit dem Heiligen Geist, die dadurch verliehene Kraft und der dadurch geschenkte Trost sind keine magische Angelegenheit, vielmehr ist der Heilige Geist ›der intimste Freund des gesunden Menschenverstandes‹ (Karl Barth). Er ist der Tröster, den Jesus den Seinen nach seiner Auferstehung sendet (vgl. Johannes 16,14). Menschen werden so durch die Taufe fähig, ihr eigenes Leben in der Gewissheit der Gegenwart Gottes und im Gehorsam gegenüber Gottes Wort verantwortlich zu gestalten und in den Dienst ihrer Nächsten zu stellen. Anders formuliert: Der Heilige Geist gibt den Getauften die Kraft, ein Leben als Zeugen Jesu Christi zu führen.« Der Heilige Geist mache die Getauften, so weiß die Kommission außerdem, »lebenstüchtiger und gemeinschaftstauglicher, weil sie sich so weder über- noch unterschätzen«. Man ist geneigt, dazu zu schreiben: »Zu

Risiken und Nebenwirkungen fragen Sie Ihren Arzt oder Apotheker!«

Im Ernst, hier werden Formulierungen verwendet, die eigentlich hinterfragt gehörten. Was ist zum Beispiel der »gesunde Menschenverstand« des seinerzeit hochberühmten Baseler Theologen Karl Barth (1886–1968), Wortführer der dialektischen Theologie? Einer Theologie also, die – wenngleich mit einer »gegenüber der Bibel weitgehend unkritischen Einstellung« Barths (102) – das Wort des »verborgenen Gottes« dialektisch zu begreifen suchte, in These und Antithese, ohne zu einer Synthese zu kommen. Oder was meinen die Verfasser der Tauf-Erklärung, die doch eine Orientierungshilfe sein soll, wirklich, wenn sie behaupten, der Heilige Geist mache lebenstüchtiger?

Die Taufe ist ein Ritual, bei dem christliche Eltern ihr Kind Gott anempfehlen. Warum genügt den Dogmatikern nicht, es dabei bewenden zu lassen?

Um nicht missverstanden zu werden: Die Verfasser der »Orientierungshilfe« zitieren brav die einschlägigen biblischen Hinweise und ihre Deutungen in der Kirchengeschichte. Aber sie ziehen keine Konsequenz aus dem heutigen Wissen außerhalb ihrer Fachwelt. Der Mainzer Philosoph Thomas Metzinger, einer der wenigen seiner Community, die sich mit den Erkenntnissen der Gehirnforschung befassen, formuliert es so: »… wenn wir in einer Kultur der Verleugnung den Erkenntnisfortschritt verdrängen, taucht das tabuisierte Wissen wie ein Dämon aus dem Unbewussten in der Lebenswelt wieder auf« (103). Und Metzinger ergänzt: »Ich sehe eine Gefahr der Flucht in den Fundamentalismus.«

Das Abendmahl: Widerspruch der Theologie

Die Verfasser der Evangelien haben Jesus beim letzten gemeinsamen Mahl mit seinen Jüngern vor der Verhaftung Worte in den Mund gelegt, die jedenfalls so nicht gefallen sein können. Die Erinnerung an dieses Mahl wurde jedoch bereits von den ersten Christen gepflegt und sehr rasch ritualisiert. Die Jesus in den Mund gelegten biblischen Formulierungen sind offensichtlich bereits in der Sprache des Rituals verfasst worden. Die Deutung des Apostels Paulus von Jesu Tod als einem Sühneopfer für die Sünden der Menschheit spielt dabei die zentrale Rolle. Auch und nur der Evangelist Matthäus, der wie alle Evangelisten seine Texte später aufgeschrieben hat als Paulus, verbindet das Abendmahl mit der Sündenvergebung.

Diese Deutung wird neuerdings von einigen Theologen in Frage gestellt; sehr zum Ärger der Kirchen. Der Katholik Othmar Keel spricht, wie oben zitiert, von »einer höchst problematischen dogmatischen Konstruktion«. Die Problematik hat damit zu tun, dass der Evangelist das Abendmahl mit einem uralten Blutritus kombiniert.

Im Markus-Evangelium sind die sogenannten Einsetzungsworte so aufgeschrieben (Mk 14,22–24): »Und als sie aßen, nahm Jesus das Brot, dankte und brach's und gab's ihnen und sprach: Nehmet; das ist mein Leib. Und er nahm den Kelch, dankte und gab ihnen den; und sie tranken alle daraus. Und er sprach zu ihnen: Das ist mein Blut des Bundes, das für viele vergossen wird.« Martin Luther übersetzte »Blut des Bundes« mit »Blut des (neuen) Testaments«.

Der Blutritus entstammt dem 2. Buch Mose. Dort heißt es (Ex 24,8): »Da nahm Mose das Blut (von jungen Stieren) und besprengte das Volk damit und sprach: Seht, das ist das Blut des Bundes, den der HERR mit euch geschlossen hat.«

Der deutsche evangelische Theologe Klaus-Peter Jörns betont nun, dass »in das Brotbrechen des jüdischen Festmahles der mit dem Blutvergießen einhergehende Bundesgedanke eingewoben wurde – obwohl Jesus das Wort ›Bund‹ nie in den Mund genommen hat, und sein Tod nicht durch Blutvergießen herbeigeführt worden ist. Er ist zum Opfer und das jüdische Mahl ist zum Opferfestmahl gemacht worden – nach hellenistischer Manier. Wobei die Vorstellung, Blut zu trinken, Juden und Griechen ein Gräuel war.«

Vor allem aber sei in die Eucharistiefeier der Gedanke implementiert worden, Gott habe Heil durch ›heilige‹ Gewalt geschaffen.

»Und damit war der Heiligung der Gewalt auch in der Kirche Tor und Tür geöffnet« (104). Zusammenfassend meint Jörns, »die Deutung des Lebens Jesu (einschließlich seines Sterbens) kann nicht mit Denkvorstellungen geschehen, die seiner Verkündigung und Lebenspraxis aus heutiger Kenntnis widersprechen, auch dann nicht, wenn sie von Aposteln stammt«.

Im protestantischen Leben spielt emotional die Musik die größte Rolle. Das sind besonders auch die jahrhundertelang gesungenen Kirchenlieder, die den entsprechend sozialisierten Menschen immer noch von Kindheit an vertraut sind.

Nahezu alle Lieder, die zu Weihnachten, in der Karwoche und zu Ostern gesungen werden, deuten Jesu Tod als Opfer. Hier nur einige wenige Beispiele aus dem Evangelischen Kirchengesangbuch:

> *»Oh du fröhliche … Christ ist erschienen, uns zu versühnen.«*
> *»Ihr Kinderlein kommet, … O betet: Du liebes, du göttliches Kind / Was leidest du alles für unsere Sünd!«*
> *»Vom Himmel hoch … Er will euer Heiland selber sein / Von allen Sünden machen rein.«*
> *»Ein Lämmlein geht und trägt die Schuld / der Welt und ihrer Kinder.«*
> *»Christ ist erstanden … Wär er nicht erstanden / so wär die Welt vergangen.«*

Wer möchte ohne Not das ganze Kirchengesangbuch von den theologisch altertümlichen Texten ›reinigen‹? Noch dazu von den besonders zu Herzen gehenden und nicht nur den regelmäßigen Kirchgängern vertrauten Liedern? Ich sagte: ohne Not, doch die Not wird größer, je weniger Menschen überhaupt in die Kirche gehen, je weniger von ihnen noch die Kirchenlieder kennen und lieben lernen. Vielleicht wächst damit auch die Chance einer Neudeutung der christlichen Rituale im Lichte besserer Erkenntnis.

Mission: Frohe Botschaft und Gewalt

Die Mission unter Juden und Heiden ist älter als die Bibel. Ohne die Missionierung der sogenannten Heiden durch den Apostel Paulus wäre das Christentum eine jüdische Sekte geblieben. Wie schon erwähnt, ist der ›Missionsbefehl‹: »Gehet hin in alle Welt und predigt das Evangelium aller Kreatur« (Mk 16,15) erst im 2. Jahrhundert in das älteste Evangelium geraten. Im Matthäus-Evangelium, das mehr als ein halbes Jahrhundert nach Jesu Tod aufgeschrieben wurde, ist der Missionsbefehl am Ende des Evangeliums (Martin Luther: »Matthäi am letzten«) im Lichte der bereits längst stattfindenden Mission verfasst worden. Er beginnt mit einem (dem auferstandenen) Jesus zugeschriebenen Satz: »Mir ist gegeben alle Gewalt im Himmel und auf Erden.« Der Wanderprediger Jesus hat jedenfalls nicht so von sich geredet.

Die Jünger Jesu und Paulus missionierten aus Freude über die frohe Botschaft, die sie durch Jesus erfahren hatten. Ohne Mission gäbe es die Bibel nicht, und das Christentum wäre nicht zu einer weltweiten Religion geworden. Ohne Mission wären nicht zweitausend Jahre lang immer wieder Menschen von archaischem, Angst und Gewalt provozierendem Aberglauben befreit worden. Die Botschaft Jesu, wie sie die Bibel in die Welt transportiert – und das vielfach über den Weg der Mission –, hat Menschen zu sozialem Engagement geführt und dazu, Frieden zu stiften. Der Schlachtruf »Freiheit, Gleichheit, Brüderlichkeit« in der Französischen Revolution und die Entdeckung der Menschenrechte und der Menschenwürde im 20. Jahrhundert sind eine Konsequenz aus dem biblisch gedeuteten Christentum. Das ist die eine Seite.

Die andere: Sobald jedoch aus dem Christentum die christliche Kirche entstanden war und diese direkt oder auch indirekt die Macht dazu hatte, wurde mit Feuer und Schwert missioniert. Das heißt, in der Mission wurde nun auch die andere, die gewalttätige Seite der Kirche offenbar.

Karl der Große (748–814), der »Vater Europas« – in späteren Jahrhunderten gar »Apostel der Sachsen« genannt –, brachte den

Karl der Große (748–814), hier eine Zeichnung von Albrecht Dürer aus dem Jahre 1510, praktizierte erfolgreich die Verbindung von Mission und Kolonisation. Der »Vater Europas« und »Apostel der Sachsen« genannte Franke verstand die uneingeschränkte Leitung der Kirche als seine kaiserliche Pflicht. Die Sachsen unterwarf er in zahlreichen Kriegen seiner geistlichen und weltlichen Macht.

Sachsen in zahlreichen Kriegen die ›frohe Botschaft‹ nahe. Für den König und späteren Kaiser galt »die Taufe als Aufnahme in das Christentum und als Unterwerfungsritus unter die fränkische Macht zugleich« (105). Die sächsischen Stämme hatten dafür überhaupt kein Verständnis. Im Gegenteil, der letzte bedeutende Fürst der Friesen, Radbod, verweigerte die Taufe. Man hatte ihm nämlich gesagt, dass seine Ahnen, Könige und Fürsten, wie er betonte, nicht in jenem Teil des Paradieses ihren Frieden gefunden hätten, der allein den Christen vorbehalten sei (105). Und ohne seine Familie wollte er nicht im Paradies der Christen sein.

Die Sachsen gaben zwar der übermächtigen Gewalt nach, wehrten sich aber immer wieder gegen den frommen Karl, sobald dieser gerade mit anderen Aufgaben beschäftigt war und die Gelegenheit günstig schien. Vergeblich. Nach dem Wortlaut der überarbeiteten Reichsannalen beschloss der König deshalb anno 775, »das treulose und vertragsbrüchige Volk der Sachsen mit Krieg zu überziehen und so lange durchzuhalten, bis sie entweder besiegt dem christlichen Glauben unterworfen oder aber gänzlich vernichtet seien«

(105). Und das tat er dann auch. Dieter Hägermann, Professor für Mittelalterliche Geschichte an der Universität Bremen, bezeichnet diese Art der Evangelisation Karls als »Befriedungs- und Unterwerfungsinstrument«. Dieses Instrument wurde im Namen der Kirche vielfach eingesetzt. Ich erwähne aus der mitteleuropäischen Geschichte nur die gewaltsame ›Bekehrung‹ der Pruzzen (der Ur-Preußen) durch den Deutschen Orden im 13. Jahrhundert und in der Folge die Gründung des preußischen Ordensstaates.

Die angeblich stille Sehnsucht der Indianer

Nach der Entdeckung Amerikas begann dasselbe noch einmal, nur unendlich viel grausamer. Denn »mit der Gier nach den Reichtümern, besonders dem Golde, der fremden Welt, verband sich alsbald der Missionseifer« (60). Bei seinem Besuch im brasilianischen Aparecida anno 2007 löste Papst Benedikt XVI. unter den Vertretern der Indianer Lateinamerikas einen »Sturm der Entrüstung« aus. Benedikt hatte nämlich behauptet, den Ureinwohnern sei durch die Verkündigung des Evangeliums keine fremde Kultur aufgezwungen worden. Die Indianer hätten die Christianisierung vielmehr »still herbeigesehnt« (106): »Jesus und sein Evangelium zu verkünden, setzte zu keiner Zeit eine Entfremdung der präkolumbianischen Kultur voraus, und es war auch kein Aufzwingen einer fremden Kultur«, so der Papst (107). Nach Angaben des katholischen Indianermissionsrates in Brasilia wurden allein in Brasilien im Zeitraum von 1500 bis 2001 etwa 1470 indianische Volksgruppen ausgerottet. Der Kölner Historiker und Experte für Geschichte des Christentums in Lateinamerika, Hans-Jürgen Prien, sagte, die Rede Benedikts sei »das Oberflächlich-Schönfärberischste, was ich aus päpstlichem Mund zur Mission Lateinamerikas seit 30 Jahren gelesen habe«.

>Still herbeigesehnt< haben die Ureinwohner Lateinamerikas nach dem heutigen Wissen von Papst Benedikt XVI. die Ankunft der christlichen Missionare. Hier sitzen die Indianer auf einem Baum und drücken ihre Freude über die Ankunft der Spanier aus. Ein Kupferstich aus Theodor de Brys West-Indische Reisen (um 1600).

Kolonisieren heißt missionieren

Mit der Formulierung »Kolonisieren heißt missionieren« diente im 19. Jahrhundert Mission dazu, die Unterjochung fremder Kulturen ideologisch zu rechtfertigen. Der Berliner Bischof und EKD-Ratsvorsitzende Wolfgang Huber sieht das ganz anders. Er sagte auf der Landessynode seiner Kirche im November 2008, trotz Imperialismus und Kolonialismus habe sich »die Verbreitung des christlichen Glaubens für die Menschen in den ehemaligen Missionsgebieten

346 Die Bibel und ihre Leser

überwiegend positiv ausgewirkt« (108). Die Mission habe sich »sowohl als Bewahrerin der angestammten Kultur als auch als Mittlerin zur modernen Kultur erwiesen«. Das ist freilich nur die halbe Wahrheit, bestenfalls.

Den Jesus in den Mund gelegten ›Missionsbefehl‹ der Evangelisten versteht Papst Benedikt XVI. als Dauerauftrag Christi zur »Evangelisierung aller Völker« (109). Das sieht, wie angedeutet, die Evangelische Kirche in Deutschland genauso. Die Hamburger Bischöfin Maria Jepsen betonte zum Start einer »Imagekampagne« für Mission im Oktober 2008, »Mission heißt Zeugnis des Glaubens abzulegen und sollte nicht mit Fundamentalismus oder Kreuzzügen verbunden werden« (110).

Tatsächlich sind die protestantischen Fundamentalisten und Pfingstler die aktivsten Missionare weltweit. Und es geht ihnen auch nicht nur um das ›Zeugnis des Glaubens‹ – wobei ›Zeugnis‹ ohnedies, wie erwähnt, ein problematischer Begriff ist. Die unumstrittenen Stars der *Southern Baptist Church* in den USA sind der Erweckungsprediger Billy Graham und sein Sohn Franklin. Billy hat US-Präsident George W. Bush nach dessen Angaben 1985 auf den »richtigen Weg zu Gott« gebracht. Franklins Missionare kamen gleich nach der Eroberung des Iraks durch die USA und ihre »Hilfswilligen« im Frühjahr 2003 im Gewand der Hungerhilfe in das eroberte Land. Bezeichnenderweise heißt die Graham-Organisation *Samaritan's Purse,* »Das Portemonnaie des (barmherzigen) Samariters«.

Insofern verbindet sich für den historisch Gebildeten ›Mission‹ eben auch mit den Verbrechen der Vergangenheit und der historisch-unkritischen Dummheit der Gegenwart zu einem hochproblematischen Komplex. Das schließt nicht aus, dass für viele Aktive voller guten Willens Mission heute gut gemeint sein kann und manchmal Gutes bewirkt – aber »gut gemeint« ist eben oft auch das Gegenteil von gut.

Biblische Rituale als Sakramente

Das lateinische *sacramentum* (von *sacrare* = weihen, heiligen) bezeichnete in vorchristlicher Zeit eine Geldsumme, die miteinander streitende Parteien bei einem Priester niederlegten; aber auch einen militärischen Eid.

In der ältesten lateinischen Bibel wird das griechische *mysterion* (Geheimnis) mit *sacramentum* übersetzt. Dabei geht es allerdings nicht um ein Ritual, sondern um theologische Deutungen; etwa die Erklärung, die Jesus im Markus-Evangelium seinen Jüngern gibt (Mk 4,11): »Euch ist das *Geheimnis* des Reiches Gottes gegeben; denen aber draußen widerfährt alles in Gleichnissen.«

Die Bedeutung änderte sich dann, und die biblischen Rituale Taufe und Abendmahl wurden zu den ersten christlichen Sakramenten. Für den von der platonischen Philosophie geprägten Augustinus sind Sakramente sichtbare Zeichen, die zugleich Sinnbilder für eine unsichtbare Wirklichkeit sind. Zur Zeit der Scholastik legte die katholische Kirche sieben Sakramente fest: Taufe, Firmung, Buße, Abendmahl, Ordination der Priester, Ehe und Letzte Ölung. Das wurde verbindlich während des Konzils von Trient anno 1547. Die orthodoxen Kirchen haben dieselben sieben Sakramente. Die evangelisch-lutherischen Kirchen kennen als Sakramente nur Taufe und Abendmahl. Für die reformierten Kirchen gilt das ebenso, wobei nach Calvin Taufe und Abendmahl von Gott gesetzte Zeichen sind. Damit hat sich Calvin gegen Zwingli durchgesetzt, für den ›Sakramente‹ etwas Unbiblisches waren. Für die historisch-kritische Forschung ist der Gedanke, Taufe und Abendmahl seien durch Gott beziehungsweise Jesus Christus eingesetzt worden, mittlerweile fragwürdig geworden.

Gott als Bild – Bilder von Gott

In seiner Enzyklika *Spe salvi* vom November 2007 schreibt Papst Benedikt XVI.:

»Nicht die Elemente des Kosmos, die Gesetze der Materie, herrschen letztlich über die Welt und über den Menschen, sondern ein persönlicher Gott herrscht über die Sterne, das heißt über das All; nicht die Gesetze der Materie und der Evolution sind die letzte Instanz, sondern Verstand, Wille, Liebe – eine Person. Und wenn wir diese Person kennen, sie uns kennt, dann ist wirklich die unerbittliche Macht der materiellen Ordnungen nicht mehr das Letzte; dann sind wir nicht Sklaven des Alls und seiner Gesetze, dann sind wir frei« (111).

Der Papst spricht von einer anderen Welt mit den Begriffen dieser Welt. Doch »Verstand« und »Wille«, die er hier Gott zuschreibt, sind Eigenschaften *unseres* Gehirns, die naturgesetzlich entstanden und durch diese begrenzt sind. Der Mensch hat einen sehr begrenzten Verstand und einen durch unbewusste Kräfte begrenzten, wenig freien Willen. Gott kennt auch der Papst nicht, und ihn als eine »Person« zu bezeichnen heißt, ihn nach menschlichem Ebenbilde zu schaffen. Gewiss, Benedikt XVI. relativiert in der Enzyklika an anderer Stelle, wie schon der Apostel Paulus, dass die Glaubensgewissheit eine »Hoffnungsgewissheit« sei. Die Kenntnis Gottes sei das »Bild«, das uns Jesus vermittelt. »Gott hat sich selbst ein ›Bild‹ gegeben im menschgewordenen Christus«, heißt es in der Enzyklika. Der »menschgewordene Christus« ist allerdings ebenfalls ein von Menschen entworfenes Bild von Jesus, nach dessen Tod am Kreuz. Auch Jesus selbst hat uns eben nur – freilich oft wunderbare – Bilder vermitteln können.

Eine völlig neue Facette vom Bild Gottes offenbarte der Münchner Erzbischof Reinhard Marx. Nach seinen Informationen ist Gott – vermutlich in seiner Freizeit – ein Fußballfan. Der Bischof verriet nämlich der *Münchner Abendzeitung* (112) exklusiv und allen Ernstes: »Gott hat Freude am schönen Spiel. Wenn gut gespielt wird, und schöne Tore fallen.« Berliner Witzbolde haben schon vor einem halben Jahrhundert der Bibel entnommen, dass Gott einst ein aktiver Kicker gewesen sei, zusammen mit Noah. Denn Gott sagte zu Noah: »Geh du in' Kasten, ich mach den Sturm.«

Das Oberhaupt der katholischen Kirche in England und Wales, Kardinal Cormac Murphy-O'Connor, beklagte im Herbst 2008, auf der Insel werde Religion immer mehr als ein Ausdruck »persönlicher Exzentrik« gesehen (113). Dazu gibt, meine ich, das Kirchenpersonal manchen Anlass.

Die Bibel – heute

Ausdruck aller Bemühungen, die Welt zu verstehen

Ich versuche zu zeigen, dass die Bibel nicht weniger wichtig wird, wenn man sie kritisch liest. Sie ist Ausdruck aller Bemühungen der Menschheit, Gott und die Welt zu verstehen. Und sie zeigt auch viel von der Vergeblichkeit dieser Bemühungen. Das Alte Testament ist getragen von dem Wissen, dass es einen und nur einen Gott gibt. Der Weg zu diesem nach Othmar Keel »intuitiv-kreativen« Schluss war weit, denn das ganze Alte Testament in allen seinen Büchern ist getragen von der Idee des einen Gottes in einer Welt voller Götter. Von diesen Göttern und Göttinnen wissen wir längst, dass sie Beschreibungen für Kräfte in der Welt waren, welche die Menschen seinerzeit nicht besser deuten konnten. Dass sich in der Entwicklungsgeschichte des Alten Testaments auch eine Evolution des Gottesbildes spiegelt, kann heute nur sehen, wer sich die Erkenntnisse der historisch-kritischen Erforschung der alten Texte zu eigen macht.

Manche Theologen zitieren gerne den Satz: »Das Leben wird vorwärts gelebt und rückwärts verstanden.« Er drückt zum einen das Bedürfnis des Menschen aus, in seinem Leben Sinn zu finden. Oder, wie ich sage, Antwort auf die Frage nach dem ›Warum?‹. Von der Suche nach diesem Sinn handeln alle biblischen Bücher.

Die Deutungen der biblischen Autoren sind zeitbedingt

Da sie alle »rückwärts«, also im Nachhinein aufgeschrieben worden sind, drücken sie das Bemühen ihrer Verfasser aus, die Geschichte im Nachhinein zu begreifen. Der gesellschaftliche Grundkonsens über die Jahrtausende war die Vorstellung, der Mensch habe gehorsam zu sein: die Kinder den Eltern, die Frau dem Mann, sie alle der Hierarchie der sie beherrschenden »Obrigkeit«. Man konnte (und kann sich vielfach bis heute) Gott nicht anders denn als Herrscher vorstellen. Das Credo des Alten Testaments ist, der Mensch habe Gott gehorsam zu sein. Das heißt, er habe den HERRN als einzigen oder jedenfalls höchsten Gott anzuerkennen. Und er habe seine Gebote zu befolgen. Denn alles Unglück auf der Welt sei Folge

Von Gottes Gnaden im Amt verstanden sich bis ins 20. Jahrhundert Kaiser und Könige. Auf dieser Elfenbeinschnitzerei aus dem Jahr 944 krönt Jesus Christus persönlich den oströmischen Kaiser Konstantin VII.

menschlichen Ungehorsams. Man hat sich das als ein Vertragsver-
hältnis vorgestellt: Gott hat sich Israel als ›sein‹ Volk auserwählt,
für das er sorgt, wie im Idealfall jeder Herrscher für seine Untertanen. Die Herrscher seinerzeit haben sich als Repräsentanten Gottes
auf der Welt gefühlt. Und das hat sich bis in unsere Zeit nicht geändert. Bezeichnenderweise haben ein protestantischer deutscher
Kaiser »von Gottes Gnaden« und seine »Kaiserliche und königliche Apostolische Majestät«, der katholische Kaiser von Groß-Österreich, sowie ein russisch-orthodoxer Zar »von Gottes Gnaden, Kaiser und Selbstherrscher aller Reussen«, den Ersten Weltkrieg zu
verantworten.

Die von den Bildern der Herrschergestalten ihrer Zeit geprägten
Verfasser der Bücher des Alten Testaments erklären nun die Geschichte ihres Volkes »rückwärts« – mit dem Trick, sie als Warnung
und Prophezeiung für die Zukunft zu beschreiben. Das Ergebnis ist
immer dasselbe. Alles Unglück kommt, wie (im Nachhinein richtig) vorausgesehen, vom Ungehorsam gegenüber Gott und ›seinen‹
Geboten. Und alles Glück vom Halten der Gebote – und weil der
Mensch unvollkommen ist, durch Gottes Gnade.

Nun machen diese (für Sachkundige) leicht zu durchschauenden Tricks der Geschichtsdeutung nicht die Bedeutung der Bibel
aus. Der große Filmemacher Woody Allen hat in einem Interview
anno 2008 als sein Credo gesagt: »ein bedeutender Film braucht ein
wichtiges Thema, und die einzigen wichtigen Themen sind die von
Leben und Tod, Existenzfragen … Warum sind die großen russischen Romane so tief? Weil sie sich mit den Existenzfragen beschäftigen, mit dem Verhältnis, das der Mensch zu Gott hat, mit der Frage, wie er ohne Gott zurechtkommt, wo sein Platz im Universum
ist« (114). Eben darum geht es in der Bibel, und deshalb ist sie das
wichtigste Buch der Menschheit geworden. Auch wenn Woody Allens Texte manchmal lustiger sind als die seiner Ahnen.

Nicht die als Moralapostel auftretenden frühen jüdischen Theologen unter den Autoren der biblischen Bücher sind für mich entscheidend. Vielmehr ist für mich das Alte Testament dort besonders
authentisch, wo es um die Grundfragen menschlicher Existenz geht

und um das große ›Warum?‹; wo aber keine einfachen Antworten gegeben werden, wo der Mensch, wie dies als Ringen mit Gott oder mit dem Engel Gottes beschrieben wird, dennoch nicht ohne Hoffnung bleibt, nicht mal in der Gottverlassenheit, und dies, obwohl er keine Antworten findet.

Denn es ist ein großes Missverständnis des Christentums, die Bibel, und auch das Alte Testament, als Rezeptbuch zu verstehen. Oder das Neue Testament als »Erfüllung« von Prophezeiungen des Alten Testaments.

Jesus – der wichtigste Deuter Gottes und des Alten Testaments

Jesus von Nazareth ist der wichtigste Deuter des Alten Testaments. Er war das Kristallisationszentrum für Wünsche und Hoffnungen seiner jüdischen Glaubensbrüder und -schwestern. Er war kein Moralapostel, weil es ihm nicht um Macht ging, wie ganz wesentlich den Erfindern der Kirche und ihren Nachfolgern während zweier Jahrtausende. Er fand das Bild von Gott als dem seine Kinder liebenden Vater. Es war ein weiter Weg vom Sturm- und Vulkangott, dem Gott also, der die stärksten Ausbrüche von (Natur-)Gewalt, die der Mensch kannte, repräsentiert hatte – zu dem Gott, der mit »Vater unser« angesprochen werden darf. Bezeichnenderweise sprach Jesus, nach allem, was wir von ihm wissen, in Gleichnissen. Darin drückt sich auch aus, dass unser Wissen von Gott und der Welt unbestimmt bleibt; Zielrichtung des Suchens, wie es im Menschen angelegt ist.

Fazit

In einem lang andauernden Prozess, der sich in den Büchern der Bibel und ihrer Entstehungsgeschichte spiegelt, haben die Theologen des alten Israels die Erkenntnis gewonnen, dass hinter den tausend Gottheiten Ägyptens und den tausend Göttern Vorderasiens ein einziger Gott steht. Sie haben diesen Gott gepriesen und mit ihm gehadert, sind an ihm verzweifelt, weil sie ihn nicht verstanden, und haben trotzdem weiter auf ihn gehofft. Sie haben sich diesen Gott und sein Handeln nach ihrem Weltverständnis gedeutet, zum Beispiel als orientalischen Despoten. Entsprechend dem damaligen Gesellschaftsmodell haben sie es als ihre Pflicht angesehen, diesem Gott und dem, was sie als seine Gebote identifizierten, unter allen Umständen Gehorsam zu schulden. In der Auseinandersetzung mit ihrer Umwelt priesen sie die Einzigartigkeit ihres Gottes Jahwe vor allen anderen von ihnen durchaus als existent angesehenen Göttern. Seit geraumer Zeit erkennen die forschenden Theologen die Relativität solcher Beschreibungen.

Die hebräische Bibel enthält tiefe Weisheit und große Literatur. Für mich bleibt das Alte Testament, dessen sich manche Christen der Frühzeit sowie zuletzt die »Deutschen Christen« im 20. Jahrhundert entledigen wollten, zusammen mit dem Neuen Testament als *eine* Bibel Grundlage unserer Kultur und aller Bemühungen, Gott und die Welt zu suchen und zu verstehen. Doch man muss sehen, dass das Alte Testament sowie auf andere Weise das Neue Testament Deutungsprozesse zeigen – und nicht *die* geschichtliche Wahrheit.

Jesus war kein Christ – Petrus war nicht katholisch

Der Auszug der Kinder Israel aus Ägypten unter ihrem Anführer Mose fand ebenso wenig statt wie die Eroberung des Gelobten Landes. Die ›Zehn Gebote‹ sind ein Konstrukt ebenso wie mancher der Propheten eine Erfindung ist; ein Name für etwas, das die Theologen heute »schriftgelehrte Prophetie« oder »Fortschreibungsprophetie« nennen. Die Psalmen Davids stammen nicht von David, die Sprüche Salomos nicht von Salomo.

Jesus war kein Christ, Petrus war nicht katholisch und schon gar nicht der erste Papst, und er hat auch keine Briefe hinterlassen. Nur bei sieben von 13 Paulus-Briefen gilt als sicher, dass der richtige Verfasser draufsteht. Die anderen biblischen Briefe stammen von unbekannten Schreibern. Auch die Verfasser der Evangelien sind unbekannt. Man nennt sie zwar Matthäus, Markus, Lukas und Johannes, aber niemand weiß, ob das ihre richtigen Namen sind.

Fromme Christen aller Konfessionen mag das erschrecken. Doch die große Mehrzahl der Menschen, die den Zweifel kennen und auf der Suche sind, ist vielleicht froh, nicht alles glauben zu müssen, was vielfach nur tradiertes frommes Geschwätz ist.

Ich hoffe, die Leser dieses Buches unter diesen Zweifelnden spüren dennoch, ein wie wichtiges Werk die Bibel bleibt, auch und gerade wenn man sie kritisch liest. Denn die Bibel ist für Menschen geschrieben, nicht zum Beleg für Interessen von Kirchenfunktionären einst und heute. Sie enthält auch kein Geheimwissen, etwa über die Zukunft der Welt. Es bedarf großer Sachkenntnis, um sie nach über zweitausend Jahren zu verstehen. Doch es lohnt sich nach wie vor, sich darauf einzulassen.

Die Bibel befreit vom ›finsteren Mittelalter‹ in uns

Es lohnt sich auch deshalb, weil die Bibel die Weltgeschichte entscheidend mitbestimmt hat – und immer noch mitbestimmt. Auf die Bibel beruft sich freilich auch ein dumpfes, unaufgeklärtes Christentum aller Konfessionen. Nur ein differenzierendes Verständnis des ›Buches der Bücher‹ ermöglicht eine Emanzipation von diesem ›finsteren Mittelalter‹ in uns.

Alle, die »Gottes Wort« verkündigen oder sich als Funktionäre einer der Kirchen in den öffentlichen Diskurs einmischen, beziehen sich auf die Bibel. Das gilt sogar für den Papst, der doch meint, darüber zu stehen, weil die Kirche älter ist als die Bibel, und weil sie einst festgelegt hat, welche Schriften überhaupt als biblisch zu akzeptieren seien. Selbst er, der sich als Nachfolger und Stellvertreter des Petrus, wenn nicht gar von Jesus selbst, versteht, hat nicht mehr die Autorität, die die Bibel für die Menschen hat. Auch im katholischen Gottesdienst wird die Bibel gelesen und gedeutet, nicht etwa irgendeine päpstliche Enzyklika.

Ich habe an einzelnen Beispielen deutlich zu machen versucht, dass die kirchlichen Autoritäten heute wie einst Politik machen und sich dabei auf jeweils *ihre* Deutung der Bibel beziehen – die sie dabei traditionell verstehen und damit bewusst oder unbewusst missverstehen. Sie wollen sich auf die Erkenntnisse der Forschung nicht einlassen – aus der begründeten Angst heraus, die Institutionen könnten zusammenbrechen, wenn die Brüchigkeit ihres Fundaments allgemein bekannt wird. »Lieber Gott, lass es nicht wahr sein, und wenn es wahr ist, lass es nicht allgemein bekannt werden.« Dieses fromme Gebet nach dem Erscheinen des Buchs *Der Ursprung der Arten* von Charles Darwin, vor 150 Jahren, hat Gott offensichtlich nicht erhört. Auf solche Gebetserhörung sollten die Kirchen ohnedies nicht bauen, sondern den Fundamentalisten in ihren Reihen tapfer widerstehen.

Es ist ein Ergebnis der menschlichen Entwicklungsgeschichte, oder, anders gesagt: der menschliche Kopf funktioniert so, dass Missverständnisse auch der Bibel sich Jahrtausende halten. Veränderungen im Verständnis sind dagegen unendlich schwer durchzusetzen. Gerade die »treuen« Mitglieder ihrer Kirchen leiden, wie die jüngere Kirchengeschichte zeigt, unter den neuen Deutungen der historisch-kritischen Theologen und fassen sie nur selten als Befreiung auf.

Wenn es richtig ist, was ebenfalls kritische Theologen sagen, dass der ganze christliche »Moralstress« (24) überflüssig ist und in einer demokratischen Gesellschaft die Tugend des Rechtsgehorsams genügt, wird zwar nicht die ethische Reflexion, werden aber die Kirchenfunktionäre als Moralprediger überflüssig.

Die Bibel jedoch bleibt das Buch, in dem und mit dem in der Hand sich Menschen seit Jahrtausenden zweifelnd und auch voller Hoffnung, gewissermaßen im Angesicht Gottes, mit den Fragen von Gerechtigkeit, Schuld und Vergebung auseinandersetzen. Das Wissen, das die Forscher bei der kritischen Beschäftigung mit den biblischen Büchern gewonnen haben, kann die Menschen, wenn sie davon erfahren, freier machen zu erkennen, was an den Deutungen durch die biblischen Autoren selbst zeitbedingt ist. Das sind in erster Linie wieder Moralfragen, und es fängt damit bereits bei Adam und Eva an.

Die Heilige Schrift ist nicht vom Himmel gefallen. Die Menschen, die sie im Glauben an ihren HERRN geschrieben und bearbeitet haben, wollten damit ihre Zeit aus den Erfahrungen vergangener Zeiten verstehen und deuten. Die Bibel hat, wie gesagt, eine Biographie, die es zu begreifen gilt, wenn man das Buch der Bücher verstehen will.

Die Bibel und ihre Geschichte sind freilich so komplex, dass ich mich in dieser Biographie auf grundsätzliche Betrachtungen zu jedem einzelnen biblischen Buch sowie auf einzelne Beispiele beschränken musste. Insofern ist diese Biographie höchst unvollständig – aber das hat sie mit allen Biographien gemeinsam. Sie soll den Leser dazu ermuntern, im Lichte dessen, was er in diesem Buch erfahren konnte, die Bibel selbst zu studieren.

Anhang

Literatur- und Abbildungsverzeichnis

1. Jan Christian Gertz (Hg.) *Grundinformation Altes Testament,* Vandenhoeck & Ruprecht, Göttingen, 2007
2. Stefan M. Maul, *Das Gilgamesch-Epos,* Verlag C.H. Beck, München, 2005
3. Raoul Schrott, *Gilgamesh,* Carl Hanser Verlag, München, 2001
4. Othmar Keel, *Die Welt der altorientalischen Bildsymbolik und das Alte Testament,* Benziger Verlag, Zürich 1977
5. Klaus Berger, *Qumran,* Reclam Verlag, Stuttgart, 1998
6. Ulrich Wilckens, *Theologie des Neuen Testaments,* Bd. I, Teilband 4, Neukirchener Verlag, Neukirchen, 2005
7. *Septuaginta Deutsch,* Hg. von Martin Karrer und Wolfgang Kraus, Deutsche Bibelgesellschaft, Stuttgart, 2009
8. Othmar Keel, *Die Geschichte Jerusalems und die Entstehung des Monotheismus,* Vandenhoeck & Ruprecht, Göttingen, 2007
9. *Darwins intelligentes Design,* Max-Planck-Forschung 4, 2007
10. Martin Urban, *Wie die Welt im Kopf entsteht,* Eichborn Berlin, Frankfurt a. M., 2002
11. Israel Finkelstein, Neil A. Silberman, *Keine Posaunen vor Jericho,* Die archäologische Wahrheit über die Bibel, Verlag C.H. Beck, München, 2003
12. H. und A. Levinson, *Spixiana,* Zeitschrift für Zoologie, Suppl. 27, 15.12.2001
13. *Die Zeit* 22.1.2009
14. Hans-Christoph Schmitt, *Arbeitsbuch zum Alten Testament,* Vandenhoeck & Ruprecht, Göttingen, 2007
15. Erich Zenger u. a. *Einleitung in das Alte Testament,* W. Kohlhammer, Stuttgart, 1998
16. *SZ* 10.2.2009
17. *FAZ* 27.6.07
18. Hubertus Breuer, *SZ* 27.2.2009
19. *Die Welt* 5.10.2007
20. *SZ* 26./27.4.2008

21. *Spiegel* 52, 2007

22. *Spektrum der Wissenschaft,* Oktober 2004

23. *SZ* 17.8.2007

24. Friedrich Wilhelm Graf, *Gesetzestreue wäre schon gut – wider dem Ethikboom* Vortrag an der TU München, 27.1.2009

25. *SZ* 9.8.2008

26. Albrecht Fölsing, *Galileo Galilei, Prozess ohne Ende,* Piper Verlag, München, 1983

27. KNA, 3.6.2009

28. Bei der Datierung orientiere ich mich an Gershon Galil, *The Chronology of the Kings of Israel and Juda,* 1996. In den von mir ebenfalls zitierten theologischen Fachbüchern werden auch etwas andere Daten genannt.

29. *SZ* 25./26.10.2008

30. *Psychologie heute,* 7, 2008

31. Martin Urban, *Warum der Mensch glaubt,* Eichborn Berlin, Frankfurt a. M., 2005

32. *Jossel Rackower spricht zu Gott,* Zur Geschichte des Textes, der von Ana Maria Jokl aus dem Jiddischen ins Deutsche übersetzt wurde, berichtete diese im *Tagesspiegel,* 7.12.1955

33. Harald Lesch und Harald Zaun, *Die kürzeste Geschichte allen Lebens,* Piper Verlag, München, 2008

34. Manfred Lurker, Götter und Symbole der alten Ägypter, Scherz Verlag, München, 1974

35. *Taschenlexikon Religion und Theologie,* Vandenhoeck & Ruprecht, Göttingen, 1974

36. KNA 21.4.2008

37. Rudolf Bultmann, *Jesus Christus und die Mythologie,* Furche-Verlag, Hamburg, 1964

38. Friedrich-Wilhelm Marquardt, *Das christliche Bekenntnis zu Jesus, dem Juden,* Bd. 2, Ed. Christian Kaiser, Gütersloher Verlagshaus, Gütersloh, 1991

39. Ploetz, *Auszug aus der Geschichte,* A.G. Ploetz-Verlag, Würzburg, 1960

40. Karl Kerényi, *Die Mythologie der Griechen,* dtv, München, 1984

41. Uwe Steffen, *Jona und der Fisch, Der Mythos von Tod und Wiedergeburt,* Kreuz Verlag, Stuttgart, 1985

42. Wolf Singer, Interview, *sueddeutsche.de* 25.4.2006

43. Vilayanur Ramachandran und Diane Rogers-Ramachandran, *Gehirn&Geist* 11/2006

44. Gerd Theißen, *Der Schatten des Galiläers*, Chr. Kaiser Verlag, München, 1987

45. K.-W. Niebuhr (Hg.), *Grundinformation Neues Testament*, Vandenhoeck & Ruprecht, Göttingen, 2003

46. Gerd Theißen, *Die Religion der ersten Christen*, Chr. Kaiser/Gütersloher Verlagshaus, Gütersloh, 2003

47. Burton L. Mack, *Wer schrieb das Neue Testament?* C. H. Beck, München, 1995

48. *chrismon* 1, 2009

49. Klaus Berger, *Theologiegeschichte des Urchristentums*, Francke Verlag, Tübingen, 1994

50. epd 27.11.2008

51. KNA 2.1.2009

52. Michael Wolffsohn, *Juden und Christen* – ungleiche Geschwister, Patmos Verlag, Düsseldorf, 2008

53. KNA 6.3.08

54. KNA 12.4.08

55. KNA 11.3.08

56. KNA 22.5.08

57. Klaus-Peter Jörns, *Persönliche Mitteilung*

58. Pinchas Lapide, *Ist die Bibel richtig übersetzt?*, GTB Siebenstern, Gütersloh, 1989

59. Büchmann, *Geflügelte Worte*, dtv, München 1967

60. Karl Heussi, *Kompendium der Kirchengeschichte*, J. C. B. Mohr (Paul Siebeck), Tübingen, 1960

61. Hans-Josef Klauck, *Die religiöse Umwelt des Urchristentums*, W. Kohlhammer, Stuttgart, 1995/1996

62. Kurt Dietrich Schmidt, *Kirchengeschichte*, Vandenhoeck & Ruprecht, Göttingen, 1990

63. Hans Belting, *Bild und Kult*, Verlag C. H. Beck, München, 1993

64. KNA 30.1.2008

65. Anton Zeilinger, *Einsteins Schleier, Die neue Welt der Quantenphysik*, C. H. Beck, München, 2003

66. So die Professoren Manfred Seitz und Walter Sparn, Universität Erlangen, sowie Professor Hans Schwarz, Universität Regensburg, *idea* 27.1.09

67. Hans Küng, *Umstrittene Wahrheit*, Piper Verlag, München, 2007

68. *SZ* 2.2.2009

69. Jan Assmann in *Jahrbuch Politische Theologie*, Band 4, 2002, LIT Verlag, Münster, 2003

70. Uri Avnery, *Der Freitag,* 12.2.2009

71. *Max Planck Forschung* 2, 2008

72. Edward A. Parsons, *The Alexandrian library,* 1952, zitiert in wikipedia

73. Naphtali Lewis, *Papyrus in classical antiquity,* Oxford 1974, zitiert nach wikipedia

74. Hans-Jörg Kellner, *Die Römer in Bayern,* Süddeutscher Verlag, München, 1972

75. Becker, S.O. und Wößmann L., *Was Weber wrong? A human capital theorie of protestant economic history,* CESIFO Working Paper No. 1987, Category 4, Labour Markets, Mai 2007

76. Martin Luther, *Ausgewählte Schriften,* Herausgegeben von Karin Bornkamm und Gerhard Ebeling, Insel Verlag, Frankfurt, 1982

77. *Die Zeit,* 23.12.2008

78. *Das rechte Wort zur rechten Zeit,* Gütersloher Verlagshaus, Gütersloh, 2008

79. August Franzen, *Kleine Kirchengeschichte,* Herder, Freiburg,2000

80. Friedrich Wilhelm Graf, *NZZ* 26./27.1.2008

81. KNA 26.10.2008

82. Kurt Flasch, em. für Philosophie, Universität Bochum, *SZ* 18.2.2009

83. Georg Denzler, *Zeitschrift für Geschichtswissenschaft* 55, 2007, 1039–1040

84. KNA 10.7.2007

85. Walter Künneth, *Antwort auf den Mythus,* Wichern-Verlag, Berlin, 1935

86. Rudolf Bultmann, *Jesus Christus und die Mythologie,* Furche-Verlag, Hamburg, 1964

87. Michael Hochgeschwender, *Amerikanische Religion, Evangelikalismus, Pfingstlertum und Fundamentalismus,* Verlag der Weltreligionen im Insel Verlag, Frankfurt a. M., 2007

88. *www.sueddeutsche.de,* 30.10.2008

89. Erik H. Erikson, *Der junge Mann Luther,* Suhrkamp Verlag, Frankfurt, 1975

90. Martin Urban, *Wer leichter glaubt, wird schwerer klug,* Eichborn Berlin, Frankfurt a. M., 2007

91. KNA 28.4.2008

92. KNA 19.11.2008

93. *SZ* 10.12.2008

94. epd 17.3.2008

95. Markus C. Schulte von Drach, *www.sueddeutsche.de,* 3.12.2008

96. Eugen Drewermann, *Das Markusevangelium,* Walter-Verlag, Olten, 1987

97. Albert Schweitzer, *Straßburger Predigten.* C. H. Beck, München, 1986

98. epd 2.5.2008
99. KNA 28.4.2008
100. *Die Zeit,* 3.4.2008
101. *Die Taufe,* Gütersloher Verlagshaus, Gütersloh, 2008
102. epd 24.11.2008
103. *Die Zeit,* 16.8.2007
104. Klaus Jörns, Persönliche Mitteilungen, 2008
105. Dieter Hägermann, *Karl der Große,* Propyläen, Berlin 2000
106. epd 15.5.2007
107. KNA 17.5.2007
108. KNA 13.11.2008
109. KNA 12.7.2008
110. epd 28.10.2008
111. KNA 30.11.2007
112. *AZ* 27.6.2008
113. KNA 7.12.2008
114. *SZ* 6./7.12.2008

Folgenden Personen und Institutionen danken wir für die Überlassung der Bildrechte:
Brigitte Daetweiler für die Karten und Tabellen; für die Bilder The Israel Museum, Jerusalem; Bibel+-Orient-Museum Fribourg; Israel Exploration Society, Bar-Ilan-University; Giorces Bardo; Privatarchiv Wolfgang Hörner; Privatarchiv Dr. Helmut Urban; Privatarchiv Martin Urban.
Einige Rechteinhaber konnten nicht ermittelt werden. Wir bitten Sie, sich gegebenenfalls mit Galiani Berlin in Verbindung zu setzen.

Karten und Tabellen

Übersichtskarte mit heutigen Staatsgrenzen

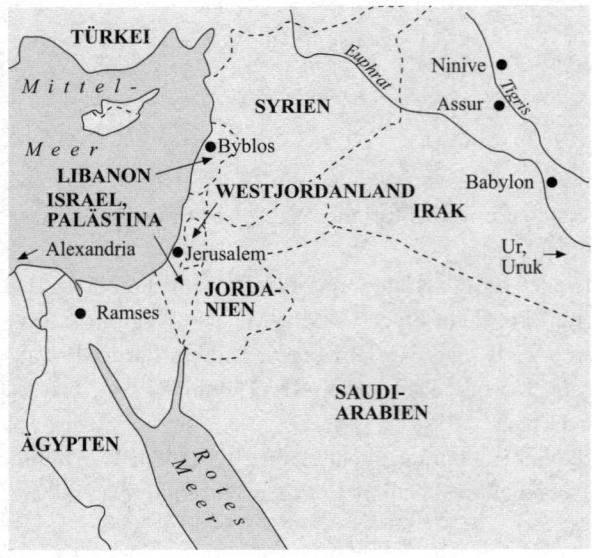

Israel und Juda zur Zeit des Alten Testaments

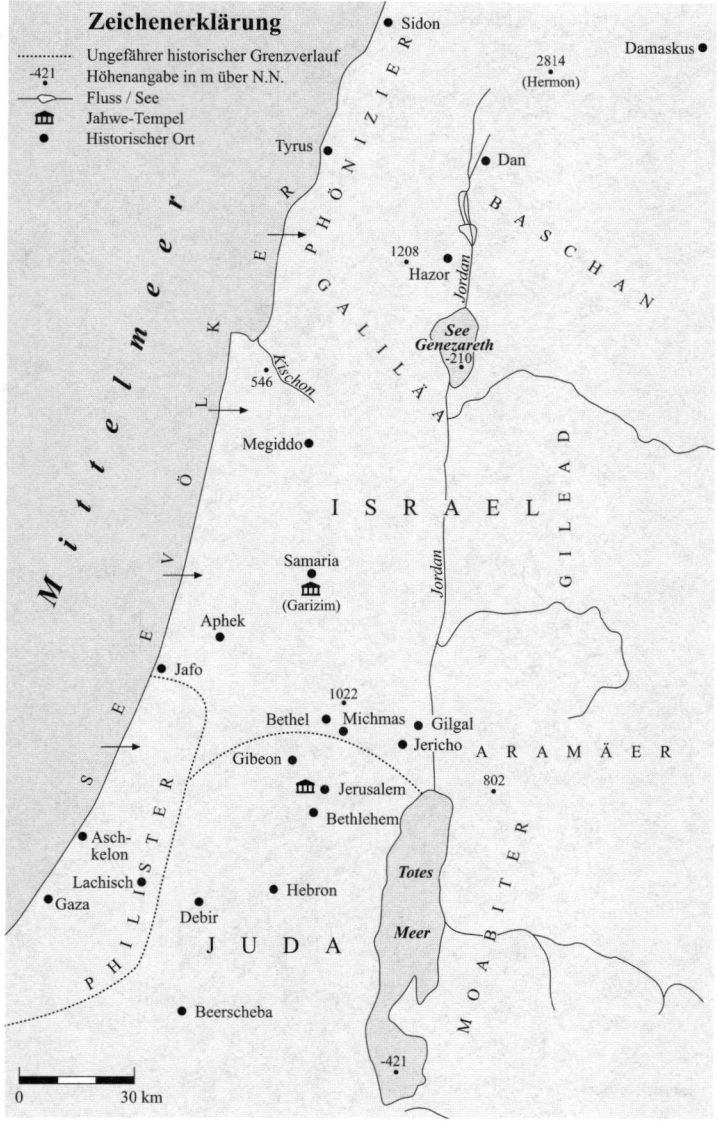

Zeichenerklärung

············· Ungefährer historischer Grenzverlauf
-421 Höhenangabe in m über N.N.
  Fluss / See
🏛 Jahwe-Tempel
● Historischer Ort

Sidon

Damaskus ●

2814
(Hermon)

Tyrus

Dan ●

1208
Hazor

Jordan

BASCHAN

See
Genezareth
-210

GALILÄA

Kischon
546

Megiddo ●

ISRAEL

GILEAD

Samaria
🏛
(Garizim)

Jordan

Aphek ●

Jafo ●

1022
Bethel ● ● Michmas ● Gilgal
● Jericho

Gibeon ●

ARAMÄER

802

🏛 ● Jerusalem
● Bethlehem

Asch-
kelon ●

Totes

Lachisch ●
Gaza ●

Hebron ●

Meer

Debir ●

JUDA

MOABITER

Beerscheba ●

-421

M i t t e l m e e r

V Ö L K E R

P H I L I S T E R

P H Ö N I Z I E R

0   30 km

Palästina zur Zeit des Neuen Testaments

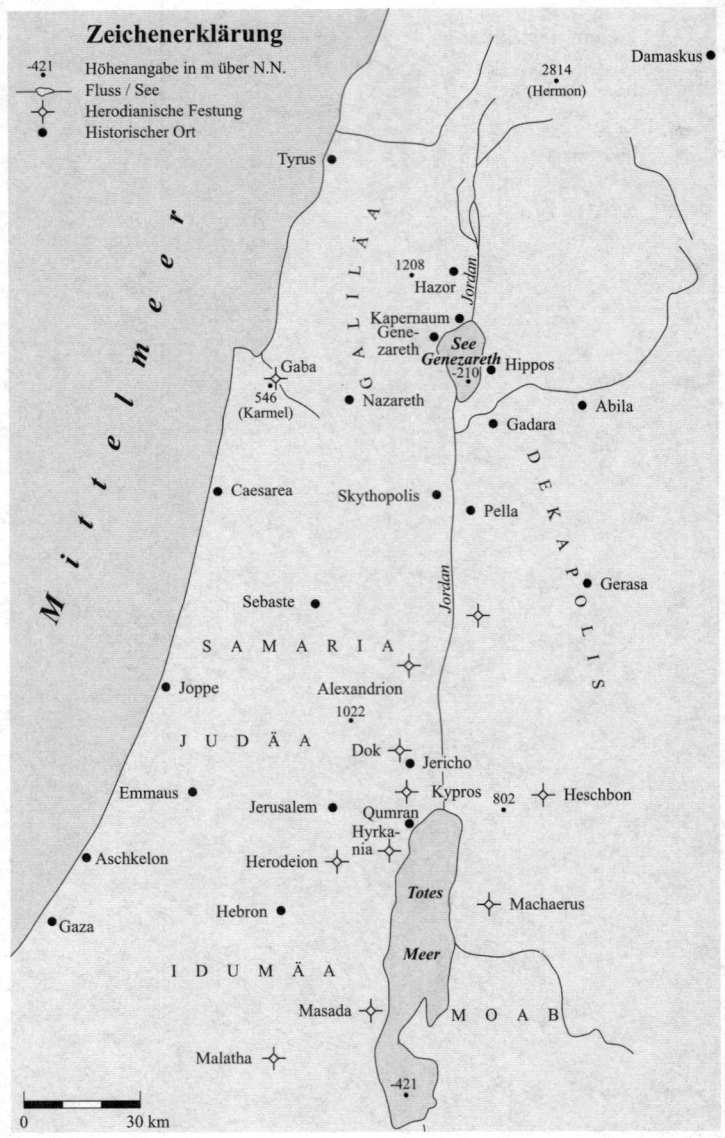

Zeichenerklärung

-421	Höhenangabe in m über N.N.
	Fluss / See
	Herodianische Festung
•	Historischer Ort

Damaskus

2814
(Hermon)

Tyrus

G A L I L Ä A

1208
Hazor

Jordan

Kapernaum
Gene-
zareth

See
Genezareth
-210   Hippos

Gaba

546
(Karmel)   • Nazareth

Abila

Gadara

D E K A P O L I S

Caesarea   Skythopolis   Pella

Jordan   Gerasa

Sebaste

S A M A R I A

Alexandrion
1022

Joppe

J U D Ä A   Dok

Jericho
Emmaus   Kypros   802   Heschbon

Jerusalem   Qumran
Hyrka-
nia
Herodeion   Totes

Hebron   Meer   Machaerus

Aschkelon

I D U M Ä A

Gaza   M O A B
Masada

Malatha   -421

M i t t e l m e e r

0   30 km

Wichtige Ereignisse der Geschichte Israels im Überblick

(darunter auch historisch nicht abgesicherte biblische Ereignisse und deren erschlossene Datierung nach Othmar Keel)

1208 v. Chr.	Erstmalige Erwähnung »Israels« auf einer Stele des Pharao Merenptah
ab ca. 1200	»Seevölker« zerstören kanaanäische Stadtstaaten, 1175 werden sie von Pharao Ramses III. vernichtend geschlagen
1025–1005	Saul erster König des Volkes Israel
1005–970	König David macht Jerusalem zu seiner Residenz (980) und begründet sein Reich
970–931	König Salomo, Bau des ersten Tempels in Jerusalem
950	Jerusalem hat ca. 1000 Einwohner
927	Feldzug des Pharao Schischak I. von Gaza über Geser nach Meggiddo
926	Zerfall des Reichs in zwei Teilstaaten (das Nordreich Israel und das Südreich Juda)
853	Ahab von Israel hilft, den Vormarsch des Assyrerkönigs Salmanassar II. zu stoppen
843/42	Hasael von Damaskus tötet König Joram von Israel und König Ahasja von Juda
841–ca. 734	Israel zahlt Tribute an Assyrerkönige
733	Der assyrische Vasall Ahasja von Juda bittet um Militärhilfe gegen Israel
722	Das Nordreich (Israel) wird von den Assyrern erobert, Hoschea von Israel wird assyrischer Vasall
705	Strafexpeditionen gegen Israel nach Revolten gegen die Herrschaft der Assyrer
701	Der assyrische König Sanherib nimmt die Stadt Lachisch ein und deportiert die judäische Bevölkerung. Jerusalem belagert er erfolglos.

664–595	Judäische Gastarbeiter halten sich im reichen Ägypten auf
638–609	Joschija, Reformkönig von Juda, entfernt das Bildnis der Aschera aus dem Tempel und modifiziert den Baalskult
ca. 630	Tod des Assyrerkönigs Assurbanipal, (Wieder-)Erstarken der Ägypter, danach heftige Kämpfe zwischen Babyloniern, Assyrern und Ägyptern um die Region
598/97	Nebukadnezar, der babylonische König, erobert Jerusalem
	Beginn der babylonischen Gefangenschaft
587/86	Zweite Eroberung Jerusalems durch Nebukadnezar, Zerstörung des Tempels und zweite Deportationswelle
583	Dritte Deportation, Flüchtlingswelle nach Ägypten
605–539	Babylonische Herrschaft über das Volk Israel
539	Der Perserkönig Kyros II. erobert Babylon und erlaubt den Juden die Rückkehr aus dem Exil
525	Ägypten fällt an den Perserherrscher Kambyses. Unter persischer Herrschaft: Wiederaufbau des Tempels von Jerusalem
450	Bau eines kleinen Jahwe-Tempels auf dem Berg Garizim, Zentrum der Samaritaner
4 Jh.	Nachweislich große jüdische Gemeinden in den ägyptischen Metropolen Antiochia und Alexandria (wo die Septuaginta übersetzt wird)
332–160	Mazedonisch-ptolemäisch-seleukidische Herrschaft über das Volk Israel
333/32	Ende des Persischen Reiches und Eroberung Palästinas durch Alexander den Großen
ab 312	Palästina wird Teil des Königreichs der Ptolemäer
ab 200	Palästina wird Teil des Königreichs der Seleukiden
175–164	Antiochus IV. Seleukidenkönig erobert Jerusalem, plündert den Tempel und stellt darin einen Zeus-Altar auf
167	Aufstand der Makkabäer
164	Wiedereinweihung des Jerusalemer Tempels

143/42–37	Wiederherstellung eines praktisch unabhängigen jüdischen Staates Judäa, Königreich der Hasmonäer (Makkabäer)
63	Die Römer unter Pompeius erobern Jerusalem
37 v. bis 4 n. Chr.	Herodes regiert unter Duldung der Römer; lässt seine drei Söhne töten
66 n. Chr.	Jüdischer Aufstand gegen die römischen Besatzer
70 n . Chr.	Zerstörung des Tempels und Jerusalems durch die Römer
75. n. Chr.	Palästina wird kaiserliche Provinz mit römischen Statthaltern
132–135 n. Chr.	2. Jüdischer Krieg, Bar-Kochba-Aufstand

Die Kanonisierung der Bibel im Überblick

800–200 v. Chr.	Einzelne Schriften des AT entstehen, z. T. aus älteren Quellen
300–130 v. Chr.	Die griechische Fassung des Alten Testaments, die Septuaginta, wird in Alexandria übersetzt
ca. 200–100 v. Chr.	Der Papyrus Nash kennt eine andere Reihenfolge der 10 Gebote als die heute üblichen; AT-Apokryphen und Varianten in den Funden in Qumran
ab 70 n. Chr.	Erste Paulusbriefsammlungen kursieren
Ende 1. Jh. n. Chr.	Der Umfang der hebräischen Bibel wird von Schriftgelehrten festgelegt
144 n. Chr.	Marcion will nur 10 Paulus-Briefe und das gekürzte Markus-Evangelium zulassen. Er wird aus der römischen Kirche ausgeschlossen.
um 170–200	›Muratischer Kanon‹, die älteste nur als Fragment erhaltene Liste der kanonischen Bücher. Sie enthält auch die heute fast vergessene Offenbarung des Petrus. Fünf der heute als kanonisch geltenden Briefe (1. und 2. Petrus, Hebräer, Jakobus und 3. Johannes) sind hingegen nicht erwähnt.
um 170	Melito von Sardes übersetzte den griechischen Ausdruck *palaia diathaekae* – »Alter Bund« (2. Kor 3,14) auf Lateinisch erstmals mit *vetus testamentum* (»Altes Testament«) und bezog ihn auf sämtliche ihm bekannten heiligen jüdischen Schriften. Seine auf einer eigens dazu unternommenen Forschungsreise erstellte Liste umfasste alle Schriften des hebräischen Tanach außer dem Buch Ester.
Ende 2. Jh.	Der ›Neue Testament‹-Kanon des Irenäus ist nur als Fragment erhalten. Darin finden sich vier Evangelien, Apostelgeschichte, ›apostolische Briefe‹ unklarer Zusammensetzung (einschließlich des heute ausgesonderten »Hirte des Hermas« und des 1. Clemens-Briefs), sicher ohne Hebräer- und Jakobus-Brief.

2.–3. Jh.	Ein Vergleich der beiden Versionen von Johannes in den Bodmer-Papyri mit den Chester-Beatty-Papyri zeigt, dass es noch keinen einheitlichen Text gab.
240–245	›Hexapla‹ des Origenes, hebräische Urschrift, diese in griechische Buchstaben transkribiert und vier verschiedene griechische Übersetzungen davon. Origenes bespricht in seinen Kommentaren alle heute enthaltenen Werke ausführlich und bezeichnet vier später nicht in das NT aufgenommene Werke (Barnabas-Brief, Hirte des Hermas, Didache, Hebräer-Evangelium) und auch sechs heute kanonische, jedoch als unecht erkannte Briefe (Hebräer, 2. Petrus, 2. und 3. Johannes, Jakobus, Judas) als umstritten.
382–420	Die Bischofssynoden von Rom (382), Hippo (393) und Karthago (397, 419) schließen auch die Bücher Judit, Tobit, Weisheit Salomos, 1./2. Makkabäer, Jesus Sirach, Baruch mit dem Brief des Jeremia und griechischen Zusätze zu Ester und Daniel in den Kanon des AT ein. Die Vulgata, die lateinische Übersetzung des Hieronymus, entsteht auf dieser Grundlage.
4. Jh.	Alte Bibelhandschriften (Codex Sinaiticus und Codex Vaticanus) noch ohne das letzte Kapitel des Markus-Evangeliums (Christi Himmelfahrt) und mit verkürztem Vaterunser, Ersterer aber mit dem »Hirte des Hermas« und dem Barnabas-Brief.
397	Die dritte Synode von Karthago (galt nur für Nordafrika) erkannte im Jahr 397 den Kanon an (39 Schriften aus dem Alten, 27 aus dem Neuen Testament). Sie verbot es, andere Schriften im Gottesdienst als ›göttliche Schriften‹ zu bezeichnen und zu verlesen.
800	Übersetzungsrevision der Vulgata durch Alkuin
14. Jh.	Ketzerische Katharer- und später Waldenserbibeln entstehen in den Landessprachen

1199	Innozenz III. verbietet Laien die Lektüre der Bibel bei privaten Zusammenkünften
1229	Synode von Toulouse und *1234* Synode von Tarragona, Verbot des Besitzes von Bibeln in romanischen Sprachen, Verbot der Übersetzung der Bibel in Volkssprachen
1382	John Wiclifs englische Bibelübersetzung, die *1408* auf der Synode von Oxford verboten wird
1415	Wiclif wird posthum zum Ketzer erklärt, seine Gebeine werden später exhumiert und verbrannt
1415	Johannes Hus, Übersetzer der Bibel ins Tschechische, wird in Konstanz verbrannt
1516	»Kritische« lateinische Neuübersetzung des NT durch Erasmus von Rotterdam, der dafür mehrere griechische Bibeln zugrunde legte
1525	William Tyndales englische Bibelübersetzung erscheint, Tyndale wird später als Ketzer verurteilt, erdrosselt und verbrannt
1534	Die Luther-Bibel sondert Apokryphen ab und verändert die Reihenfolge des Neuen Testaments
danach	Die reformierten protestantischen Kirchen übernehmen Luthers veränderte NT-Reihenfolge nicht
1546	Im Konzil von Trient bestätigt die katholische Kirche die Vulgata als endgültige Gestalt der Bibel

Wichtige Textfunde zur Bibel und berühmte Bibeln

Silberrollen aus einem Grab im Hinnom-Tal. 1979 gefundene, winzige silberne Schriftröllchen, die in hebräischer Schrift den aaronitischen Segen »... und Gott lasse sein Angesicht leuchten über dir« enthalten. Datiert auf das 7. Jahrhundert v. Chr.

Papyrus Greek 458. 2. Jh. v. Chr. 1917 im Wickelmaterial einer Mumie gefundenes, ältestes biblisches Papyrusfragment, griechisch. Deut 11,24–24,3; 25,1–3; 26,12,17–19; 28,31–33.

Funde in Qumran. 1947 finden Beduinen in den Höhlen von Qumran in der heutigen Westbank ca. 800 hebräische, aramäische, griechische und nabatäische Texte und Textreste auf Ziegen- u. Schafshaut, Papyrus und einen auf Kupferblech; darunter eine Jesajarolle aus dem 2. Jh. v. Chr., die damit 1000 Jahre älter als alle anderen bisher bekannten hebräischen Texte ist.

Papyrus Nash. 2. vorchristl. Jh., 1902 in Ägypten gefundene hebräische Papyrusfragmente mit Teilen der 10 Gebote (2. Mose, 20, 2–17 und 5. Mose 6, 1–5).

Fouad 266. Sammlung von Papyrusfragmenten, 1939 in Ägypten gefunden, mit griechischen Deuteronomiumsfragmenten aus dem 1. vorchristlichen Jahrhundert.

Papyrus 52. 100–150 n. Chr. 1920 auf einem ägyptischen Markt gekaufte griechische Bruchstücke des Johannes-Evangeliums.

Bodmer Papyri. 1952 in Ägypten in Pabau nahe Dishna entdeckt, Teile des Alten und Neuen Testaments, Text des Johannes-Evangeliums, aus dem frühen 3. Jahrhundert, eines der ältesten Zeugnisse für Johannes. Es fehlen die beiden nicht originalen Passagen von der Wasserbewegung durch einen Engel (Johannes 5,3b–4) und die

Begebenheit mit Jesus und der Ehebrecherin (Johannes 7,32–8,11). Dabei auch Papyrus 72, die älteste bekannte Kopie des Judas-Briefs sowie des 1. und 2. Petrusbriefes. Papyrus 75 ist der Rest eines Kodex, der das meiste von Lukas und Johannes enthält.

Vetus Latina. Bezeichnung für alle lateinischen Bibelübersetzungen vor und neben der Vulgata, so z. B. dem *Codex Bobiensis, Codex Palatiunus, Codex Vercellensis* (alle 4. Jh.) oder dem *Codex Bezae* (lateinisch und griechisch, 5. Jahrhundert), das einzige Bibelmanuskript aus dem ersten Jahrtausend, das im 16. Jahrhundert bekannt war. Die ersten lateinischen Manuskriptfragmente der Bibel stammen aus der zweiten Hälfte des 2. Jahrhunderts.

Codex Sinaiticus. Griechisch, Mitte 4. Jh. Erste vollständige Überlieferung des NT; AT nach Septuaginta mit vielen Anmerkungen und Korrekturen, Apokrypen im Hauptteil plus »Barnabas«-Brief und der »Hirte des Hermas« – beide Texte sind in moderneren Versionen der Bibel nicht vertreten. Siehe auch S. 274–276

Codex Vaticanus. 4. Jh., griechisch, in der Bibliothek des Vatikan, Großteil des AT und NT (bis Hebr. 9,14). Siehe auch S. 274

Codex Alexandrinus. 5. Jh. AT und Großteil NT (außer Mat 1–25,6 ; Joh 6,50–8,52 u. 2. Kor 4,13–12,6). Seit dem 11. Jh. beim Patriarchen von Alexandria, 1627 dem englischen König Charles I. geschenkt, seither in der British Library. Siehe auch S. 275

Codex Ephraemi. Unter der Abschrift der Werke des syrischen Kirchenlehrers Ephraim aus dem 12. Jahrhundert befindet sich eine ältere Handschrift, die vom Pergament abgeschabt wurde (damit dieses wiederverwendet werden konnte) – ein Palimpsest. Es enthält kleine Teile des Alten Testaments, große des Neuen und stammt aus dem 5. Jahrhundert. Siehe auch S. 275

Codex Bezae. 5. Jh. Die älteste Abschrift der Bibel in zwei Sprachen (griechisch und lateinisch), Theodore Beza schenkte der Universität Cambridge diesen Codex im Jahr 1581. Evangelien, Apostelgeschichte und wenig mehr – dafür aber mit ungewöhnlichen Auslassungen und Zusätzen.

Codex Argentus. Wohl um 500, 168 Seiten der ältesten, prächtigen Abschrift der gotischen Wulfila-Bibel auf rotem Pergament mit goldener und silberner Schrift. Kam über Karl den Großen in die Benediktinerabtei Essen-Werden, dann zu Rudolf II. nach Prag, von wo er gegen Ende des Dreißigjährigen Krieges von den Schweden als Beutekunst nach Uppsala entführt wurde. Einzelne Blätter des Codex wurden später im Kloster Bobbio (Norditalien) und 1970 im Dom zu Speyer gefunden.

Wiener Genesis. Ca. 525. Griechisch. 24 Blätter der ältesten erhaltenen Purpurhandschrift.

Funde der »Genizah« (ein Nebenraum) *der Ben Esra Synagoge in Kairo.* Im 19. Jh. gefunden, ca. 200 000 Handschriftenfragmente, die bis ins 6. Jh. n. Chr . zurückreichen.

Codex Cairensis. Ca. 895 von Mose ben Ascher in Tiberias angefertigt. Enthält die Prophetenbücher. Jetzt in der Karäer-Synagoge in Kairo.

Codex von Aleppo. Ca. 930, ganzer hebräischer Bibeltext. Von Nachfahren des Moses Maimonides nach Aleppo (Syrien) gebracht. Während der Judenprogrome und des Brandes der Synagoge von Aleppo 1947 stark beschädigt und von 487 auf 295 Seiten geschrumpft; 1958 über die Türkei nach Jerusalem geschmuggelt. Heute dort im ›Schrein des Buches‹, 1981, 1987 und 2007 wurde je eines der verloren gegangenen Blätter wiedergefunden.

Codex Leningradensis. Ca. 1008 n. Chr., Schreiber Samuel ben Jacob, wohl in Kairo geschrieben. Älteste vollständige hebräische Bibel, jetzt in der russischen Nationalbibliothek St. Petersburg.

Nowgoroder Codex. Ende 10. oder Anfang 11. Jahrhundert, kirchenslawisch. Im Jahr 2000 bei Ausgrabungen in Nowgorod entdeckte Wachstäfelchen, drei aneinandergebundene Lindenholztäfelchen mit insgesamt vier mit Wachs gefüllten Seiten, die vielfach überschrieben wurden. Die gelöschten Texte wurden in einem äußerst aufwendigen Verfahren nach den Abdrücken des Stifts auf dem Holz unter dem Wachs rekonstruiert und förderten neben bekannten Bibelstellen eine große Zahl bis dahin unbekannter häretischer Texte hervor.

Deutsche Bibelübersetzungen vor Luther

Die Luther-Bibel war nicht, wie viele glauben, die erste deutsche Bibelübersetzung, aber bei weitem die wirkmächtigste. Hier die wichtigsten deutschen Übersetzungen vor Luther:

Manuskripte

748	Bruchstücke einer Matthäus-Übersetzung aus dem Kloster Mondsee
um 830	Evangelienharmonie nach Tatian aus dem Kloster Fulda Leben-Jesu-Dichtung: altsächsischer Heliand und der »Krist« des Otfried von Weißenburg
um 1000	Notker der Deutsche aus dem Kloster St. Gallen übersetzt das Buch Hiob, den Psalter und das Hohelied
um 1060	Wiener Genesis, Hohelied-Bearbeitung des Abts Williram von Ebersberg
um 1120	Millstädter Genesis und Exodus
nach 1300	Übersetzung einzelner Bibelteile: Prophetenübersetzung des Claus Cranc, Psalterübersetzung des Heinrich von Mügeln
nach 1350	Codex Teplensis, Wenzel-Bibel

Die 14 hochdeutschen Bibeldrucke

1466	Straßburg: Johann Mentelin Die erste gedruckte deutsche Bibel. Mentelins Textvorlage ist eine bereits stark überaltete Übersetzung aus der Mitte des 14. Jahrhunderts, die nicht auf dem Urtext, sondern auf der lateinischen Bibel des Mittelalters (Vulgata) fußt. Den Text dieser Bibel, der mehrfach revidiert wird, übernehmen aller vorlutherischen hochdeutschen Bibeln.
1470	Straßburg: Heinrich Eggestein

1475	Augsburg: Jodocus Pflanzmann
	Eggestein: Pflanzmann ersetzt veraltete Ausdrücke.
1475	Augsburg bei Günther Zainer
	Durchgreifende textliche und sprachliche Revision anhand des Vulgata-Textes.
1476	Nürnberg: Andreas Frisner und Johann Sensenschmidt
1477	Augsburg: Günther Zainer
1477	Augsburg: Anton Sorg
1480	Augsburg: Anton Sorg
1483	Nürnberg: Anton Koberger
	Die zweite, mehr stilistische Revision erbringt einen Text, den die folgenden Bibeln fast unverändert beibehalten.
1485	Straßburg: Johann Grüninger
1487	Augsburg: Johann Schönsperger d. Ä.
1490	Augsburg: Johann Schönsperger d. Ä.
1507	Augsburg: Johann Otmar
1518	Augsburg: Silvan Otmar

Die vier niederdeutschen Bibeldrucke

1478	Köln: Heinrich Quentell oder Bartolomäus von Unckel (niedersächsisch)
1478	Köln: Heinrich Quentell oder Bartolomäus von Unckel (niederrheinisch)
1494	Lübeck: Steffen Arndes
1522	Halberstadt: Lorenz Stuchs

Sach- und Personenregister

Abed-Nego 156

Abel 44

Abendmahl, Eucharistie 49, 199, 291 f., 312 ff., 339, 340, 347

Aberglaube 330 ff.

Abraham 45 ff.

Adonija 106

Affen 63 ff., 69

Albigenser 314

Alexander der Große 148, 178

Alkimus 180

Allegorese (Allegorie) 135 f.

Allen, Woody 351

Ammianus Marcellinus 295

Amos 159, 162

Antichrist 245

Antilegomena 224

Antiochus III. 179

Antiochus IV. 155, 179, 181

Antisemitismus 199 ff., 329 f.

Apokalyptische Reiter 249, 251

Apokryphen 173, 273

Apollos 246

Aposteldekret 218

Aqat-Epos 154

Arius 271 f.

Artaxerxes 121, 182

Aschera 40, 146

Assmann, Jan 286

Assurbanipal 21 f.

Assyrer 116, 164, 169

Auferstehung 164, 333

Aufklärung 298

Augustinus 59, 174, 269, 279 ff., 293, 347

Auszug aus Ägypten 55 f.

Baal 39, 113, 117

Babel-Bibel-Streit 23

Babylonisches Exil 116 f.

Bachmann, Michael 193

Barnabas 217 f.

Barth, Karl 59, 338 f.

Bekenntnisbewegung 319, 320

Bel (Marduk) 183

Bellerophontes 114 f.

Benedikt XVI. 140, 201 f., 268, 280, 286, 293, 300, 318, 319, 344, 346, 348

Benediktiner 289

Berger, Klaus 32, 34, 199

Berlejung, Angelika 20, 61, 79, 180

Bibliothek von Alexandria 29

Bilderlehre 299

Bildverbot 59, 160

Blut 74 f., 244

Brandmüller, Walter 91, 319

Breit-Keßler, Susanne 311

Bücherverbrennung 195

Bultmann, Rudolf 141, 198, 210, 320

Bundeslade 83

Bush, George 21, 60, 240, 264, 327, 346

Caesar, Gajus Julius 95, 252, 256, 294

Calvin, Johann 280, 312 f.

Canterbury, Anselm von 293

Chattuschili III. 39, 105

Cheba 39

Codex Alexandrinus 275, 374

Codex Argentus 283, 375

Codex Bezae 374 f.

Codex Cairensis 375

Codex Ephraemi 275, 374

Codex Hammurabi 45

Codex Leningradensis 376

Codex Sinaiticus 274 ff., 371, 374

Codex Vaticanus Graecus 274

Codex von Aleppo 375

Duhm, Bernhard 145

Dalila 93

Daniel (Prophet) 154 ff., 183

Darby, John 326

Darwin, Charles 42, 85

David, König 95 ff., 183

Delitzsch, Friedrich 23
Denzler, Georg 319
Deportation 117
Deuterojesaja 142 ff.
Deutung im Nachhinein 40 f., 138 ff.
Diaspora 52, 217
Dogma 269, 272
Domitian 209, 240, 254 ff.
Donatisten 282
Dreieinigkeit (Trinität) 269, 272
Drewermann, Eugen 334
Edom 162
El 38, 61 f.
Elia 113 ff., 171 f.
Elimelech 94 f.
Engel, Helmut 174, 181
Entmythologisierung 320
Erikson, Erik H. 331
Erzvater 45 ff.
Esau (Sohn Isaaks) 45, 162
Esra 121 f.
Essener 34
Ester 122 f., 182
Eusebius von Cäsarea 242
Eusebius von Konstantinopel 284
Eva 39, 42, 85
Evangelikale 131, 328, 336
Exorzismus 199
Feldmeier, Reinhard 197, 200, 203, 208, 210, 239
Finkelstein, Israel 83
Fisch 163 ff.
Fleischverzehr 68
Fortschreibungsprophetie 160, 354
Franzen, August 363
Frau Weisheit 130
Friedrich, Johannes 333
Fundamentalisten 62, 104, 240, 335 f., 346
Galilei, Galileo 90 f.
Gehirnforschung 184 f.
Geist 161, 204 f., 244 f., 263, 266 f., 337 f.
Gertz, Jan Christian 40 f., 52, 56, 58, 62, 78 ff., 95
Gilgamesch-Epos 20 ff., 44
Glossolalie 162, 338
Gnosis 245, 261, 263 f.
Goldenes Kalb 61 f.
Goliath 100
Gosse, Philip Henry 85
Gottesstaat 280, 313
Graf, Friedrich Wilhelm 73, 317, 337
Gründungsmythos 55, 57 f., 61

Habakuk 159, 167
Hägermann, Dieter 344
Häresie/Häretiker 201, 262, 266, 273, 286, 307
Harmagedon, Schlacht von 251
Harnack, Adolf von 317 f.
Heilsgeschichte 140 f.
Herakles 164 f.
Hermas 273 f., 370 f.
Hesekiel 150 ff.
Hetiter 39, 84
Heussi, Karl 289
Hieronymus 60 f., 118, 181, 273
Hiob 124 ff.
Hiskija 165 f.
Hochgeschwender, Michael 363
Hohelied, das 134 f., 228
Horn, Friedrich Wilhelm 214, 216
Hosea 159 f., 164
Huber, Wolfgang 311, 336, 345
Hundertjähriger Kalender 312 f.
Hus, Johannes 299 ff.
Hyksos 53 f.
Hypatia 295
Immanenzaussagen 243 f.
Indianer 344
Inquisition 90
Irenäus 272 f.
Isaak (Sohn Abrahams) 45 ff., 240
Islam 51, 81, 110 f., 337
Jakob (Israel, Sohn Isaaks) 45, 51, 159
Jakobus (Apostel) 221
Jakobus (Bruder Jesu) 218 f., 221, 247 f.
Jason von Kyrene 181
Jepsen, Maria 346
Jeremia 145 ff., 170, 213, 326
Jerobeam 111 f.
Jesaja 142 ff., 161, 325
Jesuiten 235 f.
Jesus Christus 34, 128, 136, 144, 158, 160, 164, 166, 170, 190, 192, 198 ff., 204 ff., 244 f., 265, 269 ff., 284, 288, 311, 316, 334, 339 f., 342, 350 ff.
Jesus Sirach 176 f.
Joel 159, 161
Johannes d. Täufer 34, 204 f., 244 f., 316
Jojachin 116 f., 145 ff.
Jojakim 145, 147
Jona 163 ff.
Jonathan 180
Jörns, Klaus-Peter 332, 340
Joschija 78 f., 85, 143 ff.
Josef (Sohn Jakobs) 51 ff.

Judenmission (christliche) 200
Justinian I. 296
Kain 44 f.
Kant, Immanuel 60, 124, 315 f.
Karl der Große 342 f.
Katharer 314
Keel, Othmar 24, 37 f., 43, 47, 49, 55, 61, 76,
    78, 80, 91, 100, 102 ff., 107, 109, 131, 144 f.,
    151, 166, 169, 176, 181, 340, 349
Kephas → Petrus
Kirchenordnung 267
Kirchensteuer 252
Kirchenväter 269, 279
Klauck, Hans-Josef 243, 264
Kleopatra I. 179
Kohelet 132, 134
Kolitz, Zwi 126
Konkordatslehrstuhl 332
Konstantin d. Große 282, 285
Konstantin VII. 350
Konstantin, Kaiser 104, 290
Konzil von Konstanz 301
Konzil von Nicäa 269, 271, 282, 290, 314
Konzil von Trient 173, 273, 306, 347
Konzil, Vatikanisches 316
Koran 51 f., 110, 124
Küng, Hans 272
Kyrill 285
Kyros (Kyrus) II. 52
Layard, Sir Austen Henry 21
Linke, Detlef B. 141
Lapide, Pinchas 223, 229
Leibniz, Gottfried Wilhelm 124
Logien-Quelle (Quelle Q) 194 f., 197, 204,
    209, 261
Logos 211 f., 269
Lukas (Evangelist) 153, 191, 194, 207 ff., 214 ff.,
    354
Luther, Martin 173, 226, 232, 273, 297, 302,
    305 ff., 312 f.
Mack, Burton L. 191, 195, 203, 205, 214, 230,
    232, 234, 242 f., 246, 252
Magnifikat 209
Makkabäus 179 ff.
Maleachi 171 f.
Mani 264
Manichäismus 264
Mann, Golo 56
Marböck, Johannes 176 f.
Marcion 264 f., 272 ff.
Maria 35 f., 206, 209 f.
Markschies, Christoph 338

Markus (Evangelist) 153, 191, 195 ff., 199, 200,
    203 ff., 354
Marquardt, Friedrich-Wilhelm 141
Märtyrer 257
Marx, Reinhard 348
Masoretischer Text 35
Mattatias 179 ff.
Matthäus (Evangelist) 153, 170, 191, 194 ff.,
    198 ff., 354
Maximilla 266
Meder 47, 167
Mene Tekel 154, 157
Merenptah 54
Meschach 156
Messias 143 f., 158, 170, 198, 245
Methodius 285
Metzinger, Thomas 339
Meyer, Ivo 178
Micha 165 ff.
Missionsbefehl 342, 346
Montanus 265 f.
Moral 62 f., 72 f.
Mose 41, 46, 50 ff., 55 ff., 74 f., 77 f., 80 f.
Murphy-O'Connor, Cormac 349
Muslime 45, 51, 286
Nabopolassar 47
Nahtoderfahrung 334
Nahum 167
Namen 19, 72, 94 f.
Nebukadnezar 116, 146 f., 156
Nehemia 121 f.
Nero 253 ff.
Nerva 255
Niebuhr, Karl-Wilhelm 224, 227, 234 f.
Niehr, Herbert 102, 183
Noah 20 f., 44
Noomi 94 f.
Nowgoroder Codex 376
Obadja 162
Occam (Ockham), Wilhelm von 293, 329
Odoaker 286
Offenbarung 80 f., 172, 337
Onesimus 238
Opferkult 48, 160, 212 ff.
Origenes 268 ff.
Orpa 94 f.
Orthodoxie 273, 280, 307 f.
Pachomius 289
Paglia, Vincenzo 331
Palästinenser 93
Palin, Sarah 327
Papias von Hierapolis 203, 242

Papsttum 195, 289, 300
Papyrus 46 222, 235, 246
Papyrus 52 211, 373
Papyrus 72 374
Papyrus Greek 373
Papyrus Nash 370, 373
Paradiesgeschichte 20, 41
Paulus 43, 48, 167, 216 ff., 221 ff., 246, 252, 262 f., 287, 328, 342
Pegasus 114 f.
Petrus 198 f., 216 ff., 240 ff.
Pfingstwunder 161
Pharisäer 33, 180, 196, 205
Philemon 238
Philo 263, 268 f.
Phöniker 154
Platon 292 f.
Platonische Ideenlehre 269, 292 f.
Plinius (röm. Stadthalter) 256 f.
Plinius d. Ä. 296
Pompeius 178
Pontius Pilatus 199
Priesterschriftliches Geschichtswerk 41
Priszilla 225, 266
Prophezeiungen 137, 139
Psalmen 127 f.
Ptolemäer 178 f.
Ptolemäus I. 178
Ptolemäus II. 29
Purimfest 122 f.
Quelle Q → *Logien-Quelle*
Rah 38
Ramses II. 39, 54 f., 105
Rein, Matthias 210
Ronski, Avishai 286
Rosenberg, Alfred 319 f.
Russell, Charles T. 325
Saba, Königin von 109 ff.
Sacharija 169 f.
Sadduzäer 33
Sakramente 347
Salomonisches Urteil 107 f.
Samaritanischer Pentateuch 35
Sanherib 117, 166
Satan 124 f., 199, 248, 252, 325
Saul 98 ff.
Schadrach 156
Schamanen 328
Scheschonq I. (Schischak) 111
Schlegel, Friedrich 138
Schluckauf 86
Schmid, Konrad 138, 140, 148, 151 f., 169

Schmidt, Kurt Dietrich 360
Schmitt, Hans-Christoph 53, 79, 88, 96, 132, 140, 149
Scholastik 294
Schöpfungsgeschichte 41
Schrott, Raoul 23
Schweinefleisch 89
Schweitzer, Albert 317, 335
Schwienhorst-Schönberger, Ludger 134
Seevölker 84, 88
Seleukiden 112, 179 ff.
Seleukos I. Nikanor 112
Semler, Johann Salomo 316
Septuaginta 29, 35 f., 149, 155, 374
Serubbabel 168
Seth 39 f., 105
Silberman, Neil A. 83
Silberrollen 76, 373
Simon Magus 263 f.
Simson (Samson) 93
Singer, Wolf 185, 338
Sintflut 20 f., 23 f.
Sklaverei 238, 296
Smith, George 21 f.
Sonnengott 14, 39, 76 f., 105, 169, 251
Strauss, David Friedrich 317
Susanna 183
Synode von Chalcedon 272
Synode von Konstantinopel 59
Synoptiker 194
Tanach 29
Taube 24, 204 f.
Taufe 164, 244 f., 281, 338 f., 347
Tausendjähriges Reich 252, 325 f.
Tempel in Jerusalem 80 f., 106, 110, 148, 168, 213
Tertullian 268
Theißen, Gerd 192, 194, 196, 205 f., 210, 263, 271
Theodosius der Große, Kaiser 286
Tischendorf, Konstantin von 274 f., 295
Titus 110, 235 ff.
Tobias 175 f.
Todsünde 281 f.
Tora (Pentateuch, fünf Bücher Mose) 29, 34 f., 74, 81
Trajan 256 f.
Trinität 269, 318
Unfehlbarkeitsdogma 316
Universalienstreit 292, 300
Ursünde 43, 49
Veaux, Roland de 33, 46, 308

Verbalinspiration der Bibel 310
Vetus Latina 374
Vossenkuhl, Wilhelm 332
Vulgata 60, 273
Wagner, Gerhard Maria 280
Wette, Wilhelm-Leberecht 78, 81
Wiclif, John 299 ff.
Wiener Genesis 375, 377
Wilckens, Ulrich 36, 141, 198, 200, 203, 208, 251
Witte, Markus 121 ff., 126, 131, 134 f., 149, 157 f.
Wolffsohn, Michael 202, 288
Wuketits, Franz M. 71
Wulfila 283 f., 375
Zahrnt, Heinz 192
Zefanja 168
Zehn Gebote (Dekalog) 58 ff., 62, 73, 354
Zenger, Erich 58, 139, 182, 202
Zerstörung des Tempels 35, 104, 110, 116, 148
Zeugen Jehovas 75, 325
Zeus 115, 155, 287
Zidkija 116, 147 f.
Zinzendorf, Ludwig Graf von 310
Zölibat 222
Zwingli, Ulrich 312 f., 347

Register wichtiger geographischer Bezeichnungen

Ägypten 20, 39, 51 ff., 84, 87, 111, 129, 178, 272, 294
Alexandria 29, 77, 178 f., 268 f., 271, 275, 290, 294 f.
Ararat 24
Assur/Assyrien 47, 116
Äthiopien 110
Babylon/Babylonien 45, 47, 116 f., 147, 169, 183
Betlehem 94, 103, 165 f.
Byblos 17
Chaldäa 47
Damaskus 97, 216
Debir 82
Ephesus 227, 230, 243
Galatien 218, 228
Galiläa 200, 205 f.
Gaza 93 f.
Hazor 82 ff.
Israel 41, 45, 52, 54 f., 57, 80 ff., 88, 92, 96 f., 100 f., 103 f., 112, 116, 138, 144 ff., 162, 166, 170, 286, 329
Jemen 51, 109 f.
Jericho 83

Jerusalem 37, 39, 76, 80, 91, 96 f., 102 ff., 109 f., 116 f., 121 f., 148, 155, 174, 178 ff., 219
Jordan 82
Juda 30, 88, 97, 101, 103, 112, 116, 147, 154, 166
Judäa 179 f., 289
Kanaan 53 f., 77, 80, 82, 88 f.
Korinth 227, 233, 284
Kos 249
Mekka 51
Mesopotamien 45, 53, 92, 129, 151
Mosul 21
Ninive 21 f., 48, 163, 167
Palästina 30, 37, 61, 81, 84, 107, 119, 178
Patmos 249, 251
Philippi 231
Pitom 54
Qumran 30 f., 33 ff., 127, 168
Rom 110, 118, 173, 199, 215, 219, 224 f., 230, 239 ff., 251, 253, 265 ff.
Sidon 205
Sinai 55, 58, 61 f., 74, 274 ff.
Syrien 21, 84, 129, 154, 157, 195, 205, 262, 289
Theben 167
Thessaloniki (heute Saloniki) 233, 285
Tyros 205
Ugarit 38, 84, 154
Ur 47
Uruk 20
Zion 119, 146, 170 f.
Zweistromland (an Euphrat und Tigris) 20 f., 23, 45, 112, 178

»Ein Wahnsinnswerk.« *Die Zeit*

Nichts als die Welt. Reportagen und Augenzeugenberichte aus 2500 Jahren.
Herausgegeben von Georg Brunold

»Kurz: ein tolles Buch, der Wunder voll und wunderschön.«
NDR

»Dieses Buch ist eine Schatztruhe für alle, die gern lesen und man könnte es als täglichen Begleiter mit ins neue Jahr nehmen – mit dem Vorsatz, jeden Tag eine dieser grandiosen Reportagen zu lesen.« *Deutschlandradio Kultur*

»Erlebnisse wie diese, auch das gehört zum kindlichen Wünschen des Lesers, mögen niemals enden.« *taz*

www.galiani.de